江苏省工商管理类品牌特色专业系列教材

创业会计学

CHUANGYE KUAIJIXUE

编著

许良虎
章文芳
徐惠珍 等

江苏大学出版社
JIANGSU UNIVERSITY PRESS

镇 江

图书在版编目(CIP)数据

创业会计学 / 许良虎等编著. —镇江：江苏大学
出版社，2014.2
ISBN 978-7-81130-672-9

Ⅰ. ①创… Ⅱ. ①许… Ⅲ. ①企业管理－会计学－高
等学校－教材 Ⅳ. ①F275.2

中国版本图书馆 CIP 数据核字(2014)第 024532 号

创业会计学

编　　著/许良虎　章文芳　徐惠珍
责任编辑/徐　婷　仲　惠
出版发行/江苏大学出版社
地　　址/江苏省镇江市梦溪园巷 30 号(邮编:212003)
电　　话/0511－84446464(传真)
网　　址/http://press.ujs.edu.cn
排　　版/镇江新民洲印刷有限公司
印　　刷/丹阳市兴华印刷厂
经　　销/江苏省新华书店
开　　本/787 mm×1 092 mm　1/16
印　　张/20
字　　数/476 千字
版　　次/2014 年 2 月第 1 版　2014 年 2 月第 1 次印刷
书　　号/ISBN 978-7-81130-672-9
定　　价/39.00 元

如有印装质量问题请与本社营销部联系(电话:0511－84440882)

序

　　自上世纪末以来,中国乃至世界都进入了一个前所未有、新的高速发展阶段。科学技术,尤其是计算机技术和网络技术突飞猛进的发展,带给人们的不仅仅是便利、舒适的日常生活,更重要的是带来了经济结构、生产方式和经营理念革命性的转变。在进入21世纪的十余年里,网络技术又有了新的突破,固定网络向移动网络拓展,有线网络向无线网络延伸,互联网变身为物联网,这些都为网上交易平台的建立和物流业实现全覆盖打下了坚实、完备的技术基础和物质基础,为个人创业提供了难得的契机。与此同时,随着中国改革开放的不断深入,经济全球化步伐的加快,中国经济社会发生了翻天覆地的变化。中国经济社会在取得令世界瞩目成就的同时,也面临着可持续发展的瓶颈。时代呼唤千百万创业者,社会需要比尔·盖茨、乔布斯那样的企业家。中国经济社会要走出发展的瓶颈,步入良性发展的轨道,必然离不开无数充满智慧、富有创造力和活力的创业者、企业家。

　　2013年11月,中共十八届三中全会召开,对我国今后10年乃至更长时期的改革方针、政策进行了全面部署,会议通过的《中共中央关于全面深化改革若干重大问题的决定》则为我国全面深化改革,推动政治、经济、文化、社会等方面发展的纲领性文件,《决定》明确指出,要"使市场在资源配置中起决定性作用","必须毫不动摇鼓励、支持、引导非公有制经济发展,激发非公有制经济活力和创造力。"可以预见,这必将拉开各级政府进一步拆除不利于民营企业发展政策门槛的大幕,激发起全社会的创业积极性,促进民营企业的大发展。

　　担负着为现代社会培养高层次人才重任的高等教育,特别是应用型的高等教育,毫无疑问应该密切关注现实经济社会的发展,围绕其发展动态开展教学改革和科研活动。知识只有与现实经济社会相衔接,接上现实世界的"地气",才有可能获得生命力,知识之树才能够常青。

　　江苏大学工商管理专业类,是江苏省高校重点专业类,包括工商管理、会计学、市场营销、人力资源管理专业,一批专业教师长期从事创业管理的教学科研活动,取得了较丰硕的成果,2011年出版了《管理学——创业视角》教材,将创业概念引入管理学原理的教学中,这一尝试取得了很好的效果。现在,江苏大学工商管理专业类教师计划与江苏大学出版社合作出版《创业会计学》等融入创业活动的管理系列教材,力图将创业教育全面引入相关管理专业教育的平台,将创业教育、创新教育、管理教育和专业教育有机结合起来,在向学生传授专业知识、技能的同时,培养他们管理、创新、创业的意识和能力。未来社会对于高素质人才的定义绝不会是指那些"学富五车"单纯拥有知识的人,而是如联合国教科文组织亚太办事处在"提高青少年创业能力的教育联合革新项目"东京会议报告中指出的"具有开创性的个人"和具有"首创、冒险精神、创业能力、独立工作能力以及技术、社交和管理技能"的人。管理、创新、创业和专业知识及技能将构成未来高素质人才不可或缺的基本因素。因此,江苏大学工商管理专业类同仁努力的方向正是联合国教科文组织所倡导的,相信通过大家脚踏实地不懈的追求,一定能够培养出更多适应经济社会发展的高层次创业人才,促成他们成功地把握时代和社会所提供的契机,成为我国经济发展大潮的弄潮儿,从而为我国经济结构的转型升级和社会的可持续发展作出自己应有的贡献。

江苏大学工商管理专业类负责人

2014 年 2 月

前　言

会计学历史悠久,它已积累了丰富的理论与方法,现已形成财务会计和管理会计两个分支。前者主要面向市场加工并传递信息;后者主要服务于企业内部的经营管理决策。两者同源分流,分工合作地发挥作用。财务会计与管理会计是现代企业会计的不同组成部分,是一个经济信息系统中的两个子系统,这两个组成部分不应当割裂。

会计学课程是工商管理学类中非会计类专业的核心课程。非会计类专业的学生学习会计知识并非希望自己未来成为会计信息的生产者,而是要掌握如何利用会计信息做好各种经营管理决策的思想与本领。因此,会计学课程的教学目标应当定位于:如何解读财务会计报表信息,而不是加工财务报表信息;如何对财务报表中的资产、负债、所有者权益、收入、费用、利润等六个会计要素进行管理;如何面向未来进行预测与决策。另外,传统的教学往往注重灌输式教学方式,让学生感觉到是老师要我学而不是我要学这些知识。如何让学生转变这种认识,这也是教育工作者需要思考的一个问题。当今社会,创新创业已成为一种趋势,创新创业不仅要有智慧,也要有知识,会计知识对创新创业管理不可或缺。因此,基于创业视角来传授会计知识,学生会有更好的认同感。《创业会计学》的编写就是基于以上考虑。

本书的编写是按照创业企业的创业项目决策与资金筹集、资金运用结果的分析与管理、经营管理决策等三部分内容展开的,与创业企业的实际运作过程相一致。每章包括本章导读、学习目标、引导案例、内容解析、本章小结和思考题与习题等方面内容。

与其他会计学书籍相比,本书的特色在于:

(1) 视角新颖独特

创新创业是社会发展的主旋律。创业有多种实现路径,选择与企业相融合实施创业是创业的最高层次,它能在更大程度上实现创业者的梦想。对创业者而言,不仅需要奇思妙想,更需要懂得如何管理一个企业。因此,如何认识会计,掌握会计信息的价值及其运用是每个创业者的必修课。《创业会计学》就是编者根据多年来从事会计学教学的经验,在整理编者开设的会计学课程教案的基础上编写而成的。

(2)内容全面

与那些只介绍财务会计内容或包含财务会计和管理会计两部分内容的书籍不同,本书包含了财务会计和管理会计两部分内容,但剔除了财务会计信息的加工,将财务会计的重点放在如何认识资产、负债、所有者权益、收入、费用和利润等六个要素,以及如何对这六个要素进行管理上。

(3)深入浅出

本书每章先给出本章的学习目标,明确学习本章所要掌握的知识;然后提出开篇小问题,引起学生的学习兴趣;最后进行归纳总结。循序渐进不断提高基本技能的训练。

(4)注重实用

实用性是会计学教学必须重视的问题。本书通过现实的公司案例来解释枯燥乏味的理论知识,加深学生对理论知识的理解,引导学生思考问题并提出解决问题的方案。

(5)通俗易懂

传统的会计学教材写作偏重于对会计理论知识的解读,会计准则和会计方法的应用,具体有余,而对企业会计管理的大局性不够,可读性差。本书期望通过实例、案例、思考题和习题来帮助学生理解各章知识。

本书共分十四章,参加本书编著的同志分工如下:第一章由许良虎编写,第二章由徐惠珍编写,第三、五章由蒋苏月编写,第四章由彭爱群编写,第六章由刘志梧编写,第七、八章由吴宁编写,第九章由石盈芳编写,第十、十一、十二、十四章由章文芳编写,第十三章由潘俊编写。全书由许良虎副教授负责统纂、修改和定稿。

本书适用于工商管理类中的非会计类本科专业、经济学类本科专业或其他类别本科专业的教学,也可用于 MBA 教学,还可作为创业者从事创业管理的参考读本。

本书的写作借鉴、吸收了国内外许多专家、学者的研究成果,在此谨对这些文献的作者表示诚挚的谢意。在本书出版过程中,江苏大学出版社杨海濒先生对本书的编写提出了一些建设性的建议,徐婷、仲蕙作为本书的编辑付出大量心血在此也表示由衷的感谢。

书中难免存在疏漏或不当之处,敬请各位读者批评指正。

许良虎

2014 年 2 月

目　录

第一章　总　论

【本章导读】

　　企业是市场重要的组成部分。企业的存在不仅为人类的生存与发展提供了优质的商品和服务,同时也为社会创造了价值增值,促进了技术进步和社会发展。创业有多种实现路径,选择与企业相融合实施创业是创业的最高层次,它能在更大程度上实现创业者的梦想。对创业企业而言,创业者不仅需要奇思妙想,更需要懂得如何管理一个企业。会计信息是企业管理最为重要的信息,它能有效地帮助创业者做出正确的决策。因此,如何认识会计,掌握会计信息的价值及其运用是每个创业者的必修课。本章将阐述会计与企业之间的关系、会计信息的内容以及会计信息的加工等方面的基本理论知识。

【学习目标】

　　1. 了解企业的起源;理解企业的功能;理解会计的作用。

　　2. 了解会计信息的分类;了解财务会计信息及其作用;了解管理会计信息及其作用。

　　3. 了解企业生产经营活动;掌握企业资金循环;了解会计工作循环。

第一节　会计与企业的关系

一、企业的起源与功能

(一) 企业的起源

　　什么是企业?为什么会存在企业?要回答这两个问题,首先要从企业诞生说起,也就是要明白企业产生的三个条件。

1. 分工与协作

　　在人类生存与发展的历史长河中,不断丰富的物质文化生活是人类坚持不懈追求的目标,而衣、食、住、行就成为人类的四大主要活动。在早期的人类活动中,种植粮食、捕鱼打猎是主要的生产经营活动。在生产活动中,人类发现,不同性别、不同年龄、不同天赋的人在从事同样的工作时,他们的生产效率是有差异的。譬如,男人与女人从事体力劳动时,一般来说,男人的生产效率高于女人的生产效率;同样是女人,年长女人从事织布的工作效率要高于年轻女人,因为前者积累的经验多于后者;聪明人的生产效率要高于愚钝人的生产效率。这一发现,自然而然最终导致了家庭生产活动的分工。譬如,男人从事捕鱼打猎、田间体力劳动等,女人从事家务劳动,这就是所谓的"男主外,女主内"。

家庭组织分工这一思想同样可以用来解释现代组织的分工。如果将组织内的工作分成不同的操作,并把这些操作分给不同的人,那么就能提高劳动生产率。正如古希腊思想家柏拉图所说,"如果一个人根据自己的天生才能,在适当的时间内不做别的工作,而只做一件事,那么他就能做得更多、更出色、更容易。"譬如,能言善辩者较适合从事营销管理,诚实细心者适合从事会计管理,有胆略且有智慧者则适合从事更高层次的决策管理。因此,每个人的能力差异是必须要面对和承认的事实。

分工的另外一层意思是社会分工。由于不同群落的人所处的地理位置不同,人类生存所依赖的自然资源不同,从而导致不同群落人们的生产经营活动存在差异。譬如,沿海地带的人们更多地以捕鱼为生,草原地带的人们靠放牧为生,平原地带的人们则以种植农作物为生,等等,这就是所谓的"靠山吃山,靠水吃水"。众所周知,人类的生存需要多种必需品,如粮食、衣服、住宅等,因此,处在同一地带的群落,人们的生产经营活动也是会有差异的。有些人从事粮食生产,有些人从事服装生产,而有些人则从事房屋建造,等等。因此,人们为了生存必然要进行产品之间的交换,群落内的分工导致群落内产品间的交换,群落间的分工导致更大范围的产品交换。可以这么说,社会分工是市场形成的基础,没有社会分工就不可能有市场。

分工是协作的基础,协作是分工的延伸。无论是组织内的分工,还是群落内的分工,抑或是群落间的分工,最终将导致协作的产生。正如马克思指出:"许多人在同一生产过程,或在不同的、但互相联系的生产过程中有计划地一起协同劳动,就叫协作。"工厂手工业的出现,把原来不同家庭从事的生产活动集中到了一起,使真正意义上的协作变得必要。从事同一工种的人们,可以通过工作认识与经验交流提高个人的生产力,因此,协作可以完成凭个人能力无法完成的工作,这就是集体力。中国的长城、埃及的金字塔等古代文明的创造就是集体力的充分展现。

从分工理论可知,劳动分工是源于人的生理和自然环境的差别,其目的是提高生产效率。劳动分工导致了生产的专业化,同时也推动了生产技术的不断革新,是技术创新的源泉。劳动分工决定了人们不可能生产自身生存所需要的所有必需品,而需要通过交换来获得,这就推动了商品贸易的产生与发展。

2. 市场扩展

在刀耕火种的年代,生产组织以家庭为单位,生产工具原始、简陋,生产力水平极其低下,物质极不丰富,没有商品的交换,人类过着自给自足的生活。也就是说,纯粹的家庭组织分工并不是导致市场出现的必然因素。

众所周知,追求不断丰富的物质文化生活是人类社会发展的主旋律。社会分工的出现,一方面使得人们生产自身生活用品的能力降低,这是因为社会分工越细,专业化程度越高,自给自足的能力就越差;另一方面,社会分工的细化,为人类的生存与发展提供了越来越多的物质文化生活用品。从这两个方面来看,商品交换才是必然形成市场的关键。

市场是资源交换的场所,或者说是资源要素重新配置的场所。生产经营需要具备三类生产要素,即劳动资料、劳动对象和劳动者。社会分工创造了丰富的商品,商品市场为生产经营提供了各种劳动资料和劳动对象。如果劳动力不能成为商品,也就不可能开展企业生产经营活动。因此,企业的出现应当是在市场发展到一定程度以后,即劳动力必须成为商品以后。

3. 资本集中

由人类社会的发展历史可知,在封建社会的末期,小商品生产者之间的竞争导致了两极分化,竞争败落者丧失了劳动力赖以实现的生产资料,除了拥有劳动力外,再没有任何其他可出卖的东西;而竞争胜利者便自然成为资本的拥有者。资本拥有者通过市场雇佣劳动者,购买生产经营所需的劳动资料和劳动对象,形成企业进行生产。正如马克思所说:"商品市场的这种两极分化,造成了资本主义生产的基本条件。资本关系以劳动者和劳动实现条件的所有权之间的分离为前提。"由此可见,资本的集中也是企业形成的必备条件。

综上所述,劳动分工的目的是追求更高的生产效率,劳动的细分和生产的专业化极大地丰富了人类生存和发展所依赖的生活用品,推动了商品市场的不断完善,最终导致了企业的诞生。

那么,什么是企业?首先,企业是市场发展的产物,但企业不同于市场,市场是通过价格来配置资源的,而企业则是按权威的意志或权力来配置资源的。譬如,在劳动力市场上,劳动力所有者根据雇主所付工资决定自己要受雇于哪一企业,此时,起决定作用的是价格机制。但当劳动力所有者进入企业后,他在企业中的行动就不再受价格的支配,而是完全受雇主的支配。因为在企业内部,不存在讨价还价的问题,劳动力和有关生产要素配置到哪个车间、哪道工序,完全由企业领导人的指令来决定。企业存在的目的是为市场提供人类生存与发展所需的物质,劳动分工与协作可以提高生产效率,创造更多的物质。因此,企业是以内部具有分工协作关系的团队生产为基础,以交换为生产目的的一种经济组织。

(二) 企业的功能

一般而言,功能是一项事物所具有的效能,功能的外在表现就是作用。内在的东西无法通过观察获得,因此,要探讨企业究竟有哪些功能,只有通过企业所发挥的作用来加以归纳、总结。一般来说,企业存在以下几方面的功能。

1. 提供优质的商品或服务

人类社会发展至今,新技术、新发明不断出现,火车、飞机、计算机、手机、互联网技术、4D 打印技术等彻底改变了人类的生活方式与生活习性:人们可以日行千里,而不再是"两岸猿声啼不住,轻舟已过万重山";"日出而作,日落而息"也不再是人们唯一的生活习性,工作之余轻点鼠标便可知天下大事,可以周游列国一览美好风景。可见,只有技术创新才能推动人类社会的进步,才能不断提高人们的生活水平。因此,创业者在创业过程中应当重视对技术创新的投入,重视创业与技术创新的结合,为人们提供更多优质的商品或服务,而不是简单重复的创业。唯有这样,企业才能有旺盛的生命力,才能不断发展壮大。

2. 吸纳劳动力

劳动者是生产经营的主力军。劳动分工一方面会提高劳动者工作的熟练程度,提高劳动生产率;另一方面会使大部分劳动者丧失从事多工种的能力。劳动分工越细,专业化程度越高,劳动者失业的可能性就越大。譬如,数控机床的出现会导致原先从事车、洗、刨、磨工种的劳动者的失业。因此,企业应当清楚地意识到,企业内部分工是导致劳动者丧失劳动能力的主要根源,企业有责任为劳动者提供更多的岗位,并为劳动者提供相应的培训服务,以提高劳动者的劳动技能。

3. 降低市场交易费用

市场是一种资源配置方式,交易是市场运行中最基本的活动。人们在进行交易时,往往要耗费大量与交易活动相关的成本,如产权界定成本、搜寻相对价格的成本、谈判成本、监督成本等。市场交换的范围越广,交易频度越高,市场交易费用就越大。资本所有者借助于资本将分散的劳动者集中起来,指挥他们从事几项或某一特定工作,为市场提供商品或服务。这样一来,企业可以完成本来由个体劳动者独立完成的与市场交易相关的活动,从而降低了总体的市场交易成本,当然资本所有者会因为管理企业而增加相应的管理成本,但只要增加的管理成本小于降低的市场交易成本即可。企业规模越大,这种节约的费用就越多,经济效益就越好。打造产业链就是一个很好的例子,这种做法减少了产品销售的中间环节,降低了市场交易费用,从而增加了企业总体的盈利能力。但是,企业不可能无限制地膨胀,因为随着企业的扩大,管理企业的成本将增加。当增加的管理企业成本等于节约的市场交易费用时,企业达到最大规模。可见,企业是有边界的。因此,对创业企业而言,尤其是二次创业的创业者,特别要注意不能无限制地进行规模扩张。

4. 创造价值增值

价值增值是企业追求的目标之一。创造价值增值是企业的重要功能,因为价值增值可以为国家创造更多的税费,改善企业的外部生存环境;价值增值也可以为企业创造更多的资本积累,满足企业扩大再生产的需要,形成良性循环的经济发展;价值增值还可以实现创业者的梦想,使企业更好地履行其社会责任。因此,创业者应当始终把创造价值增值作为企业的核心工作,不断创新产品或服务,革新生产技术,加强企业管理,降低生产或服务成本,最终实现价值增值。

企业的四项功能之间存在内在的联系。提供产品或服务是企业最基本的功能,没有产品或服务,市场就成为无源之水;提供满足市场需要的优质产品或服务才能实现资本投入的回收。吸纳劳动力是企业提供产品或服务的保障,吸纳优秀的劳动者有利于产品或服务的创新、生产技术的创新和管理的创新,以及创造出更多的价值增值。企业的存在为劳动者提供相互交流学习的场所,扩大企业的规模可以降低市场的交易费用,而节约的交易费用可以内化为企业的价值增值。因此,创业者必须正确处理好企业功能之间的关系,这样才能确保企业的健康发展。

(三) 会计在企业中的作用

在生产经营活动中,企业常常会遇到这样一些问题:市场需要一些什么样的产品或服务? 需要的产品或服务的量有多少? 如何组织产品的生产或如何做好服务? 提供这些产品或服务会给企业带来多少价值增值? 这些问题就是常说的管理问题,包括计划管理、采购管理、生产管理、营销管理、会计管理等;其中,会计管理是企业管理的重要组成部分。那么,会计是什么? 会计在企业经营管理活动中担当何种角色? 下面将对这两个问题进行阐述。

1. 什么是会计

企业开展生产经营活动要具备劳动资料、劳动对象和劳动者三类生产要素,而这些生产要素的获取离不开资本。企业在这三类生产要素上的花费,称为"资本投入"。劳动者借助于劳动资料对劳动对象进行加工,最终形成产品,通过销售收回资本,即"资本产出"。如果资本产出大于资本投入,称之为"盈利";反之,如果资本产出小于资本投入,则为"亏损"。

那么,如何来衡量资本投入与资本产出,并计算盈亏呢? 这就需要人们了解会计,因为它就是用来计量这种结果的方法。然而,会计又是如何来计量这一结果的呢?

(1) 会计是以货币作为计量的主要手段

会计计量并不是一开始就使用货币计量,会计计量手段与商品交换方式密切相关。早期的商品交换完全是实物之间的交换。譬如,如果你有两头牛,用一头牛换取 100 公斤大米,或换 10 条裤子,那么,会计就记录换进 100 公斤大米,或换进 10 条裤子,使用的计量手段是实物计量。这一交换完成后,你的财富就从两头牛变成了一头牛加 100 公斤大米或 10 条裤子。随着货币作为商品交换的支付方式的出现,商品交换不再局限于物与物之间的交换,更多的是商品与货币之间的交换。譬如,你有 5 000 元现金,花了 500元买了一条裤子,那么你的财富就从 5 000 元现金变成 4 500 元现金和价值 500 元的裤子,你的财富总计依然是 5 000 元。可见,货币计量方式相比实物计量方式具有较大的优势,能将财富进行加总,而实物计量却做不到这一点。现代会计计量已将货币计量作为会计计量的主要手段,辅之以实物计量和劳动计量。

(2) 会计记录要做到连续、系统、全面

企业的生产经营活动是否有效率、有效果和有效益是企业管理者必须重视的一项管理工作,因而开展经营活动的事后考核与评价显得非常必要,如果没有记录,考核与评价将缺乏有效的依据。会计作为管理的一种工具,要为管理提供有用的信息。如何开展会计工作来实现这一目标呢? 首先,企业的生产经营活动是持续发生的,会计记录要反映这一过程,必须做到逐笔、逐日、逐月、逐年,不能间断;其次,企业发生的经营活动种类繁多,譬如购置房屋、设备,购买材料,向银行融资,销售商品,缴纳税金等,了解和掌握各类经营活动总体情况的数据对管理者非常重要,因此会计记录必须系统地分类、整理和汇总;再次,完整、毫无遗漏的记录对管理的重要性也是不言而喻的。

对已经发生或完成的经济活动的记录方法,会计上称为"财务会计",其所提供的信息称为"财务会计信息"。财务会计信息反映了过去的经营活动信息,这种信息可以帮助企业决策者分析企业偿还债务的能力、企业各类资产的周转能力、资本结构的合理性、企业的盈利能力、企业的发展潜力等,使企业决策者发现过去经营管理中所存在的问题,探索改进管理的路径与方法。

企业是市场中的一个基本经济单位,其开展生产经营活动必须符合市场的需要,也就是说,企业必须要考虑:生产什么? 生产多少? 需要投入多少资金? 能给企业带来多少价值增值? 解决这些问题离不开科学的预测、决策、预算,以及对决策执行的效果进行分析与评价。对这种将要开展的经营活动进行规划和对结果进行评价所使用的方法,会计上称为"管理会计",其所提供的信息称为"管理会计信息"。

综上所述,会计为企业开展生产经营活动提供相关的会计信息,包括财务会计信息和管理会计信息,前者反映过去经营活动的实际结果,后者反映未来经营活动的预期结果。会计是以货币为主要计量单位,采用一系列专门的方法和程序,连续、系统、完整地核算和监督企业发生的经营活动,规划未来的经营活动,为决策制定者制定决策提供会计信息的一种管理活动。

2. 会计的作用

会计管理是企业管理的重要组成部分。真实、完整、系统地反映企业发生的经济活动及其结果和规划未来的经营活动是会计的重要任务,因此,提供会计信息是会计的目标,而利用会计信息帮助企业进行决策则充分展现了会计的作用。会计的作用可概括为以下几点。

(1) 控制经济活动,保证会计信息的真实性和科学性

现代会计可以分为财务会计和管理会计,它是企业管理信息系统的重要子系统。在我国,符合国家有关的法律、规定和制度是会计确认的基本标准和主要条件,是运用会计实行控制和监督的一个重要特点,也就是说,只有合法和合理的经济活动才能在财务会计信息系统中予以确认。譬如,审核一张原始凭证时,要审核原始凭证反映的内容是否是企业真实发生的经济活动,抬头是否正确,数量是否正确,价格是否合理,要素填列是否完整等。只有这样,才能保证财务会计信息具有真实性,也只有真实的财务会计信息才能为做出正确的管理决策服务。譬如,通过会计核算,企业决策者可以获取一定期间企业实现的销售收入和应收账款数据,据此可以计算出本期应收账款的周转率和周转天数,通过比较本期和前期的应收账款的周转率和周转天数来分析企业的赊销政策,以此来决定是否要调整企业的赊销政策。再譬如,通过会计核算,企业决策者可以获取原材料的库存数据,根据日常耗用量计算原材料的可用天数,结合采购周期来做出是否需要采购的决定。

管理会计是用来规划未来经营活动的一种信息系统,它依赖历史的财务会计信息和对市场信息的调查与分析来制定未来行动的各种备选方案,为企业决策者提供决策信息。譬如,企业生产的一种产品是亏损的,一般的做法往往是停止生产,但这一决定也许是不明智的,可能会导致企业发生更多的亏损;再譬如,企业生产产品需要某一零部件,如果存在外购和自制两种方案,也需要运用管理会计方法比较哪种方案更划算。

综上所述,无论是财务会计信息还是管理会计信息都是企业做出决策必备的信息,有了这些信息才能实施相应的控制,并且只有真实、科学的信息才能保证企业做出决策的正确性。

(2) 评价经营业绩,发挥员工的能动性和主动性

财务会计和管理会计都具有评价企业经营业绩的作用。在财务会计方面,业绩的评价是通过财务报表的分析来完成的。譬如,企业的销售利润率完成情况,资产收益率高低,资产周转的快慢,等等。这种分析可以从总体上对企业的经营活动进行评价,发现问题后提出改进工作的对策。在管理会计方面,业绩的评价是在企业内部建立各种责任中心,通过推行责任会计来实现的。譬如,建立成本中心、利润中心、投资中心,明确各责任中心的责任,考核各责任中心业绩的完成情况。评价企业经营业绩可以为企业制定奖惩政策、员工的晋职晋升等提供依据,从而调动员工为企业作出更大贡献的能动性和积极性。

（3）参与经济决策，保证决策的科学性和正确性

决策就是决定企业未来的行动，是一个发挥聪明才智、集思广益的过程。决策者的决策不是一个人拍脑袋的事情，而是需要头脑风暴，更需要科学的依据。在决策过程中，决策离不开发现市场的机遇、工程技术人员的参与，更离不开会计人员的参与。从这一角度来看，决策包括收集数据、提供信息、讨论各种备选方案，直到最后选择最优方案的全过程。在这一过程中，会计提供信息的活动是其中的一部分，而会计部门和会计人员则是决策的重要参与者和支持者。只有会计人员参与经济决策，才能保证决策的科学性和准确性，企业才能有利可图。

（4）预测经济前景，增强企业发展的信心

现代会计可以起到实现预测企业经营活动、投资活动和理财活动前景的作用。就财务会计而言，企业决策者可以依据历史财务会计信息，分析、研判企业的发展前景。譬如，企业决策者可以根据企业历年实现的销售收入，分析、判断产品或服务市场的未来发展趋势；根据企业未来发展目标和其他相关资料，运用专门的方法，预计企业未来成本水平及其发展趋势；等等。就管理会计而言，现代会计是以未来的资金运动，特别是其中的预期现金流量为对象，运用科学的方法对未来的经营活动进行预测并加以规划。通过预测，企业决策者可以描绘企业未来的发展蓝图，增强企业的发展信心。

第二节　会计信息及利用

一、财务会计信息及其利用

（一）财务会计信息

在企业日常的会计核算中，企业所发生的各项经济业务都已按照一定的会计程序，在有关的账簿中进行全面、连续、分类、汇总的记录和计算。企业在一定时期内的财务状况和一定时期内的经营成果，在日常会计记录里都已得到反映；但是，这些日常核算资料数量太多，而且比较分散，不能集中、概括地反映企业的财务状况和经营成果。企业的投资者、债权人和财政、税务等部门以及其他与企业有利害关系的单位和个人，不能直接使用这些比较分散的会计记录来分析、评价企业的财务状况和经营成果，据以做出正确的决策。为此，企业有必要对日常会计核算资料进行定期的分类调整、汇总，按照一定的形式编制财务报表，以此总括、综合地反映企业的经济过程和结果，为有关方面进行管理和决策提供所需的会计信息。

财务报表是提供会计信息的一种重要手段。企业财务报表也称为会计报表，是指企业对外提供的、以日常会计核算资料为主要依据，反映企业某一特定日期财务状况和某一会计期间经营成果、现金流量的文件。

财务报表分为年度、半年度、季度和月度财务报表。企业的财务报表包括资产负债表、利润表、现金流量表、所有者权益变动表和附注。

1. 资产负债表

资产负债表（balance sheet）是反映企业在会计期末的全部资产，以及负债和所有者

权益情况的报表,是反映企业财务状况的静态报表。

资产负债表反映了会计的三个要素,即资产、负债和所有者权益。

(1)资产

资产是指过去的交易或事项形成并由企业拥有或控制的资源,该资源预期会给企业带来经济利益。任何企业的经营都离不开一定的资产,譬如厂房、设备、原材料等。

资产具有以下特征:

① 资产必须是由经济主体拥有者控制的。一般来说,一项资产要能成为企业的资产,企业必须拥有对资产的所有权,包括占有、使用、收益和处置的权利。譬如,企业建造的厂房,接受捐赠的仪器、设备等。但有一例外,企业通过分期付款租入的设备,企业拥有使用、收益的权利,按融资租赁合同约定,企业在租赁期满可以通过支付一笔购买款来获取对设备的占有权和处置权,因而会计可以把融资租入的设备比照企业自有资产来处理,列入资产负债表。与此相对应的经营性租入的设备就不同于融资租赁,不能列入企业资产负债表。

② 资产是能够给经济主体带来经济利益的资源,即有望给经济主体带来现金流入的资源。给企业带来经济利益的流入是资产的重要经济特征,如果一项资产不再能给企业带来经济利益的流入,就必须对这项资产予以报废处置。

③ 资产必须能以货币计量。也就是说资产价值能够运用货币进行计量,否则就不能作为资产确认。

资产按流动性分类可分为流动资产和非流动资产。流动资产是指预计在一年以内,或者超过一年的一个营业周期内变现、出售或耗用的资产。常见的流动资产主要包括货币资金、应收票据、应收账款、预付款项、存货等。非流动资产是指流动资产以外的资产。常见的非流动资产主要包括固定资产、在建工程、工程物资、无形资产等。

(2)负债

负债是指企业过去的交易或者事项形成的、预期会导致经济利益流出企业的现时义务。现时义务是指企业在现行条件下已承担的义务,未来发生的交易或者事项形成的义务,不属于现时义务的不应当确认为负债。

负债具有以下特征:

① 负债是由已经发生的经济业务引起的企业现时的经济义务。譬如,企业购买一台车床,款项尚未支付,那么企业承担在将来的某个时日履行偿还的责任。

② 负债要通过企业资产的流出或劳务的提供来清偿。企业在偿还债务时,可以用企业的资产来偿还,也可以通过提供劳务的方式来偿还。

③ 负债金额能够用货币计量或估计。

负债按流动性分类可以分为流动负债和非流动负债。流动负债是指将在一年或者超过一年的一个营业周期内偿还的债务,常见的流动负债主要包括短期借款、应付票据、应付账款、预收账款、应付职工薪酬、应交税费等。非流动负债是指偿还期在一年以上或者超过一年的一个营业周期以上的负债,常见的流动负债主要包括长期借款、应付债券、长期应付款等。

(3)所有者权益

所有者权益又称为净资产,是企业资产扣除负债后由所有者享有的剩余权益,公司的所有者权益又称为股东权益。所有者权益一般分为实收资本、资本公积、盈余公积、未分配利润等。

以上三个会计要素之间存在着内在的联系,即:资产＝负债＋所有者权益,这就是会计恒等式。资产负债表就是依据这一等式编制的。表 1-1 就是一个简化的资产负债表。

表 1-1 资产负债表

编制单位:　　　　　　　　　　　20××年×月×日　　　　　　　　　　　单位:元

资 产	期末余额	年初余额	负债和所有者权益	期末余额	年初余额
流动资产:			流动负债:		
货币资金			短期借款		
应收票据			应付票据		
应收账款			应付账款		
预付款项			预收款项		
其他应收款			应付职工薪酬		
存货			应交税费		
流动资产合计			流动负债合计		
非流动资产:			非流动负债:		
固定资产			长期借款		
在建工程			应付债券		
工程物资			长期应付款		
无形资产			非流动负债合计		
非流动资产合计			所有者权益:		
			实收资本		
			资本公积		
			盈余公积		
			未分配利润		
			所有者权益合计		
资产总计			负债和所有者权益总计		

2. 利润表

利润表(income statement)是反映企业一定会计期间净利润或净亏损情况的报表,属于动态报表。

利润表反映了会计的三个要素,即收入、费用和利润。

(1) 收入

收入是指企业在日常活动中形成的、会导致所有者权益增加的、与所有者投入资本无关的经济利益的总流入。

收入具有以下特征:

① 收入从企业的日常活动中产生,而不是从偶发的交易或事项中产生。譬如,企业因日常销售商品活动而收到货款或形成收取货款的权利,企业出租暂时不用房屋、设备而收到相应的租金,等等。这些活动都是企业日常的经营活动。如果生产型企业将不需要使用的设备出售给其他单位,其销售行为就是偶发的交易活动,所收取的款项就不构成企业会计意义上的收入。

② 收入可能表现为企业资产的增加,或企业负债的减少,或者二者兼而有之。譬如,

A企业销售商品100万元,收到B企业开具的一张100万元的支票,A企业将支票解送银行,就会使得企业的存款增加100万元;如果A企业原来欠B企业40万元,那么A企业在销售给B企业100万元商品时,首先要抵偿原先所欠的40万元债务,A企业可以向B企业索取余下的60万元货款。

③ 收入必然能导致企业所有者权益的增加。考察会计等式可以得知,当资产增加,或负债减少时,要使得会计等式成立,则所有者权益必然会增加。譬如,A企业原先有500万元资产,负债200万元,所有者权益300万元,此时满足:资产=负债+所有者权益。如果A企业销售商品100万元,收到B企业开具的一张100万元的支票存入银行,那么资产将增加到600万元,而负债没有变化,要使得会计等式成立,所有者权益应增加到400万元。

④ 与所有者投入资本无关的经济利益的总流入。资本所有者向企业追加投资也会增加资产,但不属于企业的日常经营活动,因此这一活动不符合会计意义上的收入。

收入可以分为主营业务收入、其他业务收入和投资收益。主营业务收入是企业主要经营活动所取得的收入,如生产型企业销售商品取得的收入,其在收入中的占比一般较大。其他业务收入是非主要生产经营活动中所取得的收入,如生产型企业销售多余材料取得的收入,其在收入中的比重一般较少。投资收益是企业对外投资所取得的收益与发生的亏损之间的差额,如企业购买股票取得的收入或发生的亏损,购买债券所取得的收入。

（2）费用

与收入相反,费用是指企业在日常活动中发生的、会导致所有者权益减少的、与向所有者分配利润无关的经济利益的总流出。

费用具有以下特点:

① 费用是企业在日常活动中发生的经济利益的总流出。譬如,企业日常销售商品,一方面导致收入的增加,另一方面使商品流出企业;再如,企业因办公需要安装了电话,使用电话就要支付电话费,这就导致管理费用的增加而存款资产或库存现金的减少。

② 费用会导致企业所有者权益的减少。同样考察会计等式可知,费用的发生将会使所有者权益减少。

③ 费用与向所有者分配利润无关。企业向所有者分配利润是企业对投资人投资给予的回报,是企业的一种责任使然。同样,企业向所有者分配利润也不是企业日常的经营活动,这会导致经济利益减少,且分配的利润不属于会计意义上的费用。

费用包括计入产品成本的费用和不计入产品成本的费用。前者包括制造产品耗用的材料费、支付给职工的工资和间接费用,产品的生产成本在产品销售以后转入当期费用。后者包括产品销售税金、管理费用、财务费用、销售费用、资产减值损失等,这些费用在发生时直接计入当期费用。

（3）利润

利润是指企业在一定期间的经营成果,包括收入与费用的差额、直接计入当期利润的利得或损失等。直接计入当期利润的利得或损失是指非日常经营活动导致经济利益的流入或流出。譬如,企业因出售固定资产取得收益、接受捐赠等导致经济利益流入而增加利润,或因销售固定资产发生损失、因排污被环保部门罚款等导致经济利益流出而减少利润。

利润可以分营业利润、利润总额和净利润。营业利润是营业收入与营业费用的差额;利润总额是营业利润与营业外收入之和,再减去营业外支出后的差额;净利润是利润总额减去所得税后的差额。简化的利润表如表1-2所示。

表 1-2　利润表

编制单位:　　　　　　　　　　20××年×月　　　　　　　　　　单位:元

项　　　目	本期金额	上期金额
一、营业收入		
减:营业成本		
营业税金及附加		
销售费用		
管理费用		
财务费用		
资产减值损失		
投资收益		
二、营业利润		
加:营业外收入		
减:营业外支出		
三、利润总额		
减:所得税费用		
四、净利润		

3. 现金流量表

现金流量表(cash flow statement)是反映企业一定会计期间,现金和现金等价物流入和流出情况的报表,属于动态报表。

企业的现金流量来自于经营活动产生的现金流量、投资活动产生的现金流量、筹资活动产生的现金流量三个方面。

(1) 经营活动产生的现金流量

经营活动(operating activity)是指企业投资活动和筹资活动以外的所有交易和事项。经营活动主要包括销售商品、提供劳务、经营租赁、购买商品、接受劳务、广告宣传、推销产品、交纳税款等。经营活动流入的现金主要包括:① 销售商品、提供劳务收到的现金;② 收到的税费返还;③ 收到的其他与经营活动有关的现金。经营活动流出的现金主要包括:① 购买商品、接受劳务支付的现金;② 支付给职工以及为职工支付的现金;③ 支付的各项税费;④ 支付的其他与经营活动有关的现金。

(2) 投资活动产生的现金流量

投资活动(investment activity)是指企业长期资产的购建,不包括在现金等价物范围内的投资及其处置活动。投资活动主要包括:取得和收回投资,购建和处置固定资产、无形资产和其他长期资产等。投资活动流入的现金主要包括:① 收回投资所收到的现金;② 取得投资收益所收到的现金;③ 处置固定资产、无形资产和其他长期资产所收回的现金净额;④ 收到的其他与投资活动有关的现金。投资活动流出的现金主要包括:① 购建固定资产、无形资产和其他长期资产所支付的现金;② 投资所支付的现金;③ 支付的其他与投资活动有关的现金。

(3) 筹资活动产生的现金流量

筹资活动(raising activity)是指导致企业资本及债务规模和构成发生变化的活动。与资本相关的活动包括吸收投资、发行股票、分配利润等。与债务相关的活动有发行债券、向金融企业借入款项以及偿还债务等。筹资活动流入的现金主要包括:① 吸收投资所收到的现金;② 取得借款所收到的现金;③ 收到的其他与筹资活动有关的现金。筹资活动流出的现金主要包括:① 偿还债务所支付的现金;② 分配股利、利润或偿付利息所支付的现金;③ 支付其他与筹资活动有关的现金。

表 1-3 是一个简化的现金流量表。

表 1-3 现金流量表

编制单位: 20××年×月   单位:元

项　目	本期金额	上期金额
一、经营活动产生的现金流量:		
销售商品、提供劳务收到的现金		
收到的税费返还		
经营活动现金流入小计		
购买商品、接受劳务支付的现金		
支付给职工以及为职工支付的现金		
支付的各项税费		
经营活动现金流出小计		
经营活动产生的现金流量净额		
二、投资活动产生的现金流量:		
收回投资收到的现金		
取得投资收益收到的现金		
处置固定资产、无形资产和其他长期资产收回的现金净额		
投资活动现金流入小计		
购建固定资产、无形资产和其他长期资产支付的现金		
投资支付的现金		
投资活动现金流出小计		
投资活动产生的现金流量净额		
三、筹资活动产生的现金流量:		
吸收投资收到的现金		
取得借款收到的现金		
筹资活动现金流入小计		
偿还债务支付的现金		
分配股利、利润或偿付利息支付的现金		

续表

项 目	本期金额	上期金额
筹资活动现金流出小计		
筹资活动产生的现金流量净额		
四、汇率变动对现金及现金等价物的影响		
五、现金及现金等价物净增加额		
加:期初现金及现金等价物余额		
六、期末现金及现金等价物余额		

4. 所有者权益变动表

所有者权益变动表(statement of owners'equity change)是指反映构成所有者权益的各组成部分当期增减变动情况的报表。

在所有者权益变动表中,企业至少应当单独列示反映下列信息的项目:

(1) 净利润;

(2) 直接计入所有者权益的利得和损失项目及其总额;

(3) 会计政策变更和差错更正的累积影响金额;

(4) 所有者投入资本和向所有者分配利润等;

(5) 按照规定提取的盈余公积;

(6) 实收资本(或股本)、资本公积、盈余公积、未分配利润的期初和期末余额及其调节情况。

表 1-4 是一个简化的所有者权益变动表。

表 1-4 所有者权益变动表

编制单位: 　　　　　　　　　　20××年　　　　　　　　　　单位:元

项 目	本年金额						上年金额					
	实收资本(或股本)	资本公积	减:库存股	盈余公积	未分配利润	所有者权益合计	实收资本(或股本)	资本公积	减:库存股	盈余公积	未分配利润	所有者权益合计
一、上年年末余额												
加:会计政策变更												
前期差错更正												
二、本年年初余额												
三、本年增减变动金额												
(一)净利润												
(二)直接计入所有者权益的利得和损失												
(三)所有者投入和减少资本												
(四)利润分配												
(五)所有者权益内部结转												
四、本年年末余额												

5. 财务报表附注

财务报表附注是为了便于财务报表使用者理解财务报表的内容而对财务报表的编制基础、编制依据、编制原则和方法及主要项目等所作的解释。

财务报表项目是被高度浓缩的会计信息,且由于经济业务的复杂性和企业在编制财务报表时可能选择不同的会计政策,因此,企业需要通过财务报表附注对财务报表的编制基础、编制依据、编制原则和方法及主要事项等进行解释,以此增进会计信息的可理解性,同时使不同企业的会计信息的差异更具可比性,便于进行对比分析。

财务报表附注的主要内容包括:

(1) 不符合基本会计假设的说明。

(2) 重要会计政策和会计估计的说明,以及重大会计差错更正的说明。会计报表附注应披露的重要会计政策主要包括:① 编制会计合并报表所采纳的原则;② 外币折算时所采用的方法;③ 收入的确认原则;④ 所得税的会计处理方法;⑤ 短期投资的期末计价方法;⑥ 存货的计价方法;⑦ 长期股权投资的核算方法;⑧ 长期债权投资的溢折价的摊销方法;⑨ 坏账损失的具体会计处理方法;⑩ 借款费用的处理方法;⑪ 无形资产的计价及摊销方法;⑫ 应付债券的溢折价的摊销方法。

(3) 或有事项的说明。

(4) 资产负债表日后事项的说明。

(5) 关联方关系及其交易的说明。

(6) 会计报表中重要项目的说明。会计报表中的重大项目主要有:① 应收款项(不包括应收票据)及计提坏帐准备的方法;② 存货、投资核算的方法;③ 固定资产计价和折旧方法;④ 无形资产计价和摊销的方法;⑤ 长期待摊费用的摊销方法;⑥ 收入的分类及金额;⑦ 所得税的会计处理方法。

(7) 其他重大会计事项的说明。其他重大会计事项主要有:① 企业合并、分立;② 重要资产的转让或出售情况;③ 重大投资、融资活动;④ 合并会计报表;⑤ 其他有助于理解和分析会计报表的事项。

(二) 财务会计信息的利用

财务报表能够全面地反映企业的财务状况、经营成果和现金流量情况,但是单纯从财务报表上的数据还不能直接或全面地说明企业的财务状况,特别是不能说明企业经营状况的好坏和经营成果的高低,只有将企业的财务指标与有关的数据进行比较才能说明企业财务状况所处的地位,因此企业还要进行财务报表分析。做好财务报表分析工作,可以正确评价企业的财务状况、经营成果和现金流量情况,揭示企业未来的报酬和风险;可以检查企业预算完成情况,考核经营管理人员的业绩,为建立健全合理的激励机制提供帮助。

财务报表可以为企业管理提供偿债能力、营运能力、盈利能力和成长能力等几方面的信息。

1. 偿债能力信息

偿债能力是指企业偿还到期债务的能力。偿债能力的大小不仅反映了企业对债权人权益的保障程度,而且反映了企业财务风险的大小。衡量企业偿债能力的指标主要有:① 流动比率;② 速动比率;③ 现金比率;④ 资产负债比率;⑤ 产权比率;⑥ 所有者权益比率;⑦ 利息保障倍数。

2. 营运能力信息

营运能力是反映企业经营管理、利用资金的能力。通常来说,企业生产经营资产的周转速度越快,资产的利用效率就越高。衡量企业营运能力的指标主要有:① 应收账款周转率;② 存货周转率;③ 流动资产周转率;④ 总资产周转率;⑤ 固定资产周转率。

3. 盈利能力信息

盈利能力是企业获取利润的能力。利润是投资者取得投资收益,债权人收取本息的资金来源,是衡量企业长足发展能力的重要指标。衡量企业盈利能力的指标主要有:① 销售净利率;② 总资产报酬率;③ 净资产收益率。

4. 成长能力信息

成长能力指标是对企业的各项财务指标与往年相比的纵向分析。通过成长能力指标的分析,能够大致判断企业的变化趋势,从而对企业未来的发展情况做出准确预测。衡量企业盈利能力的指标主要有:① 销售增长率;② 资本积累率;③ 资产增长率;④ 净利润增长率。

5. 现金流量信息

现金是企业最活跃、最具有生命力的经济来源。企业的变现能力是一个企业经营状况的重要标志,它反映了企业资本的周转速度,也反映了企业的获利能力。与营运资本相比,现金流量不含期望变现的其他资产项目,能客观反映企业的变现能力,以及收支现金流量反映的财务活动,也更能说明资产的变现过程。通过现金流量分析借以发现和揭示企业在现金流转方面存在的问题,这对企业未来的现金流量进行科学预测提供了依据。衡量现金流量变化的指标主要有:① 现金流量的结构分析;② 流动性分析;③ 财务弹性分析;④ 收益质量分析。

财务报表的具体分析与利用详见第九章。

二、 管理会计信息及利用

财务会计信息反映过去经营活动的结果,借助于这些信息一方面可以了解一个企业过去的成长发展,另一方面可以用来研判企业未来的发展走向。但是,企业管理者应该清楚地认识到过去并不能简单地代表未来,企业经营所处环境(包括外部环境和内部环境)的变化将会深刻影响企业的发展。因此,仅依赖历史数据来分析判断企业未来的发展方向是不准确的。管理会计的出现弥补了财务会计在财务信息分析以及提供相关决策依据等方面的不足,解决了财务会计不能实现企业管理的这个"短板"问题。管理会计信息通常包括以下几个方面。

(一) 盈利能力信息

财务会计中的盈利能力信息是在按照财务会计标准核算出的利润基础上计算而得出来的。利润是收入与成本费用之间的差额,因此,当收入一定时,成本费用的高低决定了利润的多少。成本越高,利润越少;成本越低,利润越多。收入与成本费用之间的关联度越强,利润的真实程度就越高。企业在生产经营中会发生诸如折旧费之类的固定性制造费用,这些费用的发生只与企业是否经营有关,而与产品的销量无关,也就是说,无论企业是否实现收入,这些费用也一定会发生。财务会计核算时,如果把一部分固定性制造费用计入了产品成本，企业实现的利润就会被夸大。譬如，企业本期完工入库的产品数量为 40 件，成本为 100 万元，其中计入产品成本的固定性制造费用为 40 万元。如果本期销售 20 件，实现收入 60 万元，成本费用 50 万元，那么财务会计利润为 10 万元。此时，固定性制造费用中的 20 万元与收入 60 万元进行了配比，固定性制造费用中的另外 20 万元沉淀在企业的存货中。如果把沉淀在企业存货中的 20 万元当作当期费用，也与收入配比的话，企业利润就会变成负的 10 万元，也就是将亏损 10 万元。由此可以看到，不同的成本概念形成的企业利润是不一样的。管理会计中，把成本分为与产量（或销量）相关的变动成本和与产量（或销量）无关的固定成本，并依据这一成本概念进行产品生产的盈亏平衡分析、实现目标利润生产决策分析及利润的敏感性分析等。

管理会计的盈利能力分析详见第十章。

（二）预测信息

以市场为导向开展企业的生产经营活动是市场经济发展的必然要求。预测是决策的基础，对于创业企业而言，必须高度重视企业经营的预测工作。企业经营的预测工作通常包括销售预测、成本预测、利润预测和资金预测等几个方面。销售预测是指根据市场调查所得到的有关资料，对有关因素进行分析研究，预计和测算特定产品在一定时期内的市场销售量及其变化趋势，进而预测本企业产品未来销售量的过程。成本预测是指根据企业未来发展目标和其他相关资料，运用专门的方法，预计企业未来成本水平及其发展趋势的过程。利润预测是指在销售预测和成本预测的基础上，根据企业未来发展目标和其他相关资料，预计企业未来应达到和可望实现的利润水平及其变动趋势的过程。资金预测是指在销售预测、利润预测和成本预测的基础上，根据企业未来经营发展目标并考虑影响资金的各项因素，运用一定方法预计、推测企业未来一定时期内或一定项目所需要的资金数额、来源渠道、运用方向及其效果的过程。销售预测、成本预测、利润预测和资金预测等预测工作之间存在着内在的必然联系，前者依次是后者的基础，其中，销售预测是最为关键的预测工作，是其他各项预测的前提。

企业预测信息分析详见第十一章。

（三）决策信息

决策是企业经营管理的核心。一个管理者每天都会采取许多的行动，也就是说每天都会做出许多的决策。决策的正确与否，不仅直接影响到企业的经济效益，而且关系到企业的兴衰成败。

决策是指企业管理在现实条件下，为了达到预期的经营目标，通过预测及对比分析，在两个或两个以上的备选方案中选择最佳方案的过程。因此，决策是经过科学的计算和分析，全面衡量其得失后所做出的最优抉择，一般来说，它具有较高的科学性和可靠性，有助于企业决策者克服主观片面性。

决策分析贯穿于企业生产经营活动的始终，涉及面广，要解决的问题多，这就决定了决策的种类具有多样性。譬如，在日常的经营活动中，企业面临生产安排、品种规划、追加订货、定价决策等，这些行为决策之间的时间间隔通常较短，故将其称为短期生产经营决策。此外，企业还会遇到对企业的发展方向及其规模等重大问题进行的决策，诸如厂房、设备的新建与更新，新产品的开发，设计方案的选择与工艺改革，企业剩余资金投向等决策,这些决策通常时间间隔较长,故将其称为长期经营决策。

决策信息的分析详见第十二章。

(四) 预算信息

决策选定方案的实施和目标的实现,有赖于严密的计划和控制。预算是实现目标的重要环节,通过预算将经营过程中的各项工作和目标逐步分解,使之数量化和具体化,并通过协作沟通层层落实,成为各执行部门的工作目标和依据。企业预算一般可具体分为经营预算(或业务预算)、资本预算、筹资预算和财务预算。经营预算是对计划期内各种经营活动的预算,包括销售预算、生产预算、直接材料预算、直接人工预算、制造费用预算、产品成本预算、销售及管理费用预算等。资本预算是企业在预算期内进行资本性投资活动所进行的预算,包括固定资产投资预算和对外投资预算等。筹资预算是企业在预算期内需要向银行借入的借款、发行的债券以及还本付息所做的预算。财务预算是以业务预算、资本预算和筹资预算为基础,反映企业在计划期内有关现金支出、经营成果和财务状况的预算,包括现金预算、预计损益表、预计资产负债表等。

预算信息的编制与分析详见第十三章。

(五) 评价信息

随着企业规模的扩大,企业的组织结构趋向扁平化,分权管理已是必然。分权管理的实施依赖在企业内部建立各种责任中心,如成本中心、投资中心和利润中心等,明确各责任单位应负的责任并赋予相应权力。分权管理同时要求企业建立健全内部管理控制,加强对内部责任单位的管理。业绩评价是内部管理控制的重要组成部分。企业通过建立业绩评价系统,对经营者的业绩做出判断,考核各责任中心责任的履行情况,以便奖勤罚懒、奖优罚劣,正确处理分配关系,保证经济责任制的贯彻执行。

责任中心的建立与业绩评价详见第十四章。

第三节　会计循环

一、企业资金循环

会计核算和监督的对象是企业的资金运动。以工业企业为例,工业企业开展生产经营活动,必须拥有一定数量的财产物资,譬如存款、厂房、生产设备、原材料等,这些财产物资的货币表现就是资金。工业企业的生产经营活动主要包括供应、生产、销售三个过程。在供应过程中,企业要用货币购买材料、物资,并按照等价交换的原则支付货款及采购费用,结转材料采购成本。这时资金从货币资金形态转化为储备资金形态。在生产过程中,企业通过劳动者制造产品,发生固定资产和材料等物化劳动和劳动者活劳动的耗费,这些生产费用要归集和分配到各种产品上去,结转产品生产成本。随着生产费用的支出,资金就从储备资金形态转化为生产资金形态。产品制成以后,资金又从生产资金形态转化为成品资金形态。在销售过程中,企业出售产品,并根据等价交换原则收取货款,这时资金又从成品资金形态转化为货币资金形态,其间还要支付销售费用、交纳税金、结转销售产品的生产成本,计算财务成果。由此可见,企业的资金处在不断的变化之中,故将其称为资金运动,而这种从货币资金历经储备资金、生产资金、成品资金,最终又回到货币资金的过程,称为资金循环。这种年复一年、不断往复发生的运动,称为资金周转。这一过程的具体内容如下。

1. 资金筹集业务

任何一个企业要生存和发展,首先必须要有资金。资金从何而来?主要有两个渠道,即投资者投入资金和从债权人处借入资金。创办一个企业,首先要有本金。本金是企业在工商行政管理部门注册登记的必要条件。投资人可以用货币资金、实物资产、无形资产等资产投入企业,这种由投资者投入的资金形成了企业的所有者权益。投资人投入的资金,主要通过"实收资本"和"资本公积"账户进行核算。

企业在生产经营过程中,若出现资金短缺情况,可以向银行或其他金融机构借入款项,以满足生产经营的需要。这种从债权人处借入的资金形成了企业的债权人权益,即企业的负债。企业应当按期偿还借入的款项及偿付产生的利息。借入的款项及其偿还借款产生的利息,主要通过"短期借款""长期借款""应付债券""财务费用"等主要账户进行核算。

2. 采购业务

企业在筹集到所需的资金后,就进入生产准备阶段。供应阶段就是制造业企业的生产准备阶段。在即将生产产品前,应该为各项生产做好准备,包括生产手段的准备和生产对象的准备。一方面需要购建厂房、其他建筑物和机器设备等劳动资料,会计上称为固定资产,其占用的资金形态称为固定资金;另一方面需要购入材料物资等劳动对象,会计上称为原材料,其占用的资金形态称为储备资金。因此,企业要核算固定资产的购置以及材料的买价和采购费用,确定其采购成本,这主要通过"固定资产""原材料""银行存款""应付账款""应付票据""长期应付款"等账户进行核算。

3. 生产业务

生产过程是指工业企业从材料投入开始,到产品完工入库为止的全部过程。生产过程中的主要经济业务是产品的生产。在这个过程中,既有劳动资料的耗费,又有劳动对象的耗费;既有物化劳动的耗费,又有活劳动的耗费。生产过程实际上是劳动耗费过程与产品形成过程的统一。

在生产过程中所发生的用货币表现的各种耗费,称为生产费用,其占用的资金形态称为"生产资金"。它主要包括为生产产品所消耗的原材料、辅助材料、燃料和动力,生产工人的工资及职工福利费,厂房和机器设备等固定资产的折旧费,以及管理和组织生产、为生产服务而发生的各种费用。这些生产费用,要按一定种类的产品进行归集和分配,以计算产品的生产成本。完工入库的产品称为"产成品",其占用的资金形态称为"成品资金"。用来核算生产业务的账户主要有"生产成本""制造费用""应付职工薪酬"等。

4. 销售业务

从产成品验收入库开始,到将产品销售给购买方为止的过程称为销售过程。在这个过程中,一方面企业将产品销售出去,并按照产品的售价向购买方办理价款的结算,获得销售收入;另一方面应结转产品销售成本(销售产品的实际生产成本)。在销售过程中,还会发生各种销售费用,如包装费、运输费、保险费、广告费以及为销售本企业产品而专设的销售机构的职工工资、业务费等经常费用,这些费用作为期间费用,从取得的销售收入中得到补偿。企业取得的销售收入,还应按税法的规定计算应向国家交纳的税金。可见,企业销售过程中发生的主要经济业务包括:将产品销售出去并办理价款的结算,确定产品的销售成本、销售费用和销售税金。此外,企业在销售过程中还会发生一些其他业务,如材料的销售、包装物出租、固定资产出租等。企业发生的销售业务,主要通过"主营业务收入""其他业务收入""营业成本""其他业务成本""管理费用""销售费用"等账户进行核算。

5. 利润形成及分配业务的核算

利润是企业在一定会计期间所取得的经营成果,是一定期间内各项收入与费用相抵后的差额。如果为盈利,企业应按国家税法的规定,向国家缴纳所得税,实现的税后利润在提取盈余公积后可以向投资者进行分配;如果为亏损则应进行弥补。通过资金的补偿和分配,一部分资金将要退出企业,而另一部分资金会重新投入到企业的生产经营过程中去,开始新的资金循环。因此,利润形成及分配业务的核算主要包括利润形成的核算和利润分配的核算。企业实现的利润及其分配业务,主要通过"本年利润""利润分配""所得税费用""盈余公积"等账户进行核算。经济业务流程如图 1-1 所示。

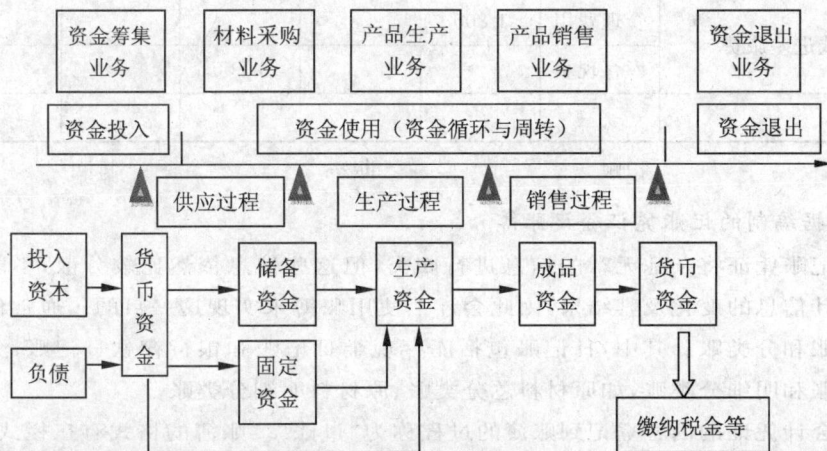

图 1-1 企业经济业务流程

二、 会计工作循环

财务会计信息是在分析企业发生的经济业务的基础上,按照一定的标准(会计准则)加工而形成的。加工会计信息需要按照一定的工作程序逐步展开。所谓会计工作循环是指会计信息系统运用一系列程序与方法,按一定顺序进行依次继起的账务处理程序。一个完整的会计工作循环包括根据发生的经济业务取得或填制会计凭证,根据编制的会计凭证登记账簿,编制调整前试算表,进行期末账项调整,编制调整后试算表,编制财务报表,结账等程序。具体过程如下。

1. 根据发生的经济业务取得或填制会计凭证

经济业务发生或完成以后,业务的经办人员应当索取或填制已经发生或完成经济业务的有关凭证。譬如,出差人员应当索取证明出差的车票、住宿费发票;车间向仓库领用材料后应当填制领料单;销售产品后应当开具销售发票;等等。这些用来证明经济业务发生或完成情况的凭证,会计上称为"原始凭证"。原始凭证是企业管理的一种信息,但这种信息是分散、无序的,并不能真正为管理所用。因此,会计人员需要将这些信息进行归类,将之系统化。会计上用来归类的方法称为"记账凭证"。记账凭证是根据审核无误的原始凭证进行编制的,因为真实合法的原始凭证是记账凭证编制正确性的前提,也是会计信息的真实反映。例如,天宝工厂经理钱进出差共发生差旅费 1 800 元,他将取得的相关车票、住宿费发票等交给会计人员,于是,负责会计报销的人员支付给钱进 1 800 元现金。因为钱进是为企业的公务而出差,所以,会计人员将发生的 1 800 元费用计入企业的"管理费用",同时企业的现金减少了 1 800 元,计入"库存现金",记作"借:管理费用 1 800,贷:库存现金 1 800",这在会计上称为"会计分录"。会计分录是记账凭证的主要内容。通过会计分录将企业发生的各类经济业务进行归类整理,杂乱无章的信息就会变成有序的会计信息。记账凭证示例如表 1-5 所示。

表 1-5　记账凭证

单位名称:天宝工厂　　　　　　　20××年 11 月 8 日　　　　　　　凭证编号:现付字 1 号

摘　　要	会计科目	借方科目		贷方科目		账页
		一级科目	明细科目	一级科目	二级科目	
支付钱进差旅费	管理费用	1 800				
	库存现金			1 800		

会计主管　　　　　　记账　　　　　　审核　　　　　　制单

2. 根据编制的记账凭证登记账簿

通过记账凭证将杂乱无章的信息进行归类,但这些信息依然比较分散,不能集中反映某类会计信息的变化及其结果,因此会计上使用账簿来实现这一目的。通常使用的账簿有日记账和分类账。其中,日记账包括库存现金日记账和银行存款日记账;分类账包括总分类账和明细分类账,如原材料总分类账、原材料明细分类账。

根据会计凭证的内容登记到账簿的过程称为"过账"。账簿的格式有三栏式、多栏式和数量金额式。不同格式的账簿可为企业管理提供不同的管理信息,包括数量信息和货币信息。表 1-6 为三栏式总分类账的格式。

表 1-6　库存现金总分类账

20××年		凭证字号		摘要	借方						贷方						借或贷	余额
月	日	字	号		千	百	拾	元	角	分	千	百	拾	元	角	分		
11	1	现付	1	月初余额													借	5 000
	8			支付钱进差旅费								1	8	0	0	0	0		3 200
	31			本期发生额及余额								1	8	0	0	0	0	借	3 200

3. 对账与编制调整前试算表

财务报告是依据账簿记录编制完成的,因此只有账簿记录正确才能保证财务报表能够真实反映企业经营活动的结果。在编制调整前的试算平衡表之前,对账工作是会计工作循环中非常重要的环节,包括账证核对、账账核对和账实核对。

编制调整前试算平衡表是检验账簿记录是否正确的一种有效的方法。在这个步骤中,要检验总分类账户中各项借方余额和贷方余额是否相等,即根据借贷记账法的基本原理进行所有总分类账户的借方与贷方总额的试算平衡,并将这些会计信息用适当的方法进行汇总。如果所有总分类账户的借方余额合计不等于所有总分类账户的贷方余额合计,那么说明账簿记录存在错误,这就需要继续检查账簿记录,直至满足所有总分类账户的借方余额合计等于所有总分类账户的贷方余额合计。

4. 编制期末调整分录并过账

按现行企业会计准则规定,企业财务会计在确认收入和费用时应当遵循权责发生制原则,也就是说,收入和费用的确认并非按照收到或付出款项为标准,而是以取得索取款项的权利或偿付款项的责任为标准。例如,企业在一定会计期间使用了固定资产,那么就要反映因使用固定资产而发生的价值损耗,这称为"固定资产折旧";如果企业使用了银行的借款,同样需要计算应该承担的利息费用。对总分类账户的有关记录进行调整,才能正确计算企业当期的经营成果。

5. 编制调整后试算平衡表

因为上个步骤对分录进行了调整,并重新过账,所以编制调整后试算平衡表这一步骤是必须要做的,而且这便于会计人员再次检验账簿记录的正确性。

6. 编制财务报表

编制财务报表是企业向外界传递企业经营情况的重要手段,是企业对投资人、债权人及其他利益相关者的一种责任。在会计期末,企业要根据账簿记录进行分析、汇总,按照企业会计准则的规定编制出财务报表,以反映企业的财务状况和经营成果,并对其加以必要的注释和说明。

7. 结账与结账后试算表

在会计期末,企业要将各种收入类账户和费用类账户转到有关账户中,结清收入和费用账户,以便算出本期(本次会计循环)的经营成果;同时,要将资产、负债和所有者权益类账户的余额结转到下一会计期间,作为下一会计期间的期初余额,以便会计的连续记录。

以上七个环节全面地反映了一个会计主体在一定会计期间内的会计核算工作的所有内容,构成了一个完整的会计工作循环。其中前三个环节属于会计主体日常的会计核算工作内容;后四个环节属于会计主体在会计期末的会计核算工作内容。会计工作循环的过程如图 1-2 所示。

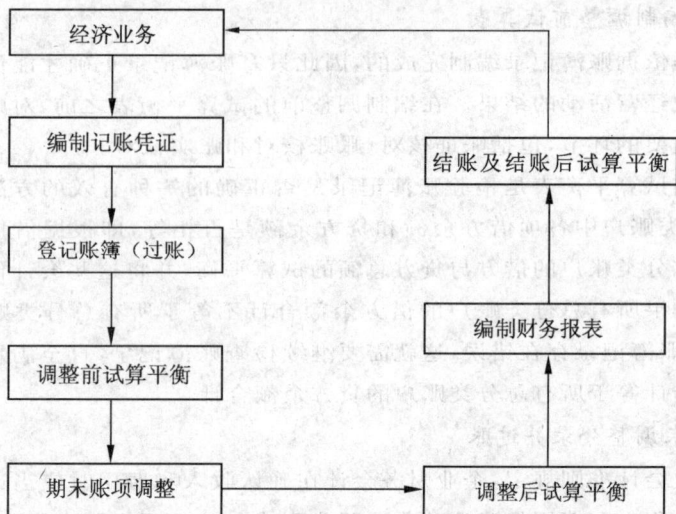

图 1-2　会计工作循环

在会计循环过程中,任何会计主体核算和监督所发生的经济业务时,都要采用适合的会计核算方法,而会计凭证的取得和填制、会计账簿的登记和会计报表的编制,就是会计主体在会计核算中常用的三种方法。在持续经营的企业内,会计循环正是通过各种记账凭证的填制、各种账簿的登记和各种会计报表的编制在每一个会计期间内周而复始地不断进行的,进而形成了有序的会计工作循环。

本章小结

　　企业是劳动分工发展到一定阶段的必然产物。社会分工的不断细化有力地促进了技术的进步,使得人类的物质文化越来越丰富、生活水平越来越高,同时推动了社会的飞速发展。创业者在选择与企业融合、实施创业梦想时,应当清楚地认识企业的功能,认真地履行企业的责任,不能把追求经济利益视作创业的唯一目标。创业管理是一门学问,其重要性不言而喻。认识会计,理解会计并掌握会计知识有助于创业者做出明智的决策。

　　会计是一门世界通用的管理语言。它主要以货币作为计量手段,对企业已经发生或将要发生的经营活动进行确认和计量,并报告经营活动的结果。会计信息可以分为财务会计信息和管理会计信息。其中,财务会计信息是反映过去已经发生或完成的经营活动的结果,不仅可以为评价与考核管理效果提供依据,也可以为未来将要开展的经营活动提供决策信息。管理会计信息是反映未来将要开展的经营活动的结果,是企业管理决策最为重要的信息。

　　会计的对象是企业的资金运动。企业从不同来源获取资金后,首先要准备开展生产经营活动的三个要素,即购置房屋、设备,购买材料,招募员工;其次利用设备对材料进行加工形成产品;最后将产品出售收回资金,缴纳相关税费并进行分配。可见,企业的资金始终处于不断的变化状态。会计就是用来记录这一过程的科学方法。财务会计是按照企业会计准则的规定,经过一系列严密的加工过程,最终形成财务会计信息。

》思考题

1. 企业究竟是怎样产生的? 它对市场有什么贡献?

2. 从企业的功能来看,你认为创业企业应当履行哪些责任?

3. 你认为会计对于创业企业的管理重要吗?

4. 会计信息可以分为哪几类? 各自有什么作用?

5. 会计要素可以分为哪几类? 它们之间存在怎样的关系?

6. 企业资金是如何循环运动的?

7. 会计工作循环包括哪些过程? 如何理解会计工作循环是一个严密的过程?

8. 你认为有必要学习会计知识吗?

第二章　创业项目决策

【本章导读】

创业是每个人的梦想，有了梦想如何付诸于实践？创业者如何充分利用机会，实现价值的创造？一个创业者从创业构思到开张经营，并初步建立起经营基础，逐渐进入到稳定的阶段，这是一个艰辛的过程。创业机会的识别是创业过程的起点，是创业的关键环节，创业者须选取那些回报潜力大并有能力去利用的机会作为创业项目。创业资金是关系到创业成败的首要因素，因此，在预测资金需要量的基础上，创业者还要了解如何选取适当的融资方式筹集所需资金。本章将从创业者的视角来展现创业过程及相关决策。

【学习目标】

1. 理解创业的概念及特征；了解创业的类型及程序。

2. 掌握创业项目资金预算的方法；了解融资及创业融资特点；掌握融资的类型及创业融资资金来源。

3. 理解创业融资决策；掌握货币时间价值的含义及计算；掌握现金流量的估算；掌握项目投资决策的方法。

引例

"粽子女王"贺燕萍

贺燕萍，1986年出生在浙江省绍兴市。贺燕萍的创业思路是在2006年大学快毕业进行社会实践时形成的，她在市场调查中发现，如今粽子已经从单纯的节令食品，发展为一年四季的佳品，市场潜力较大。于是，一个大胆的想法清晰地展现在她脑海：她要从家乡人们天天吃的小粽子入手，让地方传统小吃带入深厚的文化内涵，把它打造、包装成一个产业。

贺燕萍花了几个月的时间，先后到丽水、嘉兴、义乌等地，拜了五位师傅，博采众长，终于做出具有"精、巧、奇、专"四大特色的粽子，她还起了个名字——小糯粽。

　　要把粽子做成产业，最需要的是资金，这个问题困扰了她很久。2006 年 11 月，绍兴市工商局、劳动局、科技局等部门共同举办了一次大型商务实践活动——创业绍兴，活动内容是向全市征集商业计划和创新项目，凡获得优胜奖者，可获得 50 万元的无息创业贷款。

　　贺燕萍递交了一份创业计划书，在计划书中她提出要塑造专业的品牌，走产品市场专业化道路，不但要给粽子开连锁专卖店，抢占市场份额，同时要为粽子穿上"华丽的衣裳"，和酒店、餐馆、超市、商场连成一体，整合市场营销。在接下来的阐述、答辩等环节中，她一举夺魁，获得这次活动的"风暴项目奖"，取得了 50 万元的无息创业贷款。

　　2007 年 9 月初，绍兴市区大云市场门口开了第一家"妙馋记"的粽子店。3 个多月后，贺燕萍已经拥有 4 家专卖店，净利润有 5 万多元。

第一节　创业项目资金预算

一、创业概述

(一) 创业概念

　　纵观创业学术研究史，不难发现创业已经充斥到社会的各个领域，学者们对创业的定义也是见仁见智，其中有两大学派的定义被广泛接受。以斯蒂芬森（Howard H. Stevenson）为代表的哈佛商学院派认为，创业是不拘泥于当前所控制资源而探寻机会并创造价值的过程；以蒂蒙斯（Jeffry A. Timmons）为代表的百森商学院派认为，创业是一种思考、推理和行动的方法，它不仅要受机会制约，还要求创业者有完整缜密的实施方法和讲求高度平衡技艺的领导艺术。哈佛商学院派强调了创业的本质，即创业的本质在于把握机会，不是等到资源齐备后再去寻找机会，而是机会在先，资源整合在后；百森商学院派既强调机会的重要性，同时也强调创业者如何实现创业，并创造价值的方法。因而，两种定义各有所长，各有侧重。

　　本书认为：创业是创业者积极地探寻机会，积极整合资源，充分利用机会，实现价值创造的过程。

　　创业具有如下特征：

　　第一，创业在本质上是一种创新活动。创新意味着从无到有，从小到大，由旧变新，由弱变强。而新事物、新价值、新内容、新功能等是创业的本质含义。因此，这也就意味着要完成创业过程，就要付出艰苦努力。

　　第二，创业是一种高风险活动。创业存在风险，创业结果具有不确定性。成功与失败是可以预期的创业结果，但它们的出现都不是必然的，会受创业过程中各种因素所影响。这些因素包括技术进步、市场变化、政策调整、财务结构以及行为的机会主义等。当前的创业大多发生在高科技产业，如信息、生物、新材料、新能源等，更多的是凭借创业者高智力劳动进行的。高智力劳动使得创新过程更难以把握,创新结果的不确定性更大,这也会加剧创业的风险。所以,强化风险意识、仔细识别风险、尽早化解风险,是创业者在创新活动中最重要、最经常、最紧迫的任务。

第三,创业活动包括机会的寻找和后续管理过程。一般来说,创业包括预想企业阶段和实际企业阶段。预想企业阶段是指设计商业计划和组织创业资源阶段;实际企业阶段是指创业机构正式运行后的阶段。对新企业的创业过程来说,实际企业阶段包括初创期、成长期和成熟期。一个真正的创业者在制订企业计划、组织创业资源时,就已经开始了创业管理活动。对企业发展来说,任何意义的创业行为,最终都必须转换为有效的管理行为。

(二) 创业类型

1. 个体创业与公司创业

按照价值创造的主体来分类,创业可以分为个体创业与公司创业。个体创业主要指不依托于某一特定组织而开展的创业活动,而公司创业主要指依托于某一特定组织而开展的创业活动。虽然就创业本质而言,公司创业与个体创业有许多共同点,但是,两者还存在着一些明显的区别,如表 2-1 所示。

表 2-1　公司创业与个体创业的区别

类型	公司创业	个体创业
范围	在已有的组织环境下的创新,要考虑组织的物质、人力资源,以及其他的约束条件	通常无此限制
获得的支持	可以从现有组织的制度、管理、资源等诸多方面汲取养分	一般能得到最多的是风险资本的投资
风险	在公司内部有限范围内的激进式变革,哪怕失败,也不会影响整个组织的生存	更像是"赌博"
规划	更关注如何将短期与长期利益协调发展,并制订详细的计划、预算	以追求短期利益为主,以抓住时机为手段,避免制订详细的计划
障碍	最大挑战来自于官僚组织体制和既定的企业文化	可能来自于资金的短缺和管理层面、操作层面的技巧

2. 机会型创业与生存型创业

按照价值创造的动机来看,创业可以分为机会型创业和生存型创业。在机会型创业中,创业者把创业作为其职业生涯中的一种选择,创业者实施创业活动是由于发现了某一个具备潜在价值的创业机会,创业活动是机会导向的。在生存型创业中,创业者则是把创业作为其不得不做出的选择,因为所有的其他选择要么没有,要么不满意,创业者必须依靠创业为自己的生存和发展谋求出路。根据全球创业观察报告,全球的创业活动以机会型创业为主,占 2/3;生存型创业为辅,占 1/3。而我国的创业活动则以生存型创业为主。我国的创业活动特性表明,创业活动主要是由于创业者没有更好的选择而不得不做出一种选择的结果。

3. 复制型创业与风险型创业

根据价值创造的结果,创业可以分为复制型创业和风险型创业。复制型创业指的是一类简单的创业活动,创业者只是简单地复制现有的其他企业的经营模式,并未进行任何生产技术、工艺流程、商业模式方面的创新,因此,其创业结果与已经存在的一些企业没有差别。显然,大部分的生存型创业属于这一类型。风险型创业则是指创业者尝试了巨大的创新和突破,试图开辟一个全新领域的创业活动,因此不论是风险程度还是创新程度,都有巨大的提升。同时,从价值创造结果来看,风险型创业虽然失败率较高,但是其成果往往具有巨大的外部效应,创业者自身不仅能够享受到巨大的价值创造结果,整个行业、技术的发展都会得到巨大的推动和发展。相应地,机会型创业,特别是高科技创业与这一类型的创业活动存在较大的交叉。当然,复制型创业和风险型创业是两个极端情况,现实中的创业活动往往兼顾复制型创业和风险型创业,创业者在模仿现有企业经营模式的同时也都在实施不同程度的创新活动,承担一定的风险。

(三)创业程序

一个企业从创业构思到开张经营,并初步建立起经营基础,逐渐进入稳定阶段,这是一个艰辛的过程。一般企业要经历以下创业程序。

1. 识别创业机会

创业机会的形成没有既定的模式和规律。有些创业机会的形成带有极强的偶然性因素,例如突发性事件所带来的创业机会;而有些创业机会的形成其实已经酝酿了很长一段时间,当各方面条件都成熟时,在某一个时点,各种资源的契合将引发一系列创业机会的形成。但是,对创业机会的识别要用科学的方法,这就要考察创业者的基本创业能力,因为机会总是青睐有准备的人。

对于机会识别而言,考察创业环境是非常重要的。创业环境是指创办一个企业所需要的周边环境,包括宏观环境、地区环境和行业环境等。任何一个新创企业都是在一定的创业环境条件下成长起来的。在考察环境时,要善于透过现象看本质。例如,一个推销员到一个岛上推销鞋子,发现岛上的人都不穿鞋子,于是他打道回府,并断言:这里没有鞋子市场。第二个人去了,看到有那么多不穿鞋子的人,却惊喜万分,因为他马上想到的是,如果岛上的人都穿上鞋子,这是一个多么大的市场! 于是,他做了该做的事情,并获得了成功。

2. 选定创业项目

并非所有机会对创业者都具有同等的价值。所以,创业者必须去选取那些回报潜力大并有能力去利用和利用好的机会。在分析、评价创业机会的过程中,创业者对以下问题要予以慎重考虑。

(1)创业投资回报。获取回报是创业的目的之一,因此在分析创业机会时要考虑到若创业成功将会产生多少利润,又能持续多长时间;投资回报的吸引力如何;与其他的投资比较如何,又有哪些成本等问题。

(2)创业投资额。有效开发创业机会所需的投资额问题将会直接影响创业者是否有能力去开发这个机会,这就需要创业者回答以下问题:现在创办企业需要在人员、经营性资产、费用等方面投资多少;要想长期、持续地开发这个商业机会,未来需要追加多少投资;有无办法获得所需要的资本等。

(3)创业机会的大小。创业者要评价创业机会的大小,必须要考虑:市场规模的大小;本企业能得到多大的市场份额;若成功可能会获得多少利润;这个创业机会预计可以开发多长时间等。

（4）创业风险。创业必然意味着承担风险,这是创业者在进行机会分析时必须要评估的因素。在实际创业过程中,创业者可能面对的风险包括:所提供的产品和服务对顾客的吸引力较低;竞争者反应强烈;外界环境发生突变;创业所需的外部资源不容易得到,并且获得外部资源的成本较高等。

3. 组建创业团队

当创业者决定创业,选定了创业项目后,最重要的任务就是组建创业团队。因为单枪匹马会使获得成功的概率会大大降低,有志同道合的伙伴互相支持、分工合作,将大大加快创业的步伐。比尔·盖茨曾说:"我一向排斥企业家这个字眼,企业家一词对我是个抽象的概念。我自己是个软件工程师,而我决定要找一群人来一起工作,这群人经过一段时间的成长,创造出越来越多的产品。"一项调查显示,在创业成功的公司中,有70%都属于团队创业。

4. 拟定创业计划

选定创业项目只是确定了创业"干什么",紧接着就要决定创业"怎么干"。许多成功创业者的经验证明,只有科学、周密地拟定创业计划,才能少走弯路、减少损失,提高创业成功的把握度。

创业计划书是创业者就某一项具有市场前景的新产品或服务,向潜在投资者、风险投资公司、合作伙伴等说明,以取得合作支持或风险投资的可行性商业报告,又叫商业计划书(business plan)。通过编写创业计划书,对市场、技术、财务进行综合分析,按计划分步实施,并且在实施中不断完善补充具体计划内容,使创业有更坚实的理论保障,提高创业成功的概率。创业计划书的内容包括创业种类、资金规划、阶段目标、财务预算、营销策略、可能性风险评估、内部管理规划等。在某些时候,创业计划书除了能让创业者清楚明白自己的创业内容,坚定创业目标外,还兼具说服他人的功用。例如,创业者可以借着创业计划书去说服他人合资、入股,甚至可以募得一笔创业基金。

5. 筹集创业资金

巧妇难为无米之炊。缺乏资金,创业难以进行。创业之初的筹资是企业所面临的最初筹资,它的成败是至关重要的,关系到企业以后的生死存亡,筹资成功的企业不一定发展得起来,但筹资失败的企业的创业则面临着必然的失败。

创业者在进行创业筹资时,需着重注意以下问题:正确预测资金需要量;寻求合适的筹资机会;合理选择筹资渠道、方式;重视资金构成比例;遵循原则,科学决策,树立良好的筹资信誉。

6. 办理创业的有关法律手续

企业的不同法律形态是创业者创业时必须考虑的问题。我国企业可选择的法律形态大体上有:有限责任公司、股份有限公司、中外合资企业、中外合作企业、外商独资企业、合伙企业、个体工商户、农村承包经营户等。影响创业者选择企业法律形态的因素主要有:拟创办企业的规模大小;创业时所拥有资金的多少;共同创业的人数多少;创业的观念;所能承受的风险;准备创业的行业发展前景等。

创业者设立企业从事经营活动必须按照有关法律法规要求办理相关手续方能开业,其项目主要包括办理工商登记注册手续、税务登记手续及银行开户手续等。

7. 创业计划的实施与管理

在完成了前六个步骤的工作后,创业者就可按照拟定的创业计划组织调配人、财、物等资源,实施创业计划并加强管理,进入新创企业经营管理及成长阶段。如果说前六个步骤是创业活动的准备阶段,那么这一步骤就是创业活动的实施阶段。它既是创业活动的重点,又是创业活动的难点。这一阶段的工作光有吃苦耐劳、不屈不挠的精神是不够的,更要求创业者讲究工作方法,运用正确的经营管理策略,才有可能实现创业目标。

这七个步骤是循序渐进的,后一个程序的开始在很大程度上依赖于前一个步骤的实现程度。但有些步骤是可以交叉进行的,比如说在识别创业机会、选择创业项目的同时,可以着手筹建创业团队,考虑筹资的相关事宜,并思考创业计划的一些关键问题。创业者要根据创业问题所处阶段和面对的具体环境决定是同时推进,还是按次序前进。

二、 创业项目资金预算

创业资金是关系到创业成败的首要因素,资金不到位,所有的创业计划和宏图大志都无从谈起。因此,在做创业的可行性分析时,就应先行考虑创业资金的筹集问题。无论采取什么样的筹资方式,在筹资之前,应该了解企业需要多少创业资金,这些资金必须什么时候到位,这就涉及创业资金预算问题。

创业项目启动资金分为固定资金和流动资金两部分。固定资金是指占用在企业购买的价值较高、使用寿命长的固定资产上的资金,如使用期限超过一年的房屋、建筑物、机器、机械、运输工具以及其他与生产经营有关的设备、器具和工具等。不同的企业所需的固定资产不同,有的企业用很少投资就能开办,而有的却需要大量的投资才能启动。流动资金是指项目投产后,为进行正常生产运营,用于购买原材料、燃料,支付工资及其他经营费用等所必不可少的周转资金。

1. 固定资金预测

对于创业者而言,最主要的固定资产投资就是企业用地、建筑、设备等。

(1)企业用地和建筑。办企业或开公司,都需要有适用的场地和建筑。也许是用来开工厂的整个建筑,也许只是一个小工作间,也许只需要租一个店面。对于营业地点的选择,创业者可以根据自己的条件及工作性质,确定企业具体需要什么样的场地和建筑等。

建造新的厂房建筑——如果企业对场地和建筑有特殊要求,最好自己建造厂房,但这需要大量的资金和时间。

买房——如果创业者能在优越的地点找到合适的建筑,则买现成建筑既简便又快捷,但现成的房子往往需要经过改造才能适合企业的需要,而且需要投入大量的资金。

租房——租房比造房和买房所需启动资金要少,这样做也更灵活。如果是租房,若要改变企业地点,就会容易得多。

在家开业——在家办公现在也成了一些创业者的选择,在家开业节省了营业或生产场所的投资,这种创业形式尤其适合计算机行业、外贸行业的创业者。在创业之初,选择在家开业是起步的好办法,企业成功后再租房和买房也可。

(2)设备。设备是指企业需要的机器、工具、工作设施、车辆等。对于制造商和一些服务行业,最大的需要往往是设备。一些企业需要在设备上大量投资,因此了解清楚需要什么设备,以及选择正确的设备类型就显得非常重要。

2. 流动资金预测

任何一个创业项目要想在企业组建后顺利投入运营,都必须具有足够的能使生产正常运营所必需的流动资金。企业开张后要运转一段时间才能有销售收入。制造商在销售之前必须先把产品生产出来;服务企业在开始提供服务之前要买材料和用品;零售商和批发商在卖货之前必须先买货。总之,创业者需要用流动资金支付以下开销:购买并储存原材料和成品、工资、租金、保险和许多其他费用。

(1)原材料和成品储存。如果是制造型企业,企业的产品生产需要原材料,必须根据生产能力来预测维持正常生产所需要的原材料库存,这样就可以计算出在获得销售收入之前企业需要多少流动资金。如果是服务型企业,企业经营者也需要某些材料,必须预测在顾客付款之前,提供服务需要多少材料库存。如果是零售商和批发商,那更需要储存商品来出售,企业必须预测在开业之前,需要有多少商品库存。企业预计的库存越多,那么需要用于采购的流动资金就越大。既然购买存货需要资金,企业就应该将库存降到能够保证企业正常运营的最低限度。如果企业允许赊账,那么资金回收的时间就更长,企业应充分考虑账期的长短,以预测流动资金的多少。

(2)工资。企业一旦开始运营,或是在正式运营前,都会或多或少地雇用一些员工,在企业获得销售收入之前都必须给他们支付工资。同样,创业者也得以工资方式支付自己家庭的生活费用。因此,在计算流动资金时,要计算用于发放工资的费用,通常用每月工资总额乘以尚未达到收支平衡的月数进行计算。

(3)租金。正常情况下,企业一开始运转就要支付企业用地用房的租金。计算流动资金中用于房租的金额,用月租金额乘以尚未达到收支平衡的月数就可以得出来。而且,还要考虑租金可能一付就是3个月或6个月,会占用更多流动资金。

(4)其他费用。在企业起步阶段,还要支付一些其他费用,例如电费、办公用品费、交通费等。

一般而言,制造型企业需要的流动资金要多些,而服务型企业相对要小些。流动资金的预测,关键在于把握一个时间点,即收支平衡之日。由于是初创企业,企业的产品还未得到消费者的认知和认可,刚开始的销售一般都不会太顺利。因此,创业者对流动资金的预测要尽量富裕些。

案例 »

开办一家小书店的资金预算

小张大学毕业后准备开办一家小书店,在经过考察以后,她决定租用一间 50 m² 的门面房,下面是她开办书店前进行的资金预算(不同城市及地段各项费用有差别,仅作参考)。

(1)店铺装修:普通的中小书店,装修每平方米 200 元。50 m² 的书店约需投入装修费 10 000 元。

（2）书架：中档的报价是每个 300 元。50 m² 的书店放 30 个书架，共 9 000 元。

（3）营业设备：电脑、扫描仪、打印机、电话、传真等，大约 10 000 元。

（4）首期备货的采购资金：参考其他书店情况初步确定 50 000 元。

（5）房租：每月租金 5 000 元，一个季度一付，3 个月共 15 000 元。

（6）人员工资：50 m² 的书店要 2 个店员，每人每月平均 1 500 元，预备 3 个月，共 9 000 元。

（7）其他费用预留：如水电、通信、公关、物流等费用，每月预算 1 000 元，预备 3 个月，共 3 000 元。

合计 106 000 元。开这样一家 50 m² 的小书店需要启动资金 106 000 元。

第二节 创业融资

一、创业融资概述

（一）融资的概念

《新帕尔格雷夫经济学大辞典》中指出：融资是指为支付超过现金的购货款而采取的货币交易手段，或为取得资产而集资所采取的货币手段。

广义的企业融资，是指以企业为主体融通资金，使企业及其内部各环节之间，资金供求从不平衡到平衡的运动过程。狭义的企业融资，是指企业从自身生产经营及资金运用情况出发，根据未来经营发展的需要，通过一定的渠道或方式筹集资金，以满足后续经营发展需要的一种理财行为。

（二）融资的类型

企业融资根据不同的标准可以划分为不同的类型。根据资金来源的范围不同，可以分为外源融资和内源融资；根据资金供求双方的交易选择方式（是否通过金融中介的代理选择），可以分为直接融资和间接融资；根据资金属性的不同，可以分为权益融资和债务融资。

1. 内源融资与外源融资

内源融资是企业依靠其内部积累进行的融资。内源融资是在企业内部自然形成的，因此被称为"自动化的资金来源"，一般无须花费融资费用，其数量通常由企业可供分配利润的规模和利润分配政策（或股利政策）所决定。

外源融资是指企业通过一定方式从外部融入资金用于投资，包括来自金融中介机构的贷款，企业间的商业信用，通过公开市场发行股票、债券等。企业的外源融资大多需要花费融资费用。譬如，发行股票、债券须支付发行费用；取得银行的长期借款须支付一定的手续费等。

一般来说，内源融资的成本低，但来源有限且不稳定，如果仅仅依靠内源融资，企业的发展会受到很大制约。任何企业在创业发展过程中,都有一个确定内源融资与外源融资的合理比例问题。企业融资是一个随自身的发展由内源融资到外源融资的交替变换过程。创业之初,主要依靠内源融资来积累资金;随着企业逐步成长,抗风险能力增强,内源融资难以满足要求,外源融资就成为企业扩张的主要手段;当企业具备相当规模后,自身有了较强的积累能力,则又会逐步缩小外源融资总量,转而依靠自身雄厚的积累资金来发展。

2. 直接融资与间接融资

直接融资是指无须通过金融中介机构,直接由资金的供求双方签订协议,或者在金融市场上由资金供给者直接购买资金需求者发行的有价证券(如股票、债券),使资金需求者获得所需要的资金。具体的方式包括:引入风险投资;寻找合作伙伴;争取家人或朋友的支持;商业信用;发行股票和债券等。在中国目前金融市场条件的限制下,想通过证券市场发行股票或债券以获得资金,对正处在创业初期的创业者来说是不现实的。

间接融资是指通过金融中介机构进行的融资活动,如银行信贷、非银行金融机构信贷、融资租赁等。在间接融资中,资金主要集中于金融机构,资金贷给谁、不贷给谁,并非由资金的初始供应者决定,而是由金融机构决定。金融机构能够以较低的成本,事先对资金的使用者进行甄别,通过合同对资金使用者的行为进行约束,对资金使用者进行监督,因此这种融资方式对资金使用者信息透明度的要求相对较低。因而银行信贷方式就成为创业企业外源融资的主要方式。

3. 债务融资与权益融资

债务融资是以利用发行债券、银行借贷方式向企业的债权人取得资金的方式。

权益融资又称股权融资,是指企业采用自己出资、政府有关部门投资、与其他企业合资以及公开向社会募集发行股票等方式,通过出让企业的股权来为企业融得资金的经济活动。在股权融资中,投资者以资金换取公司的股权后,便使企业股东之间的关系产生了变化,股东的权利和义务也将进行重新调整,企业发展模式和经营方式随之相应改变。

债务融资的特点在于:融资企业对持有的债务资本在约定的期限内享有经营权,并承担按期付息还本的义务;债权人有权按期索取债权本息,但无权参与企业的经营管理和利润分配。股权融资的特点在于:企业股东依法凭其所有权参与企业的经营管理和利润分配,并对企业的债务承担有限或无限责任;企业对股权资本依法享有经营权,在企业存续期间,企业有权调配使用股权资本,企业股东除了依法转让其所有权外,不得以任何方式抽回其投入的资本,因而股权资本被视为企业的"永久性资本"。股权与债权融资体现了不同的产权关系:股权融资体现的是所有权与控制权的关系,投资者是企业的股东,享有企业的剩余索取权和最终控制权;而债权融资体现的是债权债务关系。

(三) 创业融资及特点

创业融资主要是指创业筹备阶段和企业初创阶段的融资。创业面临的难题之一就是缺乏启动资金或后续资金,就是所谓的"万事俱备,只欠东风"。创业企业的融资行为存在以下特点。

1. 创业融资决策的不确定性高

创业企业由于客观上的不对称信息和主观上的知识积累不足,其创业融资存在着与一般企业融资不同的理念、原则和路径。创业融资与成熟阶段融资相比,创业融资的决策常常具有变化速度快和不确定性高的特点。

2. 创业融资的偏好依赖较单一

企业在创业阶段综合实力弱，风险承受能力有限，风险管理及风险的预警、预控在其管理活动中占据重要地位，从而导致单一融资偏好依赖更为明显。

3. 创业融资的网络资源较简单

融资网络主要指企业与银行等金融部门、创业投资者等之间形成的一种相互认知关系、合作关系和信用网络关系。创业企业的融资网络呈现单一化、简单化的特点。

4. 创业融资的阶段性与组合化

创业企业在不同的发展阶段，面临的技术创新的风险不同，投资者的投资风险也有所区别。技术风险和投资风险的最大值分别出现在创业过程的初期和中前期，中后期的风险逐步减少。根据技术创新风险收益的阶段性特征，创业企业在融资过程中应当实施阶段融资组合化，合理、有效的融资组合不但能够分散、转移风险，而且能够降低企业的融资成本和债务负担。

二、创业融资的资金来源

（一）自筹资金

1. 自有资金

创业者的自有资金是成功创业的基础。创业者应将自有资金的大部分投入到新创的企业中。一方面，创办新企业是捕捉商业机会实现价值的过程，将尽可能多的自有资金投入其中，可以在新创企业中持有较多的股份。创业成功后，将获得较大的创业回报。另一方面，自我融资是一种有效的承诺。创业的不确定性和信息不对称常常造成创业融资的诸多困难，如果在投身创业的过程中投入自己的资金，这本身就是一种信号，它告诉其他投资者，创业者对自己认定的商业机会一定有信心，对自己的新创企业也充满信心，是在全心全意、踏踏实实地干事业；创业者会谨慎地使用新企业的每一分钱，因为那是自己的钱。这种信号会给其他资金所有者投资新企业一种积极的暗示，适度缓解信息不对称的负面作用，增加其对新创企业投资的可能性。

当然，对很多创业者来说，自我筹资虽然是新企业融资的一种途径，但它不是根本性的解决方案。一般来说，创业者个人的资金对于新创企业而言，总是十分有限的，特别是对新创大规模企业来说，几乎是杯水车薪。

2. 向家庭成员和亲朋好友融资

家庭成员和亲朋好友的资金是创业融资的重要来源。在我国，以家庭为中心形成经纬的社会网络关系，对包括创业融资在内的许多创业活动产生了重要影响。家庭成员和亲朋好友由于与创业者的个人关系而愿意给予投资，这有助于克服非个人投资者面临的一种不确定性——缺乏对创业者的了解。在创业初期，创业者往往缺乏正规融资的抵押资产，缺乏社会筹资的信誉和业绩，因此非正规的金融借贷——从创业者的家人、亲戚、朋友处获得创业所需的资金是非常见效且常见的融资方法。

虽然从家庭成员和亲朋好友处获得资金要相对容易一些，但与所有融资渠道一样，向家庭成员和亲朋好友融资也有不利的方面。创业者必须明确所获得资金的性质是债权性资金还是股权性资金。在借助传统的社会网络关系时，必须要用现代市场经济的游戏规则、契约原则和法律形式来规范借贷或融资行为，保障各方利益，减少不必要的纠纷。为了避免日后出现问题,创业者必须将有利方面和不利方面都告诉家庭成员和朋友,还要告诉他们存在的风险,以便于将日后出现问题时,对家庭成员和朋友关系的不利影响降到最低。用非个人投资者融资的商务方式来对待向家庭成员和朋友融资,对每一笔债权性资金都要明确其利息率和还本付息计划,对股权性资金不能承诺未来支付红利的时间。如果能用对待其他投资者的方式对待家庭成员和朋友,就能避免将来可能产生的矛盾。创业者还可以事先用书面方式将一切事项确定下来,在将钱用于企业之前,必须规定融资的一切细节,这些细节包括资金的数量、有关条件、投资者的权利和责任,以及对业务失败的处理等。一般而言,制定一份涉及所有上述条款的正式协议有助于避免未来可能出现的纠纷。

(二) 政府扶持资金

1. 科技型中小企业技术创新基金

科技型中小企业技术创新基金(以下简称创新基金)是经国务院批准设立的,是用于支持科技型中小企业技术创新的政府专项基金,是通过拨款资助、贷款贴息和资本金投入等方式,扶持和引导科技型中小企业的技术创新活动。作为政策性专项基金,创新基金不是以营利为目的,而是通过支持高技术成果的转化,鼓励和引导中小企业参与技术创新活动,推动科技与经济的结合,加速高新技术产业的发展。

根据中小企业和项目的不同特点,该创新基金的支持方式主要有:① 贷款贴息。对已具有一定水平、规模和效益的创新项目,原则上采取贴息方式支持其使用银行贷款,扩大生产规模。一般按贷款额年利息的 50%～100%给予补贴,贴息总额一般不超过 100 万元,个别重大项目可不超过 200 万元。② 无偿资助。这主要用于中小企业技术创新中产品的研究、开发及中试阶段的必要补助。科研人员携带科技成果创办企业进行成果转化的补助,资助额一般不超过 100 万元。③ 资本金投入。对少数起点高,具有较大创新内涵、较高创新水平并有后续创新潜力,预计投产后有较大市场,有望形成新兴产业的项目,可采取资本投入方式。

2. 中小企业发展专项资金

中小企业发展专项资金(以下简称专项资金)是根据《中华人民共和国中小企业促进法》,由中央财政预算安排,主要用于支持中小企业结构调整、产业升级、专业化发展、与大企业协作配套、技术进步、综合利用、品牌建设,以及中小企业信用担保体系、市场开拓等中小企业发展环境建设等方面。专项资金的宗旨是促进中小企业优化产业结构,加速专业化发展,提升与大企业的协作配套水平,提高企业自主创新能力,鼓励中小企业信用担保机构为中小企业提供贷款担保服务,增加中小企业的市场竞争能力。专项资金的支持方式主要采用无偿资助、贷款贴息和资本金注入等方式。

3. 青年创业贷款

共青团中央、国家开发银行为扶持青年创办中小企业,联合推出了"中国青年创业小额贷款项目",对全国 40 岁以下青年初次创业和全国 40 岁以下青年企业家二次创业的中小企业提供不超过 3 年的贷款。青年创业小额贷款每人单笔额度一般在 10 万元以内,最多不超过 100 万元;青年创办的中小企业贷款单户额度一般在 500 万元以下,最多不超过 3 000 万元。对于纳入省、地(市)、县政府信用平台,贷款本息偿还有保障的项目,可提供在中国人民银行公布的同期贷款利率基础上,向下浮动 10%的优惠利率。

要成功申请以上政府扶持资金,创业企业可通过政府部门的网站或直接到政府主管部门与有关人员交谈,或通过行业协会、专家、专业人士及中介机构认真学习有关政府扶持资金的政策,详细分析、评估本企业拥有的核心技术,生产市场方面的优势、劣势,发展潜力,财务状况等,充分挖掘新创企业的价值,并对企业进行适度包装,高度重视申报材料的编写。

(三) 信贷资金

银行贷款被誉为创业融资的"蓄水池",由于银行财力雄厚,而且大多具有政府背景,因此在创业者中很有"群众基础"。从目前的情况看,银行贷款有以下五种。

(1) 担保贷款。担保贷款是指以担保人的信用为担保而发放的贷款。随着国内中小企业信用担保体系的建立完善,各地现均有专业化的信用担保机构,如果创业者缺乏合格的抵押物品,就可向担保公司申请。

(2) 质押贷款。质押贷款是指以借款人或第三人的动产或权利作为质物发放的贷款。创业者可用自己甚至亲朋好友(需要本人书面同意)未到期的存单、国债、国库券及人寿保险单等作为质物,从银行获取有价证券面值 80% ～ 90% 的贷款。质押贷款与抵押贷款相比,质押转移了借款人或第三方提供的财产的占有现状,移交银行占有。

(3) 抵押贷款。抵押贷款是指按照担保法规定的抵押方式,以借款人或第三人的财产作为抵押物发放的贷款。办理抵押贷款时应由银行保管抵押物的有关产权证明,贷款金额一般不超过抵押物评估价的 70%,最高限额为 30 万元。

(4) 贴现贷款。贴现贷款是指借款人在急需资金时,以未到期的票据向银行申请贴现而融通资金的贷款方式。贴现贷款具有流动性高、安全性大、自偿性强、用途确定、信用关系简单等特点。贴现贷款与质押贷款的区别是:贴现为银行购买借款人的未到期票据。

(5) 信用贷款。信用贷款是指银行仅凭对借款人资信的信任而发放的贷款。借款人无须向银行提供抵押物或担保。相对抵押贷款而言,信用贷款方式更加便捷和人性化,没有抵押,手续便捷,借款人的门槛也比较低,只要工作稳定,缴费记录良好等就能贷款。信用贷款目前国内还不多,不过应该是今后的发展趋势。

创业的高风险导致了银行一般不愿意贷款给创业者。银行寻找能可靠地归还贷款的顾客,而不是寻找风险投资家所追求的能获得巨大成功的业务。对于创业者来讲,可以从以下几个方面来取得银行借贷的兴趣。首先,提供可靠的担保,转移银行风险,如抵押、质押等。其次,贷款期限尽可能短期,减轻银行风险。银行特别愿意考虑贷款在一年以内的情况,这样就便于及时地评估贷款的风险,决定以后的贷款方案。贷款期越长,银行需要的担保就越多,加到企业运作上的限制就越多。最后,准备一份值得信赖的创业计划。深思熟虑的计划可以看作是创业成功的蓝图,它强迫你考虑创业运作的每一个细节。向银行提供一份有水平的创业计划,也就意味着为银行考虑贷款申请打下了坚实的基础。

(四) 创业投资资金

创业投资是指向创业企业进行股权投资,以期所投资创业企业发育成熟或相对成熟后主要通过股权转让获得资本增值收益的投资方式,也称为风险投资。风险投资者不仅要投入资金,而且还要用他们长期积累的经验、知识和信息网络帮助创业者更好地经营企业。因为这是一种主动的投资方式,因而由风险资本支持而发展起来的公司发展速度远高于普通同类公司。风险投资者通过将增值后的企业以上市、并购等形式出售,得到高额的投资回报。它是一种高风险与高收益机会并存的投资。

1. 创业投资的特点

(1) 具有高风险、高收益性

创业投资的对象是刚起步或还没起步的新创高新技术企业,具有很大的不确定性。据统计,美国创业投资基金的投资项目中有 50% 左右是完全失败的,40% 是不赚钱或有微利的,只有 10% 是成功的。与高风险相联系的是高收益。一般来说,投资于创业处于种子期的公司,所要求的年投资回报率在 40% 左右;对于成长中的公司,年投资回报率在 30% 左右;对于即将上市的公司,回报率要求有 20% 以上。

(2) 具有较强的参与性

风险投资家一旦将资金投入高新技术企业,就与这些企业结成了一种风险共担、利益共享的共生体,这种共生体关系要求风险投资家在一定程度上参与企业的经营管理,如从产品开发到商业化生产,从机构设置到人员安排,从产品上市到市场开拓,企业形象策划等都离不开风险投资家的积极参与。

(3) 具有周期流动性

投资者的着眼点是权益的增长而不是短期的利润,创业投资的目的是尽量以高价将风险企业卖掉,以便收回投资,实现风险资本与产业资本的置换。新创企业用收回的投资再次投向符合条件的项目,以实现资本的周期性流动。

(4) 投资领域具有高技术性

创业投资是以冒高风险为代价来追求高收益为特征的投资。而高新技术正迎合了这个特点,成为创业投资者青睐的重点,如计算机、通信、医疗、电子等领域。

2. 获得创业投资的策略

新创企业应在创业过程中积极创造条件吸引创业投资的进入,当有多个创业投资机构可供选择时,可以在众多的创业资本中选取最符合企业的经营理念、发展目标的创业投资。新创企业获得创业投资的基本策略如下。

(1) 寻找风险投资机构

创业者寻找风险投资与风险投资寻求投资项目是一个双向选择的过程。创业者可以通过朋友或中介机构介绍、利用互联网查询、参与商贸洽谈会等方式与风险投资机构进行联系,从而建立广泛的商业信息渠道。目前不少风险投资机构都非常注重公司形象和社会知名度,并建有自己的网站,以方便与创业者联系。

(2) 演示创业计划

演示创业计划是创业者展示自己能力的大好机会,同时也是风险投资者考察创业者的关键阶段。尽管项目好坏才是风险投资者考虑的主要方面,但是大多数情况下,风险投资者不会将资本交给一个连自己创意都表达不清楚的人。为此,创业者要事前做好充分准备,包括推测对方可能提出的问题,如何应付展示期间可能出现的意外,以及确定展示的重点等。其次,在演示开始前可以声明演示过程允许双向交流,以带动投资者参与的积极性,千万不要与投资者发生争执。再次,在演示过程中,应该保持条理清晰的风格,要有针对性,突出市场前景以吸引投资者的注意力。如果没有特殊要求,演示者不要过分强调技术因素或故意使技术环节复杂化。

（3）风险投资谈判

风险投资谈判是风险投资的一个重要环节，对于通过初步审查的创业项目，下一步就是与创业者直接交流。由于创业者的素质是决定创业能否成功的关键，所以风险投资者必须要与创业者进行谈判，以达到对创业者和创业计划充分考察的目的。风险投资谈判包括以下内容：面对面地考察创业者的综合素质；根据审查创业计划的情况，核实创业项目的主要事项；了解创业者愿意接受何种投资方式和退出途径，投资者能以何种程度参与企业决策与监控。

（4）签订风险投资合同

当风险投资者确定对某项目进行投资、完成投资安排与价值评估之后，接下来的工作便是依据投资安排与被投资企业签署投资合同，将设计好的投资安排落实到具体的法律文件中。

（五）其他资金来源

1. 商业信用融资

创业企业可以通过赊购商品、预收货款等商品交易行为筹集短期债权资金。商业信用融资是无需支付利息的，如果运用得好，可以为新创企业筹集到企业发展急需的资金。在现代商业社会，利用商业信用融资已逐渐成为新创企业筹集短期资金的一个重要渠道。

商业信用融资的主要方式有以下几种：① 赊购商品，延期付款。买卖双方发生商品交换时，买方购货后不立即付款，而延期一定时间付款。② 采用商业汇票结算。商业汇票结算不需付现款，付款期可推迟几个月。③ 预收货款。对紧俏商品可采用先收款再发货的形式，提前取得的货款用于满足经营活动的资金需要。但是，信用融资是一种短期筹资行为，超出使用期而不支付欠款会影响企业信用，所以不能滥用。

2. 融资租赁

融资租赁是指出租人根据承租人的承租请求，与第三方（供货商）订立一项供货合同，出租人按照承租人在与其利益有关的范围内所同意的条款，取得工厂、资本货物或其他设备（以下总称资本物），然后出租人与承租人订立一项租赁合同，出租人以承租人支付租金为条件授予承租人使用资本物的权利。融资租赁通过融资与融物的结合，兼具金融与贸易的双重职能，对提高企业的融资效益，促进企业的技术进步，有着十分明显的作用。

融资租赁可分为直接购买租赁、售后回租和杠杆租赁。此外，还有租赁与补偿贸易相结合、租赁与加工装配相结合、租赁与包销相结合等多种租赁形式。融资租赁业务为新创企业技术改造开辟了一条新的融资渠道。采取融资与融物相结合的新形式，提高了生产设备和技术的引进速度，还可以节约资金，提高资金利用率。融资租赁是创业企业可供选择的重要融资方式之一。

3. 典当融资

典当融资是指创业者将企业的动产或财产权利作为当物质押，或者将其房地产作为当物抵押给典当行，交付一定比例费用，取得当金，并在约定期限内支付当金利息、偿还当金、赎回典当物的筹资方式。与银行贷款相比，典当贷款融资成本高、规模小，但融资速度快,门槛也较低。因为典当行只重视典当物品是否货真价实,对客户的信用请求几乎为零,所以适合企业短期的小额创业筹资。典当融资作为一种新型的融资方式,更是一种特殊的融资方式,弥补了银行融资的不足。"急事告贷,典当最快",典当的主要作用就是救急。与作为主流融资渠道的银行贷款相比,典当融资虽只起着拾遗补缺、调余济需的作用,但由于能在短时间内为融资者争取到更多的资金,因而被形象地比喻为"速泡面",正获得越来越多创业者的青睐。

三、创业融资决策

(一) 融资决策选择的主要考虑因素

在有多种融资方式可供选择时,创业企业需要从以下因素入手综合权衡。

1. 融资成本的高低

融资成本是指创业者取得和占用资金付出的代价,是融资者为获得资金所必须支付的最低价格。企业融资成本的高低主要取决于两个因素:一是储蓄主体推迟现时消费而要求的时间价值补偿;二是储蓄主体把现时确定收入变成未来不确定收入而要求的风险价值补偿。在市场经济条件下,时间价值量的大小只受时间长短以及市场收益率水平等客观因素的制约,任何储蓄主体都是一视同仁,因此,通常将时间价值称为无风险价值。而风险价值的大小主要取决于储蓄者的风险规避程度,即同一风险价值量的补偿因人而异,风险厌恶程度越大,对同一风险要求的补偿就越大。或者说,不同来源资本成本中的时间价值补偿都是一样的,所不同的只是风险价值补偿上的差异。债务融资成本较低,股权融资成本较高。

2. 融资风险的大小

融资风险是指企业使用债务因资本收益率和借款不确定而产生利益损失的可能性。严格来说,它是企业因使用债务而产生的由股东(或资本投入者)承担的附加风险。这种附加风险包括两个层次:一是企业可能丧失偿债能力的风险;二是由于借债而可能导致企业股东的利益遭受损失的风险。融资风险因企业融资方式的不同而不同。在其他条件相同的情况下,企业融资负债的比例越高,其面临的风险也将越大。一般而言,债务融资需归还本息,其融资风险较大,而股权融资风险较小。

3. 融资的机动性

融资的机动性是指创业企业在需要资金时能否及时通过融资获得,而不需要资金时能否及时偿还所融资金,并且提前偿还资金是否会对企业带来相应的损失等。显而易见,内部融资的机动性较好,外源融资的机动性较差。

4. 融资方便程度

融资的方便程度一方面是指企业有无通过某种融资方式取得资金的自主权,以及这种自主权的大小;另一方面是指借款人是否愿意提供资金,以及提供资金的条件是否苛刻,手续是否繁琐。各种融资方式的方便程度从易到难依次排列为内源融资、商业信用、票据贴现、银行贷款、债券等。

(二) 不同发展阶段的创业融资策略

创业企业从创办到成熟大体上经历五个阶段,即种子期、创建期、生存期、扩张期和成熟期。在不同的发展阶段里,资金的需求性质有所不同,只有选择与创业企业所处的发展阶段相匹配的融资方式,才能在最大范围内争取满足企业发展需要的资金。

1. 种子期

在种子期阶段,创业者主要是对某一项目进行大量、系统、反复的探索,提出一些新发明、新设想,并对这些新发明、新技术转化为生产力的可行性进行研究论证。这一阶段的难度大,所需的时间不确定,商业目的不明确,科研成果容易被外界所共享;资金需求量相对较小,但风险很大,所以在种子期难以获得外部资金的介入。因此,种子期应主要靠自有资金、向亲朋好友借贷,也可选择政府扶持资金。

2. 创建期

在创建期阶段,创业企业主要是利用种子期的新发明、新技术,完成新产品的研究和开发。这一时期由于存在企业发展不明朗,新产品尚未完全得到市场的认可,企业仍处于现金流出远大于现金流入的阶段,面临很大的市场风险。由于没有经营和信用记录,从银行申请贷款的可能性甚小。这一阶段的融资重点是吸引股权性的机构风险投资。

3. 生存期

在生存期阶段,产品刚投入市场,市场推广需要大量的资金,现金的流出经常大于流入。此阶段要充分利用负债融资,同时还需要通过融资组合多方筹集资金。

4. 扩张期

在扩张期阶段,企业拥有较稳定的顾客和供应商及良好的信用记录,利用银行贷款或信用融资已比较容易。但由于发展迅速,此阶段需要大量资金以进一步进行开发和市场营销。为此,企业要在债务融资的同时,进行增资扩股,并为上市做好准备。

5. 成熟期

在成熟期阶段,企业已有较稳定的现金流,对外部资金需求不再特别迫切。此时的工作重点是完成股票的公开发行上市。此外,创业企业融资策略的选择还应考虑自身的资金需求特点。例如,当资金需求的规模较小时,企业可以利用员工集资、商业信用融资、典当融资;规模较大时,企业可以吸引权益投资或银行贷款。当资金需求的期限较短时,企业可以选择短期拆借、商业信用、民间借贷等;期限较长时,企业可以选择银行贷款、融资租赁或股权出让等。

第三节　创业项目投资决策

一、货币的时间价值

(一) 货币时间价值的概念

一定量的货币资金在不同的时点上具有不同的价值。今天的 1 元钱与一年以后的 1 元钱是不等值的,前者要比后者的价值大。比如,若银行存款年利率为 10%,将今天的 1 元钱存入银行,一年以后就会是 1.1 元。可见,经过一年时间,这 1 元钱发生了 0.1 元的增值,这就是货币的时间价值,即货币在周转使用中随着时间的推移而发生的价值增值,也称为资金的时间价值。

资金在周转使用中为什么会产生时间价值呢?这是因为任何资金使用者把资金投

入生产经营以后,劳动者借以生产新的产品,创造新价值,都会带来利润,实现增值。周转使用的时间越长,所获得的利润越多,实现的增值额就越大。所以资金时间价值的实质是资金周转使用后的增值额。资金由资金使用者从资金所有者处筹集来进行周转使用以后,资金所有者要分享一部分资金的增值额。

资金时间价值可以用绝对数表示,也可以用相对数表示,即以利息额或利息率来表示。但是在实际工作中对这两种表示方法并不作严格的区别,通常以利息率进行计量。利息率的实际内容是社会资金利润率。各种形式的利息率(贷款利率、债券利率等)的水平,就是根据社会资金利润率确定的。但是,一般的利息率除了包括资金时间价值因素以外,还要包括风险价值和通货膨胀因素。资金时间价值通常被认为是没有风险和没有通货膨胀条件下的社会平均资金利润率,是利润平均化规律作用的结果。

(二) 货币时间价值的计算

1. 单利的计算

单利是计算利息的一种方法。按照这种方法,每期都按初始本金计算利息,当期利息即使不取出也不计入下期本金,计算基础不变。

(1) 单利终值

终值又称将来值,是指若干期以后包括本金和利息在内的未来价值,俗称"本利和"。为计算方便,先设定如下符号:

P——本金,又称期初金额或现值;

F——本金与利息之和,又称本利和或终值;

I——利息;

i——每一利息期的利率(折现率);

n——计算利息的期数。

单利终值的一般计算公式为

$$F = P + I = P + P \cdot i \cdot n = P(1 + i \cdot n)$$

【例 2-1】 企业有一张带息票据,面额为 1 000 元,票面利率为 6%,出票日期为 6 月 15 日,8 月 14 日到期(60 天),则到期该企业可得本金和利息之和为

$$F = 1\ 000 \times \left(1 + 6\% \times \frac{60}{360}\right) = 1\ 010\ (元)$$

除非特别指明,在计算利息时,给出的利率均为年利率,对于不足一年的利息,以一年等于 360 天来折算。

(2) 单利现值

现值是指未来某一时点上的一定量现金折合为现在的价值。由终值求现值,叫做贴现(Discount)。在贴现时所用的利息率叫贴现率。

单利现值的计算同单利终值的计算是互逆的。单利现值的计算公式为

$$P = \frac{F}{1 + i \cdot n}$$

【例 2-2】 某人希望在 5 年后取得本利和 1 300 元,用以支付一笔款项。则在利率为 6%,单利方式计算下,此人现在需存入银行的资金为

$$P = \frac{1\ 300}{1 + 6\% \times 5} = 1\ 000\ (元)$$

2. 复利的计算

复利是计算利息的另一种方法。按照这种方法，以当期期末本利和为计息基础计算下期利息，即利上加利，俗称"利滚利"。这里所说的计算期，是指相邻两次计息的时间间隔，如年、月、日等。除非特别指明，计息期为 1 年。现代财务管理中一般用复利方式计算终值和现值。

（1）复利终值

复利终值是指一定量的本金按复利计算若干期后的本利和。其计算公式为

$$F = P(1+i)^n$$

式中，$(1+i)^n$ 通常称作复利终值系数或 1 元的复利终值，记作 $(F/P, i, n)$，可直接查阅"1元复利终值系数表"。终值与时间和利率正相关，利率越高，终值越大；在利率为正的情况下，时间间隔越长，终值越大。上式也可写作：

$$F = P(F/P, i, n)$$

【例 2-3】　假设某公司向银行借款 200 万元，年利率为 10%，期限为 5 年，问 5 年应偿还的本利和是多少？

$$F = P(1+i)^n$$
$$= 200 \times (1+10\%)^5 = 200 \times 1.610\ 5 = 322\ （万元）$$

上述结果表明，如果利率为 10%，现在的 200 万元与 5 年后的 322 万元在价值上是相等的。

（2）复利现值

复利现值是复利终值的逆运算，它是指未来一定时间的特定资金按复利计算的现在价值，或者说是为取得将来一定的本利和，现在所需要的本金。复利现值的一般计算公式为

$$P = F(1+i)^{-n}$$

式中，$(1+i)^{-n}$ 通常称作复利现值系数或 1 元的复利现值，记作 $(P/F, i, n)$，可直接查阅"1 元复利现值系数表"。现值与时间和贴现率呈反方向变化，贴现率越高，现值越小；在贴现率为正的情况下，时间间隔越长，现值越大。上式也可写作：

$$P = F(P/F, i, n)$$

【例 2-4】　某人计划在 5 年后得到 10 000 元，年利率（贴现率）为 10%，现在应存多少元？

$$P = F(1+i)^{-n}$$
$$= 10\ 000 \times (1+10\%)^{-5} = 10\ 000 \times 0.621 = 6\ 210\ （元）$$

3. 年金的计算

以上讨论的是一次性收付款项，在现实经济生活中，还存在一定时期内多次收付的款项，即系列收付的款项。如果每次收付的金额相等，这样的系列收付款项便称为年金。换言之，年金是指一定时期每次等额收付的系列款项，通常记为 A。例如，折旧、租金、利息、保险金、养老金等通常都采取年金的形式。

年金按其每次收付发生的时点不同，可分为普通年金、先付年金、递延年金和永续年金。

（1）普通年金

普通年金（ordinary annuity）是指一定时期每期期末等额的系列收付款项，又称为后付年金。普通年金在经济活动中最常见，所以以后凡涉及年金问题，如不作特殊说明均

指普通年金。

① 普通年金终值的计算

普通年金终值犹如零存整取的本利和，它是一定时期内每期期末等额收付款项的复利终值之和。

普通年金终值的计算可用图 2-1 来说明。

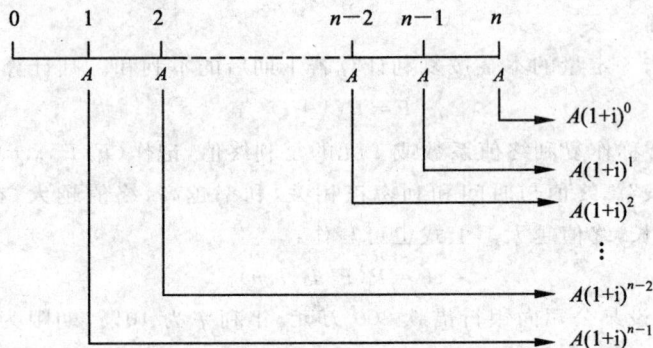

图 2-1　普通年金终值的计算示意图

由图 2-1 可知，普通年金终值的计算公式为

$$F=A(1+i)^0+A(1+i)^1+A(1+i)^2+\cdots+A(1+i)^{n-1}$$

整理上式，可得到：

$$F=A\frac{(1+i)^n-1}{i}$$

式中，$\frac{(1+i)^n-1}{i}$ 称为年金终值系数，记为 $(F/A,i,n)$，可直接查阅"1 元年金终值系数表"。上式也可写作：

$$F=A(F/A,i,n)$$

【例 2-5】　假设某项目在 5 年建设期内每年年末向银行借款 100 万元，借款年利率为 10％，问项目竣工时应付本息的总额是多少？

$$F=A\frac{(1+i)^n-1}{i}=A(F/A,i,n)$$

$$=100\times(F/A,10\%,5)=100\times6.105=611（万元）$$

② 普通年金现值的计算

普通年金现值是指一定时期内每期期末等额收付款项的复利现值之和。

普通年金现值的计算可用图 2-2 来说明。

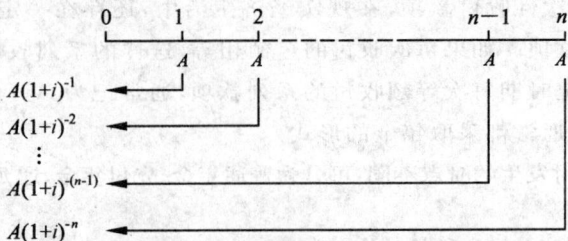

图 2-2　普通年金现值的计算示意图

由图 2-2 可知,普通年金终值的计算公式为

$$P = A(1+i)^{-1} + A(1+i)^{-2} + \cdots + A(1+i)^{-n}$$

整理上式,可得到:

$$P = A\frac{1-(1+i)^{-n}}{i}$$

式中,$\dfrac{1-(1+i)^{-n}}{i}$ 称为年金现值系数,记为 $(P/A,i,n)$,可直接查阅"1 元年金现值系数表"。上式也可写作:

$$P = A(P/A,i,n)$$

【例 2-6】　现在存入一笔钱,准备在以后 5 年中每年末得到 100 元,如果利息率为 10%,现在应存入多少钱?

$$P = A\frac{1-(1+i)^{-n}}{i} = A(P/A,i,n)$$
$$= 100 \times (P/A,10\%,5) = 100 \times 3.791 = 379.1 \text{（元）}$$

（2）先付年金

先付年金（annuity due）是指一定时期内每期期初等额的系列收付款项,也称为预付年金、即付年金。先付年金与后付年金的差别,仅在于收付款的时间不同。由于年金终值系数表和年金现值系数表是按常见的后付年金编制的,在利用这种后付年金系数表计算先付年金的终值和现值时,可在计算后付年金的基础上加以适当调整。

① 先付年金终值的计算

先付年金终值是其最后一期期末的本利和,是各期收付款项的复利终值之和。

n 期先付年金终值与 n 期普通年金终值之间的关系如图 2-3 所示。

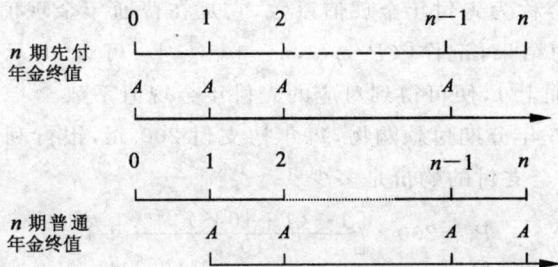

图 2-3　先付年金终值的计算示意图

从图 2-3 可知,n 期先付年金与 n 期普通年金的付款次数相同,但由于付款时间不同,n 期先付年金终值比 n 期普通年金终值多计算一期利息。因此,在 n 期普通年金终值的基础上乘以 $(1+i)$,就是 n 期先付年金终值。其计算公式为

$$F = A \cdot \frac{(1+i)^n - 1}{i} \cdot (1+i)$$
$$= A \cdot \left[\frac{(1+i)^{n+1} - 1}{i} - 1\right]$$

式中,方括号内的内容称为先付年金终值系数,记为 $[(F/A,i,n+1)-1]$,可查"1 元年金终值系数表"得到 $(n+1)$ 期的值,然后减去 1 便可得到对应的先付年金终值系数。

【例 2-7】　假设公司每年初存入银行 1 000 元,年利率为 10%,问 10 年后的本利和是多少?

$$F = 1\ 000 \times \left[\frac{(1+10\%)^{10+1}-1}{10\%} - 1 \right]$$

$$= 1\ 000 \times [(F/A, 10\%, 10+1) - 1]$$

$$= 1\ 000 \times (18.531\ 2 - 1) = 17\ 531\ (\text{元})$$

② 先付年金现值的计算

n 期先付年金现值与 n 期普通年金现值之间的关系,如图 2-4 所示。

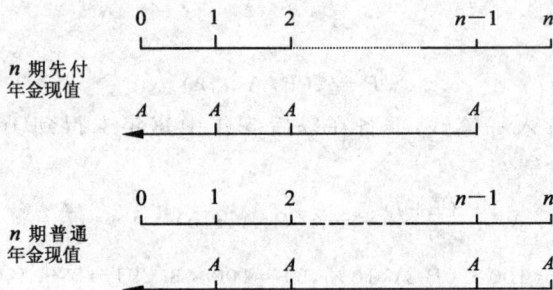

图 2-4　先付年金现值的计算示意图

从图 2-4 可知,n 期先付年金现值与 n 期普通年金现值的期限相同,但由于付款时间不同,n 期先付年金现值比 n 期普通年金现值多折现一期。所以,在 n 期普通年金现值的基础上乘以 $(1+i)$,便可求出 n 期先付年金的现值。即:

$$P = A \cdot \frac{1-(1+i)^{-n}}{i} \cdot (1+i)$$

$$= A \cdot \left[\frac{1-(1+i)^{-(n-1)}}{i} + 1 \right]$$

式中,方括号内的内容称为先付年金现值系数,它是在普通年金现值系数的基础上,期数减 1、系数加 1 所得的结果,记作 $[(P/A, i, n-1)+1]$。可查"1 元年金现值系数表"得 $(n-1)$ 期的值,然后加上 1,便可得到对应的先付年金现值系数。

【例 2-8】　假设 6 年分期付款购物,每年初支付 200 元,银行利率为 10%,问该项分期付款相当于一次现金支付的购价是多少?

$$P = 200 \times \left[\frac{1-(1+10\%)^{-(6-1)}}{10\%} + 1 \right]$$

$$= 200 \times [(P/A, 10\%, 6-1) + 1]$$

$$= 200 \times (3.791 + 1) = 958\ (\text{元})$$

(3) 递延年金

递延年金(deferred annuity)也称延期年金,是指第一次收付发生在第二期或以后各期的年金。递延年金是普通年金的特殊形式。凡不是从第一期开始的普通年金都是递延年金。显然,递延年金终值与递延期数无关,其计算方法与普通年金终值相同。

递延年金现值的计算原理如图 2-5 所示。

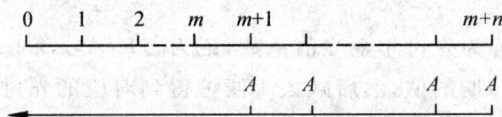

图 2-5　递延年金现值的计算示意图

在图 2-5 中,第一次支付发生在第 $m+1$ 期期末,连续支付了 n 期,m 表示递延期数。计算递延年金的现值有以下两种方法。

第一种方法:假设递延期也有年金收支,先求出$(m+n)$期的年金现值,再扣除实际并未支付的递延期(m)的年金现值。其计算公式为

$$P=A[(P/A,i,m+n)-(P/A,i,m)]$$

第二种方法:先把递延年金视为普通年金,求出其至递延期末的现值,再将此现值换算成第一期期初的现值。其计算公式为

$$P=A(P/A,i,n)(P/F,i,m)$$

【例 2-9】 假设某公司拟在年初存入一笔资本,从第 4 年起每年年末取出 100 元,至第 9 年末取完,年利率为 10%,问最初一次存入多少钱?

$$P=100\times(P/A,10\%,6)\times(P/F,10\%,3)$$
$$=100\times4.355\times0.751=327（元）$$

或
$$P=100\times[(P/A,10\%,9)-(P/A,10\%,3)]$$
$$=100\times(5.759-2.487)=327（元）$$

（4）永续年金

永续年金(perpetual annuity)是指无限期支付的年金。在实际经济生活中,无限期债券利息、优先股股利、奖励基金都属于永续年金。永续年金没有终止的时间,所以没有终值。永续年金现值可从普通年金现值的计算公式中推导出来:

$$P=A\frac{1-(1+i)^{-n}}{i}$$

当 $n\to\infty$ 时,$(1+i)^{-n}$ 的极限为零,故上式可写作:

$$P=A\cdot\frac{1}{i}$$

【例 2-10】 假设拟建立一项永久性的奖学金,每年计划颁发 10 000 元奖金。若年利率为 10%,问现在应存入多少钱?

$$P=\frac{10\ 000}{10\%}=100\ 000（元）$$

4. 时间价值计算中的几个特殊问题

以上有关资金时间价值的计算,主要阐述了现值转换为终值,终值转换为现值,年金转换为终值、现值,终值、现值转换为年金的计算方法,这种计算的前提是计息期为一年,而且贴现率和计息期数为已经给定了的。但是,在经济生活中,往往有计算期短于一年,或者需要根据已知条件确定贴现率和计息期数的情况。为此,就要对时间价值计算中的几个特殊问题作些分析。

（1）计息期短于一年时间价值的计算

计息期就是每次计算利息的期限。以上叙述中,计息期是以年为单位的,n 是指计息年数,i 是指年利率。在实际经济生活中,计息期有时短于一年,如半年、季、月等。比如某些债券半年计息一次;有的抵押贷款每月计息一次;银行之间拆借资金均为每天计息一次。当每年复利次数超过一次时,这样的年利率叫做名义利率,而每年只复利一次的利率才是实际利率。

对于一年内多次复利的情况,可采取以下两种方法计算时间价值:

第一种方法是按如下公式将名义利率调整为实际利率,然后按实际利率计算时间价值:

$$i=\left(1+\frac{r}{m}\right)^{m}-1$$

式中,i 为实际利率;r 为名义利率;m 为每年复利次数。

第二种方法是不计算实际利率,而是将利率调整为 r/m,期数调整为 $m \cdot n$。

【例 2-11】 某企业于年初存入 10 万元,在年利率为 10%、半年复利一次的情况下,到第 10 年末,该企业能得到多少本利和?

方法一:
$$i=\left(1+\frac{r}{m}\right)^{m}-1=\left(1+\frac{10\%}{2}\right)^{2}-1=10.25\%$$
$$F=P(1+i)^{n}=10\times(1+10.25\%)^{10}=26.53(万元)$$

方法二:
$$F=P\left(1+\frac{r}{m}\right)^{mn}=10\times\left(1+\frac{10\%}{2}\right)^{2\times10}=26.53(万元)$$

(2) 贴现率的推算

在计算资金时间价值时,如果已知现值、终值、年金和期数,要求出 i,就要利用已有的计算公式加以推算。

根据前述各项终值和现值的计算公式进行移项,可得出下列各种系数:

$$(F/P,i,n)=\frac{F}{P};\quad (P/F,i,n)=\frac{P}{F}$$
$$(F/A,i,n)=\frac{F}{A};\quad (P/A,i,n)=\frac{P}{A}$$

求出换算系数后,可从有关系数表的 n 期各系数中找到最接近的系数,这个最接近的系数所属的 i,就是要求的贴现率的近似值。

【例 2-12】 假设现在存入银行 2 000 元,要想 5 年后得到本利和为 3 200 元,问年存款利率应为多少?

$$(F/P,i,5)=\frac{3\ 200}{2\ 000}=1.6$$

在复利终值系数表中,5 年期的各系数中,与 1.6 最接近的值为 1.611,是 5 年期,年利率为 10% 所对应的值,即年利率大约为 10% 时才能保证 5 年以后得到 3 200 元。

如果要使利率或贴现率计算得相对准确,可采用插值法进行计算。

【例 2-13】 假设现在向银行存入 10 000 元,问贴现率为多少时,才能保证在以后 10 年中每年年末得到 2 000 元的利息?

$$(P/A,i,10)=\frac{10\ 000}{2\ 000}=5$$

从年金现值表中可以看出,在 $n=10$ 的各系数中,$i=14\%$ 时,系数是 5.216;$i=16\%$ 时,系数是 4.833。可见利率应在 14%～16% 之间,设 x 为超过 14% 的利息率,则可用插值法计算 x 的值如下:

利率		年金现值系数	
14%		5.216	
?	x $\}$ 2%	5	0.216 $\}$ 0.383
16%		4.833	

$$\frac{x}{2\%}=\frac{0.216}{0.383}$$

$$x = 1.129\%$$

则 $$i = 14\% + 1.129\% = 15.129\%$$

二、现金流量的估算

(一) 现金流量的含义

创业项目中的现金流量是指投资项目在其计算期内,与投资决策有关的现金流入量、流出量的统称,包括现金流入量、现金流出量和净现金流量。现金流入量是指该方案引起的企业现金收入的增加额;现金流出量是指该方案引起的企业现金收入的减少额;净现金流量是指一定时间内现金流入量与现金流出量的差额。现金流入量大于现金流出量,净现金流量为正值;反之,净现金流量为负值。这里的"现金"是广义的现金,它不仅包括各种货币资金,而且包括与项目相关的非货币资源的变现价值(或重置成本)。例如,一个项目需要使用原有的厂房、设备和材料等,则相关的现金流量是指它们的变现价值,而不是其账面价值。

在会计核算中,企业按照权责发生制计量收入和费用,并以收入减去费用后得到的利润来评价企业的经济效益。进行创业项目投资方案的分析和评价应以现金流量为依据,而不是以会计利润为依据。原因如下:

第一,采用现金流量有利于科学地考虑时间价值因素。投资项目具有长期性,要实现科学的决策必须考虑资金的时间价值,将不同时点的现金收入或支出调整到同一时点进行汇总和比较,这就要求决策时弄清每笔预期收入款项和支出款项的具体时间。而利润的计量遵循权责发生制原则,其收入与费用的确认不考虑现金的实际收到和支出的时间。例如,在会计上购置设备的支出如果一次性发生,在购入当期不确认为当期费用,而是在资本化为资产项目后,在以后的受益期以折旧形式计入成本。可见,要在投资决策中考虑时间价值的因素,就不能利用利润来计量。

第二,采用现金流量使投资决策更符合客观实际。利润的计量有时带有主观随意性。会计上对同一种业务的处理可能存在多种方法,如存货计价方法、固定资产折旧方法等,不同方法的使用会形成不同的利润。而现金流量的分布不受这些人为因素的影响,同一种业务对现金流量的影响只有一种结果,以实际收到或付出的款额为准。

第三,在投资分析中,现金流动状况比盈亏状况更重要。有利润的年份不一定能产生多余的现金来进行其他项目的再投资。一个项目能否维持下去,不是取决于一定期间是否盈利,而是取决于有没有现金用于各种支付。

(二) 现金流量的构成

一个项目的现金流量由初始现金流量、营业现金流量和终结现金流量构成。

1. 初始现金流量

初始现金流量是指投资项目开始时发生的现金流量,一般包括以下内容:

(1) 固定资产投资支出,如设备买价、运输费、安装费、建筑费等。

(2) 垫支的营运资本,是指项目投产前后分次或一次投放于原材料、在产品、产成品等流动资产上的资本增加额,又称铺底营运资本。投资项目的实施,往往扩大了企业的生产经营能力,为了使生产经营能力得到充分利用,企业必须相应增加原材料产品的储备,这也会引起其他流动资产的增加,那企业就必须追加流动资金以满足需要,这些流动资金一般在项目开始投产时支出,并能够在寿命期终一次性收回。

（3）原有固定资产的变价收入扣除相关税金后的净收益。变价收入主要是指固定资产更新时变卖原有固定资产所得的现金收入。

（4）其他费用，是指与投资项目有关的筹建费用、职工培训费用等。

项目建设期发生的现金流量大多为现金流出量，它们可以是一次性发生的，也可以是分次发生的。

2. 经营现金流量

经营现金流量，又称营业现金流量，指项目投产后，在其有效年限内由于正常的生产经营活动所引起的现金流量。这种现金流量一般按年度进行计算。主要包括以下内容：

（1）营业现金收入，是指项目投产后生产产品或提供劳务而使企业每年增加的现金销售收入。这是经营期最主要的现金流入项目。

（2）经营成本，又称为付现成本，是指用现金支出的各种成本和费用，如材料费用、人工费用、设备修理费用等。这是经营期最主要的现金流出项目。由于企业每年支付的总成本中，一部分是付现成本，另一部分是非付现成本，包括固定资产折旧费、无形资产摊销费等，而无形资产摊销费往往数额不大或是不经常发生，为简化起见通常忽略不计。因此，付现成本可以用当年的营业成本减固定资产折旧后得到。

（3）交纳的各项税款，是指项目投产后依法缴纳的、单独列示的各项税款，主要是所得税。

因此，企业每年营业净现金流量可用以下公式计算：

$$年营业净现金流量＝营业收入－付现成本－所得税$$
$$＝营业收入－（营业成本－折旧）－所得税$$
$$＝营业收入－营业成本－所得税＋折旧$$
$$＝税后净利＋折旧$$

3. 终结现金流量

终结现金流量是指项目完结时所发生的现金流量，项目终结的"年份"具有双重含义，它既是项目经营期的最后年份，同时也是项目终了的年份。因此，终结现金流量既包括经营现金流量（内容与预计方法如前述），又包括非经营现金流量。非经营现金流量包括回收的固定资产残值或变价收入、回收原垫支的流动资金投资额、停止使用的土地变价收入等。

【例 2-14】 ABC 公司准备购入一机器设备以扩充生产能力。该设备的买价为 11 000 元，使用寿命为 5 年，采用直线法计提折旧，5 年后设备残值预计为 1 000 元。5 年中每年营业收入为 8 000 元，每年的付现成本为 2 000 元，设备投产时需垫支流动资金 2 000 元，所得税税率为 25%。试计算其现金流量。

为计算现金流量，必须先计算方案每年的折旧额。

$$每年折旧额＝（11\ 000－1\ 000）/5＝2\ 000（元）$$

下面先计算方案的营业现金流量，再结合初始现金流量和终结现金流量编制现金流量表，见表 2-2 和 2-3。

表 2-2　投资项目的营业现金流量

单位:元

项 目＼年 份	1	2	3	4	5
营业收入(1)	8 000	8 000	8 000	8 000	8 000
付现成本(2)	2 000	2 000	2 000	2 000	2 000
折旧(3)	2 000	2 000	2 000	2 000	2 000
税前利润(4) (4)＝(1)－(2)－(3)	4 000	4 000	4 000	4 000	4 000
所得税(5)＝(4)×25%	1 000	1 000	1 000	1 000	1 000
税后利润(6)＝(4)－(5)	3 000	3 000	3 000	3 000	3 000
营业净现金流量(7) (7)＝(6)＋(3)	5 000	5 000	5 000	5 000	5 000

表 2-3　投资项目的现金流量

单位:元

项 目＼年 份	0	1	2	3	4	5
固定资产投资	−11 000					
垫支流动资金	−2 000					
营业现金流量		5 000	5 000	5 000	5 000	5 000
收回垫支流动资金						2 000
残值收入						1 000
现金流量合计	−13 000	5 000	5 000	5 000	5 000	8 000

在确定投资方案的现金流量时,应遵循的基本原则是只有增量的现金流量才是与投资项目相关的现金流量。所谓增量现金流量,是指接受或拒绝某个投资方案后,企业总现金流量因此发生的变动。只有实施某个投资项目引起的现金流入增加额,才是该项目的现金流入量;只有实施某个投资项目引起的现金流出量增加额,才是该项目的现金流出量。

为正确计算投资方案的增量现金流量,需要正确判断哪些支出会引起企业总现金流量的变动,哪些支出不会引起企业总现金流量的变动。在进行判断时,要注意以下几个问题:

第一,相关成本与沉没成本。相关成本是指与特定决策有关的,在分析、评价时必须加以考虑的成本。沉没成本是指那些由于过去的决策所引起的、并已经发生的费用支出。由于沉没成本不能由现在或将来的投资决策所改变,因而在进行投资决策时不必考虑它,即不应将沉没成本计入投资方案的现金流出量。

例如,某企业 2008 年拟建一个车间,经专家论证共需投资 500 万元,支付专家咨询费 10 万元,后因经费紧张该项目停了下来。2 年后该项目拟重新上马,在进行投资分析时,这 10 万元是否仍是相关成本呢? 当然不是。这 10 万元支出已经发生,属于沉没成本,不管企业是否新建这个车间,它都无法收回,与企业未来的总现金流出量无关。

第二,机会成本。在投资方案的选择中,如果选择了某一个投资方案作为最优方案,就必然要放弃其他的方案。这种由于放弃其他方案而丧失的潜在利益就是被选用的最优方案的机会成本。机会成本尽管并不构成实际的现金流出,但它减少了获得收益的机会,因此也是项目的相关成本。

例如,上述企业新建车间的投资方案,需要使用企业拥有的一块土地。在进行投资分析时,必须考虑这块土地的其他用途所能获得的收益,即利用该块土地建车间的机会成本。假设这块土地出售可得 100 万元,则新建车间的机会成本是 100 万元。

三、项目投资决策方法

项目投资决策方法按其是否考虑了资金的时间价值可分为两类:一类是贴现评价法,即考虑了资金时间价值因素,主要包括净现值、内部收益率等指标;另一类是非贴现评价法,即没有考虑资金时间价值因素,主要包括投资回收期、会计收益率等指标。非贴现评价法在评价投资项目的经济效益时,不考虑资金时间价值因素,直接按投资项目所形成的现金流量进行计算,这些指标在选择方案时起辅助作用。

1. 投资回收期法

投资回收期是指以投资项目营业净现金流量抵偿原始总投资所需要的时间,即回收原始投资所需要的时间,通常以年来表示,记作 PP(payback period)。其计算方法分以下两种情况。

如果投资项目每年的营业净现金流量相等,则投资回收期可按以下公式计算:

$$投资回收期 = \frac{原始投资额}{年营业净现金流量}$$

如果每年的营业净现金流量不相等,则要根据每年年末尚未回收的投资额加以确定。计算公式如下:

$$投资回收期 = (n-1) + \frac{第(n-1)年末尚未收回的投资额}{第 n 年的营业净现金流量}$$

式中,$(n-1)$ 表示年末累计营业净现金流量为负值的最后一个年份数。

投资回收期法是最易于理解的项目投资决策方法。创业企业决策者预先确定一个基准的投资回收期,项目的投资回收期若小于或等于基准投资回收期,方案可行;大于基准投资回收期,方案不可行。

如例 2-14 中,该项目的投资回收期可计算如下:

$$投资回收期 = 13\,000/5\,000 = 2.6（年）$$

如果 ABC 公司要求基准投资回收期是 3 年,则该项目可行;如果 ABC 公司要求基准投资回收期是 2 年,则该项目不可行。

投资回收期法不仅忽视了资金时间价值,而且没有考虑回收期满以后的现金流量。事实上,有战略意义的长期投资往往早期收益较低,而中后期收益较高。然而,创业企业依然采用这种方法,原因如下:第一,该方法便于理解,计算简便;第二,具有较短投资回收期的方案往往在短期收益上更具优势;第三,如果公司缺乏现金,采用投资回收期法能够使得资金更快回收。

2. 会计收益率法

会计收益率又称投资利润率,是指投资项目的年平均净收益与项目原始投资额的比

率,记作 ROI(return on investment)。计算公式如下:

$$会计收益率 = \frac{年平均净收益}{原始投资额} \times 100\%$$

该指标反映单位投资额每年能给企业所创造的净收益。一般而言,会计收益率越高,说明投资效益越好;反之,则说明投资效益越差。

如例 2-14 中,该项目的会计收益率计算如下:

$$会计收益率 = \frac{3\,000}{13\,000} \times 100\% = 23.08\%$$

会计收益率法的优点是简单明了、易于掌握,且该指标不受投资方式、回收额有无及净现金流量大小等条件的影响,能够说明各投资方案的收益水平。其主要缺点是没有考虑资金时间价值,忽略了现金流动的时间分布,以净收益为基础,而不是以现金流量为计算基础,难以正确反映投资项目的真实效益。

3. 净现值法

净现值是指投资项目未来现金流入的现值与未来现金流出的现值之间的差额,记作 NPV(net present value)。计算式如下:

$$NPV = \sum_{t=0}^{n} \frac{I_t}{(1+i)^t} - \sum_{t=0}^{n} \frac{O_t}{(1+i)^t}$$

式中,n 表示项目投资的年限;I_t 表示第 t 年的现金流入量;O_t 表示第 t 年的现金流出量;i 表示预定的折现率。

若净现值大于零,即贴现后现金流入大于贴现后现金流出,说明该投资项目的报酬率大于预定的折现率,该项目可行;若净现值小于零,即贴现后现金流入小于贴现后现金流出,说明该投资项目的报酬率小于预定的折现率,该项目不可行。在有多个备选方案的互斥选择决策中,应选用净现值是正值中的最大者。

如例 2-14 中,假设折现率为 10%,该项目的净现值为

$$NPV = \frac{5\,000}{(1+10\%)^1} + \frac{5\,000}{(1+10\%)^2} + \frac{5\,000}{(1+10\%)^3} + \frac{5\,000}{(1+10\%)^4} + \frac{8\,000}{(1+10\%)^5} - 13\,000$$

$$= 7\,816.2 \text{(元)}$$

该项目净现值大于零,可采纳它。

在投资项目评价中,正确选择折现率至关重要,它直接影响项目评价的结论。如果选择的折现率过低,则会导致一些经济效益较差的项目得以通过;如果选择的折现率过高,会导致一些好的项目不能通过。在实务中,一般有以下方法选择折现率:第一,以投资项目的资本成本作为折现率;第二,以投资的机会成本作为折现率;第三,在不同阶段采用不同的折现率,如计算建设期现金流量现值时,以贷款的实际利率作为折现率,计算项目经营期净现金流量时,以社会平均资金收益率作为折现率;第四,以行业平均资金收益率作为项目折现率。

净现值法的优点主要体现在:第一,把未来各期的净现金流量进行了折现,考虑了货币的时间价值;第二,通常以项目的资本成本作为折现率,考虑并强调了项目的机会成本;第三,考虑了项目的风险因素,因为折现率的大小与风险大小有关,风险越大,折现率就越高。

净现值法也存在一些缺点,主要表现在:第一,计算净现值时所采用的贴现率没有明确的标准,具有一定的主观性;第二,不能反映投资项目的实际报酬率水平,当各项目投

资额不等时,仅用净现值无法确定投资方案的优劣。

4. 内部收益率法

内部收益率(internal rate of return,IRR)是指使净现值等于零时的折现率,又称为内部报酬率或内含报酬率等。一个投资项目的内部收益率意味着:在考虑货币时间价值的基础上,到项目终结时,以各期净现金流量的现值恰好收回初始投资,此时净现值为零。这个使净现值等于零的折现率,就是该投资方案实际可能达到的报酬率,即预期收益率。计算公式如下:

$$\sum_{t=0}^{n} \frac{I_t}{(1+IRR)^t} - \sum_{t=0}^{n} \frac{O_t}{(1+IRR)^t} = 0$$

在只有一个方案的采纳与否决策中,内部收益率大于或等于企业的资本成本或必要报酬率时就采纳,反之,则拒绝;在有多个备选方案的互斥决策中,应选用内部收益率超过资本成本或必要报酬率最多的投资项目。

内部收益率的计算,通常采用"逐步测试法"。首先估计一个贴现率,用它来计算方案的净现值。如果净现值为正数,说明方案本身的收益率超过估计的贴现率,应提高贴现率进一步测试;如果净现值为负数,说明方案本身的收益率低于估计的贴现率,应降低贴现率进一步测试。经过多次测试,寻找出使净现值接近于零的贴现率,即为方案本身的内含收益率。

如例 2-14 中,该项目的内部收益率测试过程如下:

设 $i = 28\%$

$$NPV = \frac{5\,000}{(1+28\%)^1} + \frac{5\,000}{(1+28\%)^2} + \frac{5\,000}{(1+28\%)^3} + \frac{5\,000}{(1+28\%)^4} + \frac{8\,000}{(1+28\%)^5} - 13\,000$$
$$= 533 \,(元)$$

设 $i = 32\%$

$$NPV = \frac{5\,000}{(1+32\%)^1} + \frac{5\,000}{(1+32\%)^2} + \frac{5\,000}{(1+32\%)^3} + \frac{5\,000}{(1+32\%)^4} + \frac{8\,000}{(1+32\%)^5} - 13\,000$$
$$= -525.5 \,(元)$$

$$IRR = 28\% + \frac{533}{533+525.5} \times (32\% - 28\%) = 30.01\%$$

该项目的内部收益率是 30.01%,如果最低投资报酬率要求是 15%,则该项目可行。

内部收益率法考虑了资金时间价值,能从动态的角度直接反映投资项目的实际收益率,且不受行业基准收益率高低的影响,比较客观,概念也易于理解。但这种方法的计算过程比较复杂,特别是每期现金流入量不相等的投资项目,一般要经过多次测算才能求得。此外,当投资支出和投资收入交叉发生时,可能导致多个内部收益率的出现,会给决策带来困难,甚至做出错误结论。

本章小结

创业是创业者积极探寻机会、积极整合资源、充分利用机会、实现价值创造的过程。创业包括识别创业机会、选定创业项目、组建创业团队、拟定创业计划、筹集创业资金、办理创业的有关法律手续、创业计划的实施与管理七个程序。

创业资金预算是获得创业资金之前必须考虑的因素,创业项目启动资金包括固定资金和流动资金两部分。

创业融资的资金来源主要有自筹资金、政府扶持资金、信贷资金、创业投资资金、其他资金来源等。融资决策选择应考虑融资成本的高低、融资风险的大小、融资的机动性、融资方便程度等因素,应选择与创业企业所处的发展阶段相匹配的融资方式。

创业项目经常涉及大量的现金流出,且通过未来现金的流入来得到回报,这就是现金流量。一个项目的现金流量由初始现金流量、营业现金流量和终结现金流量三部分构成。项目投资决策方法按其是否考虑了资金的时间价值,可分为两类:一类是贴现评价法,主要包括净现值、内部收益率等指标;另一类是非贴现评价法,主要包括投资回收期、会计收益率等指标。非贴现评价法不考虑资金时间价值因素,直接按投资项目所形成的现金流量进行计算,这些指标在选择方案时起辅助作用。

❯❯ 思考题

1. 什么是创业? 创业包括哪些类型?

2. 创业包括哪些程序?

3. 创业资金预算主要考虑哪些内容?

4. 什么是融资? 主要有哪些类型?

5. 债务融资和股权融资的区别是什么?

6. 创业融资主要有哪些资金来源?

7. 创业融资决策需考虑哪些因素?

8. 如何计算复利终值、复利现值、普通年金终值、普通年金现值?

9. 什么是现金流量? 现金流量包括哪些内容? 如何计算年营业净现金流量?

10. 创业项目评价时采用现金流量的原因是什么?

11. 项目投资决策方法包括哪些?

》 习题

1. 某人现要出国,出国期限为10年。在出国期间,其每年年末需支付1万元的房屋物业管理等费用,已知银行利率为2%,求现在需要向银行存入多少?

2. 某公司想使用一办公楼,现有两种方案可供选择。方案一:永久租用办公楼一栋,每年年初支付租金10万,一直到无穷。方案二:一次性购买,支付120万元。目前存款利率为10%,问从年金角度考虑,哪一种方案更优?

3. 现在向银行存入20 000元,问年利率 i 为多少时,才能保证在以后9年中每年得到4 000元本利?

4. 时代公司需用一设备,买价为1 600元,可用10年。如果租用,则每年年初需付租金200元,除此以外,买与租的其他情况相同。假设年利率为6%。要求计算说明购买与租用何者为优。

5. 某大学生在大学4年学习期间,每年年初从银行借款4 000元用以支付学费,若按年利率6%计算复利,第4年年末一次归还全部本息需要多少钱?

6. 某公司有一投资项目,该项目投资总额为6 000元,其中5 400元用于设备投资,600元用于流动资金垫付。预期该项目当年投资后可使销售收入增加为第一年3 000元,第二年4 500元,第三年6 000元。每年追加的付现成本为第一年1 000元,第二年1 500元,第三年2 000元。该项目有效期为3年,项目结束收回流动资金600元。该公司所得税率为25%,固定资产无残值,采取直线法提折旧,公司要求的最低报酬率为10%。要求:(1)计算确定该项目的税后现金流量;(2)计算该项目的净现值;(3)计算该项目的回收期;(4)如果不考虑其他因素,你认为该项目是否应该被接受?

第三章 货币资金及应收项目

【本章导读】

企业要开展正常的生产经营活动,要购置厂房、机器设备,购买材料、商品,支付职工工资、水电费等,用什么支付?答案是货币资金。货币资金具有现实的支付能力和偿债能力,是企业流动性最强的资产,是企业各种收支业务的集中点和资金循环控制的关键环节。在商业信用高度发达的市场经济下,赊销能扩大企业的市场份额,但同时面临着赊销款不能到期清偿的风险。创业企业应当结合企业生命周期合理地运用商业信用,创造企业价值。本章主要介绍货币资金及其管理、应收项目及其管理。

【学习目标】

1. 掌握货币资金的构成;理解货币资金报表项目的列示;掌握现金管理的有关规定;掌握银行存款管理的有关规定。

2. 了解应收项目的构成;理解坏账及坏账损失的确认;掌握票据贴现的概念及计算;掌握应收项目的管理。

引例

小会计"蚂蚁搬家"挪用货款5000多万元[①]

XY化纤股份有限企业是中国最大的化纤原料生产基地、最大的聚酯供应商、世界五大聚酯生产和供应商之一。2005年4月,企业财务部门的一个小职员携长期以来挪用的企业巨款潜逃。该职员钟某,1989年被分配至XY化纤企业营销部从事财务工作至案发。16年来,钟某在企业的岗位和职务一直都没有变化。

---

① 马军生,李若山:《小会计"蚂蚁搬家"挪用货款5000多万元》,《财务与会计》,2006年第6期。

由于化纤行业的不景气，XY化纤企业进行大幅度裁员。2005年4月，钟某参加了企业组织的重新竞聘上岗，但是没能应聘上。按照企业的规定，等接替他岗位的人到位之后，他就要把工作全部移交，然后买断工龄自谋生路。

移交工作对钟某来说意味着事情败露，因为自1999年以来，他在长达6年的时间里，以"蚂蚁搬家"的方式挪用了企业货款达5 000多万元，用于开企业、炒股票及炒期货，损失近4 000万元，绝大部分损失款项已难以追回。所以，他在分次从银行提取了几百万元之后，于2005年4月25日晚仓皇驾车潜逃。经过严密布控和侦查，5月中旬，警方终于在昆明将钟某抓获。

你能从本例中发现什么？

第一节　货币资金

一、货币资金及其报表列示

(一) 货币资金的概念及内容

货币资金(monetary funds)是企业最活跃的资金，是流动性最强的一项资产，在流动资产中占有重要的地位。货币资金作为企业的重要支付手段和流通手段，可用于企业经营中采购材料货款的支付、税金的缴纳、费用的支出及各种债务的偿还等。货币资金是企业资金周转的起点和终点。

货币资金是指在企业生产经营过程中以货币形态存在的资产。企业的货币资金按其形态和用途不同，可分为库存现金、银行存款和其他货币资金。

1. 库存现金

库存现金(cash on hand)是存放于企业财会部门，由出纳人员经管的用于日常零星开支的现金。库存现金是货币资金的重要组成部分，是可以立即投入交换和流通的媒介，它具有普遍的可接受性，可以随时用于购买企业生产经营活动中所需的各种物资，用于偿还债务、支付费用，也可以随时存入银行。

2. 银行存款

银行存款(cash in bank)是指企业存放于银行或其他金融机构的货币资金。

按照我国《银行账户管理办法》的规定，凡是独立核算的单位都必须在当地银行或其他金融机构开立银行存款账户，用以办理现金收支规定范围以外在企业经营过程中所发生的一切货币收支及其存款、取款等事项。

3. 其他货币资金

其他货币资金(other monetary fund)是指除现金和银行存款以外的其他各种货币资金，即存放地点和用途均与现金和银行存款不同的货币资金。它包括外埠存款、银行汇票存款、银行本票存款、信用证存款和在途货币资金等。

（二）货币资金的报表列示

在资产负债表中，"库存现金""银行存款"和"其他货币资金"一起并入"货币资金"这一报表项目，列作流动资产。

在会计报表附注中，企业应披露以下与货币资金相关的信息：

（1）按现金、银行存款、其他货币资金分别列示货币资金情况；

（2）在有外币现金、银行存款的情况下，按币种列示货币资金情况；

（3）因抵押或冻结等对使用有限制、存放在境外、有潜在回收风险的款项应单独说明。

二、货币资金管理

企业货币资金流量和拥有量，标志着其经营能力、偿债能力与支付能力的大小，也是投资者分析判断企业财务状况的重要指标。创业企业相对其他企业而言，需要较多的货币资金来维持企业的正常运转，如果货币资金管理不善，将会导致资金链出现问题，进而带来一系列严重后果，企业甚至无法正常运转而被迫陷入破产的境地。因此，企业需要根据与货币资金有关的政策、法规和制度，加强货币资金的管理。

（一）库存现金管理

库存现金是企业全部资产中支付能力最强，即流动性最大的一种货币资金，但也较容易滋生舞弊行为。因此，企业必须对库存现金进行严格的管理和控制，以提高其使用效益，保护其安全。

企业应当按照国务院颁布的《现金管理暂行条例》和财政部有关企业货币资金的内部控制规范，办理有关现金收支业务，严格管理企业的库存现金。

1. 库存现金的使用范围

根据国务院颁布《现金管理暂行条例》的规定，企业可以在下列范围内使用现金：

（1）职工工资、津贴。这里所说的职工工资是指企业、事业单位和机关、团体、部队支付给职工的工资和工资性津贴。

（2）个人劳务报酬。指由于个人向企业、事业单位和机关、团体、部队等提供劳务而由企业、事业单位和机关、团体、部队等向个人支付的劳务报酬，包括新闻出版单位支付给作者的稿费，各种学校、培训机构支付给外聘教师的讲课费，以及设计费，装潢费，安装费，制图费，化验费，测试费，咨询费，医疗费，技术服务费，介绍服务理由、经纪服务费，代办服务费，各种演出与表演费，以及其他劳务费用。

（3）根据国家规定颁发给个人的科学技术、文化艺术、体育等各种奖金。

（4）各种劳保、福利费用以及国家规定的对个人的其他支出。如退休金、抚恤金、学生助学金、职工困难生活补助。

（5）向个人收购农副产品和其他物资的价款。如金银、工艺品、废旧物资的收购价款。

（6）出差人员必须随身携带的差旅费。

（7）结算起点（1 000 元）以下的零星支出。

（8）中国人民银行确定需要支付现金的其他支出。如因采购地点不确定、交换不便、抢险救灾以及其他特殊情况，办理转账结算不够方便时，就必须使用现金的支出。对于这类支出，现金支取单位应向开户银行提出书面申请，由本单位财会部门负责人签字盖章,开户银行审查批准后予以支付现金。

除上述(5)、(6)两项外,其他各项在支付给个人的款项中,支付现金每人不得超过1 000元,超过限额的部分根据提款人的要求,在指定的银行转存为储蓄存款或以支票、银行本票予以支付。企业与其他单位的经济往来除规定的范围可以使用现金外,应通过开户银行进行转账结算。

2. 库存现金的限额

库存现金限额是指为保证各单位日常零星支出按规定允许留存现金的最高额度。一般由开户银行按照企业3~5天日常零星支出所需现金确定库存现金限额;远离银行或交通不便的,其限额可以多于5天,但不得超过15天的日常零星开支所需现金。

库存现金限额的计算方式一般为

库存现金限额＝前一个月的平均每天支付的现金数额(不含每月平均工资额和不定
　　　　　　　期支付的差旅费)×限定天数

【例3-1】 A企业开业初平均每天需要支付的现金数额为2 500元,开户银行限定天数为3天,则由其开户银行核定的该企业的库存现金限额为7 500元。

为保证库存现金的安全,库存现金限额一经确定,企业必须严格遵守,不得任意超过。凡超过限额的现金应及时送存银行;低于限额的,从银行提取,补足限额。需要增加或者减少库存现金限额的,应当向开户银行提出申请,由开户银行核定。

【例3-2】 接例3-1,随着A企业的业务量越来越大,企业发觉7 500元的库存现金不能满足其需要,于是在未向银行提出申请前,决定将库存现金金额提高到10 000元。你认为A企业的做法有何不当之处?

解析 根据《现金管理暂行条例》规定,企业需要增加库存限额,应先向开户银行申请,再由开户银行核定。因此,企业私自提高库存现金限额的做法是不当的。

3. 库存现金收支的管理

(1)企业收入的现金应于当日送存开户银行,当日送存确有困难的,由开户银行确定送存时间。

(2)企业支付现金可以从本企业库存现金限额中支付或从开户银行提取,不得从企业的现金收入中直接支付,即不得"坐支现金"。因特殊情况需要坐支现金的企业,应事先报经开户银行审查批准,由开户银行核定坐支范围和限额,批准后,企业应按月向开户银行报送坐支金额和使用情况。

【例3-3】 企业直接从当天的现金收入中提取30 000元用于支付向农户收购农副产品的价款,这种做法就违反了现金管理不得坐支的规定。

(3)企业从开户银行提取现金时,应如实写明用途,由本企业财会部门负责人签字并加盖预留银行印鉴,并经开户银行审查批准后予以支付。

(4)现金收付的交易必须有合法的原始凭证。企业收到现金时,要有现金收入的原始凭证,以保证现金收入的来源合法;企业支付现金时,也要有与付款业务相关的凭证。要按规定的授权程序进行,并在原始凭证与收付款凭证上盖上"现金收讫"与"现金付讫"印章。

(5)企业不准以不符合制度的凭证顶替库存现金,即不得"白条抵库";不准谎报用途套取现金;不准用银行账户代其他单位和个人存入或支取现金;不准用企业收入的现金以个人名义存储（即公款私存）；不准保留账外现金，不得设置"小金库"；不准单位之间套取现金等。企业如有违反上述规定的行为，开户银行将按照违规金额的一定比例予以处罚。

（6）库存现金账目管理。企业必须建立健全库存现金账目，除设置库存现金总分类账户由会计人员对现金进行总分类核算以外，还必须设置库存现金日记账，由出纳对库存现金收支的明细进行核算，逐笔登记现金收入和支出，做到账目日清日结，账款相符。企业应配备合格的人员办理库存现金收支业务，并结合企业实际情况，对办理相关业务的人员进行定期岗位轮换。

（7）加强库存现金的岗位分工控制。为了加强库存现金收支手续，出纳与会计人员必须合理分工，严格执行钱、账、物分管的原则。经管库存现金的出纳人员不得兼任稽核、会计档案保管和收入、支出、费用、债权债务账目的登记工作。

4. 库存现金的清查

为了加强对出纳工作的监督，保证库存现金的安全，防止库存现金发生记账错误、丢失或被贪污、挪用，企业需要进行库存现金的清查。

库存现金的清查是指对库存现金进行的盘点与核对，包括出纳人员每日终了前进行的现金账款核对和清查小组进行的定期或不定期的现金盘点。

现金清查一般采用实地盘点法，将盘点后的实际库存现金数与现金日记账余额进行核对。在进行现金清查时，为了明确经济责任，出纳人员必须在场，一般由盘点人员和出纳员共同进行。

库存现金清查后，应根据清查结果填制"库存现金盘点报告表"，并由盘点人员和出纳员共同签章。"库存现金盘点报告表"的格式见表 3-1。如果现金实存数大于账存数，称为现金长款，即库存现金的盘盈；现金实存数小于账存数称为现金短款，即库存现金的盘亏。对发现的现金溢余与短缺，必须认真及时地查明原因，并按规定的要求进行处理。对白条抵库、坐支现金和库存现金超过限额等情况，应在备注栏中说明。

表 3-1 库存现金盘点报告表

单位名称：　　　　　　　　　20××年×月×日　　　　　　　　　金额单位:元

实存金额	账存金额	实存与账存对比		备　注
		盘盈（长款）	盘亏（短款）	
				白条抵库、坐支现金、超限额库存现金等

盘点人：　　　　　　　　监盘人：　　　　　　　　制表人：

（二）银行存款管理

1. 银行存款账户的设立

《银行账户管理办法》规定，存款人以单位名称开立的银行结算账户为单位银行结算账户，按用途可分为基本存款账户、一般存款账户、临时存款账户和专用存款账户。

基本存款账户（basic deposit account）是企业办理日常结算和现金收付业务的账户，企业职工薪酬等现金的支取只能通过本账户办理。企业只能在一家银行的一个营业机构开立一个基本存款账户，不得在多家银行机构开立基本存款账户，但国家另有规定的除外。

一般存款账户（general deposit account）是企业因借款或其他结算需要，在基本存款账户开户银行以外的银行营业机构开立的银行结算账户,用于办理企业借款转存、借款归还和其他结算的资金收付。该账户可以办理现金缴存,但不得办理现金支取。企业不得在同一家银行的几个分支机构同时开立一般存款账户。

临时存款账户(temporary deposit accounts)是企业因临时经营活动需要并在规定期限内使用而开立的银行结算账户。如设立临时机构、异地临时经营活动、注册验资等,该账户用于办理临时机构以及企业临时经营活动发生的资金收付。

专用存款账户(special deposit account)是企业因特定用途需要而开立的账户。如对基本建设资金、更新改造资金、证券交易结算资金、单位银行卡备用金、社会保障基金等进行专项管理和使用而开立的银行结算账户,用于办理各项专用资金的收付。单位银行卡账户的资金必须由其基本存款账户转账存入。该账户不得办理现金收付业务。

企业在使用银行存款账户时应严格执行银行结算纪律的规定,合法使用银行账户,不得出租和转借给其他单位或个人使用;不得利用银行账户进行非法活动;不得签发没有资金保证的票据和远期支票,套取银行信用;不得签发、取得和转让没有真实交易和债权债务的票据,套取银行和他人的资金;不准无理拒绝付款,任意占用他人资金;不准违反规定开立和使用账户。

2. 银行支付结算办法

支付结算是指单位、个人在社会经济活动中使用票据、信用卡、汇兑和委托收款等结算方式,进行货币支付及其资金清算的行为。

为了规范支付结算行为,中国人民银行根据《中华人民共和国票据法》和《票据管理实施办法》以及有关法律、行政法规,1997年制定并下发了《支付结算办法》和《国内信用证结算办法》。根据规定,我国现行的支付结算办法主要有以下方式。

(1) 银行汇票

银行汇票(bank draft)是出票银行签发的,由其在见票时按照实际结算金额无条件支付给收款人或者持票人的票据。企业发生的各种款项结算,均可使用银行汇票。

银行汇票一律记名,提示付款期限自出票日起1个月,逾期兑付的银行不予受理。银行汇票可以背书转让,且以不超过出票金额的实际结算金额为准,未填写实际结算金额或实际结算金额超过出票金额的银行汇票不得背书转让。

银行汇票这种结算方式,签发银行作为付款人,付款保证性强,使用灵活、十分便捷。银行汇票在同城和异地均可使用,但区域性银行汇票仅限于出票人向本区域内的收款人出票。

(2) 银行本票

银行本票(cashier order)是银行签发的,承诺自己在见票时无条件支付确定的金额给收款人或者持票人的票据。

银行本票分为不定额本票和定额本票,可以灵活使用。定额银行本票的面额分别为1 000元、5 000元、10 000元和50 000元。在票面划去转账字样的,为现金本票。银行本票的提示付款期限自出票日起最长不得超过2个月。银行本票可以背书转让。

银行本票由银行签发并保证兑付,而且见票即付,如同现金,具有信誉高、支付功能强等特点。企业在同一票据交换区域需要支付各种款项,均可以使用银行本票。

(3) 支票

支票(check)是出票人签发的,委托办理支票存款业务的银行在见票时无条件支付确定的金额给收款人或者持票人的票据。

支票由银行统一印制，主要分为现金支票和转账支票。支票上印有"现金"字样的为现金支票，现金支票只能用于支取现金；支票上印有"转账"字样的为转账支票，转账支票只能用于转账。支票的提示付款期限为自出票日起 10 日内，但另有规定的除外。签发支票必须符合国家现金管理的规定，且具有一定的上限（目前为 50 万元）；不得签发空头支票和不得签发与其预留银行印鉴不符的支票。若签发空头支票，银行除退票外，将按票面金额处以 5% 但不低于 1 000 元的罚款。

支票手续简便，方便灵活，在同城范围内使用，已被企业单位广泛接受。

（4）商业汇票

商业汇票（commercial bills of exchange）是出票人签发的，委托付款人在指定日期无条件支付确定的金额给收款人或者持票人的票据。

商业汇票按其承兑人的不同可分为商业承兑汇票和银行承兑汇票。

银行承兑汇票（bank acceptance bills）是由在承兑银行开立存款账户的存款人出票，向开户银行申请并经银行审查同意承兑的，保证在指定日期无条件支付确定的金额给收款人或持票人的票据。对出票人签发的商业汇票进行承兑是银行基于对出票人资信的认可而给予的信用支持。

商业承兑汇票（commercial acceptance bill）是指由付款人签发并承兑，或由收款人签发交由付款人承兑的汇票。商业承兑汇票的付款人收到开户银行的付款通知，应在当日通知银行付款。付款人在接到通知日的次日起 3 日内（遇法定休假日顺延）未通知银行付款的，视同付款人承诺付款，银行将于付款人接到通知日的次日起第 4（遇法定休假日顺延）上午开始营业时，将票款划给持票人。付款人提前收到由其承兑的商业汇票，应通知银行于汇票到期日付款。银行在办理划款时，付款人存款账户不足支付的，银行应填制付款人未付票款通知书，连同商业承兑汇票邮寄持票人开户银行转交持票人。承兑人作为付款人，付款保证程度视企业的信誉高低而定。一般来说，它的付款保证性较银行承兑汇票要差。

商业汇票的付款期限，由收付双方商定，但最长不得超过 6 个月；商业汇票的提示付款期限，自汇票到期日起 10 日，持票人超过提示付款期限提示付款的，持票人开户银行不予受理；商业汇票可以背书转让；符合条件的商业汇票的持票人可持未到期的商业汇票连同贴现凭证向银行申请贴现。

商业汇票使商业信用票据化，具有稳定、可靠、兑现性较强等特点。在同城或异地，均可使用商业汇票；但票据的流转环节多，提示付款期限长。

（5）信用卡

信用卡（credit card）是指商业银行向个人和单位发行的，凭以向特约单位购物、消费和向银行存取现金，且具有消费信用的特制载体卡片。

信用卡按使用对象分为单位卡和个人卡；按信誉等级分为金卡和普通卡。单位卡账户的资金一律从其基本存款账户转账存入（包括单位卡在使用过程中，需要向账户续存资金的情况），不得交存现金，不得将销货收入的款项存入其账户。企业可用单位卡在特约单位购物、消费，不得用于 10 万元以上的商品交易、劳务供应款项的结算，不得支取现金。企业可使用单位卡在规定的限额和期限内进行善意透支，透支期限最长为 60 天，但需向银行支付透支利息。

信用卡结算方便、灵活、快捷;钱货两清;有存款可以消费,无存款在授权额度内也可以进行消费;在同城、异地均可使用。

(6) 汇兑

汇兑(exchange)是汇款人委托银行将其款项支付给收款人的结算方式。

汇兑可分为信汇和电汇两种。信汇是指汇款人委托银行通过邮寄方式将款项划转给收款人;电汇是指汇款人委托银行通过电报方式将款项划转给收款人。汇兑也是企业、单位间款项结算的主要方式之一,具有简便、灵活、通用性强的特点,适用于异地结算,早已被广大企业、单位所接受。但该结算方式只具有给付功能,无融资功能,只适用于付款人主动付款的结算。

(7) 托收承付

托收承付(collection commitments)是根据购销合同由收款人发货后委托银行向异地付款人收取款项,由付款人向银行承认付款的结算方式。

办理托收承付结算的款项,必须是商品交易以及因商品交易而产生的劳务供应款项。收付双方使用托收承付结算必须签有符合相关法律的购销合同,并在合同上订明使用托收承付结算方式。在托收承付结算方式下,销货企业取得银行审核无误后退回的托收承付回单联时,据以进行账务处理。购货企业按照《支付结算办法》的规定,承付货款的方式分为验单付款和验货付款两种,验单付款的承付期为 3 天;验货付款的承付期为10 天。在承付期内,只要购货企业未向银行提出拒绝付款,银行即视为同意付款,于期满的次日上午银行开始营业时,将款项划给收款人。

托收承付这种结算方式,付款争议较多,仅限于收、付款单位为国有企业、供销合作社,及经营管理较好、开户银行审查同意的城乡集体所有制工业企业间使用。

(8) 委托收款

委托收款(commission collection)是收款人委托银行向付款人收取款项的结算方式。单位和个人凭已承兑商业汇票、债券、存单等付款人债务证明办理款项的结算,均可以使用委托收款结算方式。在同城范围内,收款人收取公用事业费或根据国务院的规定,可以使用同城特约委托收款。

委托收款在同城和异地均可以使用。这种结算方式属于商业信用,付款保证性相对较差,并且只允许全额付款或全部拒绝付款。

(9) 信用证

信用证(letter of credit)是指开证行依照申请人(付款人)的申请,向受益人(收款人)开出的在一定期限内凭符合信用证条款的单据支付的付款承诺。

信用证原是国际结算中广泛使用的结算办法。为适应国内贸易的需要、丰富国内结算种类,1997 年中国人民银行制定了《国内信用证结算办法》,规定国内企业之间的商品交易也可采用信用证结算办法。信用证结算付款保证性强,申请开证时交纳一定比例的保证金,只要受益人遵守了信用证条款,开证行就必须无条件付款。但采用这种结算方式,对货运单据的合法性、规范性要求高,手续相对繁杂,手续费也比较高。

上述各种结算方式各具特色,各有针对性、局限性,使用范围也存在差异。各种结算方式的运用,均应严格遵守我国《支付结算办法》规定的结算原则和结算纪律,保证结算活动的正常运行。结算原则为恪守信用,履约付款;谁的钱进谁的账,由谁支配;银行不垫款。

　　企业应该加强票据的管理,明确各种票据的购买、保管、领用、背书转让、注销等环节的职责权限和程序,防止空白票据的遗失和盗窃。同时,企业还应加强银行预留印鉴的管理,严禁一人保管支付款项所需要的全部印章。

　　3. 银行存款的清查

　　为了保证银行存款核算的正确性、掌握银行存款的实际数额并及时发现差错,企业应定期对银行存款进行清查核对,至少每月核对一次。其主要方法是将取得的银行对账单与企业银行存款日记账逐笔进行核对。

　　清查中发现银企双方账目不一致的主要原因:一是双方账目可能存在错账、漏账;二是双方账目没有差错,但是存在"未达账项"。所谓未达账项,是指企业与银行一方已经入账,而另一方由于凭证传递时间的影响尚未入账的款项。

　　未达账项主要有下列四种情况:

　　(1)企业已经收款入账,而银行尚未入账的事项。如企业存入的款项,企业已作存款增加入账,但银行尚未入账。

　　(2)企业已经付款入账,而银行尚未入账的事项。如企业开出支票或其他付款凭证,企业已作存款减少入账,但对方单位尚未将有关单据送交银行,故银行尚未记录企业存款减少。

　　(3)银行已经收款入账,而企业尚未入账的事项。如企业委托银行代收的款项,银行已经收款入账,而企业尚未收到通知因此没有入账。

　　(4)银行已经付款入账,而企业尚未入账的事项。如由银行直接代付的款项,银行已从企业存款中拨付给收款方,但企业因尚未收到票据还没有入账。

　　为了消除未达账项的影响,企业应根据核对后发现的未达账项,编制"银行存款余额调节表"(见表 3-2),据以调节双方账面余额。

表 3-2　银行存款余额调节表

20×× 年 × 月 × 日　　　　　　　　　　　　　　　　　　　　单位:元

项　目	金额	项　目	金额
银行存款日记账余额		银行对账单余额	
加:银行已收企业未收款项		加:企业已收银行未收款项	
减:银行已付企业未付款项		减:企业已付银行未付款项	
调节后的存款余额		调节后的存款余额	

　　银行存款余额调节表是在银行对账单余额与企业账面余额的基础上,各自加上对方已收、本单位未收账项数额,减去对方已付、本单位未付账项数额,以调整双方余额使其一致的一种调节方法。调节公式如下:

　　企业银行存款日记账余额＋银行已收企业未收款项－银行已付企业未付款项＝

　　银行对账单余额＋企业已收银行未收款项－企业已付银行未付款项

　　【例 3-4】甲企业 2012 年 12 月 31 日银行存款日记账的余额为 89 800 元,银行转来对账单的余额为 97 640 元。经逐笔核对,发现以下未达账项:

　　Ⅰ. 企业委托银行代收某企业货款 32 720 元,银行已收到并入账,但收款通知未到达企业。

Ⅱ．企业开出用于购货的转账支票一张，金额 11 000 元，银行尚未兑付。

Ⅲ．企业送存某企业归还的转账支票 31 600 元，银行尚未登记入账。

Ⅳ．银行划付本单位电话费 4 280 元，结算单据尚未送到企业。

根据以上资料编制的"银行存款余额调节表"如表 3-3 所示：

表 3-3　银行存款余额调节表

2012 年 12 月 31 日　　　　　　　　　　　　　　　　　　　单位：元

项目	金额	项目	金额
银行存款日记账余额	89 800	银行对账单余额	97 640
加：银行已收企业未收款项	32 720	加：企业已收银行未收款项	31 600
减：银行已付企业未付款项	4 280	减：企业已付银行未付款项	11 000
调节后的存款余额	118 240	调节后的存款余额	118 240

通过核对调节，"银行存款余额调节表"上调节后的双方余额应该相等。如果经调节仍不相等，要么是未达账项未全部查出，要么是一方或双方记账出现差错，需要进一步采用对账方法查明原因，加以更正。调节相等后的银行存款余额是当日实际可以动用的银行存款实有数。对于银行已经划账而企业尚未入账的未达账项，要待银行结算凭证到达后，才能据以入账，不能以"银行存款余额调节表"作为记账依据。

"应收账款"如何收？[①]

应收款项居高不下一直是严重困扰家电行业上市企业的主要问题之一。四川长虹一直以来也存在着应收账款居高不下的隐患。巨额应收账款的存在，大幅度减少了经营活动的现金流量净额，很有可能造成企业现金周转的困难，增加企业的经营风险和财务风险。

2003 年底，四川长虹的应收账款期末余额高达 50.84 亿元，其中仅 Apex 企业一家的欠款就高达 44.51 亿元。大量的应收账款集中于一家经销商，其风险不言而喻。而在 2002 年年报时，Apex 企业拖欠四川长虹的货款金额为 38.29 亿元，当时就已经受到市场很大的质疑，而企业 2003 年年报应收 Apex 企业的欠款不仅比年初时增加了 6.22 亿元，同时还出现了 9.34 亿元账龄在一年以上的欠款。四川长虹虽已经为此计提了 9 338 万元的坏账准备，但应收账款给企业带来的风险已经开始显现。

①　王棣华，刘建丽：《四川长虹应收账款管理案例分析》，《航天工业管理》，2008 年第 2 期。

　　2005 年 4 月,四川长虹披露的年报报出上市以来的首次亏损,2004 年全年实现主营业务收入 115.38 亿元,同比下降 18.36%。全年亏损 36.81 亿,每股收益－1.701 元。截至 2004 年底,企业对 Apex 企业所欠货款按个别认定法计提坏账准备的金额约 25.97 亿元,该项会计估计变更对 2004 年利润总额的影响数约 22.36 亿元。同时,截至年报披露日,企业逾期未收回的理财本金和收益累计为 1.83 亿元。

　　四川长虹之所以在此次巨额应收账款的"黑洞"中损失惨重,与其激进的策略有关,但也暴露出其应收账款管理上的缺陷。

　　那么,本案例中究竟有哪些管理缺陷呢?

第二节　应收项目

一、应收项目的概念及内容

　　在市场经济条件下,赊销行为是企业开展销售业务的主要方式。企业为了有利于商品购销活动的开展,往往采用商业信用的方式赊销商品或预付货款,以广泛地吸引客户,扩大销售,因此形成了对其他企业的债权关系,即企业的应收项目。

　　应收项目(receivables)是指企业在生产经营活动中因产品已经交付或劳务已经提供,从而取得的向其他单位或个人收取现款、商品或得到劳务补偿的请求权。它是企业变现能力较强的一项资产,也是企业流动资产的重要组成部分,包括应收款项和预付款项。其中,应收款项包括应收票据、应收账款和其他应收款等;预付款项则是指企业按照合同规定预付的款项,如预付账款等。

(一)应收票据

　　应收票据(notes receivable)是指企业持有的、尚未到期兑现的商业票据。它是企业在销售商品、产品时采用商业汇票结算方式而形成的票据;而其他见票即付的各种票据(支票、银行汇票、银行本票等),应视同货币资金,不包括在应收票据核算范围之内。

　　商业汇票以是否计息为依据,可分为不带息票据和带息票据。不带息票据,是指票面没有注明利率,到期只需支付面值的票据。不带息票据的到期价值通常等于票据的面值。带息票据,是指在汇票上注明利率及付息日期的票据。它一般需逐期计提利息,并到期一次还本付息。

　　创业企业如果发生资金短缺,在商业票据到期前,可以持未到期的商业汇票向其开户银行申请贴现,以获得所需要的资金。下面具体介绍一下带息应收票据到期值的计算和商业汇票的贴现。

　　1. 带息应收票据到期值的计算

　　带息票据的有关计算公式如下:

$$带息票据的到期值＝票据面值＋票据利息$$

其中票据利息的计算公式为：

$$票据利息＝票据面值×利率×票据期限$$

式中，利率一般以年利率表示；期限是指票据签发日至到期日的时间间隔。票据的期限用月或日表示，在实际业务中，为了计算方便，通常把一年定为 360 天。

票据期限按月表示时，应以到期月份中与出票日相同的那一天为到期日，而不论各月份实际日历天数为多少。如 4 月 20 日签发的一个月到期的票据，到期日应为 5 月 20 日。月末签发的票据，不论月份大小，以到期月份的月末那一天为到期日。与此同时，计算利息时使用的利率要换算成月利率（年利率/12）。

【例 3-5】 一张应收票据的面额为 20 000 元，利率为 9%，出票日为 3 月 5 日，3 个月到期，则到期日应为 6 月 5 日，应收利息为 450 元，即：

$$应收票据利息＝20\ 000×9\%×3÷12＝450（元）$$

$$带息票据的到期值＝20\ 000＋450＝20\ 450（元）$$

票据期限按日表示，应从出票日起按实际经历天数计算。通常出票日和到期日只能算其中的一天，即"算头不算尾"或"算尾不算头"。例如，4 月 20 日签发的 90 天的票据，其到期日应为 7 月 19[①] 日，同时，计算利息使用的利率要换算成日利率（年利率/360）。

【例 3-6】 一张应收票据面值为 20 000 元，利率为 9%，80 天到期，票据的出票日为 7 月 1 日，它的到期日则应为 9 月 19 日，其利息计算方法如下：

$$应收票据利息＝20\ 000×9\%×80÷360＝400（元）$$

$$带息票据的到期值＝20\ 000＋400＝20\ 400（元）$$

2. 票据的贴现

票据贴现（bills discounted）作为融通资金的一种信贷行为，在企业中的应用越来越广泛，对创业者而言，充分认识和掌握应收票据的贴现也显得尤其重要。

贴现就是指票据持有人将未到期的商业汇票在背书后转让给金融机构，金融机构从票据到期值中扣除贴现利息后向其提前支付票款的行为。企业持未到期的商业汇票向银行申请贴现，一般是基于流转资金的压力，因为企业贴现这一行为要付出一定的代价，即支付给贴现银行一定的贴现息。所谓贴现息，是指金融机构要按照一定的利率从票据价值中扣除自借款日起到票据到期日止的贴现利息。贴现时所用利率称为贴现率。票据贴现的有关计算公式如下：

$$贴利息＝票据到期价值×贴现率×贴现天数÷360$$

$$贴现天数＝票据期限－企业已持有票据期限$$

$$贴现所得金额＝票据到期价值－贴利息$$

其中，无息票据的到期值就是商业票据的面值，而带息票据在计算到期价值时应考虑票据的利息，具体计算方法上述内容已介绍。

【例 3-7】 企业于 2 月 10 日将签发承兑日为 1 月 31 日、期限为 90 天、面值为 20 000 元、利率为 9%、到期日为 5 月 1 日的银行承兑汇票到银行申请贴现，银行规定的月贴现率为 6‰，请分别计算票据到期值、贴现天数、贴现息和贴现款。（当年 2 月份为 28 天）

$$票据到期利息＝20\ 000×9\%×90÷360＝450（元）$$

---

① 90 天－4 月份剩余天数－5 月份天数－6 月份实有天数＝90－（30－20）－31－30＝19.

$$票据到期值＝20\ 000＋450＝20\ 450（元）$$
$$贴现天数＝90－10＝80（天）$$
$$贴利息＝20\ 450×0.6‰×80÷30＝327.2（元）$$
$$贴现款＝20\ 450－327.2＝20\ 122.8（元）$$

（二）应收账款

应收账款（account receivable）是指企业因销售商品、产品或提供劳务等业务，应向购货单位或个人收取的款项。应收账款的发生具有经常性的特点，同时，应收账款存在一定的发生坏账损失的风险。

应收账款通常于收入实现时按实际发生额计价入账，即按增值税专用发票上列明的货款和增值税额以及代办产品或商品运输的发票上列明的运杂费金额入账。计价时还需要考虑商业折扣、现金折扣和销售折让等因素。

1. 商业折扣

商业折扣（commercial discount）是指企业为促进商品销售而在商品标价上给予的扣除。商业折扣是企业采用销量越多、价格越低的促销策略。商业折扣通常在交易发生时已经确定，它仅仅是确定商品实际销售价格的手段，在销售发票上并不予以反映。因此，在存在商业折扣的情况下，应收账款的入账金额应按扣除商业折扣以后的实际售价确认。所以，商业折扣对会计核算不产生任何影响。

2. 现金折扣

在正常情况下，应收账款按销售产品或商品时确定的交易金额收回。然而，企业在赊销产品或商品后，应收账款收回需要一定的日期，企业为了尽快收回货款，以加速资金周转，可以采用现金折扣的方式。

现金折扣（cash discount）是指债权人为鼓励债务人在规定的期限内付款，而向债务人提供的债务扣除。企业赊销商品后，为了鼓励客户提前偿还货款，通常与债务人达成协议，债务人在不同期限内付款，可享受不同比例的折扣。现金折扣一般用符号"折扣/期限"表示。如买方在10天内付款可按售价给予2%的折扣，用符号"2/10"表示；在20天内付款可按售价给予1%的折扣，用符号"1/20"表示；在30天内付款，则不给折扣，用符号"n/30"表示。由此可见，现金折扣实质上是销货方为了尽快回笼资金而发生的理财费用。采用现金折扣方式，购销双方应事先订立合同，作为落实现金折扣的依据。由于现金折扣在商品销售以后才发生，因此销货单位对于销售收入的入账金额应按销售时发生的收入入账，即以未减去现金折扣前的售价作为产品销售收入入账，这种方法也叫总价法。企业实际发生现金折扣时，再将其列入"财务费用"账户。

【例3-8】　某企业赊销商品2 000元，付款条件是2/10,n/30，即：若购货方在10日内付款，可以扣除40元的现金折扣，实际支付购货款＝2 000×（1－2%）＝1 960（元）；若在10日以后、30日以内付款，则必须支付2 000元，不能享受现金折扣。销货单位对于销售收入的入账金额为2 000元。

3. 销售折让

企业在销售产品时，往往会由于生产、保管等方面的原因，售出的产品或商品在质量上存在问题。为了使商品得以销售，避免徒劳地往返运输，销货单位可以采取给予购货单位销货折让的方式解决。

销售折让(sales discounts)是指企业因售出商品的质量不合格等原因而在售价上给予的减让。企业发生销售折让时,应冲减当期的销售收入和销项税额,但需取得采购方当地税务机关所出具的销售折让证明。

(三) 预付账款

预付账款(prepayments)是指企业按照合同规定预付给供应单位的货款。如预付的材料费、商品采购货款,必须预先发放的在以后收回的农副产品预购定金等。对购货企业来说,预付账款是企业已经支付,但尚未获得商品和劳务的款项,是企业的债权,构成企业的一项流动资产。

(四) 其他应收款

其他应收款(other receivables)是指除应收票据、应收账款、预付账款以外的其他各种应收、暂付款项。主要包括企业应收的各种赔款、罚款、存出保证金、应向职工个人收取的各种垫付款项等。

二、坏账及坏账准备

坏账(bad debts)是指企业无法收回或收回的可能性极小的应收款项。由于发生坏账而产生的损失,称为坏账损失。

在市场经济条件下,存在着激烈的竞争,商业信用的应用虽然给企业的商品交易提供了便利,但同时也给企业带来了不确定的因素。应收及预付款项常常会有一部分不能及时收回,造成坏账损失,从而影响企业的资金周转和偿债能力。

(一) 坏账损失的确认条件

通常,企业的应收款项符合下列条件之一的,应确认为坏账:

(1) 因债务人破产或死亡,以其破产财产或遗产清偿后,确实不能收回的;

(2) 因债务单位撤销、资不抵债或现金流量严重不足,确实不能收回的;

(3) 因发生严重的自然灾害等导致债务单位停产而在短时间内无法偿付债务,确实无法收回的;

(4) 因债务人逾期未履行偿债义务超过3年,经核查确实无法收回的。

(二) 坏账损失的核算方法

坏账损失的核算有两种方法:直接转销法和备抵法。

1. 直接转销法

直接转销法(direct write-off method)是指实际发生坏账损失时,将其损失直接计入当期损益,并转销应收账款的方法。

直接转销法优点在于会计处理简单、易懂,但只有在坏账实际发生时,才将其确认为所在期间的损失,这使得收入和与之相关的坏账损失往往不在同一期间确认。坏账损失的发生与当期的销售业务没有联系,显然不符合权责发生制和配比原则,这就会导致各期收益不实。

【例3-9】 甲企业于2010年4月7日向乙企业赊销商品,价值25 000元。2013年6月5日,因乙企业撤销,甲企业确定该应收账款无法收回,认定其为坏账。在直接转销法下,则甲企业应于2013年6月将该笔应收账款转销,并确认坏账损失25 000元。

2. 备抵法

备抵法(allowance method)亦称计提坏账准备金法,是指企业预先估计坏账损失、预先计提坏账准备金的方法。企业采用备抵法时,要按期合理估计坏账损失,预先计提坏账准备金,计入当期损益。坏账准备是企业对预计可能无法收回的应收票据、应收账款、预付账款、其他应收款等应收预付款项所提取的坏账准备金。

备抵法的优点是预计不能收回的应收款项作为坏账损失及时计入当期损益,使应收款项实际占用资金接近现实情况,消除了虚列的应收款项,避免了企业明盈实亏,加速了企业的资金周转。

采用备抵法核算,首先要按期合理估计坏账损失。估计坏账损失的方法有余额百分比法、赊销百分比法及账龄分析法等。

（1）余额百分比法

余额百分比法（balance percentage method）就是根据会计期末应收款项的余额乘以估计坏账率即为当期应估计的坏账损失,据此提取坏账准备的一种方法。

【例 3-10】　某企业采用应收账款余额百分比法提取坏账准备,2012 年末应收账款的余额为 1 000 000 元,计提比例为 3‰,则 2012 年年末,坏账准备金额＝1 000 000×0.3‰＝3 000（元）。

（2）赊销百分比法

赊销百分比法（bad debt ratio method）也称为坏账比率法,是根据赊销金额的一定百分比估计坏账损失的方法。

【例 3-11】　甲企业 2012 年赊销金额为 50 000 元,根据以往资料和经验,估计坏账损失率为 1%,则 2012 年年末,坏账准备余额＝50 000×1%＝500（元）。

（3）账龄分析法

账龄分析法（aging analysis）是根据应收账款入账时间的长短来估计可能发生的坏账损失的方法。该方法是假设在一般情况下,账龄越长,产生坏账损失的可能性越大,因此估计坏账的比率也应越大。所以,会计期末根据应收账款明细账上各账户账龄之长短,分别确定各账龄组应收账款余额的平均坏账百分比。

【例 3-12】　2012 年末乙企业的应收账款账龄及估计坏账损失如表 3-4 所示:

表 3-4　应收账款账龄及坏账损失估计表

单位:元

应收账款账龄	应收账款余额	估计坏账比率（%）	估计坏账损失
未到期	30 000	1%	300
逾期 6 个月以下	20 000	3%	600
逾期 6 个月以上	5 000	5%	250
合　计	55 000		1 150

三、应收项目在报表中的列示

1. 表内列示

在资产负债表上应收项目是按照各项目的账面价值列示的。具体如下:

（1）资产负债表中的"应收票据"项目是将"应收票据"的期末余额减去"坏账准备"中有关应收票据计提的坏账准备期末余额。

（2）资产负债表中的"应收账款"项目是将"应收账款"和"预收账款"所属明细账的期

末借方余额合计数,减去"坏账准备"中有关应收账款计提的坏账准备期末余额。

(3)资产负债表中的"预付账款"项目是将"预付账款"和"应付账款"所属明细账的期末借方余额合计数,减去"坏账准备"中有关预付款项计提的坏账准备期末余额。

(4)资产负债表中的"其他应收款"项目是将"其他应收款"的期末余额减去"坏账准备"中有关其他应收款计提的坏账准备期末余额。

2. 附注

企业在会计报表附注中的"会计报表重要项目说明"中,应对应收款项及计提坏账准备的方法进行披露,并重点说明如下事项:

(1)本年度全额计提坏账准备,或计提坏账准备的比例较大的(计提比例超过40%及以上的),应单独说明计提的比例及理由。

(2)以前年度已全额计提坏账准备,或计提比例较大的,但在本年度又全额或部分收回的,或通过债务重组等其他方式收回的,应说明其原因、原估计计提比例的理由,以及原估计计提比例的合理性。

(3)对某些金额较大的应收款项不计提坏账准备,或计提坏账准备比例较低(一般为5%或低于5%)的理由。

(4)本年度冲销的应收款项及理由,其中,实际冲销的关联交易产生的应收款项应单独披露。

企业如以应收债权为基础进行出售、融资等业务,应将有关业务的具体情况在会计报表附注中进行披露。具体包括:

(1)与银行等金融机构签订的出售、融资协议的主要内容。

(2)涉及出售、融资业务的应收债权的基本情况,包括其金额、账龄、已提取的坏账准备等。

(3)以应收债权为基础取得的质押借款的具体情况,如借款金额、利率、借款期限、用于质押的应收债权的账面价值等。

(4)作为销售确认的应收债权出售交易,对当期净损益的影响金额。

(5)已贴现的应收债权的账面金额、贴现收到的金额、贴现期限等。

在会计报表附注中的"或有事项的说明"中,应对已贴现商业承兑汇票形成的或有负债予以披露。

四、应收项目管理

在实际工作中,由于企业之间相互拖欠货款,形成严重的三角债,使得一些产品畅销、经营状况较好的企业也不堪重负。这除了受银行的信贷政策、产品结构不合理、企业经营机制不健全、资金周转不灵因素影响外,还有一个很重要的因素——忽视债权管理。在激烈的市场竞争中,创业企业正确运用赊销,加强应收款项的管理,就成为企业财务管理的重要内容之一。创业企业应在发挥应收款项的强化竞争、扩大销货功能的同时,尽可能降低应收款项的机会成本,减少坏账损失与管理成本。创业企业应该从应收款项的源头开始采取控制,尽可能降低应收款项给企业发展带来的风险。

(一)制定合理的信用政策

信用政策即应收款项的管理政策,是指企业为对应收款项进行规划与控制而确立的基本原则与行为规范。企业可以通过改变信用政策、应收款项数量和质量状况来控制应收款项的增减数量。如果企业销售前景好,应收账款安全性高,就可以采取积极的政策,以获得更大利润;反之,企业则需要收缩战线,以避免不必要的损失。企业的信用政策一般由信用标准(credit standards)、信用条件(credit conditions)和收款政策(collection policy)三部分组成。

1. 信用标准

信用标准是企业授信所必须具备的最低条件,通常以预期的坏账损失率来表示。对信用标准进行定性分析的目的在于制定或选择信用标准。影响信用标准的基本因素包括:第一,同行业竞争对手的情况;第二,企业承担风险的能力;第三,客户的资信程度等。其中,对客户的资信能力的评估,可以建立相应的评估指标体系,首先要确定资信评估要评价哪些内容,即资信评估的要素。为了确定资信评估的要素,企业应先分析一下有哪些因素会对资信状况产生影响以及产生什么影响。信用要素对企业进行信用分析和资信评估十分有用,它将指导企业按照什么内容进行信用分析,根据哪些方面进行资信评估。

早在1910年,美国银行家William Post在《发展信用中的4C要素》一书中首先提出构成企业信用的四项要素,即品格(character)、能力(capacity)、资本(capital)、担保品(collateral),这引起了各方关注。后来,银行家Edward Gee主张加上企业环境(condition of business),改称"5C信用要素"。其中担保品和环境为外部因素,品格、能力、资本为内部因素。后来在这五"C"外,又增加了保险(coverage insurance)一项。"保险"一词有广义、狭义之分。狭义的保险只表示保险企业提供的传统保险业务,而广义的保险含义则广泛得多。凡是涉及债权保障方面的作业方式和业务,都统称为"保险"。比如信用保险、保理、信用证等众多具有保障作用的业务都是"保险"业务。保险的重要性是在近代,尤其是现代商业活动中逐渐体现出来的。同"担保品"性质一样,保险也是通过减少授信者的潜在风险,达到获取信用的目的。但保险是通过第三方"保证"取得信用,而"担保品"一般却只是自己提供,所以,保险比担保品的运用更加广泛。随着社会商业、服务业的成熟,为客户提供"保证"服务的机构和品种越来越多,很多信誉良好的企业已经可以通过"纯信誉"借助服务机构的保险获取授信者的信用,而不用自己提供"担保品"以获得信用。因此,"保险"比"担保品"更能体现现代经济贸易发展的特点。

2. 信用条件

信用条件是指企业要求顾客支付赊销款项的条件,包括信用期限、折扣期限和现金折扣。信用期限是企业为客户规定的最长付款时间;折扣期限是为客户规定的可享受现金折扣的付款时间;现金折扣则是在客户提前付款时给予的优惠。如在账单中列示的"2/20,n/40"就是一项信用条件,它规定客户如果在发票开出后20天内付款,可享受2%的折扣,如果不想取得折扣,也必须在40天内付清货款。在确定信用条件时,企业应考虑延长或缩短信用期限,提高或降低现金折扣对企业的影响,权衡利弊,做出正确的决策。

3. 收款政策

收款政策是指企业催收已过期的应收账款所遵循的程序及有关策略,包括收账程序、收账方式等。企业制定收账政策时,要注意把握宽严程度,针对不同的客户采取相应的措施,以尽量确保在不丧失客户的情况下收回账款,减少收款费用和坏账损失。企业一般对逾期付款的客户规定一个允许拖欠的期限,一旦客户超过了这个期限,企业就应采用催收货款的行动。

(二) 加强应收款项的赊销审批

企业对应收账款的日常管理,主要应解决以下三个问题:① 搜集客户的有关信用资料,对客户进行信用调查;② 根据有关资料,对客户的信用状况进行评估;③ 在信用评估之后,根据企业的总体赊销规模,并结合该客户的具体情况,确定给予该客户的信用限额或信用额度,用于指导与该客户之间的信用往来。

(三) 加强应收项目的追踪分析与管理

信用销售实现后,企业应做好应收账款的日常控制,对客户进行追踪分析,认真分析应收账款的账龄。与此同时,企业要进一步完善收账政策,当顾客违反信用条件时,积极做好收账工作。

1. 实施应收账款的追踪分析

企业收款之前,应对该项应收账款的运行进行追踪分析。企业要对赊购者的信用品质、偿付能力进行深入调查,分析客户现金的持有量与调剂能力能否满足应收账款兑现的需要,并将那些金额大、信用品质差的客户列为考察的重点,防患于未然。

2. 认真分析应收账款的账龄

一般而言,客户逾期拖欠账款时间越长,账款催收的难度越大,成为坏账的可能性也就越大。企业必须要做好应收账款的账龄分析,密切注意应收账款的回收进度和出现的变化,把过期债权款项纳入工作重点,研究调整新的信用政策,努力提高应收账款的收现效率。

3. 进一步完善收账政策

当账款为客户拖欠或拒付时,企业首先应分析现有的信用标准及信用审批制度是否存在纰漏,然后重新对违约客户的资信等级进行调查、评价和调整。对于信用品质恶劣的客户应当从信用名单中剔除,对其所拖欠的款项可先通过信函、电话或者派人员前往等方式进行催收,态度可以逐渐强硬,并提出警告。当这些措施无效时,则可以申请仲裁或法院诉讼来解决。

本章小结

货币资金是指在企业生产经营过程中以货币形态存在的资产,包括库存现金、银行存款和其他货币资金。企业应从库存现金的使用范围、库存现金的限额、库存现金收支、银行存款账户的设立、银行支付结算办法的选择、货币资金的清查等方面加强货币资金的管理。

应收款项是企业在生产经营过程中,因商品交易、劳务供应和其他往来形成的,尚未收到的各种款项,包括应收账款、预付账款、应收票据和其他应收款等。应收及预付款项常常会有一部分不能及时收回,造成坏账损失,从而影响企业的资金周转和偿债能力。坏账损失的核算一般有两种方法:直接转销法和备抵法。

创业企业应在发挥应收款项的强化竞争、扩大销货功能的同时,尽可能降低应收款项的机会成本,减少坏账损失与管理成本。创业企业应该从应收款项的源头开始加强应收项目的管理,尽可能降低应收款项给企业发展带来的风险。

》》思考题

1. 库存现金的使用范围主要有哪些?

2. 企业应如何建立和完善现金管理制度?

3. 企业应如何加强银行存款的管理?

4. 商业票据有哪两种形式? 哪一种商业票据较为安全? 为什么?

5. 什么是票据贴现? 票据贴现的功能是什么?

6. 在商业行为中,商业折扣、现金折扣和销售折让三种销售折扣方式各自有什么作用?

7. 什么是坏账损失? 你认为应符合怎样的条件才能确认为坏账损失?

8. 为什么说采用备抵法处理坏账损失能使得提供的财务信息对决策更有用?

9. 你认为创业企业在初创期、成长期、成熟期应当如何应用商业信用?

10. 如何做好应收账款的全过程管理?

》》习题

1. 2012年12月31日,甲企业银行存款日记账余额为312万元,银行转来对账单余额为544万元。经逐笔核对,发现以下未达账项:

① 甲企业已于12月28日收到的A企业购货款480万元登记入账,但银行尚未记账。

② 甲企业开出转账支票一张,金额为360万元,B企业尚未将收到的支票送存银行。

③ 甲企业委托银行代收C企业购货款384万元,银行已于12月30日收妥并登记入账,但甲企业尚未收到收款通知。

④ 12月份甲企业发行借款利息32万元,银行已减少其存款,但甲企业尚未收到银行的付款通知。

要求:根据上述资料编制甲企业银行存款余额调节表。

2. 华明企业2012年12月15日将持有的面值为50 000元、年利率为9%的3个月期的带息票据向银行贴现,该票据的出票日为11月15日,银行贴现率为12%。试计算该票据的到期价值、贴现息和贴现净额。

第四章 存 货

【本章导读】

为了保证生产或销售的经营需要,创业企业总有储存存货的需要。作为企业一项重要的流动资产,存货分布于采购、生产和销售等各经营环节。不同来源取得的存货,其价值构成各不相同。不同的存货发出的计价方法,直接影响着发出存货的成本和库存存货价值。如果存货库存量过大,会增大仓储费等储存成本;如果存货库存量过小,则不能保证生产经营活动的正常进行。本章主要介绍存货的性质和分类、存货价值的构成、存货发出的计价方法和存货的管理方法。

【学习目标】

1. 理解存货的性质;了解存货的分类和报表列示。

2. 理解存货的价值构成;掌握存货发出的计价方法;理解存货期末的计价方法;了解存货发生减值的主要迹象。

3. 掌握存货经济批量的确定、存货管理的 ABC 法和存货管理 JIT 法。

引例

　　ABC 公司的主要产品为 S 产品。20××年 5 月初,库存 S 产品(以前月份生产)有 500 件,生产成本为每件 300 元。5 月份完工入库 S 产品 300 件。由于产品耗用材料的价格上升,导致该批产品的生产成本上升至每件 315 元。5 月份 ABC 公司共销售了 S 产品 200 件。那么,ABC 公司在计算商品的销售成本时,是按照每件 300 元,还是每件 315 元呢?不同的存货发出的计价方法造成的利润差异有多大?

第一节　存货及报表列示

一、存货及其分类

（一）存货的性质

存货（inventory）是企业在日常活动中持有以备出售的产成品或商品，处在生产中的在产品，在生产过程或提供劳务过程中耗用的材料、物料等。存货包括企业为产品生产和商品销售而持有的原材料、燃料、包装物、低值易耗品、在产品、产成品和商品等。存货通常在一年或超过一年的一个营业周期内被消耗或经出售转换为现金、银行存款或应收账款等，具有明显的流动性，属于流动资产。在大多数企业中，存货在流动资产中占有很大比重，是流动资产的重要组成部分。

与其他流动资产相比，存货具有以下特点：第一，存货具有较强的流动性，但其流动性又低于现金、应收账款等其他流动资产；第二，存货具有时效性和发生潜在损失的可能性。例如，企业生产的商品，因消费者偏好改变而使市场需求减少，从而导致其市场价格逐渐下跌，给企业带来潜在损失。

随着企业生产经营过程的进行，存货的存在形态会发生相应的变化。有的存货被耗用后形成了在产品或产成品的成本，如准备用于生产的原材料等；有的存货被销售后形成产品或商品的销售成本，如直接对外销售的半成品或库存商品等；有的存货被行政管理机构、销售机构耗用，转化为期间费用；还有的存货还依然以原有形态存在。

（二）存货的分类

1. 按经济内容分类

存货按经济内容通常分为原材料、在产品、半成品、产成品、商品、周转材料等。

（1）原材料。它是指企业在生产过程中经加工改变其形态或性质并构成产品、主要实体的各种原料及主要材料、辅助材料、外购半成品（外购件）、修理用备件（备品备件）、包装材料、燃料等。为建造固定资产等各项工程而储备的各种材料，虽然同属于材料，但是，由于用于建造固定资产等各项工程不符合存货的定义，因此不能作为企业的存货进行核算。

（2）在产品。它是指企业正在制造尚未完工的产品，包括正在各个生产工序加工的产品和已加工完毕但尚未检验或已检验但尚未办理入库手续的产品。

（3）半成品。它是指经过一定生产过程并已检验合格交付半成品仓库保管，但尚未制造完工成为产成品，仍需进一步加工的中间产品，这部分中间产品能够单独计价。半成品不包括从一个生产车间转给另一个生产车间待继续加工的在产品以及不能单独计算成本的在产品。

（4）产成品。它是指工业企业已经完成全部生产过程并验收入库，可以按照合同规定的条件送交订货单位或者可以作为商品对外销售的产品。

（5）商品。它是指商品流通企业外购或委托加工完成验收入库用于销售的各种商品。

（6）周转材料。它是指企业能够多次使用、逐渐转移其价值，但仍保持原有形态、不确认为固定资产的材料,包括包装物、低值易耗品以及企业(建造承包商)的钢模板、木模板、脚手架等。其中,包装物是指为了包装本企业产品及商品而储备的各种包装容器,如桶、箱、瓶、坛、袋等,其主要作用是盛装、装潢产品或商品等;低值易耗品是指在使用过程中基本保持其原有实物形态不变,但单位价值相对较低,使用期限相对较短,或在使用过程中容易损耗,因而不能列入固定资产的各种器具物品,如工具、管理用具、玻璃器皿、劳动保护用品,以及在经营过程中周转使用的包装容器等。

2. 按存放地点分类

存货按存放地点一般可分为四类:库存存货、在途存货、委托加工存货和委托代销存货。

(1)库存存货,是指已经运到企业,并已验收入库的各种商品以及验收入库的自制半成品和产成品等。

(2)在途存货,包括运入在途存货和运出在途存货。运入在途存货是指货款已经支付、尚未验收入库、正在运输途中的各种存货。运出在途存货是指按合同规定已经发出或送出、尚未确认销售收入的存货。

(3)委托加工存货,是指企业已经委托外单位加工,但尚未加工完成的各种存货。

(4)委托代销存货,是指企业已经委托外单位代销,但按合同规定尚未办理代销货款结算的存货。

二、 存货的报表列示

存货应列示在资产负债表资产类的流动资产项目下。因其流动性仅次于货币资金和应收及预付款项,所以应列示于流动资产中应收及预付款项之后。资产负债表中存货项目需要根据原材料、周转材料、在产品、库存商品、委托加工物资、委托代销商品、发出商品等存货的价值的分析汇总数再减去存货跌价准备后的净额填列。

在会计报表附注中,企业应披露以下与存货相关的信息:

(1)各类存货的期初和期末账面价值;

(2)确定发出存货成本所采用的方法;

(3)存货可变现净值的确定依据,存货跌价准备的计提方法,当期计提的存货跌价准备的金额,当期转回的存货跌价准备的金额,以及计提和转回的有关情况;

(4)用于担保的存货账面价值。

第二节 存货价值

一、 存货价值构成

企业取得的存货,其来源主要有两个途径,即外购和自制。除此之外,部分存货还来源于委托外单位加工完成、接受投资者投入、非货币性资产交换换入、债务重组换入和接受捐赠等途径。

根据我国《企业会计准则》的有关规定,存货应当按照取得时的实际成本进行初始计量。不同来源取得的存货,其价值形成各不相同。本节主要介绍外购、自制等几种常见途径形成的存货的价值构成。

（一）外购的存货

外购的存货是指企业从外面购入的原材料、商品等。如一个创业者开办一个书店，需要从出版商处购入各种图书，这就形成了该书店的外购存货。

外购存货的成本是指采购成本，指企业从采购到入库前所发生的全部支出，通常包括：① 买价，是指购入存货发票上所列的货款金额；② 运杂费，包括运输费、装卸费和运输保险费；③ 途中合理损耗；④ 整理准备费；⑤ 交纳的税金，是指应由买方支付的税金，如进口关税等。增值税是否计入存货成本，要看其按税法规定是否能作为进项税额抵扣，不能作为进项税额抵扣的要计入存货成本，可以抵扣的则不计入存货成本，在实际交纳增值税时抵扣销项税额。

【例 4-1】　某企业购进原材料 1 000 kg，增值税专用发票注明价款为 10 000 元，增值税为 1 700 元，另支付运杂费 500 元、装卸费 250 元。该增值税允许抵扣，则该批材料的取得成本为 10 750（＝10 000＋500＋250）元。

（二）自制的存货

自制的存货是指企业自己生产的原材料、在产品和库存商品等。其实际成本包括自制过程中实际发生的直接材料费、直接人工费和应分摊的制造费用。

直接材料费是指直接用于产品生产的原材料、主要材料、辅助材料、修理用配件、低值易耗品等。直接人工费是指直接从事产品生产的工人的工资、福利费等职工薪酬。制造费用是指为生产产品、材料或提供劳务发生的，应由生产的若干种产品、材料或劳务共同承担，但在发生时难以划分具体承担对象的间接生产费用，主要包括生产车间发生的生产管理费，如车间管理人员的职工薪酬，生产部门的折旧费、办公费、水电费、机物料消耗、劳动保护费等。

直接材料费和直接人工费，如果能够直接认定是某种产品所消耗的，其发生时直接计入相关产品的成本。如果是几种产品共同耗用，不能直接确认各种产品消耗数额的，则应采用适当的方法，在有关产品之间进行分配，根据分配结果计入相关产品的成本。所谓分配方法适当，是指分配所依据的标准与分配对象有比较密切的联系，而且分配标准的资料比较容易取得，计算比较简便。分配几种产品共同耗费的原材料费用时，分配标准可以是产品的质量、体积或定额消耗量等；分配几种产品共同耗费的职工薪酬费用时，分配标准一般选择产品所耗费的生产工时。

由于制造费用在发生时不能直接认定具体承担对象，因此应先按生产车间进行归集，然后选择合适的标准分配给有关的成本对象。如果是劳动密集型企业，制造费用的分配标准可以选择产品的生产工时或生产工人工资；如果是机械化程度较高的企业，则可选择机器工时作为分配标准。

【例 4-2】　某企业一车间某月投产甲产品 1 000 件，乙产品 500 件。甲、乙产品耗费的直接材料费用分别为 40 000 元和 30 000 元，耗费的直接人工费分别为 60 000 元和 40 000 元，耗费的生产工时分别为 3 000 小时和 2 000 小时。该车间当月发生制造费用为 25 000 元，制造费用按生产工时比例在甲、乙产品之间进行分配。甲、乙两种产品当月全部完工入库，则

$$制造费用分配率 = \frac{制造费用实际发生总额}{\Sigma 各种产品生产工时} = \frac{25\ 000}{3\ 000 + 2\ 000} = 5（元/工时）$$

甲产品应负担的制造费用＝3 000×5＝15 000（元）

乙产品应负担的制造费用＝2 000×5＝10 000（元）

该批甲产品的实际成本＝40 000＋60 000＋15 000＝115 000（元）

该批乙产品的实际成本＝30 000＋40 000＋10 000＝80 000（元）

（三）委托外单位加工的存货

委托外单位加工的存货是指企业将外购或自制的某些存货通过支付加工费的方式委托外单位进行加工生产的存货，如工业企业的委托加工材料、商品流通企业的委托加工商品等。委托外单位加工的存货的实际成本包括加工过程中耗用的材料或半成品的实际成本、加工费和往返运杂费及应负担的税金。

【例 4-3】 某企业委托外单位加工材料，原材料价款为 500 000 元，支付加工费用 60 000 元，来回运费 600 元，材料已经加工完毕验收入库，则该批委托加工材料的实际成本为 560 600（＝500 000＋60 000＋600）元。

（四）接受捐赠的存货

接受捐赠的存货是指企业接受的政府、社会团体或个人赠予的存货。接受捐赠的存货按照发票账单所列金额加企业负担的运输费、保险费、缴纳的税金作为实际成本。无发票账单的，按照同类存货的市价计价。

【例 4-4】 某企业接受捐赠材料一批，取得赠出方开具的增值税发票，注明价款 100 000 元，增值税 17 000 元；企业找一运输公司将该批材料运回企业，支付运杂费 3 000 元。该增值税允许抵扣，不考虑其他因素，则该批材料的实际成本为 103 000（＝100 000＋ 3 000）元。

（五）投资人投入的存货

投资者投入到企业的资本金的形式是多种多样的，可以是货币资金，也可以是材料物资、固定资产等实物资产，还可以是专利权等无形资产。企业接受投资者投入的存货，应当按投资合同或协议约定的价值作为实际成本，但合同或协议约定价值不公允的除外。

【例 4-5】 某企业于设立时接受 A 公司作为资本投入的原材料一批，该批原材料投资合同约定的价值为 200 000 元，增值税进项税额为 34 000 元，A 公司已开具了增值税专用发票。假设合同约定的价值与材料的公允价值相符，该进项税允许抵扣，不考虑其他因素，则该批材料的实际成本为 200 000 元。

（六）盘盈的存货

存货是企业一项非常重要的流动资产，需要对其进行定期盘点，查明存货的实存数。如果存货的实存数大于账面数，则称为存货的盘盈。盘盈存货按照同类存货的市场价格入账。

【例 4-6】 某企业财产清查中盘盈 G 材料 2 000 kg，该材料的市场价格为每千克 5 元。经查明是由于收发计量上的错误造成的，则该批盘盈的 G 材料的实际成本为 10 000 元。

二、存货发出的计价方法

存货发出的计价方法是指对发出的存货和每次发出存货后库存存货价值的计算方法。在企业的生产经营中，存货的采购成本或生产成本是经常变动的，不同时期、不同批次可能不一样。在存货发出时,如何选用合理的单位成本来计算发出存货的成本,就显得非常重要。因为选择的单位成本不同,计算出来的生产成本或销售成本、销售利润会不同,期末库存存货的成本也会不同。

根据对存货成本流动的不同假设,有四种不同的存货计价方法:先进先出法、后进先出法、加权平均法和个别计价法。

(一) 先进先出法

先进先出法(first-in first-out method, FIFO)是以先入库的存货应先发出这一实物流转假设为前提,对发出存货进行计价的方法。采用这种方法,每次发出的存货就按入库存货先后顺序的单位成本计价,期末存货成本就接近于最新入库存货的成本。

【例 4-7】 某企业 2012 年 7 月份 A 材料的期初余额为 1 000 kg,单位成本为 10 元/kg,本期该种材料的收入、发出和结存情况如表 4-1 所示。

表 4-1　存货明细

存货类别:

存货编号:　　　　　　　　　　　　　　　　　　　　　　　　　　　　　　计量单位:kg

存货名称:A 材料　　　　　　　　　　　　　　　　　　　　　　　　　　　货币单位:元

2012 年		摘要	购入			发出			结存		
月	日		数量	单价	金额	数量	单价	金额	数量	单价	金额
7	1	期初余额							1 000	10	10 000
	10	购入	3 000	12	36 000				4 000		46 000
	13	发出				1 800			2 200		
	18	购入	2 000	13	26 000				4 200		
	27	发出				2 700			1 500		
	31	合计	5 000		62 000	4 500			1 500		

采用先进先出法核算企业发出存货和期末存货的成本如表 4-2 所示。

表 4-2　存货明细(先进先出法)

存货类别:

存货编号:　　　　　　　　　　　　　　　　　　　　　　　　　　　　　　计量单位:kg

存货名称:A 材料　　　　　　　　　　　　　　　　　　　　　　　　　　　货币单位:元

2012 年		摘要	购入			发出			结存		
月	日		数量	单价	金额	数量	单价	金额	数量	单价	金额
7	1	期初余额							1 000	10	10 000
	10	购入	3 000	12	36 000				4 000		46 000
	13	发出				1 000 800	10 12	19 600	2 200	12	26 400
	18	购入	2 000	13	26 000				2 200 2 000	12 13	52 400
	27	发出				2 200 500	12 13	32 900	1 500	13	19 500
	31	合计	5 000		62 000	4 500		52 500	1500	13	19 500

先进先出法符合存货流转规律，发出存货计价符合历史成本原则，期末存货成本最接近该种存货的市价，因而资产负债表能较为真实地反映财务状况。但另一方面，与现行收入相配比的不是现行成本，而是较早期的存货成本，使得损益不能较真实地反映本期收益。当物价持续上涨时，利润虚增，近期的税收负担加重；当物价持续下跌时，利润虚减，近期的税收负担减轻。另外，先进先出法逐笔计算存货的实际成本，核算工作量较大。

（二）后进先出法

后进先出法(last-in first-out method，LIFO)是假定后收进的存货先发出，按最近收进存货的单位成本计算确定发出存货实际成本的一种方法。在这种方法下，月末存货通常是按较早成本确定，而发出存货的成本则按最近一次的单位成本计算，如果发出存货数量超过最近一次收进存货的数量，超过部分要依次按上一次进货的单位成本计算。虽然我国新《企业会计准则》取消了"后进先出法"，但由于该方法是国际上通行的一种方法，本书在此也进行介绍。

【例 4-8】 资料同例 4-7，采用后进先出法核算企业发出存货和期末存货的成本如表4-3 所示。

表 4-3　存货明细（后进先出法）

存货类别：

存货编号：　　　　　　　　　　　　　　　　　　　　　　　　　　　　计量单位：kg

存货名称：A 材料　　　　　　　　　　　　　　　　　　　　　　　　　货币单位：元

2012 年		摘要	购入			发出			结存		
月	日		数量	单价	金额	数量	单价	金额	数量	单价	金额
7	1	期初余额							1 000	10	10 000
	10	购入	3 000	12	36 000				1 000 3 000	10 12	10 000 36 000
	13	发出				1 800	12	21 600	1 000 1 200	10 12	10 000 14 400
	18	购入	2 000	13	26 000				1 000 1 200 2 000	10 12 13	10 000 14 400 26 000
	27	发出				2 000 700	13 12	26 000 8 400	1 000 500	10 12	10 000 6 000
	31	合计	5 000		62 000	4 500		56 000	1 000 500	10 12	10 000 6 000

按后进先出法计价，计入本期销售成本的发出存货价值比较接近现行存货市价，当其与现行销售收入相配比时，确定的损益比较符合实际。在物价持续上涨的情况下，由于以较高的发出存货成本计入本期销售成本，从而导致税前利润较低，税负减少，现金流量状况也会得到相应的改善；在物价持续下跌的情况下，由于以较低的发出存货成本计入本期销售成本，从而导致税前利润较高，税负增加，现金流量状况不会得到相应的改善。一般来说，允许存货发出按后进先出法计价，是很多国家旨在减少通货膨胀的有效

措施。但是,后进先出法的成本计算工作比较烦琐,期末库存存货成本不能反映现时情况,因此,据以计算的各项流动比率或其他财务比率并不能反映企业的实际财务状况。

（三）加权平均法

加权平均法主要包括两种:全月一次加权平均法和移动加权平均法。

1.全月一次加权平均法

全月一次加权平均法（weighed average method）是指以本月全部进货数量加月初存货数量作为权数,去除当月全部进货成本加本月初存货成本,计算出存货的加权单位成本,以此为基础计算当月发出存货的成本和期末存货成本的一种方法。

计算公式为

$$加权平均单价 = \frac{期初结存存货实际成本 + 本期收入存货实际成本}{期初结存存货数量 + 本期收入存货数量}$$

$$本期发出存货实际成本 = 本期发出存货数量 \times 加权平均单价$$

$$期末库存存货实际成本 = 期初库存存货实际成本 + 本期收入存货实际成本 - 本期$$
$$发出存货实际成本$$

【例 4-9】 资料同例 4-7,采用加权平均法核算企业发出存货和期末存货的成本如表 4-4 所示。

表 4-4 存货明细(全月一次加权平均法)

存货类别:

存货编号: 计量单位:kg

存货名称:A 材料 货币单位:元

2012年		摘要	购入			发出			结存		
月	日		数量	单价	金额	数量	单价	金额	数量	单价	金额
7	1	期初余额							1 000	10	10 000
	10	购入	3 000	12	36 000				4 000		46 000
	13	发出				1 800			2 200		
	18	购入	2 000	13	26 000				4 200		
	27	发出				2 700			1 500		
	31	合计	5 000		62 000	4 500	12	54 000	1 500	12	18 000

A 材料平均单位成本＝（10 000＋36 000＋26 000）÷（1 000＋3 000＋2 000）＝12（元/kg）

本期发出 A 材料成本＝4 500×12＝54 000（元）

期末库存 A 材料成本＝10 000＋62 000－54000＝18 000（元）

全月一次加权平均法,发出的存货平时不计价,只有到月末时才一次计算,因而简便易行,日常核算工作量小。然而这种方法存货计价集中在期末进行,增加了期末工作量,平时也无法了解存货的结存金额,不利于存货成本的日常管理和控制。这种方法适用于存货收入批次较多、数量较大,且价格差异不大的存货。

2.移动加权平均法

移动加权平均法（moving weighed average method）是指在每次进货以后,立即为存货计算出新的平均单位成本,作为下次发货计价基础的一种方法。

计算公式为

$$移动加权平均单价 = \frac{本次入库前结存存货成本 + 本次收入存货实际成本}{本次入库前结存存货数量 + 本次收入存货数量}$$

【例 4-10】 资料同例 4-7,采用移动加权平均法核算企业发出存货和期末存货的成本如表 4-5 所示。

表 4-5 存货明细(移动加权平均法)

存货类别:

存货编号: 计量单位:kg

存货名称:甲材料 货币单位:元

2012 年		摘要	购入			发出			结存		
月	日		数量	单价	金额	数量	单价	金额	数量	单价	金额
7	1	期初余额							1 000	10	10 000
	10	购入	3 000	12	36 000				4 000	11.5	46 000
	13	发出				1 800	11.5	20 700	2 200	11.5	25 300
	18	购入	2 000	13	26 000				4 200	12.21	51 300
	27	发出				2 700	12.21	32 967	1 500	12.21	18 333
	31	合计	5 000		62 000	4 500		53 667	1 500	12.21	18 333*

* 数字四舍五入,小数尾差计入期末库存存货成本。

第一次购货后的加权平均单位成本=(10 000+36 000)÷(1 000+3 000)—11.5(元)

第二次购货后的加权平均单位成本=(25 300+26 000)÷(2 200+2 000)=12.21(元)

本期发出 A 材料成本=1 800×11.5+2 700×12.21=53 667(元)

期末库存 A 材料成本=10 000+62 000—53 667=18 333(元)

移动加权平均法的存货计价在日常进行,能够使管理当局及时了解存货的结存情况,计算的平均单位成本及发出和结存的存货成本比较客观。但由于每次收货都要计算一次平均单价,计算工作量较大,对收发货较频繁的企业不适用。

(四) 个别计价法

个别计价法(specific identification method)是指每次发出存货的实际成本按其购入时的实际成本分别计价的方法。

【例 4-11】 资料同例 4-7,假设经过具体辨认,7 月 13 日发出的 1 800 件中,属于期初结存的有 800 件,其余 1 000 件是 7 月 10 日购进的;7 月 27 日发出的 2 700 件中,200件为期初存货,1 500 件是 7 月 10 日购进的,1 000 件是 7 月 18 日购进的。依照个别计价法确定该企业甲材料 7 月份的发出成本和期末存货成本如下:

本期发出 A 材料成本=(800×10+1 000×12)+(200×10+1 500×12+1 000×13)
=53 000(元)

期末库存 A 材料成本=500×12+1000×13=19 000(元)

个别计价法能最准确地反映存货发出成本与期末存货成本,但是这一方法要求为每一货品设置详细的记录,以辨认其所属批次,实物操作的工作量极大。因此,个别计价法通常只适用于单价高、数量少、易辨认且售价与成本之间的关系比较密切的存货,如珠宝、名画、船舶、汽车等。

(五) 存货计价方法的选择

根据存货流转假说,形成了不同的发出存货计价方法,各种计价方法的特点可归纳于表 4-6。

表 4-6　各种发出存货计价方法的比较

方 法	优 点	缺 点
先进先出法	符合存货流转规律,发出存货计价符合历史成本原则,期末存货成本接近市价,物价持续下跌时会高估销售成本,低估利润,符合稳健型原则,少缴税	计算成本比较繁琐,物价持续上涨时会低估销售成本,高估利润,不符合稳健型原则,多缴税
后进先出法	物价持续上涨时会高估销售成本,低估利润,符合稳健型原则,少缴税	计算成本比较繁琐,物价持续下跌时会低估销售成本,高估利润,不符合稳健型原则,多缴税
全月一次加权平均法	核算简便,存货成本计算折中	计算在月末进行,不能反映存货平时价值,不利于存货的日常管理
移动加权平均法	随时计算成本,便于日常管理	核算工作量大,不利于收发比较频繁的企业
个别计价法	成本计算准确	实务操作工作量大

我国《企业会计准则第 1 号——存货》规定,企业应当采用先进先出法、全月一次加权平均法、移动加权平均法或个别计价法确定发出存货的成本。由于不同的存货计价方法所产生的纳税效果、净收益效果、现金流量效果各不相同,企业可以根据不同情况和不同需要选择不同的方法。创业企业在初创期和成长期,对资金需求量较大,因此,应尽可能地避免现金流出企业。在物价持续下跌的情况下,可选择先进先出法对发出存货进行计价,这可以有效地实现低估利润,少缴税;在物价持续上涨的情况下,则尽量避免采用先进先出法,而选择其他的计价方法。在企业的成熟期,一般情况下,现金流入量大于现金流出量,对资金的渴望没有初创期那么强烈,企业可以根据不同的具体需要来选择存货计价方法,如为了提高成本计算的准确性,可采用个别计价法。

三、存货的减值

由于存货市场价格的变化、产品的更新换代,以及存货在储存过程中可能会发生变质损坏,导致存货进入企业后,价值仍在不断变化。在会计期末,存货价值需要重新计量。

根据我国《企业会计准则》的有关规定,资产负债表日,存货应当按照成本与可变现净值孰低计量。当存货成本低于可变现净值时,存货按成本计量;当存货成本高于可变现净值时,则认为存货发生了减值,此时,存货按可变现净值计量,同时按照成本高于可变现净值的差额计提存货跌价准备,计入当期损益。

(一) 可变现净值及其确定

1. 存货的可变现净值

可变现净值(net realizable value)是指在日常活动中,存货的估计售价减去至完工时估计将要发生的成本、估计的销售费用以及相关税费后的金额。

2. 存货的可变现净值的确定

企业在确定存货的可变现净值时,应当以取得的确凿证据为基础,并且考虑持有存货的目的、资产负债表日后事项的影响等因素。

确定可变现净值的确凿证据,是指对确定存货的可变现净值有直接影响的确凿证明,如产成品或商品的市场销售价格、与产成品或商品相同或类似商品的市场销售价格、销货方提供的有关资料和生产成本资料等。持有存货的目的,是指持有存货是为了销售还是加工后销售等。资产负债表日后事项影响因素,是指存货预计未来产品更新换代、消费者偏好等市场情况。在实际工作中,企业应对直接销售的存货和用于生产的存货分别确定可变现净值。

(1)产成品、商品和用于出售的材料等直接用于出售的存货,在正常生产经营过程中,应当以该存货的估计售价减去估计的销售费用和相关税费后的金额,确定其可变现净值。

(2)用于生产的材料、在产品或自制半成品等需要经过加工的存货,在期末计量时,不能只考虑其自身的可变现净值与其成本的关系,而应以完成生产过程后的成品的可变现净值与成品的生产关系为判断基础,即:如果用其生产的成品的可变现净值不低于成品的成本,无论其市场价格是否下降,这些材料、在产品仍以成本计量;如果用其生产的成品的可变现净值低于成品的成本,且其价格有明显下降时,这些材料、在产品应按可变现净值计量,可变现净值应当以所生产的产成品的估计售价减去完工时估计将要发生的成本、估计的销售费用以及相关税费后的金额来确定。

3. 成本与可变现净值的比较

按成本与可变现净值法计价时,可以采用不同的方法对成本与可变现净值进行比较。比较的方法主要有三种:按存货项目比较、按存货类别比较和按全部存货比较。

(1)按存货项目比较

按存货项目比较时,只要某存货项目的可变现净值低于其成本,就将该存货项目按可变现净值计价,不考虑其他存货的可变现净值是否低于成本,不受其他存货可变现净值大小的影响。

(2)按存货类别比较

按存货类别比较时,只要某类存货的可变现净值低于其成本,就将该类存货按可变现净值计价,不考虑其他类存货的可变现净值是否低于成本,不受其他类别存货市价的影响。

(3)按全部存货比较

按全部存货比较时,只有全部存货的可变现净值低于全部存货的成本,才按可变现净值计价。

【例 4-12】 某商场的存货的成本与可变现净值分别按存货项目、存货类别和全部存货比较后得到的结果如表 4-7 所示。

表 4-7　成本与可变现净值的比较

项目	成本	可变现净值	成本与可变现净值执低的选择金额		
			按存货项目	按存货类别	按全部存货
家用电器类					
A	2 000	3 000	2 000		
B	8 000	6 000	6 000		
小计	10 000	9 000		9 000	
百货类					
C	7 000	6 000	6 000		
D	4 000	5 600	4 000		
小计	11 000	11 600		11 000	
全部存货总计	21 000	20 600	18 000	20 000	20 600

在会计实务中，为了反映存货成本与市价比较的详细情况，一般按存货的项目进行成本与可变现净值的比较。但对于数量繁多、单价较低的存货，可以按照存货类别计提存货跌价准备。对于与在同一地区生产和销售的产品系列相关、具有相同或类似最终用途或目的，且难以与其他项目分开计量的存货，可以合并计提存货跌价准备。

（二）存货发生减值的迹象与计量

1. 判断存货发生减值的主要迹象

会计实务中，一般根据下列迹象判断存货发生了减值，并计提存货跌价准备，确认存货减值损失：

（1）该存货的市场价格持续下跌，并且在可预见的未来无回升的希望；

（2）企业使用该项原材料生产的产品的成本大于产品的销售价格；

（3）企业因产品更新换代，原有库存原材料已不适应新产品的需要，而该原材料的市场价格又低于其账面成本；

（4）因企业所提供的商品或劳务过时或消费者偏好改变而使市场的需求发生变化，导致市场价格逐渐下跌；

（5）其他足以证明该项存货实质上已经发生减值的情形。

2. 存货跌价准备的计量

存货发生减值时，应采用合理的方法对存货成本与可变现净值进行比较。若存在可变现净值低于成本，应将该差额作为存货跌价准备，抵减存货成本以反映存货的可变现净值。

第三节　存货管理

如果工业企业能在生产投料时随时购入所需的原材料，或者商业企业能在销售时随时购入该项商品，就不需要存货。但在实际工作中，由于保证生产或销售的经营需要，企业总有储存存货的需要。

那么,创业企业如何来确定库存存货数量呢?如果存货库存量过大,则会增加包括仓储费、保险费、维护费、管理人员工资在内的各项开支,增加仓库面积,从而增大了企业费用,侵蚀企业利润;占用大量的流动资金,造成资金呆滞,既加重了货款利息等负担,又会影响资金的时间价值和机会收益。如果存货库存量过小,则将造成生产系统原材料或其他物料供应不足,影响生产过程的正常进行;使订货间隔期缩短,订货次数增加,导致订货成本提高;影响生产过程的均衡性和装配时的成套性。

因此,进行存货管理的主要目的,是要控制存货水平,在充分发挥存货功能的基础上,降低存货成本。

一、存货控制的经济批量

(一)持有存货有关的成本

存货的总成本由取得成本、储存成本、缺货成本三部分构成。

1. 取得成本

取得成本是指为取得某种存货而支出的成本,通常用 TC_a 表示。其下又分为订货成本和购置成本。

(1)订货成本。订货成本是指取得订单的成本,如办公费、差旅费、邮资等支出。订货成本中有一部分与订货次数无关,如常设采购机构的基本开支等,称为订货的固定成本,用 F_1 表示;另一部分与订货次数有关,如差旅费、邮资等,称为订货的变动成本。每次订货的变动成本用 K 表示;订货次数等于存货年需要量 D 与每次进货量 Q 之商,则

年订货成本=年固定订货成本+全年需要量/每次订货批量×每批订货成本

即 $$订货成本=F_1+D/Q×K$$

(2)购置成本。购置成本是指存货本身的价值,经常用数量 Q 与单价 U 的乘积来确定。

$$购置成本=D×U$$

$$取得成本=订货成本+购置成本$$

$$=订货固定成本+订货变动成本+购置成本$$

即 $$TC_a=F_1+D/Q×K+D×U$$

2. 储存成本

储存成本是指为保持存货而发生的成本,包括存货占用资金所应计的利息、仓库费用、保险费用、存货破损和变质损失等,通常用 TC_c 表示。储存成本也分为固定成本和变动成本。固定成本与存货数量的多少无关,如仓库折旧、仓库职工的固定月工资等,常用 F_2 表示。变动成本与存货的数量有关,如存货资金的应计利息、存货的破损和变质损失、存货的保险费用等,单位成本用 K_c 表示。用公式表示的储存成本为

年储存成本=年固定储存成本+单位存货年储存成本×平均储存量

即 $$TC_c=F_2+K_c×Q/2$$

3. 缺货成本

缺货成本是指由于存货供应中断而造成的损失,包括材料供应中断造成的停工损失、产成品库存缺货造成的拖欠发货损失和丧失销售机会的损失,还应包括需要主观估计的商誉损失。如果生产企业以紧急采购代用材料解决库存材料中断之急,那么缺货成本表现为紧急额外购入成本。缺货成本用 TC_s 表示。

如果用 TC 表示储备存货的总成本,则

$$TC = TC_a + TC_c + TC_s$$
$$= F_1 + D/Q \times K + D \times U + F_2 + K_c \times Q/2 + TC_s$$

(二) 存货经济批量的确定

经济购进批量(economical quantity order)是指能够使一定时期存货的总成本达到最低点的进货数量。

存货经济批量控制是指在不考虑缺货成本的情况下,进货成本和储存成本总和最低水平下的进货批量的确定。存货经济批量控制是一种理想的模型,在实际应用中受到一定限制,它有如下假定条件:① 企业在一定时期的进货总量可以较为准确地预测;② 存货的耗用或者销售比较均衡;③ 存货的价格稳定,且不存在数量折扣优惠;④ 每次的进货数量和进货日期完全由企业自行决定,且不会断货;⑤ 仓储条件及所需资金不受限制;⑥ 不允许出现缺货情形。

设立了上述假设后,存货总成本的公式可以简化为

$$TC = F_1 + D/Q \times K + D \times U + F_2 + K_c \times Q/2$$

当 F_1, K, D, U, F_2, K_c 为常数量时,TC 的大小取决于 Q。为了求出 TC 的极小值,对其进行求导演算,可得出下列公式:

$$Q^* = \sqrt{\frac{2KD}{K_c}}$$

这一公式称为经济订货量基本模型,求出的每次订货批量,可使 TC 达到最小值。

这个基本模型还可以演变为其他形式:

存货的最低相关总成本

$$TC_{(Q^*)} = \frac{KD}{\sqrt{\frac{2KD}{K_c}}} + \frac{\sqrt{\frac{2KD}{K_c}}}{2} \times K_c$$
$$= \sqrt{2KDK_c}$$

每年最佳订货次数

$$N^* = \frac{D}{Q^*} = \frac{D}{\sqrt{\frac{2KD}{K_c}}} = \sqrt{\frac{DK_c}{2K}}$$

最佳订货周期

$$t^* = \frac{1}{N^*} = \frac{1}{\sqrt{\frac{DK_c}{2K}}}$$

经济订货量占用资金

$$I^* = \frac{Q^*}{2} \times U = \frac{\sqrt{\frac{2KD}{K_c}}}{2} \times U = \sqrt{\frac{KD}{2K_c}} \times U$$

【例 4-13】 某企业每年需耗用甲材料 3 000 kg,该材料的单位采购成本为 60 元,单位储存成本为 2 元,平均每次进货费用为 120 元,则经济进货批量、总成本、进货平均占用资金和进货次数分别为

$$Q^* = \sqrt{\frac{2KD}{K_C}} = \sqrt{\frac{2 \times 3\,000 \times 120}{2}} = 600 \text{ (kg)}$$

$$TC_{(Q^*)} = \sqrt{2KDK_C} = \sqrt{2 \times 3\,000 \times 12 \times 2} = 1\,200 \text{ (元)}$$

$$I^* = \frac{Q^*}{2} \times U = \frac{600 \times 60}{2} = 18\,000 \text{ (元)}$$

$$N^* = \frac{D}{Q^*} = \frac{3\,000}{600} = 5 \text{ (次)}$$

即每隔 72 天一次。

二、存货的 ABC 管理

对于一个企业来说,常有成千上万种存货项目,在这些项目中,有的价格昂贵,有的不值几文;有的数量庞大,有的寥寥无几。如果不分主次,面面俱到,对每一种存货都进行周密的规划、严格的控制,就抓不住重点,不能有效地控制主要存货资金。

ABC 管理法正是基于这一考虑,由意大利经济学家维弗雷多·帕累托于 19 世纪首创的,以后经不断发展和完善,现已广泛用于存货管理、成本管理和生产管理。ABC 管理法就是根据存货的重要程度,把存货分成 A,B,C 三类,分别就不同情况加以控制的一种方法。其目的在于使企业分清主次、突出重点、兼顾一般、提高存货资金管理的整体效果。

ABC 管理法下,存货分类的标准主要有两个:一是金额标准;二是品种数量标准。其中,金额标准是最基本的,品种数量标准仅作为参考。具体做法如下。

A 类:金额巨大,但品种数量较少的存货(品种数量占总品种数量的 10% 左右,金额占总金额的 70% 左右)。

B 类:介于 A,C 两类之间的存货(品种数量占总品种数量的 20% 左右,金额占总金额的 20% 左右)。

C 类:金额微小,但品种数量众多的存货(品种数量占总品种数量的 70% 左右,金额占总金额的 10% 左右)。

对于 A 类存货,应保持严密控制,经常检查库存,详细、科学、准确地确定该类存货的经济批量及有关定额;对于 C 类存货,可采用比较简化的控制方式进行管理,如集中采购、适当加大安全存货等,以节约订货费用,同时避免缺货损失;B 类存货的控制介于 A 类和 C 类存货之间,可根据其在生产中的重要程度和采购的难易程度分别采用 A 类和 C 类存货的控制方法。

ABC 管理法操作简单,能够对存货控制做到重点与一般相结合,有利于降低库存,节约保管费用,减少占用,加速资金周转。

【例 4-14】 某企业共有材料 44 种,共占有资金 820 000 元,该企业存货控制采用 ABC 分类法,各种材料的归类情况如表 4-8 所示。

表 4-8 某企业存货 ABC 分类

类别	品种数量	品种数量(%)	资金总额(元)	资金比重(%)
A 类存货	5	11.36	580 000	70.73
B 类存货	10	22.73	160 000	19.51
C 类存货	29	65.91	80 000	9.76
合计	44	100.0	820 000	100.0

根据以上分类,该企业分别对 A,B,C 三类存货实行不同控制措施:

A 类存货品种少,资金占用大,对其管理的好坏关系极大,是存货管理的重点。抓好 A 类存货的管理,有利于降低成本,节约资金占用。对于 A 类存货要实行分品种重点规划和管理,科学确定经济订购批量;经常检查其库存情况,严格控制库存数量,对存货的收、发、存进行详细记录;定期盘点,并努力加快其周转速度。

C 类存货品种繁多,资金占用较少,一般可以采用比较简化的方法进行管理,通常采用总额控制的方式。可根据经验确定其资金占用量,或者规定一个订货点,当存货低于这个订货点时就组织进货,酌量增大每次订货量,减少订货次数。

B 类存货介于 A,C 两类之间,实行次重点管理,一般按存货类别进行控制,可适当放宽经济采购量,尽量节约人力、物力,以降低其成本。

三、 存货的 JIT 管理

JIT(just in time)又称准时制生产方式,是日本丰田公司在 20 世纪五六十年代研究和开始实施的高质量、低库存的生产管理方式。它否定了存货成本的存在,其基本理念是"在需要的时间和地点生产必要数量和完美质量的产品和零部件",即倡导一种"零存货"的理想理论。

存货 JIT 管理的核心思想是减少甚至消除从原材料的投入到产成品的产出全过程中的存货,建立起平滑而更有效的生产流程。在 JIT 体系下,产品完工时正好是要运输给顾客的时候;同样,材料、零部件等到达某一生产工序时正好是该工序准备开始生产之时。没有任何不需要的材料被采购入库,没有任何不需要的产成品被加工出来,所有的"存货"都在生产线上,由此使库存降到最低程度。零存货库存突破了传统的库存模式,这种模式能够使企业加速流动资金周转,减少利息支出,减少库存仓储存放费用和运输装卸费用,降低原材料费用成本等。它的提出是存货管理理念的一种飞跃。

存货的 JIT 管理主要通过以下方法实现:

(1) 适时适量生产,即"在需要的时候,按需要的量生产所需的产品"。JIT 原理的核心就是"及时",就是要尽量使工序间在制品的储存接近于零。因此,当前道工序加工一结束,就应该立即转到下一工序去。在车间布置方面,强调通过开发小型简易设备、缩短作业更换时间、使集中工序分散化等方法来解决工序间的平衡问题,避免出现某些工序在制品堆积、而某些工序在等待的现象;在产品设计方面,通过合理设计,使产品易生产、易装配,当产品范围增加时,力求维持工艺过程不增加。

(2) 弹性配置作业人数。作业是企业组织为了特定目的而消耗资源的活动或事项。弹性配置作业人数,是指根据生产量的变动,通过变更标准作业时间、作业内容、作业范围、作业组合以及作业顺序等,弹性地增减各生产线的作业人数,以及尽量用较少的人力完成较多的生产。

(3) 实行全面质量管理。在资源方面,重视原材料和外购件的质量保证,慎重选择供应厂商;在设计方面,将 JIT 和柔性制造系统(FMS)相结合,采用标准件降低 JIT 生产系统的复杂度;在人员上,强调人的工作质量和对产品质量的责任感;在加工过程中,重视质量过程控制。只有在全面质量管理的作用下,才能在 JIT 系统的每个环节上把好质量关,使之尽力做到"零缺陷",才能实现"零库存"。

本章小结

　　存货是指企业在日常活动中持有以备出售的产成品或商品,处在生产过程中的在产品,在生产过程或提供劳务过程中耗用的材料、物料等。存货应列在资产负债表资产类的流动资产项目下,应收及预付款项之后。

　　存货应该以其实际成本入账。外购存货的入账价值包括买价和采购费用。自制的存货成本应包括制造过程中的材料、人工及有关费用等实际支出。委托外单位加工完成的存货的实际成本应该包括实际耗用的原材料或半成品以及加工费、运输费、装卸费、保险费等费用和按规定应计入成本的税金。投资者投入的存货按照投资合同或协议价格入账。接受捐赠的存货按照发票账单所列金额加企业负担的运输费、保险费、缴纳的税金作为实际成本。盘盈存货按照同类存货的实际成本入账。

　　存货发出计价有四种常用方法:先进先出法、后进先出法、加权平均法和个别计价法,其中,加权平均法又分为一次加权平均法和移动加权平均法。我国新《企业会计准则》已取消后进先出法。先进先出法符合存货流转规律,发出存货计价符合历史成本原则,期末存货成本最接近该种存货的市价,财务分析更具意义,但是这种方法计算工作量大,当物价波动较大时,该法的选择对企业本期的利润确定会产生较大的影响。全月一次加权平均法,加权平均单价只需在月末计算,比较简便,对存货的计价和企业损益计算较为合理,但不利于存货成本的日常管理和控制。移动加权平均法能够使管理当局及时了解存货的结存情况,计算的平均单位成本及发出和结存的存货成本比较客观,但由于每次收货都要计算一次平均单价,计算工作量较大。个别计价法能最准确地反映存货发出成本与期末存货成本,但是这一方法要求为每一货品设置详细的记录,以辨认其所属批次,实物操作的工作量极大。创业企业可以根据不同情况和不同需要选择不同的存货发出计价方法。

　　在资产负债表日,存货应当按照成本与可变现净值孰低计量。当存货成本低于可变现净值时,存货按成本计量;当存货成本高于可变现净值时,则认为存货发生了减值,此时,存货按可变现净值计量,同时按照成本高于可变现净值的差额计提存货跌价准备,计入当期损益。

　　为了保证生产或销售的经营需要,企业总有储存存货的需要。进行存货管理的主要目的,是要控制存货水平,在充分发挥存货功能的基础上,降低存货成本。存货管理的方法主要有经济批量法、ABC 管理法和 JIT 管理法。存货经济批量控制是指在不考虑缺货成本的情况下,进货成本和储存成本总和最低水平下,确定最佳进货批量。ABC 存货管理就是按照一定的标准,按照重要性程度,将企业存货划分为 A,B,C 三类,分别实行按品种重点管理、按类别一般控制和按总额灵活掌握的存货管理方法。存货的 JIT 管理,又称为零库存管理,其核心思想是减少甚至消除从原材料的投入到产成品的产出全过程中的存货,建立起平滑而更有效的生产流程。

» 思考题

1. 什么是存货?存货主要包括哪些内容?

2. 不同来源取得的存货,其价值构成上各有什么特点?

3. 比较各种存货发出计价方法的优缺点和适用性。

4. 创业企业选择存货发出计价方法应当考虑哪些因素?

5. 什么是存货的经济购进批量?企业如何确定经济购进批量?

6. 企业如何运用 ABC 分类法管理存货?

7. 什么是存货的 JIT 管理法?

» 习题

1. 佳乐公司 2012 年 6 月份 A 商品的期初结存和本期购销情况见表 4-9:

表 4-9　A 商品的期初结存和本期购销情况

日期	摘要	数量(件)	单价(元)	金额(元)
6 月 1 日	期初结存	1 500	60	90 000
6 月 8 日	销售	700		
6 月 15 日	购进	1 000	62	62 000
6 月 20 日	销售	500		
6 月 24 日	销售	900		
6 月 28 日	购进	2 000	68	136 000
6 月 30 日	销售	600		

要求:

(1) 分别用先进先出法、后进先出法、全月一次加权平均法和移动加权平均法,对期末存货进行计价并进行本期耗用成本的计算;

(2) 从不同方法的计量结果来看,对创业管理者有何启发?

2. 方华公司全年需耗用乙材料 36 000 公斤,该材料采购成本为 200 元/公斤,年度储存成本为 16 元/公斤,平均每次进货费用为 20 元。

要求：

（1）计算本年度乙材料的经济进货批量；

（2）计算本年度乙材料经济进货批量下的相关总成本；

（3）计算本年度乙材料经济进货批量下的平均资金占用额；

（4）计算本年度乙材料最佳进货批次。

第五章 固定资产

【本章导读】

企业在生产经营中离不开厂房、机器设备、运输工具等固定资产。固定资产作为企业的劳动手段,是企业开展运营的重要资产组成部分。创业企业要实现良好的经济效益,必须提高管理效率,加强对固定资产的投资与管理。只有这样,才能够使企业不断优化固定资产的配置,为企业的可持续经营奠定良好的基础。固定资产使用期限较长,单位价值较高。固定资产在使用过程中,因使用受到损耗而减少的价值,以折旧的形式分期计入产品成本或费用,并通过取得相应的收入而得到补偿。本章主要介绍固定资产的内涵、分类、折旧的计算及固定资产的管理。

【学习目标】

1. 理解固定资产的内涵;理解固定资产的特征;了解固定资产的分类。

2. 了解不同来源固定资产的价值构成;理解固定资产折旧的含义;掌握固定资产折旧的计算方法;理解直线法与加速折旧法的优缺点;理解固定资产的列报。

3. 了解固定资产管理的重要性;理解固定资产的购置与验收管理;了解固定资产的使用与维护管理;理解固定资产处置管理;掌握固定资产的清查。

引例 >>

20××年6月,张先生投资500万元注册了有限责任公司,并且购买了2台计算机16 000元、打印机等办公设备6 000元,同时还购买了生产设备,价值180万元。会计按照相应规章制度的规定进行了记账。到了12月份,市场上计算机以及办公设备分别降价2 000元和1 000元,生产设备则上涨了20万元。张先生以真实性原则为依据,要求会计人员分别按照下降和上涨的金额调整账簿记录。你认为张先生的说法是否有道理?

第一节　固定资产的含义及分类

一、固定资产的含义

固定资产(fixed assets)是指为生产商品、提供劳务、出租或经营管理而持有,使用寿命超过一个会计期间的有形资产。

从定义可以看出,固定资产具有以下几个特征:

第一,企业持有固定资产的目的,是为了生产商品、提供劳务、出租或经营管理的需要,而不像商品一样为了对外出售。这一特征是固定资产区别于存货等流动资产的重要标志。

第二,企业使用固定资产的期限较长,单位价值较高。固定资产的使用寿命一般超过一个会计年度。这一特征说明,企业为了获得固定资产并把它投入生产经营活动所发生的支出,属于资本性支出而不是收益性支出,从而将其与流动资产区别开来。固定资产的单位价值较高,理解这一特征的目的,是为了将固定资产与包装物、低值易耗品等存货区分开。

第三,固定资产属于有形资产。例如,固定资产一般表现为房屋建筑物、机器、机械、运输工具以及其他与生产经营有关的设备、器具、工具等。也就是说,固定资产具有实物形态,可以看得见、摸得着。理解固定资产的这一特征,有利于将其与无形资产区分开。

二、固定资产的分类

为了加强固定资产的核算与管理,需要对固定资产进行分类。固定资产的分类主要有以下两种。

1. 按固定资产的经济用途分类

按固定资产的经济用途,固定资产可分为生产经营用固定资产和非生产经营用固定资产。

(1) 生产经营用固定资产,是指直接服务于企业生产经营过程的各种固定资产,如生产经营的房屋、建筑物、机器、设备、器具、工具等。

(2) 非生产经营用固定资产,是指不直接服务于生产经营过程的各种固定资产,如职工宿舍、食堂等使用的房屋、设备和其他固定资产等。

按照固定资产的经济用途分类,可以归类反映和监督企业生产经营用固定资产和非生产经营用固定资产之间,以及生产经营用各类固定资产之间的组成和变化情况,借以考核和分析企业固定资产的利用情况,促使企业合理配备固定资产,充分发挥其效用。

2. 按固定资产的使用情况分类

按固定资产的使用情况,固定资产可分为使用中固定资产、未使用固定资产、出租固定资产及不需用固定资产。

(1) 使用中固定资产,是指正在使用中的生产经营性和非生产经营性固定资产。由于季节性经营或大修理等原因暂时停用的固定资产仍属于企业使用中的固定资产,企业以经营性租赁方式出租给其他单位使用的固定资产和内部替换使用的固定资产也属于使用中的固定资产。

（2）未使用固定资产，是指完工或已购建的尚未正式交付使用的新增固定资产以及因改建、扩建等原因暂停使用的固定资产。如企业购建的尚未正式投入使用的固定资产、经营任务变化停止使用的固定资产以及主要的备用设备等。

（3）不需用固定资产，是指因本企业多余不用或不再适用的固定资产。

按固定资产的使用情况分类，有利于反映固定资产的使用情况及其比例关系，便于分析固定资产的利用效率，挖掘固定资产的使用潜力。

由于企业的经营性质不同，经营规模各异，对固定资产的分类不可能完全一致，也没有必要强求统一，创业企业可以根据各自的具体情况和经营管理、会计核算的需要对固定资产进行必要的分类。

第二节　固定资产价值及报表列示

一、固定资产的入账价值

固定资产的价值构成是指固定资产价值所包括的范围，它应包括企业为购建某项固定资产使之达到预定可使用状态前所发生的一切合理的、必要的支出。这些支出既有直接发生的，比如购置固定资产的价款、运杂费、包装费和安装费等；也有间接发生的，比如应分摊的借款利息、外币借款汇兑差额以及应分摊的其他间接费用等。

固定资产的取得方式包括购买、自行建造、投资者投入、非货币性资产交换、债务重组等。取得方式不同，其成本的具体确定方法也不尽相同。

1. 外购的固定资产

外购的固定资产的成本包括买价、进口关税等相关税费，以及为使固定资产达到预定可使用状态前所发生的可直接归属于该资产的其他支出，如场地整理费、运输费、装卸费、安装费和专业人员服务费等。

【例 5-1】　新明公司购入一台不需要安装的设备，买价 20 000 元，包装费 800 元，运输费 1 200 元。款项已通过银行支付，设备已交付使用，则

该项固定资产的成本＝20 000＋800＋1 200＝22 000（元）

2. 自行建造的固定资产

自行建造的固定资产，按建造该项资产达到预定可使用状态前所发生的必要支出，作为入账价值，包括物资成本、人工成本、应予以资本化的固定资产借款费用、缴纳的相关税金以及应分摊的其他间接费用等。

【例 5-2】　新明企业自行建造办公楼一栋，购入建造所需的各种物资 2 000 000 元，另外还领用本企业所生产的产品一批，实际成本 6 000 元，支付工程人员工资 300 000 元，支付其他费用 5 800 元，那该房屋的实际造价为多少？

解析　自行建造的固定资产的成本为建造该项资产达到预定可使用状态前所发生的必要支出构成。

该房屋的实际造价＝2 000 000＋6 000＋300 000＋5 800＝2 311 800（元）

3. 投资者投入的固定资产

投资者投入的固定资产,按投资合同或协议约定的价值,作为入账价值,但合同或协议约定价值不公允的情况除外。

【例 5-3】 甲公司接受乙公司以一台原值为 100 000 元,已提折旧 30 000 元的生产用设备投资,双方确认的价值为 60 000 元,则该项固定资产的入账价值为 60 000 元。

4. 融资租入的固定资产

融资租入的固定资产,按租赁开始日租赁资产公允价值与最低租赁付款额的现值两者中较低者,作为入账价值,将最低租赁付款额作为长期应付款的入账价值,其差额作为未确认融资费用。承租人在租赁谈判和签订租赁合同过程中发生的,可归属于租赁项目的手续费、律师费、印花税等初始直接费用,应当计入租赁资产价值。

5. 其他方式取得的固定资产

企业以非货币性资产交换、债务重组等方式取得的固定资产,应分别按照"非货币性资产交换""债务重组"等具体会计准则的相关规定确定其初始成本。

二、 固定资产折旧

(一) 固定资产折旧的概念与范围

固定资产折旧(depreciation of fixed assets)是指固定资产由于损耗而减少的价值。固定资产的损耗分有形损耗和无形损耗两种。固定资产有形损耗是指由于使用、运转、摩擦以及自然力的影响而引起的使用价值和价值的损失。固定资产无形损耗是指由于技术进步而引起的固定资产价值上的损耗。固定资产的价值不是一次转移计入产品成本或费用,而是在长期使用过程中,随着损耗程度,以计提累计折旧的方式分期计入产品成本或费用,并通过取得相应的收入而得到补偿。正确计算固定资产折旧,是正确计算产品成本的前提条件之一。

固定资产折旧的范围包括:① 房屋和建筑物;② 在用的机器设备、仪器仪表、运输工具、工具器具;③ 季节性停用、大修理停用的固定资产;④ 融资租入和以经营租赁方式租出的固定资产。

不应计提折旧的固定资产包括:① 房屋、建筑物以外的未使用、不需用固定资产;② 以经营租赁方式租入的固定资产;③ 已提足折旧仍继续使用的固定资产;④ 按规定单独估价作为固定资产入账的土地。

固定资产提足折旧后,不管能否继续使用,均不再提取折旧;提前报废的固定资产,也不再补提折旧。其中,提足折旧是指已经提足该项固定资产的应计折旧额。

企业一般按月计提折旧,当月增加的固定资产当月不提折旧,下月起计提折旧;当月减少的固定资产当月照提折旧,从下月起不提折旧。

(二) 固定资产折旧的计算方法

我国《企业会计准则》规定可选用的折旧方法包括年限平均法、工作量法、双倍余额递减法和年数总和法等。企业应当根据与固定资产有关的经济利益的预期实现方式,合理选择固定资产折旧方法。但是同一种资产,一旦选定了某种折旧方法,不得随意改变。

1. 年限平均法

年限平均法(straights-line method)也叫直线法,是指将固定资产的应计折旧额平均分摊到固定资产预计使用寿命内的一种方法。采用这种方法计算的每期折旧额均相等。

影响折旧的因素是固定资产原值、使用年限、报废清理过程的残料价值和清理费用。采用平均年限法的前提是假定固定资产的服务潜力随着时间的推移而逐渐递减,其效能与固定资产的新旧程度无关。因此,固定资产的应计提折旧总额可以均匀摊配于预计使用年限内的各个会计期间。其计算公式如下:

年折旧额＝(固定资产原值－预计净残值)÷预计使用年限

预计净残值＝预计残值－预计清理费用

月折旧额＝年折旧额÷12

在实际工作中,为了反映固定资产在一定时间内的损耗程度便于计算折旧,每月计提的折旧额一般根据固定资产的原值乘以月折旧率计算,公式如下:

年折旧率＝(1－预计净残值率)÷预计使用年限×100％

预计净残值率＝预计净残值÷固定资产原值×100％

月折旧率＝年折旧率÷12

月折旧额＝固定资产原值×月折旧率

【例 5-4】　A 公司某办公楼原值为 2 500 000 元,预计使用年限为 40 年,预计残值为 85 000 元,预计清理费用为 9 500 元,则

年折旧额＝(2 500 000－85 000＋9 500)÷40＝60 375(元)

月折旧额＝60 375÷12＝5 031.25(元)

由于直线法通俗易懂,核算简便,同时根据这种方法计算出来的固定资产有效使用期内各年度或月份提取的折旧额相等,使企业产品成本稳定并具有较强的可比性,因而得到广泛的运用。但是平均年限法主要考虑固定资产使用时间的长短,不考虑固定资产使用的强度和效率,因此,平均年限法比较适合各个时期使用程度和使用效率大致相同的固定资产。

2. 工作量法

工作量法(units of production method)是根据实际工作量计提折旧额的一种方法,将固定资产的应计提折旧总额均匀摊配于预计的每一单位工作量。其基本计算公式如下:

某项固定资产单位工作量折旧额＝固定资产原值×(1－残值率)÷预计完成的工作总量

某项固定资产月折旧额＝该项固定资产当月工作量×单位工作量折旧额

不同的固定资产,其工作量有不同的表现形式。例如,对于运输设备来说,其工作量可表现为运输里程;对于机器设备来说,其工作量可表现为机器工作时数等。

【例 5-5】　某公司有运输货车一辆,原价为 250 000 元,预计净残值率为 4％,预计总行驶里程为 500 000 公里,当月行驶里程为 5 000 公里,则该项固定资产的月折旧额计算如下:

单程里程折旧额＝250 000×(1－4％)÷500 000＝0.48(元/公里)

本月折旧额＝5 000×0.48＝2 400(元)

工作量法也是直线法的一种,固定资产每期的折旧额都是按照固定资产所完成的工作量来计算的,其优点在于把固定资产的服务效能与固定资产的使用程度联系起来。但这种方法也具有一定的局限性,即预计的总工作量难以估计,而且没有考虑无形损耗对固定资产服务潜力的影响。这种方法适合于各期完成工作量不均衡的固定资产,如价值

较高的大型精密机床以及运输设备等固定资产的折旧计算,原因在于这些固定资产的价值较高,各月的工作量一般不很均衡,采用平均年限法计提折旧,会使各月成本费用的负担不够合理。

3. 年数总和法

以下介绍的年数总和法与双倍余额递减法都属于加速折旧法。加速折旧法(accelerated depreciation method)也称为递减费用法,指在固定资产使用初期计提折旧较多而在后期计提折旧较少,其递减的速度逐年加快,从而相对加速折旧的方法。采用加速折旧法,各年折旧额呈递减趋势,目的是使固定资产成本在估计使用寿命期内加快得到补偿。

根据我国税法规定,企业拥有并用于生产经营的主要或关键的固定资产,由于以下原因确需加速折旧的,可以采取加速折旧的方法:① 由于技术进步,产品更新换代较快的;② 常年处于强震动、高腐蚀状态的。由于在计算应纳税所得额时,企业按照规定计算的固定资产折旧,准予扣除,而加速折旧法能够减少前期的所得税额。因此,在实践中只要税法允许企业采用加速折旧法,企业就可以因使用这些方法而获得推迟纳税的好处。

年数总和法(sum-of-the-years-digits method)又称合计年限法,是指将固定资产的应计提折旧总额乘以一个逐年递减的分数(即年折旧率)计算每年的折旧额。这个分数的分子代表固定资产尚可使用的年数,分母代表各年尚可使用年数总和。计算公式如下:

$$年折旧率 = \frac{尚可使用年数}{预计使用年限的年数总和} = \frac{预计使用年限-已使用年数}{预计使用年限 \times (预计使用年限+1) \div 2}$$

$$年折旧额 = 固定资产应计提折旧总额 \times 年折旧率$$

$$= (固定资产原值 - 预计净残值) \times 年折旧率$$

【例 5-6】 某机器设备原值为 95 000 元,预计净残值为 5 000 元,预计可使用 5 年。该机器设备每年应计提折旧额见表 5-1:

表 5-1　年数总和法折旧计算

年份	应计提折旧总额(元)	尚可使用年限	年折旧率	年折旧额(元)	累计折旧(元)
1	90 000	5	5/15	30 000	30 000
2	90 000	4	4/15	24 000	54 000
3	90 000	3	3/15	18 000	72 000
4	90 000	2	2/15	12 000	84 000
5	90 000	1	1/15	6 000	90 000

4. 双倍余额递减法

双倍余额递减法(double declining balance method)是在不考虑固定资产残值的情况下,用直线法折旧率的两倍作为固定的折旧率乘以逐年递减的固定资产期初净值,得出各年应提折旧额的方法。计算公式如下:

$$年折旧率 = \frac{2}{预计折旧年限} \times 100\%$$

$$年折旧率 = 固定资产期初账面净值 \times 年折旧率$$

$$月折旧率 = 年折旧率 \div 12$$

$$月折旧率 = 固定资产期初账面净值 \times 月折旧率$$

采用双倍余额递减法需注意的问题：由于双倍余额递减法不考虑固定资产的残值收入，因此，不能使固定资产的账面折余价值降低到它的预计残值收入以下，即按双倍余额递减法计提折旧的固定资产，应在其折旧年限到期前两年内，将固定资产净值扣除预计净残值后的余额平均摊销。

仍以例 5-6 为例，要求按双倍余额递减法计算 5 年的折旧额。双倍余额递减法折旧计算表如表 5-2 所示。

表 5-2　双倍余额递减法折旧计算

年份	年初账面余额（元）	折旧率	折旧额（元）	累计折旧（元）	年末账面余额（元）
1	95 000	2/5	38 000	38 000	57 000
2	57 000	2/5	22 800	60 800	34 200
3	34 200	2/5	9 120	69 920	25 080

从第 4 年起改用直线法计提折旧。

第 4 年年折旧额＝（25 080－5 000）÷2＝10 040（元）

第 5 年折旧同第四年。

（三）固定资产折旧方法的选择

固定资产折旧方法的选择，直接影响企业当期计提的折旧费用，并进一步影响到企业的净利润、所得税、利润分配额等。因此，企业应结合固定资产的特点、企业自身的经营状况和税收筹划收益等，选择合理的折旧方法，以降低企业的经营风险。

1. 根据固定资产特点选择折旧方法

（1）房屋建筑类固定资产应选择直线法计提折旧。房屋建筑类固定资产在其预计可使用年限内磨损状况比较均匀，采用直线法能够比较合理地反映其收入和费用配比状况。

（2）机械设备类固定资产可选择加速折旧法计提折旧。机械设备类固定资产前期生产经营能力较大，产量相对来说比较稳定，给企业带来的经济收益比较高，而后期生产能力逐渐下降，设备磨损严重，维修费用上升，根据收入和费用相配比原则，企业应该在前期计提较多的折旧费用。

（3）价值小、每期的应计提折旧额都不高的固定资产，可选择直线法计提折旧。对于应计提折旧额小的固定资产，无论采用何种折旧方法，对各期的财务状况及税负都不会产生太大影响，但直线法操作简单，可以简化会计核算工作。

2. 根据企业自身的经营状况选择折旧方法

（1）对于需要从外界融资的创业企业而言，宜选择直线法计提折旧。如果企业正面临资金匮乏的局面，急需从外部筹集大量资金，企业就必须树立一种良好的市场形象，尤其是财务形象，使自身的财务报表对外界资金具有一定的吸引力。而采用加速折旧法会导致前期折旧费用较高，在其他因素不变的情况下，使得企业的净利润和可供分配的利润降低，这显然是不合适的。因此，企业此时一般可考虑采用直线法。

（2）不需从外界融资的盈利企业宜采用加速折旧法。加速折旧法可以加速固定资产价值的回收，使计入各期成本费用的折旧费用前移，应纳税额尽量后移，由此增加企业前期的现金流量，加快固定资产的更新。

3. 根据税收筹划收益选择折旧方法

（1）按税法规定，允许采用加速折旧法的企业宜选择该折旧法计提折旧。在加速折旧法下，企业在前期多提折旧，增加了该期的成本费用，相应减少了本期利润；而在后期计提的折旧额减少，相应增加了本期利润。因此，加速折旧法递延了企业一部分所得税款，相当于从国家那里得到了一笔无息贷款。因此，相比较而言，采用加速折旧法计提折旧是一种有效的节税方法。

（2）正处于税收减免期的创业企业不宜采用加速折旧法计提折旧。企业处于税收减免优惠期间，固定资产在使用前期多提折旧，后期少提折旧，这种做法使得企业的所得税不仅不能少缴，反而会多缴。

（3）亏损企业不应采用加速折旧法。因为企业所得税规定亏损的最长弥补期限为5年，即企业亏损额只可以用今后五个连续纳税年度的税前利润来弥补。采用加速折旧法使企业利润后移，相对加大了前期亏损年度每年亏损额，这样很有可能就导致以前年度的亏损不能全部弥补或最大限度地弥补，从而产生最终税负加重。在这种情况下，企业选择年限平均法可使亏损最大限度地弥补，减少企业税负。

三、 固定资产的减值

固定资产发生损坏、技术陈旧或者其他经济原因，导致其可收回金额低于其账面价值，这种情况称之为固定资产减值（fixed asset impairment）。

每年年末，企业应对固定资产的账面价值进行检查，根据实际情况来认定资产可能发生减值的迹象，有确凿证据表明存在减值迹象的，应在资产负债表日进行减值测试，估计固定资产可收回金额。如果固定资产的可收回金额低于其账面价值，应当按可收回金额低于其账面价值的差额计提"固定资产减值准备"，并计入当期损益。

如果发现下列情况，则表明固定资产存在减值迹象：

（1）固定资产的市价当期大幅度下跌，其跌幅明显高于因时间的推移或者正常使用而预计的下跌。

（2）企业经营所处的经济、技术或者法律等环境以及固定资产所处的市场在当期或者将在近期发生重大变化，从而对企业产生不利影响。

（3）市场利率或者其他市场投资报酬率在当期已经提高，从而影响企业计算固定资产预计未来现金流量现值的折现率，导致固定资产可收回金额大幅度降低。

（4）有证据表明固定资产已经陈旧过时。

（5）固定资产已经或者将被闲置、终止使用或者计划提前处置。

（6）企业内部报告的证据表明固定资产的经济绩效已经低于或者将低于预期，如固定资产所创造的净现金流量或者实现的营业利润（或者亏损）远远低于（或者高于）预计金额等。

（7）其他表明固定资产可能已经发生减值的迹象。

四、 固定资产的报表列示

在资产负债表中，"固定资产"项目反映了固定资产的净额，即固定资产原价扣减累计折旧和固定资产减值准备后的金额。

在财务报表附注中，企业应当在附注中披露与固定资产有关的下列信息：

（1）固定资产的确认条件、分类、计量基础和折旧方法；

（2）各类固定资产的使用寿命、预计净残值和折旧率；

（3）各类固定资产的期初和期末原价、累计折旧及固定资产减值准备累计金额；

（4）当期确认的折旧费用；

（5）对固定资产所有权的限制及其金额和用于担保的固定资产账面价值；

（6）准备处置的固定资产名称、账面价值、公允价值、预计处置费用和预计处置时间等；

（7）列示重要的在建工程名称、预算数、期初余额、本期增加额、本期转入固定资产额、其他减少额、期末余额、资金来源、工程投入占预算的比例。

第三节　固定资产的管理

固定资产作为企业的主要劳动手段，具有价值高、使用周期长、存放地点分散、管理难度大等特点。固定资产管理是企业管理中的一个重要组成部分。加强固定资产管理，有助于保护固定资产的完整无缺，挖掘固定资产的潜力，提高固定资金使用的经济效益。

一、固定资产的预算管理

创业企业应当建立固定资产的预算管理制度，明确固定资产投资预算的编制、审批、执行等环节的控制要求。

企业编制固定资产投资预算时，应根据固定资产的使用情况、企业发展战略和生产经营发展目标等因素拟定固定资产投资项目，对项目可行性进行研究、分析，编制固定资产投资预算，并按规定程序审批，确保固定资产投资决策科学合理。

企业应当严格执行固定资产投资预算。对于预算内固定资产投资项目，有关部门应严格按照预算执行进度办理相关手续；对于超预算或预算外固定资产投资项目，应由固定资产相关责任部门提出申请，进行审批后再办理相关手续。（关于预算的具体内容见第十三章）

二、固定资产的购置与验收管理

企业对于外购的固定资产应当建立请购与审批制度，明确请购部门（或人员）和审批部门（或人员）的职责权限及相应的请购与审批程序。固定资产采购过程应当规范、透明。对于一般固定资产采购，应由采购部门充分了解和掌握供应商情况，采取比质比价的办法确定供应商；对于重大的固定资产采购，应采取招投标方式进行。由固定资产管理员负责公司固定资产采购工作，汇总各部门的请购单，并和财务部门共同完成固定资产采购供应商认证工作，负责建立供应商基础数据库。固定资产管理员负责与供应商签订采购合同，要求供应商约定采购时间、地点和采购数量，并及时送货。

企业应当建立严格的固定资产交付使用验收制度，确保固定资产数量、质量等符合使用要求。固定资产交付使用的验收工作由固定资产管理部门、使用部门及相关部门共同实施。企业应当明确固定资产明细及标签，应当具备足够详细的信息，以确保固定资产的有效识别与盘点。企业外购固定资产，应当根据合同、供应商发货单等对所购固定资产的品种、规格、数量、质量、技术要求及其他内容进行验收，出具验收单或验收报告。

验收合格后方可投入使用。企业自行建造的固定资产,应由制造部门、固定资产管理部门、使用部门共同填制固定资产移交使用验收单,移交使用部门使用。企业对投资者投入、接受捐赠、债务重组、企业合并、非货币性资产交换、外企业无偿划拨转入以及其他方式取得的固定资产均应办理相应的验收手续。企业对经营租赁、借用、代管的固定资产应设立登记簿记录备查,避免与本企业财产混淆,并应及时归还。对验收合格的固定资产应及时办理入库、编号、建卡、分配等手续。

企业会计部门应当按照国家统一的会计准则的规定,及时确认固定资产的购买或建造成本。对于尚未及时办理竣工验收手续,但已达到预定可使用状态的固定资产,应及时将在建工程转为固定资产核算。

三、固定资产的使用与维护管理

企业应加强固定资产的日常管理工作,授权具体部门或人员负责固定资产的日常使用与维修管理。企业固定资产的管理要落实到具体个人,保证固定资产的安全与完整。领用固定资产时,应由专门人员填写领用单,打印固定资产卡片并粘贴在固定资产上易于查看的地方。企业应当定期或不定期检查固定资产明细及标签,确保具备足够详细的信息,以便固定资产的有效识别与盘点。固定资产移动应当得到授权或批准。所有固定资产使用人和保管人都必须爱护公司资产,在使用过程中不得违规操作,做出有损公司资产和使用寿命的行为。

企业应当建立固定资产的维修、保养制度,保证固定资产的正常运行,控制固定资产维修保养费用,提高固定资产的使用效率。公司重点固定资产实行大修制度,定期对公司重点固定资产进行检测、维修、保养,在必要时或达到一定年限时必须对此类固定资产进行全面维修,以达到提高设备使用寿命和使用效率的效果。因保管不善、重大过失、故意操作损坏公司资产的,所有维修费用及相关责任由当事人承担;影响公司生产进度的,按公司制度进行处罚。

四、固定资产处置管理

企业应当建立固定资产处置的相关制度,确定固定资产处置的范围、标准、程序和审批权限等相关内容,确保固定资产的合理利用。企业应当根据固定资产的实际使用情况和不同类别,在处置环节采取以下相应的控制程序和措施:

(1) 对使用期满、正常报废的固定资产,应由固定资产使用部门或管理部门填制固定资产报废单,经企业授权部门或人员批准后对该固定资产进行报废清理。企业固定资产损失超过限额的要报企业批准。

(2) 对未使用、不需用的固定资产,应由固定资产管理部门提出处置申请,经企业授权部门或人员批准后进行处置。

(3) 对使用期限未满,非正常报废的固定资产,应由固定资产使用部门提出报废申请,注明报废理由、估计清理费用和可回收残值、预计出售价值等。企业应组织有关部门进行技术鉴定,按规定程序审批后进行报废清理。企业要对固定资产盘亏及非正常报废负有责任的人员进行责任追究。

(4) 对拟出售或投资转出的固定资产,应由有关部门或人员提出处置申请,列明该项固定资产的原价、已提折旧、预计使用年限、已使用年限、预计出售价格或转让价格等,报经企业授权部门或人员批准后予以出售或转让。

（5）企业对以上各种原因已经销账但未正式处置的固定资产，应该建立"账销案存"管理制度，继续进行实物管理。

固定资产的处置应由独立于固定资产管理部门和使用部门的其他部门或人员办理。固定资产处置价格应当选择合理的方式，经企业授权部门或人员审批后确定。如有必要，应委托具有资质的中介机构进行资产评估。对于重大固定资产的处置，应采取集体合议审批制度，并建立集体审批记录机制。固定资产处置涉及产权变更的，应及时办理产权变更手续。

企业应当组织相关部门或人员对固定资产的处置依据、处置方式、处置价格等进行审核，重点审核处置依据是否充分，处置方式是否适当，处置价格是否合理。对固定资产处置及出租收入和发生的相关费用，应及时入账，保持完整的记录。

五、固定资产的清查

为了保护固定资产的安全与完整，企业应建立固定资产的清查制度，以查明固定资产的实有数量，确定有无丢失、毁损或未列入帐的固定资产，以保证账实相符。

企业固定资产可以实行定期盘点和临时盘点相结合的清查制度，公司固定资产每年至少全面盘点一次，另根据公司内部管理、评估、审计等要求可以随时组织对企业固定资产进行全面盘点。为保证固定资产清查工作的顺利进行，清查时需要遵循以下程序：

（1）成立清查小组。企业应根据固定资产清查的范围和任务，成立由资产管理部门、财务部门、使用部门和实物保管人员参加的清查小组。

（2）做好清查前的准备工作。对固定资产进行清查以前，财务部门必须检查有关财产增减变动的凭证是否齐全，如有尚未入账的会计事项，应当及时入账，主动与固定资产管理、仓库以及其他有关部门核对各项固定资产的收、付记录，做到清查前的账目相符。保管固定资产的人员，在清查以前，应当将所经管的固定资产进行整理，对尚未点验入库和应当调拨出库的固定资产，尽可能做好入库和出库手续，避免发生重点、漏点等差错。

（3）实施固定资产的清查。清查小组对固定资产清查时应当逐一点清实物，包括查明固定资产的实有数与账面结存数是否相符，固定资产的保管、使用、维修、报废和转让等情况是否正常等。发现没有入账的固定资产，应当查明原因，及时入账。根据清查的结果填制清查表单，清查表单经过审核无误以后，由参与清查的人员和经管财产的人员共同签名盖章。在清查中发现毁损情况，应当查明毁损的程度、原因和责任以后，在清查表内加以注明，并提出处理意见。

（4）加强清查结果的处理。财务部门根据清查表格与固定资产账簿记录进行核对。若发现盘存数与账存数不一致，应该及时查明原因，必要时进行复查或由经管财产的人员做出书面报告。对于固定资产的盘盈及盘亏，经查明核实以后，经资产清查小组审核，报公司领导集体审批。财务部门根据审查核实后的清查表和审批意见，按照会计制度的规定，进行账务调整，使得账实相符，从而保证会计报表的真实可靠。

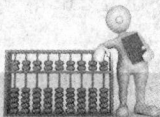

本章小结

　　固定资产是指为生产商品、提供劳务、出租或经营管理而持有,使用寿命超过一个会计期间的有形资产。按固定资产的经济用途分类,可分为生产经营用固定资产和非生产经营用固定资产;按固定资产的使用情况分类,可分为使用中固定资产、未使用固定资产、出租固定资产及不需用固定资产。

　　固定资产的价值构成是指固定资产价值所包括的范围,它应包括企业为购建某项固定资产使之达到预定可使用状态前所发生的一切合理的、必要的支出。这些支出既有直接发生的,比如购置固定资产的价款、运杂费、包装费和安装费等;也有间接发生的,比如应分摊的借款利息、外币借款汇兑差额以及应分摊的其他间接费用等。

　　固定资产在使用过程中,因使用受到损耗而减少的价值,以折旧的形式分期计入产品成本或费用,并通过取得相应的收入而得到补偿。固定资产的折旧方法包括年限平均法、工作量法、双倍余额递减法和年数总和法等。

　　固定资产作为企业的主要劳动手段,具有价值高、使用周期长、存放地点分散、管理难度大等特点。企业应加强固定资产管理,包括固定资产的预算管理、购置与验收管理、使用与维护管理、处置管理及固定资产清查。

» 思考题

1. 固定资产的特征有哪些?
2. 简述不同来源固定资产的价值构成。
3. 简述固定资产折旧的平均年限法和工作量法的优缺点。
4. 试评述固定资产加速折旧法的合理性。
5. 创业企业应如何选择固定资产折旧方法?
6. 企业应如何建立和完善固定资产管理制度?

» 习题

1. A 企业有一台机器设备,原价 160 000 元,预计可使用 5 年,预计净残值为 5 000 元。要求:

(1) 用平均年限法计算年折旧额和月折旧额;

(2) 用双倍余额递减法计算年折旧额;

(3) 用年数总和法计算年折旧额;

（4）简要分析固定资产折旧方法对企业的影响及启示。

2. 某企业运输汽车一辆,原值为 200 000 元,预计净残值率为 4%,预计行驶总里程为 700 000 公里。该汽车采用工作量法计提折旧。本月该汽车行驶 6 000 里,计算该汽车的单位工作量折旧额和该月折旧额。

第六章 负 债

在企业的生产经营活动过程中，可能因采购商品或原材料而未付款项，或因资金短缺而向银行等金融机构借入款项等，从而形成企业的债务。对负债而言，企业具有按期足额偿还的法定义务。按现行税法规定，因负债而发生的费用可以在交纳所得税前扣除，从而实现负债费用的税盾效应作用，因此负债经营已成为现代企业较为常见的一种经营方式。但是，如果企业负债过大，企业将面临还本付息的巨大压力，所以负债管理是企业必须重视的一个问题。本章主要介绍负债的形成及其内容，以及如何进行负债管理等内容。

【学习目标】

1. 理解负债的概念及其特征；掌握负债的确认条件；理解主要的负债项目；了解负债项目的报表列示。

2. 掌握商业信用的管理；理解借款及债券的管理方法。

引例

>>

荣昌公司20××年6月从悦盛公司赊购一批材料，不含税价格为10万元，增值税税率为17%。双方约定甲公司在一个月内付款。同时，悦盛公司给予荣昌公司购货的现金折扣条件为"1/10，n/30"。如果你是企业负责人，请问：荣昌公司在什么时间付款最为划算？如果期望享受现金折扣而公司缺乏现金，你该怎么办？

第一节　负债及其报表列示

一、负债的含义与分类

(一)负债的含义与特征

1.负债的含义

适度的负债经营是现代企业生产经营管理的普遍方式。企业的负债是一种重要的资金来源,合理而有效地加以运用,会给企业带来较好的经济效益,提高企业资金的运用效果。

从会计要素的角度看,企业的全部资产中体现的权益可以分为两个部分——债权人权益和所有者权益,其中债权人权益又称为负债。需要注意的是,会计上的负债是一个广义的概念,不仅仅指企业因借贷关系而产生的债务,同时还包括其他性质的负债,如经营过程中按照权责发生制核算而产生的应付职工薪酬等。

按照我国《企业会计准则》对负债的定义,负债是指企业过去的交易或者事项形成的,预期会导致经济利益流出企业的现时义务。

2.负债的特征

根据负债的定义可以看出,负债具有以下几个方面的特征。

(1)负债是企业承担的现时义务

负债必须是企业承担的现时义务,这是负债的基本特征。现时义务是指企业在现行条件下已承担的义务。例如,企业购买原材料形成应付账款,企业向银行借入款项形成借款,由此而产生偿还的义务。与现时义务相对的是潜在义务,潜在义务是指结果取决于未来不确定事项的可能义务。对于潜在义务,企业不应当将其确认为负债。例如,企业的运输司机,将货车开到路上行驶,就有可能发生交通事故,可能就会有赔偿,这种义务取决于未来不确定事项的发生与否,这就是一种潜在义务。

这里所指的现时义务可以是法定义务,也可以是推定义务。其中法定义务是指具有约束力的合同或者法律、法规规定的义务,通常必须依法执行。例如,企业购买原材料形成应付账款、应付票据,企业向银行借入款项形成借款,企业按照税法规定应当交纳的税款等,均属于企业承担的法定义务,需要依法予以偿还。推定义务是指根据企业多年来的习惯做法、公开的承诺或者公开宣布的政策而导致企业将承担的义务。例如,某企业销售产品时公开承诺,提供一年期限内的保修服务,使有关各方形成了该企业将履行期限内提供保修服务义务的合理预期,这种预期就属于推定义务。

(2)负债预期会导致经济利益流出企业

预期会导致经济利益流出企业是负债的本质特征。只有企业在履行义务时会导致经济利益流出企业的,才符合负债的定义,才能够确认为负债;如果不会导致企业经济利益流出,就不符合负债的定义。例如,对于企业赊购材料业务中形成的负债义务,企业未来需要使用库存现金或银行存款等进行清偿从而解脱责任,这就会导致经济利益流出企业。

当然,在履行现时义务清偿负债时,导致经济利益流出企业的形式多种多样。企业可以用库存现金或银行存款偿还,或者以实物资产形式偿还,还可以以提供劳务形式偿还。另外,将负债转为资本也是解脱负债这种义务的形式之一。

（3）负债是由企业过去的交易或者事项形成的

负债应当由企业过去的交易或者事项所形成。也就是说,只有过去的交易或者事项才会形成负债。例如,甲企业向乙企业购入一批原材料,价税合计 200 000 元,材料经验收后符合合同标准,同时按合同约定款项应于 1 个月后支付。那么,此项采购交易已经完成,此时甲企业就应当确认对乙企业偿付 200 000 货款的责任。相反,企业对将在未来发生的承诺、签订的合同等交易或者事项,会计上通常不确认为负债。例如,甲企业与乙企业签订了一项合同,约定 3 个月以后提供一批产品,因为实际买卖业务尚未发生,所以不形成企业的负债。

3. 负债的确认条件

将一项现时义务确认为负债,首先需要符合负债的定义,实际确认时,还应当同时满足以下两个条件。

（1）与该义务有关的经济利益很可能流出企业

从负债的定义来看,负债预期会导致经济利益流出企业,但是履行义务所需流出的经济利益带有不确定性,尤其是与推定义务相关的经济利益通常需要依赖于大量的估计。因此,负债的确认应当与经济利益流出的不确定性程度的判断结合起来。如果有确凿证据表明,与现时义务有关的经济利益很可能（概率在 50％以上）流出企业,就应当将其作为负债予以确认;反之,如果企业承担了现时义务,但是导致经济利益流出企业的可能性若已不复存在,就不符合负债的确认条件,不应将其作为负债予以确认。例如,因债权人破产或死亡从而产生无法支付的应付款,此时,原有的债务就已解除。

（2）未来流出的经济利益的金额能够可靠地计量

负债的确认在考虑经济利益流出企业的同时,对于未来流出的经济利益的金额应当能够可靠计量。对于与法定义务有关的经济利益流出金额,通常可以根据合同或者法律规定的金额予以确定,考虑到经济利益流出的金额通常在未来期间,有时未来期间较长,有关金额的计量需要考虑货币时间价值等因素的影响。对于与推定义务有关的经济利益流出金额,企业应当根据履行相关义务所需支出的最佳估计数进行估计,并综合考虑有关货币时间价值、风险等因素的影响。

（二）负债的主要分类

负债可以按照不同分类标准进行分类,其中最主要的分类是按照偿还时间的长短来划分,将负债分为流动负债和非流动负债。

1. 流动负债

流动负债是指企业在一年或超过一年的一个营业周期内,需要以流动资产或增加其他负债来抵偿的债务,主要包括短期借款、应付票据、应付账款、预收账款、应付职工薪酬、应付股利、应交税费和其他应付款等。

短期借款（short-term loans）是指企业从银行或其他金融机构借入的偿还期在一年以内（特殊情况下在超过一年的一个营业周期以内）的款项。例如,企业在生产经营过程中,因流动资金周转计划额度内的自有流动资金不足而向银行申请取得的生产周转借款,由于临时性原因或季节性原因造成超过核定的资金周转计划占用额时向银行取得的临时借款,以托收承付结算凭证为保证向银行取得的结算借款等。短期借款通常是企业为了维持正常生产经营所需资金而借入的款项,是筹集短期资金的重要方式,具有借款期限相对较短、利息费用相对较低、借款手续相对简便等特点。

应付票据(notes payable)是指企业采用商业汇票结算方式延期付款购入货物等应付的票据款,是结算过程中形成的一种负债。与应收票据相对应,应付票据包括银行承兑汇票和商业承兑汇票。从信用程度来看,银行承兑汇票信用程度要高于商业承兑汇票,因此,银行承兑汇票更受收款方的欢迎,但付款方为此要付出银行承兑手续费。

应付账款(accounts payable)是指企业在正常生产经营过程中因购进货物、商品或接受劳务等应在一年以内偿付的债务。应付账款和应付票据都是由于交易而引起的流动负债,但是两者又有不同,应付票据属于一种期票,是延期付款的证明,有承诺付款的票据作为依据,准确地说,应付票据是应付账款的票据化,信用程度较应付账款更高一些。

预收账款(deposit received)是指企业按照购销合同的规定,在未提供商品或劳务的情况下向购买方预先收取的款项。预收账款一般是在三种情况下产生的:① 企业的产品或劳务在市场上供不应求;② 供货单位信用不佳;③ 生产周期长的企业(如建筑业、造船业)为解决生产资金不足而向购货单位收取订金。预收账款具有订金的性质,企业在收到款项后,应在合同规定的期限内给购货单位发出货物或提供劳务,否则,必须如数退还预收的款项。但预收账款的偿还一般不需要支出货币资金,而是支出商品或劳务。因此,在会计上,将预收账款作为负债处理。

应付职工薪酬(employee salary payable)是指职工薪酬应付未付时企业形成的一种负债。职工薪酬是指企业为获得职工提供的服务而给予各种形式的报酬以及其他相关支出,包括职工在职期间和离职后提供给职工的全部货币性薪酬和非货币性福利,还包括提供给职工配偶、子女或其他被赡养人的福利等。职工薪酬的具体内容包括:① 职工工资、奖金、津贴和补贴;② 职工福利费;③ 医疗保险费、失业保险费、工伤保险费和生育保险费等社会保险费;④ 企业按照规定的基准和比例计算,向住房公积金管理机构缴存的住房公积金;⑤ 工会经费和职工教育经费;⑥ 非货币性福利;⑦ 辞退福利;⑧ 其他与获得职工提供的服务相关的支出。

应交税费(tax payable)是指企业在生产经营过程中产生的应向国家缴纳的各种税费,主要包括增值税、消费税、营业税、所得税、资源税、土地增值税、房产税、土地使用税、车船税、城市维护建设税、教育费附加、矿产资源补偿税、代扣代缴的个人所得税等。依法纳税是每个企业应尽的义务,因此,及时足额缴纳税款是对国家的责任。

应付股利(dividend payable)是指企业经董事会或股东大会,或类似机构决议确定分配的现金股利或利润。企业股东大会或类似机构审议批准的利润分配方案、宣告分派的现金股利或利润,在实际支付前,形成企业的负债;随着企业向投资者实际支付现金股利或利润,该项负债消失。在我国,股利的支付通常有两种基本方式,即现金股利和股票股利。所谓现金股利,是反映企业以现金形式向股东派发的股利;股票股利则是企业用增发的股票向股东派发的股利。当企业经董事会或股东大会决议确定分配现金股利时,自宣告之日起,应付的股利就构成企业的一项负债;如果董事会或股东大会决议确定发放股票股利,则不构成企业的负债,因为它只是从未分配利润转增股本,是企业权益内部的一种变化,不会引起任何含有经济利益的资源外流。

其他应付款(other payables)是指企业除了应付票据、应付账款、预收账款、应付职工薪酬、应付利息、应付股利、应交税费、其他应付款、长期应付款等以外的其他各项应付、暂收的款项。具体包括:应付经营租入固定资产和包装物租金;存入保证金;职工工资结算过程中的各种代扣应付款项;应付、暂收所属单位及个人的款项等。

流动负债大部分是由于企业经营活动中的结算关系形成的,如应付票据、应付账款、预收账款等;有些是借贷关系形成的,如短期借款;还有一些是利润分配形成的,如应付利润、应付股利等。

确认流动负债的目的,主要是将其与流动资产进行比较,可以反映企业的短期偿债能力。短期偿债能力是债权人非常关心的财务指标,因此,在资产负债表中区分流动负债与非流动负债非常重要。

2.非流动负债

非流动负债是指偿还期在一年或超过一年的一个营业周期以上的债务,包括长期借款、应付债券、长期应付款等。

长期借款(long term loans)是指企业从银行或其他金融机构借入的期限在一年以上的各项借款。如固定资产投资借款、更新改造借款、科技开发和产品试制借款等。长期借款主要用于购建固定资产和满足长期流动资金占用的需要。

应付债券(bonds payable)是指企业因发行债券筹集资金而形成的一种(非流动)负债。债券是依照法定程序发行、约定在一定期限内还本付息的一种有价证券。对债券发行企业来说,取得了资金使用权的同时,也应对债券持有者承担经济责任,即必须在约定的期限内还本付息。债券的发行企业与持有人之间实质上是一种债权债务关系(借贷关系),因此,企业发行的债券从性质上讲属于企业对债券持有者的一种负债,为应付债券。

长期负债大部分是由融资活动引起的借贷关系所形成的。

将负债划分为流动负债和非流动负债,可以科学地揭示负债的偿还期限,有利于对企业财务状况偿债能力的分析和评价。需要注意的是,划分流动负债和非流动负债是一个动态的过程,随着时间的推移,长期负债会转化为流动负债。例如,将于一年内到期的长期负债,就应当作为流动负债,在企业的资产负债表中单独反映。

二、 负债的报表列示

报表列示可以分为两个部分:一是表内列示;二是附注列示。

1.表内列示

在资产负债表中,负债部分的所有项目分为两组:流动负债和非流动负债。每组包括若干个项目并按组先合计金额,两组合计金额相加,反映全部负债的账面价值。

其主要项目及填列方法如下:

(1)"短期借款"项目反映企业向银行或其他金融机构等借入的期限在一年以下(含一年)的借款。本项目应根据"短期借款"科目的期末余额填列。

(2)"应付票据"项目反映企业购买材料、商品或接受劳务供应等而开出、承兑的商业汇票。本项目应根据"应付票据"科目的期末余额填列。

(3)"应付账款"项目反映企业因购买材料、商品或接受劳务供应等经营活动应支付的款项。本项目应根据"应付账款"和"预付账款"科目所属各明细科目的期末贷方余额合计数填列;如"应付账款"科目所属明细科目有借方余额的,应在资产负债表"预付账款"项目内填列。

(4)"预收账款"项目反映企业按照购货合同规定预付给供应单位的款项。本项目根据"预收账款"和"应收账款"科目所属各明细科目的期末贷方余额合计数填列,如"预收账款"科目所属各明细科目期末有借方余额,应在资产负债表"应收账款"项目内填列。

(5)"应付职工薪酬"项目反映企业根据有关规定应付给职工的工资、职工福利、社会保险费、住房公积金、工会经费、职工教育经费、非货币性福利、辞退福利等各种薪酬。

(6)"应交税费"项目反映企业按照税法规定计算应缴纳的各种税费,包括增值税、消费税、营业税、所得税、资源税、土地增值税、城市维护建设税、房产税、城镇土地使用税、车船税、教育费附加、矿产资源补偿费等。本项目应根据"应交税费"科目的期末余额填列。

(7)"应付利息"项目反映企业按照规定应当支付的利息,包括分期付息到期还本的长期借款应支付的利息、企业发行的债券应支付的利息等。本项目应当根据"应付利息"科目的期末余额填列。

(8)"应付股利"项目反映企业分配的现金股利或利润。企业分配的股票股利,不通过本项目列示。本项目应当根据"应付股利"科目的期末余额填列。

(9)"其他应付款"项目反映企业除应付票据、应付账款、预收账款、应付职工薪酬、应付股利、应付利息、应交税费等经营活动以外的其他各项应付、暂收的款项。本项目应当根据"其他应付款"科目的期末余额填列。

(10)"长期借款"项目反映企业向银行或其他金融机构借入的期限在一年以上(不包括一年)的各项借款。本项目应当根据"长期借款"科目的期末余额填列。

(11)"应付债券"项目反映企业为筹集长期资金而发行的债券的本金和利息。本项目应当根据"应付债券"科目的期末余额填列。

2. 附 注

在附注中,一般需要详细列示的项目和列示内容为应付职工薪酬(见表 6-1)、应交税费(见表 6-2)、长期应付款(见表 6-3)。

表 6-1 应付职工薪酬

单位:元

项 目	期初余额	本期发生额	本期支付额	期末余额
一、工资、奖金、津贴和补贴				
二、社会保险费				
1. 医疗保险费				
2. 基本养老保险费				
3. 年金缴费				
4. 失业保险费				
5. 工伤保险费				
6. 生育保险费				

项　目	期初余额	本期发生额	本期支付额	期末余额
三、住房公积金				
四、工会经费和职工教育经费				
五、因解除劳动关系给予的补偿				
六、其他				
其中:以现金结算的股份支付				
合计				

表 6-2　应交税费

单元:元

税费项目	期末余额	年初余额
1. 增值税		
2. 营业税		
3. 消费税		
4. 所得税		
5. 资源税		
6. 教育费附加		
…		
…		
合计		

表 6-3　长期应付款

单元:元

项　目	年初余额		本期增加额		本期减少额		期末余额	
	应付金额	未确认融资费用	应付金额	未确认融资费用	应付金额	未确认融资费用	应付金额	未确认融资费用
1.								
2.								
…								
…								
合计								

第二节　负债的管理

一、结算中形成的负债的管理

结算中形成的负债是指企业在正常生产经营过程中产生的、由于结算程序的原因自然形成的流动负债,主要包括两大类:商业信用和应付费用。

(一)商业信用的管理

商业信用是指商品交易中的延期付款或延期交货所形成的借贷关系,是企业之间的一种直接信用关系。商业信用是由商品交易中钱与货在时间上的分离而产生的。它产生于银行信用之前,但银行信用出现之后,商业信用依然存在。

早在简单的商品生产条件下,就已出现了赊销赊购现象,到了商品经济发达的资本主义社会,商业信用得到广泛发展。我国商业信用的推行正日益广泛,它形式多样,范围广阔,将逐渐成为企业筹集短期资金的重要方式。

1. 商业信用的形式

利用商业信用融资,主要有以下几种形式。

(1)赊购商品。赊购商品是一种最典型、最常见的商业信用形式。在此种形式下,买卖双方发生商品交易,买方收到商品后不立即支付现金,可延期到一定时期以后付款。

(2)预收货款。在这种形式下,卖方要先向买方收取货款,但要延期到一定时期以后交货,这等于卖方向买方先借一笔资金,是另一种典型的商业信用形式。通常,购买单位对于紧俏商品乐于采用这种形式,以便取得期货。另外,生产周期长、售价高的商品,如轮船、飞机等,生产企业也经常向订货者分次预收货款,以缓解资金占用过多的矛盾。

2. 商业信用条件

所谓信用条件是指销货企业对付款时间和现金折扣所做的具体规定,如"2/10,n/30"便属于一种信用条件。信用条件从总体上来看,主要有以下几种形式。

(1)预付货款,是指买方在卖方发出货物之前支付货款。一般用于如下两种情况:一是卖方已知买方的信用欠佳;二是销售生产周期长、售价高的产品。在这种信用条件下销货企业可以得到暂时的资金来源,但购货企业不但不能获得资金来源,还要预先垫支一笔资金。

(2)延期付款,但不提供现金折扣。在这种信用条件下,卖方允许买方在交易发生后一定时期内按发票面额支付货款,如"net45",是指在45天内按发票金额付款。买卖双方存在商业信用,买方可因延期付款而取得资金来源。

(3)延期付款,提早付款有现金折扣。在这种信用条件下,买方若提前付款,卖方可给予一定的现金折扣,如买方不享受现金折扣,则必须在一定时期内付清账款,如"2/10,n/30"便属于此种信用条件。西方企业在各种信用交易活动中广泛地应用现金折扣,这主要是为了加速账款的收现。这种条件下,双方存在信用交易。买方若在折扣期内付款,则可获得短期的资金来源,并能得到现金折扣;若放弃现金折扣,则可在稍长时间内占用卖方的资金。如果销售方提供现金折扣,购买企业应尽量争取获得此项折扣,因为

放弃现金折扣的机会成本很高,可按下式计算:

$$放弃现金折扣的资金成本率 = \frac{CD}{1-CD} \times \frac{360}{N}$$

式中,CD 表示现金折扣的百分比;N 表示放弃现金折扣后延期付款的天数。

【例 6-1】 甲公司于 20×× 年 5 月 12 日从乙公司赊购一批材料,不含税价格为 10 万元,增值税税率为 17%。乙公司给予甲企业购货的现金折扣条件为(假定含税)"2/10,n/30"。

如果甲公司在 10 天内付款,可享受 10 天的免费信用期间,并获得 2% 的现金折扣,为 2 340(=117 000×2%)元,只需付 114 660 元。

如果甲公司超过 10 天而在 30 天内付款,则不再享受现金折扣,需要全额付款 117 000 元,因此,甲公司将承受因放弃现金折扣而造成的成本率为

$$放弃现金折扣的资金成本率 = \frac{2\%}{1-2\%} \times \frac{360}{30-10} = 36.7\%$$

可见,企业放弃现金折扣的成本是较高的。如果企业不能在放弃现金折扣的信用期间内获得高于这一成本的报酬率,则放弃现金折扣是不理性的选择。如果企业当前短期资金确实非常紧缺,那么应当进一步考虑能否以低于放弃现金折扣成本的利率借入资金。例如,在前例中,如果银行短期借款年利率为 12%,则企业应在现金折扣期内用借入的资金支付货款,从而享受现金折扣。

3. 商业信用的控制

(1)信息系统的监督。商业信用的一般表现形式是应付账款。对应付账款进行有效管理需要一个健全、完整的信息系统。比如,当企业收到账单时,必须确认该活动是否已经发生,企业是否已经收到了货物,收到的货物是否完好等情况。然后,将该账单与企业的订货单核对,同时还要查看运输和收货部门的记录。当这些都确认后,将该账单转入支付程序,确定支付时间等。这时就要考虑是否取得现金折扣、是否按期付款、拖延多久支付等问题。

这一系列的信息反应必须迅速有效。特别是当企业希望获得现金折扣的时候,必须在短时间内做出决策。如果系统运转缓慢,过了现金折扣期,则企业就会错过获得现金折扣的机会。

(2)应付账款余额控制。当公司的支付政策确定之后,对日常政策执行的监督就成为非常重要的环节。这里介绍两种控制支付状态的方法:考察应付账款周转率和分析应付账款余额百分比。

① 应付账款周转率。控制企业商业信用的传统做法是考察其应付账款周转率。应付账款周转率等于采购成本除以同一期间的应付账款平均余额。用公式表示为

$$应付账款周转率 = \frac{采购成本}{同期应付账款平均余额}$$

【例 6-2】 甲公司 20×× 年发生采购成本 500 000 元,年度应付账款平均余额为 250 000 元,则该公司的应付账款周转率为

$$应付账款周转率 = \frac{500\,000}{250\,000} = 2(次)$$

在实际经济生活中,仅仅进行年度分析是远远不够的,企业的财务人员需要掌握更短期间内应付账款的情况变化。这样,企业才能够保证享受到适当的现金折扣,并能够

在对企业有利的时间内偿付款项。

② 应付账款余额百分比。它是指采购当月发生的应付账款在当月月末以及随后的每一月末尚未支付的数额占采购当月应付账款总额的比例。通过应付账款余额百分比的分析,可以观察到企业支付应付账款的速度和程度,较为直观地反映企业的应付账款管理情况。

(3) 道德控制。一般来说,企业不应该拖欠应付账款,但当拖欠账款需要支付的代价小于公司的机会投资收益时,从理论上讲,按照成本收益原则,企业可以选择推迟支付应付账款。但是,实际经济生活中不仅仅是成本收益原则这么简单,而且现实中的成本和收益也不是完全靠公式就可以计算清楚的,有很多隐性的成本和收益,很重要的一个方面就是企业之间的商业道德(或者说信誉)评价。

当企业赊购货物时,应付账款的支付条件、时间等都会写在合同中,代表了企业的承诺。如果违反了合同,毫无疑问会破坏企业的商业道德形象,可能会给企业的未来经济活动造成不良影响,这就不是用成本收益计算可以衡量的了,这属于企业的无形资产。企业对商业道德的重视程度会影响其应付账款支付政策和实际操作,从另一个方面来说,市场中对商业道德的看法也会对企业的行为产生约束作用。

(二) 应付费用的管理

1. 应付费用的概念

应付费用是指企业在生产经营过程中发生的应付未付的费用,如应付职工薪酬、应付税费、应付股利等。这些应付费用一般是形成在先,支付在后,因此在支付之前,可以为公司所利用。由于应付费用的结算期往往比较固定,占用的数额也比较固定,所以通常又称为定额负债。

应付费用的资本成本通常为零,但这种特殊的筹资方式并不能为企业自由利用,企业如果无限制地拖欠应付费用,极有可能产生较高的显性或隐性成本。例如,企业如果拖欠职工工资,便会遭到职工的反对,直接影响企业的整体生产经营。

2. 应付费用筹资额的计算

为了准确把握应付费用所能产生的筹资规模,从而顺利编制筹资计划、降低企业整体筹资成本,企业通常需要测算经营活动产生的各种应付费用的总额。目前常用的应付费用筹资额的计算方法包括两种:一种是按照平均占用天数计算;另一种是按照经常占用天数计算。

(1) 按平均占用天数计算。平均占用天数,是指从应付费用产生之日起到实际支付之日止所平均占用的天数。应付费用的筹资额可以利用平均每日发生额与平均占用天数相乘确定,即

$$应付费用筹资额＝平均每天发生额×平均占用天数$$

【例 6-3】　某公司某年预计支付增值税金额为 180 000 元,每月上缴一次,则按平均占用天数计算的应交税费用筹资额为

$$应交税费用筹资额=\frac{180\ 000}{360}×\frac{30}{2}=7\ 500（元）$$

(2) 按经常占用天数计算。经常占用天数,是指正常生产经营活动中,应付费用通常占用的天数。例如,按照国家税收征管法规定,税金应当在特定日期之前缴纳。此时,应付费用的筹资额应当利用平均每日发生额与经常占用天数来计算,即

$$应付费用筹资额＝平均每天发生额×经常占用天数$$

如上例中，假定增值税按规定在次月 5 日缴纳，则应按经常占用天数为 4 天来计算，此时资金占用额为

$$应交税费用筹资额＝\frac{180\ 000}{360}×4＝2\ 000（元）$$

随着公司经营业务的扩展，这些应付费用也会自动增长。而且，通过应付费用所筹集的资金不用支付任何代价，因而是一项免费的短期资金来源。但是在使用时，必须注意加强支付期的控制，以免因拖欠给公司带来损失。

二、借款的管理

按照借款的时间划分，借款一般分为短期借款和长期借款。

(一) 短期借款的管理

短期借款是指企业向银行和其他非银行金融机构借入的偿还期在一年以内（或超过一年的一个营业周期以内）的款项。短期借款通常是企业为了维持正常生产经营所需资金而借入的款项，是筹集短期资金的重要方式。

1. 短期借款的信用条件

按照国际通行做法，银行发放短期借款往往带有一些信用条件，主要有以下几个方面。

（1）信贷限额。信贷限额是银行对借款人规定的无担保贷款的最高额。信贷限额的有效期限通常为一年，根据情况也可延期一年。一般来说，企业在批准的信贷限额内，可随时使用银行借款，但是银行并不承担必须提供全部信贷限额的义务。如果企业信誉恶化，即使银行曾同意过按信贷限额提供贷款，企业也可能得不到借款。这时，银行无需承担法律责任。

（2）周转信贷协议。周转信贷协议是银行具有法律义务地承诺提供不超过某一最高限额的贷款协议。在协定的有效期内，只要企业的借款总额未超过最高限额，银行必须满足企业任何时候提出的借款要求。企业享用周转信贷协议，通常要就贷款限额的未使用部分付给银行一笔承诺费，一般按企业使用的信贷限额的一定比例计算。

【例 6-4】 ABC 企业与银行签订周转信贷协议，贷款限额为 500 万元，该公司年度内使用 400 万元。若贷款年利率为 7%，承诺费为 0.5%，则该企业应付银行利息及承诺费为

$$年利息＝400×7\%＝28（万元）$$
$$承诺费＝100×0.5\%＝0.5（万元）$$

因此，应付利息与费用总额为 28.5（＝28＋0.5）万元。

（3）补偿性余额。补偿性余额是银行要求借款企业在银行中保持按贷款限额或实际借用额一定百分比（一般为 10%～20%）的最低存款余额。从银行的角度来说，补偿性余额可降低贷款风险，补偿可能遭受的贷款损失。对于借款企业来说，补偿性余额提高了借款的实际利率。

【例 6-5】 ABC 企业需 50 万元贷款，并保留 20% 补偿性余额。若年利率为 8%，则该企业借款的实际年利率为

$$实际利率＝\frac{50\%×8\%}{50(1-20\%)}×100\%＝10\%$$

（4）借款抵押。银行向财务风险较大的企业或对其信誉不甚有把握的企业发放贷款,有时需要有抵押品担保,以减少蒙受损失的风险。短期借款的抵押品经常是借款企业的应收账款、存货、股票、债券等。银行接受抵押品后,将根据抵押品面值决定贷款金额,一般为抵押品面值的 30%～90%。这一比例的高低,取决于抵押品的变现能力和银行的风险偏好。

2. 短期借款的考虑因素

在进行短期借款时,主要考虑两个方面的因素:短期借款的成本和贷款银行选择。

（1）短期借款的成本

银行借款成本用借款利率来表示。短期借款的利率会因借款公司的类型、借款金额及时间的不同而不同。例如,银行向信用好、贷款风险小的公司只收到较低的优惠利率;反之,则收到较高的利率。此外,短期借款成本与其利息的支付方式有关,企业应根据不同情况,确定短期借款的成本,以便作出选择。

① 收款法。收款法是在借款到期时向银行支付利息的方法。银行向工商企业发放的贷款大都采用这种方法收息。

② 贴现法。贴现法是银行在向企业发放贷款时,先从本金中扣除利息部分,等到期时由借款企业偿还贷款全部本金的一种计息方法。采用这种方法,企业可利用的贷款额只有本金减去利息部分后的差额,因此,贷款的实际利率高于名义利率。

【例 6-6】 ABC 企业从银行取得借款 50 000 元,期限为一年,年利率（即名义利率）为 8%,利息额为 4 000 元。按照贴现法付息,企业实际可利用的贷款为 46 000(=50 000－4 000)元,则该项贷款的实际年利率为

$$实际年利率=\frac{50\ 000\times8\%}{46\ 000}\times100\%=8.7\%$$

③ 加息法。加息法是银行发放分期等额偿还贷款时采用的利息收取方法。在分期等额偿还贷款的情况下,银行通常按贷款总额和名义利率来计算收到利息。加息法下,虽然借款企业可以利用的借款逐期减少,但利息并不减少,故实际负担的利息费用增加。

【例 6-7】 ABC 企业借入年利率为 12% 的贷款 300 000 元,分 12 个月等额偿还本息,则该借款的实际年利率为

$$实际年利率=\frac{300\ 000\times12\%}{300\ 000/2}\times100\%=24\%$$

（2）贷款银行的选择

企业在银行短期借款筹资过程中,一项重要的工作就是选择银行。在金融市场越来越完善的情况下,选择合适的银行,对公司生产经营业务长期稳定的发展,具有特别重要的意义。企业应该注意银行间所存在的重大区别,这些区别主要表现在以下几个方面。

① 银行对待风险的基本政策。不同的银行对待风险的政策是不同的,一些银行偏好比较保守的信贷政策,而另一些银行则喜欢开展一些所谓的"创新性业务"。这些政策多少反映了银行管理者的个性和银行存款的特征。业务范围大、分支机构多的银行能够很好地分散风险,而一些专业化的小银行能够接受的信用风险要小得多。

② 银行所能提供的咨询服务。一些银行在提供咨询服务和在企业初创时期向公司发放大量贷款方面比较积极。某些银行甚至设有专门机构向客户提供建议和咨询。

③ 银行对待客户的忠诚度。银行忠诚度是指在公司困难时期,银行支持借款人的行

为。不同的银行，对客户的忠诚度是不同的。一些银行要求公司无论遭受何种困难，都必须无条件地偿还贷款；而另一些银行十分顾及所谓的"老交情"，即使自己遇到困难，也要千方百计地支持那些与自己有着多年业务关系的企业，帮助这些企业获得更有利的发展条件。

④ 银行贷款的专业化程度。银行在贷款专业化方面有着极大的差异。大银行有专门的部门负责不同类型的针对行业特征的专业化贷款；小银行则比较注重企业生产经营所处的经济环境。借款者可以从经营业务十分熟悉并且经验丰富的银行那里获得更主动的支持和更有创造性的合作。因此，理财者应该慎重选择银行。

⑤ 其他。银行的规模、对外汇的处理水平等都是企业需要考虑的因素。

（二）长期借款的管理

长期借款是指企业从银行或其他金融机构借入的期限在一年以上的借款，主要用于购建固定资产和满足长期流动资金占用的需要。

1. 长期借款的保护性条款

长期借款的信用条件及借款时考虑的因素，与银行短期借款基本相同。但由于长期借款的期限较长，在这段期限内，借款企业的财务状况可能会发生许多变化。为了保护自己，银行通常对借款企业提出一些有助于保证贷款按时足额偿还的条件，这些条件会写进贷款合同中，形成合同的保护性条款。归纳起来，保护性条款大致有如下三类。

（1）一般性保护条款。该类条款应用于大多数借款合同，但根据具体情况会有不同内容，主要包括：① 对借款企业流动资金保持量的规定，其目的在于保持借款企业资金的流动性和偿债能力；② 对支付现金股利和再购入股票的限制，其目的在于限制现金外流；③ 对资本支出规模的限制，其目的在于减小企业日后不得不变卖固定资产以偿还贷款的可能性，仍着眼于保持借款企业资金的流动性；④ 限制其他长期债务，其目的在于防止其他贷款人取得对企业资产的优先求偿权。

（2）例行性保护条款。该类条款也是在大多数借款合同中经常出现的，主要包括：① 借款企业定期向贷款人提供财务报表，并持有足够的保险；② 借款企业不能出售其重要资产；③ 如期纳税和偿还到期债务，以防被罚款而造成现金流失；④ 禁止企业提供担保或抵押任何资产。

（3）特殊性保护条款。该类条款是针对某些特殊情况而出现在部分借款合同中的，主要包括：① 贷款专款专用；② 不准企业投资于短期内不能收回资金的项目；③ 限制企业高级职员的薪金和奖金总额；④ 要求企业主要领导人在合同有效期间担任领导职务；⑤ 要求企业主要领导人购买人身保险等。

2. 长期借款的程序

长期借款的程序与短期借款基本相同。

（1）企业提出申请。企业申请借款必须符合贷款条件。企业借款应具备的基本条件如下：具有法人资格；生产经营方向和业务范围符合国家政策，且贷款用途符合银行贷款办法规定的范围；借款企业具有一定的物资和财产保证，或担保单位具有相应的经济实力；具有还贷能力；财务管理和经济核算制度健全，资金使用效益及企业经济效益良好；在银行开立有关账户，办理结算。

创业企业向银行提出书面申请，应陈述借款金额、借款期限、借款用途、借款类型等信息。

（2）银行审批。银行针对创业企业的借款申请，按照有关规定和贷款条件，对创业企业进行审查，依据审批权限，核准企业申请的借款金额和用款计划。银行审查的内容主要包括：企业的财务状况；企业的信用情况；企业盈利稳定性；企业发展前景；借款投资项目的可行性等。

（3）签订借款合同。银行审核批准借款后，与借款企业进一步就贷款具体条款进行协商，正式签订借款合同。借款合同基本条款一般包括：借款种类、借款用途、借款金额、借款利率、借款期限、还款资金来源及还款方式、保证条款、违约责任等。

（4）企业取得借款。借款合同生效后，银行可在核定的贷款指标范围内，根据用款计划和实际需要，一次或分次将贷款转入企业的存款结算账户。

3. 长期借款的偿还

（1）编制偿还计划

长期借款由于时间长、金额大、风险大，创业企业借入长期借款后，必须事先筹划，有针对性地做出偿还的安排，这有利于企业资本的调度。因此，创业企业应编制还款计划，详细说明各期还本付息额、资本来源，并做出必要的现金流量安排。

（2）长期借款的偿还方式

长期借款的偿还方式通常有以下几种。

① 到期还本付息方式。在这种方式下，还款集中，创业企业必须于到期日前做好还款准备，以保证全部清偿贷款。到期应偿还金额等于借款本金加上应付利息，即

$$到期一次性还本付息额 = 借款本金 + 应付利息$$

② 定期付息、到期还本方式。在这种方式下，利息每年支付一次，而且付息金额相等，到期时只偿还本金。

③ 定期等额偿还方式。在这种方式下，贷款本息按某一相同的金额定期偿付，而不是到期一次还本付息。每期还本付息额的计算公式为

$$每期末还本付息额 = \frac{借款本金}{年金现值系数}$$

④ 分批偿还方式。在这种方式下，借款企业与贷款机构应在借款合同中约定偿还贷款的批数及每批偿还的数额。每批偿还的数额可以不相等，以便企业灵活安排。

贷款到期，创业企业应自觉筹集款项以备还款。如果因客观原因，暂时不能归还的，应在到期之前的 3～5 天，提出延期申请，经银行审查核实，可续签合同。逾期不能归还的，银行可以没收抵押品或要求由担保企业归还。

三、应付债券的管理

债券是依照法定程序发行、约定在一定期限内还本付息的一种有价证券。创业企业发行债券通常是为其大型投资项目一次筹集大笔长期资本。

（一）债券的发行资格与条件

根据《公司法》规定，股份有限公司、国有独资公司和两个以上的国有企业或者其他两个以上的国有投资主体投资设立的有限责任公司，具有发行公司债券的资格。这些公司一般具有雄厚的资本、较高的生产经营管理水平和良好的信誉，能够独立承担经营风险和经济责任，可以切实保障债权人的利益。

按照国际惯例,发行债券要符合规定的条件。这些条件一般包括发行债券最高限额、发行公司自有资本最低限额、公司获利能力、债券利率水平等。根据《公司法》《证券法》和《公司债券发行试点办法》的规定,发行公司债券必须符合下列条件:

① 股份有限公司的净资产额不低于人民币 3 000 万元,有限责任公司的净资产额不低于人民币 6 000 万元;

② 累计债券总额不得超过公司净资产额的 40%;

③ 最近 3 年平均可分配利润足以支付公司债券一年的利息;

④ 筹集的资金投向符合国家产业政策;

⑤ 债券的利率不得超过国务院限定的利率水平;

⑥ 国务院规定的其他条件。

此外,发行公司债券所筹集的资金,必须用于审批机关批准的用途,不得用于弥补亏损和非生产性支出。

(二) 债券的发行程序

企业发行债券需遵循一定程序,办理有关手续。

(1) 作出发行债券的决议。企业在实际发行债券之前,必须作出发行债券的决议,具体包括债券发行总额、票面金额、发行价格、募集办法、债券利率、偿还日期及方式等内容。

我国股份有限公司、有限责任公司发行公司债券,由董事会制订方案,股东大会作出决议;国有独资公司发行公司债券,由国家授权投资的机构或者国家授权的其他机构作出决定。可见,发行公司债券的决议和决定,是由公司最高权力机构作出的。

在国外,公司发行债券一般需经董事会通过决议,由 2/3 以上董事出席,且超过出席董事的半数通过。

(2) 提出发行债券申请。按照国际惯例,公司发行债券向主管部门提交申请,未经批准,公司不得发行债券。

公司申请发行债券由国务院证券管理部门批准。公司应提交公司登记证明、公司章程、公司债券募集办法、资产评估报告和验资报告等文件。

(3) 公告债券募集办法。发行公司债券的申请被批准后,应由发行公司公告公司债券募集办法。办法中应载明的主要事项有:公司名称,债券募集资金的用途,债券总额和票面金额,债券利率的确定方式,还本付息的期限与方式,债券担保情况,债券发行的发行价格、起止日期,公司净资产额,已发行的尚未到期的债券总额,公司债券的承销机构等。

(4) 委托证券机构发售。债券的发行方式通常包括私募发行和公募发行两种。私募发行是指由发行公司直接将债券发售给投资者。因限制较多,我国目前较少运用私募发行这种方式。公募发行是指发行债券的企业组织通过承销团向社会发售债券,发行债券的企业组织可以选择代销或包销方式。我国的相关法律、法规要求企业组织采用公募发行这种方式发行债券。

(5) 交付债券,收缴款项,登记债券存根簿。发行债券的企业组织公开发行债券,由证券承销机构发售时,投资者直接向承销机构付款购买,承销机构代理收取债券款,交付债券;然后,发行债券的企业组织向承销机构收缴债券款,并结算代理费及预付款项。

根据我国《公司法》规定,企业发行的债券必须在债券上载明企业组织的名称、债券面值、利率、偿还期限等事项,并由董事长签名、企业组织盖章。

企业发行的债券,还应该在置备的债券存根簿登记。登记项目主要包括债券持有者的姓名或者名称及住所、债券持有者取得债券的日期及债券的编号(此两项适用于记名债券)、债券总额、票面利率、还本付息的期限与方式、发行日期等。

(三) 债券的发行价格

债券发行价格是债券发行时使用的价格,即投资者购买债券所实际支付的价格。企业在发行债券之前,必须依据有关因素,运用一定的方法,确定债券的发行价格。企业债券发行价格的高低,主要取决于以下几个方面。

(1) 债券面额。债券的票面金额是决定债券发行价格的最基本因素。债券发行价格的高低,从根本上取决于债券面额的大小。一般而言,债券面额越大,发行价格越高。

(2) 票面利率。债券的票面利率是债券的名义利率,通常在发行债券之前即已确定,并在债券票面上注明。一般而言,债券的票面利率越高,发行价格就越高;反之,发行价格就越低。

(3) 市场利率。债券发行时的市场利率是衡量债券票面利率高低的参照系,两者往往不一致,因此共同影响债券的发行价格。一般来说,债券的市场利率越高,债券的发行价格越低;反之,发行价格就会越高。

(4) 债券期限。同银行借款一样,债券的期限越长,债券的风险越大,要求的利息报酬就越高,债券的发行价格就可能较低;反之,发行价格可能较高。

综合上述四项因素,根据货币时间价值的原理,债券发行价格等于各期利息的现值和到期还本的现值之和,其计算公式为

$$债券发行价格 = \frac{票面金额}{(1+市场利率)^n} + \sum_{t=1}^{n} \frac{票面金额 \times 票面利率}{(1+市场利率)^t}$$

式中,n 表示债券期限;t 表示债券付息期数;市场利率为债券发行时的市场利率。

【例 6-8】 某公司发行面额为 100 元、票面利率为 10%、期限为 10 年的债券,每年末付息一次。其发行价格可分下列三种情况来分析测算:

Ⅰ. 如果市场利率为 10%,与票面利率一致。其发行价格为

$$\frac{100}{(1+10\%)^{10}} + \sum_{t=1}^{10} \frac{10}{(1+10\%)^t} = 100 \text{(元)}$$

Ⅱ. 如果市场利率为 8%,低于票面利率。其发行价格为

$$\frac{100}{(1+8\%)^{10}} + \sum_{t=1}^{10} \frac{10}{(1+8\%)^t} = 113.4 \text{(元)}$$

Ⅲ. 如果市场利率为 12%,高于票面利率。其发行价格为

$$\frac{100}{(1+12\%)^{10}} + \sum_{t=1}^{10} \frac{10}{(1+12\%)^t} = 88.7 \text{(元)}$$

由此可见,企业债券的发行价格有三种,即面价发行、溢价发行和折价发行。三种发行价格主要取决于票面利率和市场利率的高低。在其他条件不变的情况下,债券的票面利率高于市场利率时,可按超过债券票面价值的价格发行,称为溢价发行。溢价是企业以后各期多付利息而事先得到的补偿。债券的票面利率低于市场利率时,可按低于债券面值的价格发行,称为折价发行。折价是企业以后各期少付利息而预先给投资者的补偿。债券的票面利率和市场利率相同时,可按票面价格发行,称为面值发行。从本质上

看,溢价或折价是发行债券的企业在债券存续期内对利息费用的一种调整。

本章小结

　　负债是指企业过去的交易或者事项形成的,预期会导致经济利益流出企业的现时义务。负债按照偿还时间的长短来划分,可分为流动负债和非流动负债。流动负债是指企业在一年或超过一年的一个营业周期内,需要以流动资产或增加其他负债来抵偿的债务,主要包括短期借款、应付票据、应付账款等。非流动负债是指偿还期在一年或超过一年的一个营业周期以上的债务,包括长期借款、应付债券、长期应付款等。

　　负债的管理主要包括结算中形成的负债、借款和应付债券的管理三个方面。结算中形成的负债的管理是从商业信用的制订及应付费用的控制两方面入手;银行长短期借款主要关注借款的成本、信用条件及贷款银行等因素;创业企业应从债券发行的条件、资格、发行价格等方面进行债券的管理。

》 思考题

1. 什么是负债?负债有哪些特征?

2. 负债的确认条件是什么?

3. 什么是流动负债?流动负债的主要内容有哪些?

4. 什么是非流动负债?非流动负债的主要内容有哪些?

5. 什么是应付债券?应付债券的发行方式有哪三种?

6. 在会计报表中,为什么要区分流动负债和非流动负债?

7. 什么是应交税费?应交税费的主要内容有哪些?

8. 什么是职工薪酬?职工薪酬的内容有哪些?

9. 从创业角度来看,企业不能按期偿还负债将会发生怎样不利的影响?

10. 在选择贷款银行时,应该考虑的因素有哪些?

11. 商业信用筹资和应付费用筹资应当考虑哪些成本?

12. 发行债券应具备哪些条件?发行价格如何确定?

» 习题

1. 甲公司于20××年3月1日赊销给乙公司一批商品,全部货款不含税为100万元,该商品适用的增值税率为17%。乙公司承诺在一个月内付款。为了尽早收回现金,甲公司给予乙公司以付款优惠条件为"1/20,n/30"。要求计算下列两种情况下乙公司的应付金额(假设计算基础包括增值税):

(1) 乙公司于当月18日付款;

(2) 乙公司于当月23日付款。

2. 八方公司拟发行面额1 000元、票面利率6%、5年期债券一批,每年年末付息一次。请分别测算该债券在不同市场利率下的发行价格:

(1) 市场利率为5%;

(2) 市场利率为6%;

(3) 市场利率为7%。

3. 某公司按"2/20,n/40"的条件购入价值30 000元的原材料,并在第40天支付货款,请计算该公司的商业信用成本。

4. 某公司20××年发生采购成本2 000 000元,当年应付账款平均余额为400 000元,请计算其应付账款周转率。

5. 某公司以贴现方式借入一年期贷款15万元,名义利率为10%,这笔贷款的实际利率是多少? 如果公司以分期付款方式借入这笔贷款,分12个月等额偿还,那么实际利率又是多少?

第七章　所有者权益

【本章导读】

企业资产的归属权可以分为两类,一种归属于债权人,另一种归属于投资人。归属于债权人的权益成为债权人权益,归属于投资人的权益成为所有者权益,因此,从数量关系上来看,所有者权益等于企业资产与负债的差额。所有者权益越大,对负债的保障程度就越大;反之,所有者权益越小,对负债的保障程度就越小。债权人权益与所有者权益的比例关系反映了企业的资本结构,而合理的资本结构是企业融资的关键。本章主要介绍所有者权益的内涵、列报及管理等内容。

【学习目标】

1. 理解所有者权益的含义及构成;理解所有者权益报表项目的列示。
2. 掌握投入资本的管理;掌握留存收益的管理。

引例

天虹公司 2013 年 12 月 31 日的负债总额为 168 750 元,所有者权益总额为 320 890 元,全年实现净利润 35 300 元。2014 年 1 月 1 日,按合同规定,天虹公司向银行申请借入的 38 000 元长期借款也已经到位。在此基础上,2014 年 1 月 15 日,该公司的财务经理制订了一个利润分配预案:首先弥补以前年度亏损 11 300 元,然后按 10% 的比例提取法定盈余公积,并考虑之前多年未向投资人分配利润的情形,最后决定向投资人分配利润 12 000 元。如果你作为天虹公司的董事长,你是否认同这个利润分配方案?

第一节 所有者权益及报表列示

一、所有者权益的含义及分类

(一)所有者权益的含义

"巧妇难为无米之炊",要创办企业,必然需要一定量的资金,那资金从哪来呢?很显然不可能"天上掉馅饼"。它主要来自于两条渠道:一是向债权人借入,二是由投资人投入。这样,债权人和投资人将自身拥有的资金提供给企业营运,对该企业运用这些资金所获得的各项资产,就享有一定的要求权,这种要求权在会计上称为权益(equity)。其中,债权人对企业全部资产的要求权形成企业的债权人权益(liability),而由投资人对企业净资产的要求权形成企业的所有者权益(owners' equity)。

从实质上看,资产和权益(包括所有者权益和债权人权益)实际上是企业所拥有的资金在同一时点上所表现的不同形式。资产表明的是资金在企业存在、分布的形态,而权益则表明资金取得和形成的渠道。资产来源于权益,资产与权益必然相等。因此,从数量上看,资产等于负债(债权人权益)加上所有者权益,这就是会计恒等式。如果将等式变形,将负债项目移到资产项目一边,就变成了所有者权益等于资产减去负债。从这一变形后的等式,可以清楚地看出所有者权益实质上是一种剩余权益,是企业全部资产减去全部负债后的差额,这体现了企业的产权关系。

还需要说明的是,企业在创立之初和创立之后,所有者权益的存在形式是有差异的。企业创立之初,所有者权益只是投资人投入的资本而已。在企业创立之后,随着生产经营活动的开展,企业将会发生盈利或亏损。如果盈利,那么投入的资本就会增值;反之,如果发生亏损,投入的资本就会减值。企业发生的盈亏,应当由投资人而不是由债权人来享有或承担。此时,所有者权益的形式就包括了投入资本和盈余公积两种。譬如,王强投入资本 20 万元,注册成立了一家企业,该企业初创时的所有者权益为 20 万元,经过一段时期的经营,企业有了盈利 5 万元,此时该企业的所有者权益为 25 万元。

所有者权益与负债是企业两种不同的资金来源,其差异主要表现在以下三个方面:

第一,享受的权利不同。一般来说,债权人无权参与企业的生产经营决策,也无权分享企业的盈利,只享有到期收回债权本金及利息的权利;投资人则可以通过股东大会或董事会对企业生产经营及盈利分配等政策施加影响,以期获得某种利益。

第二,性质不同。负债是在经营或其他事项中发生的债务,债权人可以要求用企业的任何资产来清偿债务;而所有者权益是投资人对企业净资产的要求权,即企业必须在偿还负债后的剩余资产才能偿还投资人权益。造成这种差异的主要原因是,与投资人相比,债权人处于弱势地位,因而应从法律角度来保护弱势者的利益不受侵害。

第三,偿还期限不同。对负债而言,企业与债权人之间存在按期偿还的约定,也就是必须于特定日期偿还;而对所有者权益而言,按现行的《公司法》《工商企业登记管理条例》规定,注册资本是不能随意减少的(如抽逃资金),公司减资须征得债权人的同意。一般而言,所有者权益只有在企业解散清算时(除按法律程序减资等外),或在破产清算时才可能归还给投资人。可见,债权人对企业资产的要求权优先于投资人。

（二）所有者权益的分类

一般来说,所有者权益按其形成的来源,可分为投入资本、直接计入所有者权益的利得和损失和留存收益等。

1. 投入资本

投入资本是指所有者在注册资本的范围内实际投入企业的资本。从内容上看,投入资本可以分成两部分:一是构成企业注册资本或股本部分的金额,作为实收资本（paid in capital）;二是投入资本超过注册资本或股本的金额,即资本溢价或股本溢价,作为资本公积（capital reserve）。

一般情况下,在企业创立时,所有者认缴的出资额与注册资本相一致,此时的投入资本,全部作为企业的实收资本。但是当企业经营一段时期后,经营情况良好,考虑扩大经营规模,就可能会考虑吸收新的投资。为了维护原有投资人的权益,新加入的投资人实际投入企业的资本额必须超出它在企业资本总额中所占份额。这是因为,追加的投资额无论从质量还是从数量方面都与初创时的投资额有区别。首先,从质量上来说,初创时的投资额具有风险性,具体表现为初创阶段的资本利润率一般低于企业进入正常经营后的资本利润率,投资人为此付出了代价。因此,新加入的投资人只有实际投入超过资本比例的数额,才能取得所占份额的权利。其次,从数量上来说,初创阶段实现的利润并未全部分配完毕,留在企业继续用于运营,新加入的投资人也能按出资比例共享,这也必然要求其实际的出资额要大于在资本总额中所占比例的数额。这部分超出所占出资比例的金额就称为资本溢价或股本溢价,作为企业的资本公积,由全体投资人所共享。

【例 7-1】 华远公司由甲、乙两位投资人各自出资 50 万元而创立,初创时的实收资本为 100 万元。经过多年的苦心经营,积累了一定经验,并且有留存收益 60 万元。这时有丙投资人希望加入华远公司,经过甲、乙、丙三方协商,同意丙投资人出资 55 万元,占 1/3 的股份。丙投资人投资后,华远公司的注册资本为 150 万元,甲、乙、丙三位投资人各占 1/3 的股份。

对这笔追加的投资 55 万元,其中 50 万元为实收资本,5 万元为资本公积,其计算过程如下:

$$丙投资人所占有的实收资本 = 150 \times 1/3 = 50（万元）$$
$$华远公司新增加的资本公积 = 55 - 50 = 5（万元）$$

2. 直接计入所有者权益的利得和损失

直接计入所有者权益的利得和损失是指不应计入当期损益、会导致所有者权益变动的、与所有者投入资本或向所有者分配利润无关的利得或损失,计入"资本公积"项目。这里的利得是指由企业非日常活动所形成的、会导致所有者权益增加的、与所有者投入资本无关的经济利益的流入。损失是指由企业非日常活动所发生的、会导致所有者权益减少的、与向所有者分配利润无关的经济利益的流出。

直接计入所有者权益的利得和损失,主要由以下交易或事项引起:权益法核算的长期股权投资、投资性房地产的转换差额、可供出售金融资产公允价值的变动、金融资产的重分类和以权益结算的股权支付等。

由上可见,实收资本一般是投资人投入的、为谋求价值增值的原始投资,属于法定资本,与企业的注册资本相一致。实收资本通常被视为企业的永久性资本,不得任意归还给股东。而资本公积有其特定来源,主要来源于资本(或股本)溢价和其他资本公积(直接计入所有者权益的利得和损失)。资本公积从本质上讲也属于投入资本的范畴,因此,它不能分配给投资人,但可以转增为资本。

3. 留存收益(retain earnings)

企业在历年生产经营活动中取得净利润的留存额,就是留存收益,主要包括盈余公积和未分配利润。对于新创企业而言,企业是没有留存收益的。随着企业生产经营的顺利进行,盈利产生了,才有了留存收益的存在。

(1) 盈余公积(surplus reserve)。盈余公积是指企业按照规定从净利润中提取的各种积累资金,其性质是对企业实现的利润所进行的拨定,其目的是限制过度分配,一方面可以保护债权人的利益,另一方面实现企业扩大再生产的目的。盈余公积又可以分为两种:法定盈余公积和任意盈余公积。法定盈余公积是指按照《公司法》规定,按企业净利润和法定比例计提的盈余公积。企业在计提法定盈余公积之后,还可以根据企业发展的需要,计提任意盈余公积,其计提比例由企业自行确定。盈余公积可以用于弥补企业亏损、转增资本或支付股利或利润。

(2) 未分配利润(undistributed profit)。未分配利润是指利润分配后的剩余部分,也就是未作分配的利润。企业在制订利润分配方案时,通常要考虑其生存和发展,往往不可以将净利润都用来分配,还必须依据企业目前的发展留有相应的备用金,于是形成了未分配利润。未分配利润有两层含义:一是这部分净利润没有分给企业投资人;二是这部分净利润未指定用途,企业可以随时支配使用。它是企业扩充生产经营规模、准备应付意外事项所需资金的资金来源。在数量上,未分配利润等于期初未分配利润,加上本期实现的净利润,减去提取的盈余公积和向投资人分配利润后的余额。

【例 7-2】　明光公司 20××年年初未分配利润为 500 万元,该公司当年实现净利润 400 万元,实收资本和资本公积没有发生变化。明光公司按照法定规定,按 10% 的比例从当年净利润中提取法定盈余公积,同时,董事会决定按照 5% 的比例提取任意盈余公积,支付普通股现金股利 240 万元,此外,未作其他分配,那么明光公司 20××年年末的未分配利润为多少?

解析　明光公司 20××年年末的未分配利润为 600 万元,其计算过程如下:

未分配利润＝500＋400－400×10%－400×5%－240＝600(万元)

二、所有者权益的报表列示

在我国,资产负债表上并没有设置"投入资本"项目,"投入资本"项目对应的是"实收资本"项目和"资本公积"项目。其中,"实收资本"项目是以"实收资本"总账的期末余额列示;"资本公积"项目是以"资本公积"总账的期末余额列示。

同样,资产负债表上也没有设置"留存收益"项目,"留存收益"项目对应的是"盈余公积"项目和"未分配利润"项目。其中,"盈余公积"项目是以"盈余公积"总账的期末余额列示;"未分配利润"项目是以"本年利润"账户和"利润分配"账户的余额计算列示,如果是未弥补的亏损,在本项目内以"－"号列示。

此外,为了清楚地表明构成所有者权益的各组成部分当期的增减变动情况,应当编制所有者权益变动表进行体现。所有者权益变动表一方面列示导致所有者权益变动的交易或事项,按所有者权益变动的来源对一定时期所有者权益变动情况进行全面反映;另一方面,按照所有者权益各组成部分(包括实收资本、资本公积、盈余公积、未分配利润和库存股)及其总额列示交易或事项对所有者权益的影响。

所有者权益报表的具体格式详见第九章。

第二节 所有者权益管理

所有者权益作为企业的净资产,它的形成及增减变化,是企业经营安全性和稳定性的前提条件。所有者权益既是企业从事生产经营活动的基础,也是企业扩展业务范围、补偿意外损失、保护债权人利益的客观要求,更是投资人获取利润的重要保障。因此必须加强其管理,保证所有者权益的各项经济业务真实、合法和正确,保证资产负债表的公允表达,保障企业各项经营活动的良好运转和资本的保值增值,保障出资人权益不受损害。

一、投入资本管理

(一)合法性

1.出资数额要合法

我国《民法通则》明确规定,设立企业,法人必须要有必要的财产。我国《企业法人登记管理条例》明确规定,企业申请开业,必须具备符合国家规定并与其生产经营和服务规模相适应的资金数额。我国《公司法》也将股东出资达到法定资本最低限额作为公司成立的必要条件,并明确规定了各类公司注册资本的最低限额。比如,股份有限公司注册资本的最低限额为人民币 500 万元,有限责任公司注册资本的最低限额为人民币 3 万元,法律、行政法规对股份有限公司和有限责任公司注册资本的最低限额有较高规定的从其规定。企业应核实自身注册资本数额是否符合国家有关规定。

2.出资比例要合法

企业章程、合同必须注明投资各方各自的出资比例。在联营、合资和股份制企业中,企业的注册资本由投资人按事先约定的投资比例认缴;国内联营企业由投资人自行商定投资比例;中外合资经营企业的外方投资人的投资不得低于企业注册资本总额的 25%;以募集方式设立公司的发起人认购的股份数额必须达到公司股份总数的 35%,否则公司不能成立。具体实施控制时,应在验证企业注册资本数额的基础上,按各投资人认缴的比例计算出其应认缴的注册资本,对各投资方投入资本的有关证件、凭证、清单、验资证明书等进行审阅及核对,以确保各投资人投入资本数额的合法性。

3.出资方式要合法

投资人对企业的出资方式,既可以采用货币资金的方式出资,也可以采用非货币资金如固定资产、材料物资等实物资产的方式出资,还可以采用无形资产出资,如以专利权、土地使用权、非专利技术出资等。投入资本的出资方式除按照国家规定外,应在企业成立时经批准的企业合同、章程中有详细规定。以不同方式出资的金额在注册资本中的比例应当合理,比如对于投资人以无形资产方式出资时,企业吸收各投资人以无形资产出资的总额不得超过注册资本总额的 20%;如遇到特殊情况,需要超过 20% 时,企业必须报经国家工商行政管理部门审查批准,但以无形资产方式投资的总额占企业注册资本总额的比例最高不得超过30%。对作为出资的实物、非专利技术或土地使用权,必须进行评估作价,核实财产,不得高估或低估作价。投资人的出资方式必须严格遵守国家规定和企业合同、章程,不得擅自改变出资方式。

4. 出资期限要合法

企业的投入资本可以一次投入,也可以按照法律规定分期投入。如果是一次性投入的,投入资本应等于注册资本;如果是分期投入的,在所有者最后一次缴入资本以后,投入资本应等于注册资本。对出资期限的限定,应以国家有关法律、法规以及合同和章程为准。比如,在我国,有限责任公司的股本总额由股东一次认足;外资企业则可以分期认足。如果采用一次性投入,则必须在营业执照签发之日起后的6个月内缴足;分期认缴,最长期限不得超过3年,其中第一次认缴部分不得低于出资总额的15%,且第一次出资额应在执照签发日后的3个月内到位。

(二)合理性

这里的合理性指的是资本结构要合理。所谓资本结构,是指企业的负债资本与所有者权益资本的构成比例。如前所述,负债和所有者权益对应资金的两种来源渠道,分别是向债权人借入和投资人投入。投资人投入资金,这是一个企业进行经营活动的"本钱",是创办企业所不可或缺的,但一个精明的企业家往往还会利用别人的资金来发展自己的企业,通过负债经营为企业创造财富。这是因为负债可以降低资本成本:一方面,债务资本的利息率一般低于权益资本的股息率;另一方面,负债利息是在税前利润中列支,负债利息的支付可以使企业少缴所得税。

然而,事物都具有两面性。如果一个企业负债比率过高,则会引发企业财务风险,主要表现在以下几个方面:① 资金来源受到限制。企业负债比率过高,则其信用程度会降低。因为对投资人、债权人来说,向一个负债比率高的企业投资,意味着收回投资的风险较大。这样就会限制企业的筹资来源,使企业的筹资弹性减弱。② 资本成本升高。由于筹资来源受到限制,当遇到资金困难时,企业不得不付出较高的代价筹资。比如,给投资人更多的回报,给债权人更高的利息,由此导致资本成本升高。③ 造成财务危机。负债比率过高,一旦企业的资金周转不灵,经营不景气,企业很容易因财务困难而陷入债务危机。

企业应综合考虑有关因素,通过筹资活动,运用适当的方法,在动态中进行调整,保持一个合理的资本结构。一般来说,合理的资本结构区间是40%~60%。若企业的资本结构低于40%,则可以通过增加负债融资等方式提高资本结构;若企业的资本结构高于60%,则可以通过降低负债额度等方式来降低资本结构。总而言之,保持一个合理的负债与所有者权益的比例结构,既可以充分利用债务筹资,获得财务杠杆利益,提高自有资金盈利能力,又可以防止因过度举债而引起筹资风险加大,避免陷入财务困境。

二、留存收益的管理

留存收益是由盈余公积和未分配利润两部分所组成的,其中由于未分配利润是由利润分配后所形成的剩余部分,因此,未分配利润的管理要以利润分配管理作为起点,利润分配管理的有关内容将在第八章中进行详细讲述,本章仅作盈余公积管理内容的介绍。

(一)盈余公积计提的管理

企业通过生产经营活动取得盈利后,首先应当根据国家税法的规定按时足额地交纳所得税,扣除所得税后的净利润需要按照企业的章程、规定提取盈余公积。如前所述,盈余公积根据其用途不同分为法定盈余公积和任意盈余公积。

法定盈余公积之所以为"法定",是因为它是由《公司法》明确规定的,所有企业均必须计提,只有当企业计提的盈余公积累计达到注册资本的50%时可以不再提取。按照《公司法》的有关规定,公司制企业应当按照净利润(减弥补以前年度亏损,下同)的10%提取法定盈余公积;非公司制企业法定盈余公积的提取比例可超过净利润的10%。任意盈余公积主要是公司制企业按照股东大会的决议提取。非公司制企业经类似权力机构批准,也可提取任意盈余公积。不论是法定盈余公积还是任意盈余公积,其提取均以企业盈利为前提。如果企业当年发生亏损,则当年不提取盈余公积。

(二) 盈余公积使用的管理

如前所述,盈余公积可以用来弥补亏损、转增资本或分配股利。

1. 弥补亏损

公司法规定,如果企业发生亏损,必须由企业先自行弥补亏损,没有弥补完亏损,是不能转增资本或分配股利的。弥补亏损的渠道主要的有三条:① 用以后年度税前利润弥补。按照现行制度规定,企业发生亏损时,可以用以后5年内实现的税前利润弥补。② 用以后年度税后利润弥补。企业发生的亏损经过5年期间未弥补足额的,未弥补亏损应用所得税后的利润弥补。③ 以盈余公积弥补亏损。企业以提取的盈余公积弥补亏损时,应当由公司董事会提议,并经股东大会批准。

2. 转增资本

企业将盈余公积转增资本时,必须经股东大会决议批准。在实际将盈余公积转增资本时,要按股东原有持股比例结转。盈余公积转增资本时,转增后留存的盈余公积的数额不得少于注册资本的25%(该比例是指转增后的注册资本)。

3. 发放现金股利或利润

企业无利润,原则上不得分配现金利润或股利。但当企业累积的盈余公积比较多,而未分配利润比较少时,为了维护企业形象,给投资人以合理的回报,对于符合规定条件的企业,也可以用盈余公积分派现金股利或利润。但是这部分盈余公积必须是补足亏损后的结余部分,用盈余公积分配股利,一般分配比率不得超过股票面值的6%,并且分配股利后的法定盈余公积不得低于企业注册资本的25%。

本章小结

所有者权益是指企业所有者对企业净资产的要求权。从数量关系上来看,所有者权益等于企业全部资产减去全部负债后的余额;从构成上看,所有者权益包括实收资本(或股本)、资本公积和留存收益等。

实收资本(或股本)源于投资人对企业的资本投入。企业可以通过资本公积或盈余公积转增实收资本(或股本),也可以通过再投资的方式增加。资本公积中的资本溢价或股本溢价,以及直接计入所有者权益的利得和损失也属于企业资本的增减因素。

留存收益是指企业从历年实现的净利润中提取或形成的留存于企业内部的积累，主要包括盈余公积和未分配利润等项目。盈余公积是限定用途的留存收益。盈余公积又分为法定盈余公积和任意盈余公积两类，前者以国家的法律和行政规章为提取依据，后者则由企业自行决定。企业提取盈余公积主要用于弥补亏损和转增资本，偶尔会用于分配股利。未分配利润是未限定用途的留存收益，企业可以自行处置。

创业企业在吸收投资、扩大所有者权益份额的同时，要注意加强对所有者权益的管理。在创业企业成长过程中，投入资本的数额、比例以及盈余公积的计提、使用等要遵章守法，具有合法性；同时，不能片面地一味追求负债资本或所有者权益资本的盲目扩大，而是要使两者之间保持合理的比例关系，即资本结构要合理。

》思考题

1. 创业企业在成长过程中，所有者权益会产生什么样的变化？

2. 实收资本和资本公积有何联系和区别？

3. 盈余公积来源于哪里？主要用途是什么？

4. 作为一个创业者，你认为对所有者权益管理要注意哪些问题？

》习题

1. 甲、乙、丙三人共同投资设立 A 公司，原注册资本 600 万元，甲、乙、丙在注册资本总额中均占 1/3。按照章程规定，甲、乙、丙投入资本分别为 200 万元。经过 3 年的经营，A 公司的留存收益 285 万元。

① 为扩大经营规模，A 公司接受丁公司加入联营，经投资各方协议，丁公司实际出资额中 200 万元作为新增注册资本，使投资各方在注册资本总额中均占 1/4。D 公司以银行存款 355 万元缴付出资额。A 公司如期收到丁公司的投资。

② 为进一步扩大经营规模，经批准，A 公司按原出资比例将资本公积和盈余公积各 55 万元转增资本。

假定不考虑其他因素，问 A 公司的实收资本金额是多少？资本公积的金额又是多少？

2. B 公司 20×× 年度年初未分配利润为 −10 万元，本年实现净利润为 150 万元，年末进行利润分配：

① 用净利润 10 万元弥补以前年度亏损；

② 分别按 10% 和 5% 提取法定盈余公积和任意盈余公积；

③ 宣告发放 50 万元现金股利。

假定不考虑其他因素,问 B 公司本年度提取的盈余公积金额有多少? 年末未分配利润有多少?

第八章 收入、费用与利润

【本章导读】

一定期间内收入与支出的差额能反映企业的经营成果，如果收入大于支出，即为利润；反之，则为亏损。创造利润是企业经营的终极目标，也是衡量企业经营好坏的重要指标。因此，创业企业的经营者应当根据企业不同的发展阶段做好收入、费用与利润的管理，以实现企业的发展战略。本章主要介绍收入的形成及其管理、费用的形成及其管理、利润的形成及其管理等内容。

【学习目标】

1. 掌握收入的内涵及分类；理解收入报表项目的列示；掌握收入的管理。
2. 掌握费用的内涵及分类；理解费用报表项目的列示；掌握费用的管理。
3. 掌握利润的内涵及分类；理解利润报表项目的列示；掌握利润的管理。

引例 >>

天运有限责任公司和金达有限责任公司是两家化工企业，现有如下数据资料：

2012年，天运有限责任公司的营业利润为820 000元，利润总额为860 000元，净利润为652 600元；而金达有限责任公司的营业利润为660 000元，利润总额为850 000元，净利润为661 200元。

在不考虑其他因素的情况下，你认为哪家企业更具有投资价值？

第一节　收　入

一、收入及其分类

(一)收入概念

收入(revenue)是一个在日常生活中常常接触到的名词,但在会计上,如何界定收入呢?会计理论界一般认为,收入概念有广义和狭义之分。

我国《企业会计准则》将收入定义为狭义收入概念,是指企业在日常活动中形成的、会导致所有者权益增加的、与所有者投入资本无关的经济利益的总流入。

这里的"日常活动"是指企业为完成其经营目标所从事的经常性活动以及与之相关的活动。比如,工业企业制造并销售产品、商品流通企业销售商品、服务业企业提供劳务等,均属于企业为完成其经营目标所从事的经常性活动;而工业企业对外出售不需要用的原材料、转让无形资产使用权、进行对外投资等活动,则属于与经常性活动相关的活动。因此,收入属于企业主要的、经常的业务收入,在会计上被称作"营业收入"。

在企业实际的活动中,有些交易或事项也会给企业带来经济利益的流入,但是并不属于企业日常活动中形成的,这样的经济利益的流入通常被称为"利得"。比如,企业处置固定资产、无形资产等活动,不是企业为完成其经营目标所从事的经常性活动,也不属于与经常性活动相关的活动,所以,由此产生的经济利益的总流入就属于利得的范畴,在会计上被称为"营业外收入"。从广义角度来看,收入既包括企业取得的营业收入,也包括企业对外投资取得的投资收益,还包括企业取得的营业外收入。

收入的表现形式包括资产的增加,如增加银行存款、应收账款等;或者负债的减少,如以商品或劳务抵偿债务;或者两者兼而有之,如商品销售的货款中部分抵偿债务,部分收取现金。根据会计恒等式"资产－负债＝所有者权益"可知,企业取得收入,不论是增加资产还是减少负债,都会导致所有者权益的增加,所以说,收入的增长必然会导致企业所有者权益的增加,这也是收入的根本特征。

(二)收入的分类

按照不同的分类标准,收入可以进行如下分类。

1. 按照收入形成的来源分类

收入按其形成的来源可分为三类,即销售货物收入、提供劳务收入和让渡资产使用权收入。

(1)销售货物收入,是指企业销售商品、产品、原材料、包装物、低值易耗品以及其他存货时而获得的收入。销售货物的显著特征是必须伴随着实物的转移。

(2)提供劳务收入,是指企业通过向客户提供劳务而取得的收入。劳务的种类很多,如旅游、运输、饮食、广告、咨询、代理、培训、建筑安装等。企业提供劳务不涉及或很少涉及实物的转移,它主要依靠企业的技术、设施等为客户提供非实物形态的服务。

(3)让渡资产使用权收入,是指企业通过出借、出租或者金融机构放贷等形式让渡资产使用权而形成的收入,包括利息收入和使用费收入。利息收入主要是指因他人使用本企业现金而取得的收入;使用费收入主要是指企业因向客户提供无形资产等长期资产的使用而取得的收入。

2. 按照企业经营业务主次分类

收入按照企业经营业务主次可分为主营业务收入和其他业务收入。

主营业务收入,是指企业在按照营业执照上规定的主营业务内容经营时发生的收入。不同性质企业的主营业务收入的表现形式有所不同。工业企业的主营业务收入包括销售商品、自制半成品、代制品、代修品、提供工业性劳务等取得的收入;商品流通企业的主营业务收入主要是销售商品所取得的收入;服务业企业的主营业务收入主要是提供劳务时所取得的收入。主营业务收入一般占企业总收入的比重较大,对企业的经济效益的影响较大。

其他业务收入,是指在主营业务之外的其他销售或其他业务中取得的收入,包括材料销售、技术转让、代购代销和包装物出租等业务收入。其他业务收入在企业营业收入中所占的比重较小,与主营业务收入相比,处于次要地位。

主营业务收入和其他业务收入内容的划分是相对而言的,而不是固定不变的。一项业务收入,对于一个企业可能是主营业务收入,而对于另一个企业可能就是其他业务收入。衡量一项业务收入是主营业务收入还是其他业务收入,主要取决于该项业务与企业发展战略的关系。企业的经营是按业已确定的发展战略运行的,也是根据发展战略的需要而展开的。一般来说,业务量大时,收入占企业全部业务收入的比例较高,就作为主营业务收入;反之,就作为其他业务收入。企业将主营业务收入和其他业务收入分别进行核算,目的是突出企业的发展战略,加强对企业主营业务的管理与考核,促进主营业务的增长。

二、 收入的报表列示

1. 表内列示

收入列示于利润表中,以各收入类账户的当期发生额计算填列。

(1)"营业收入"项目,以"主营业务收入"账户与"其他业务收入"账户的发生额合计数列示。

(2)"公允价值变动收益"项目,以"公允价值变动收益"账户的发生额列示,若为净损失,则应当以"—"号填列。

(3)"投资收益"项目,以"投资收益"账户的发生额列示,若为投资净损失,则应当以"—"号填列。

(4)"营业外收入"项目,以"营业外收入"账户的发生额列示。

2. 附注

在会计报表附注中,企业应披露以下与收入相关的信息:

(1)按"主营业务收入"和"其他业务收入"分别列示"营业收入"的构成情况。

(2)按"处置非流动资产利得"、"债务重组利得"、"非货币性资产交换利得"和"罚款收入"等分别列示"营业外收入"的构成情况。

【例 8-1】 南方企业 20××年有关收入类账户的发生额资料如下:

主营业务收入 3 400 000 元;公允价值变动收益 2 000 元;投资收益 60 000 元;营业外收入 20 000 元;其他业务收入 280 000 元。

该企业 20××年有关收入在利润表中的列示见表 8-1。

表 8-1 利润表

编制单位:南方企业　　　　　　　　　　20××年度　　　　　　　　　　单位:元

项目	本年金额	上年金额
一、营业收入	3 680 000	
减:营业成本		
营业税金及附加		
销售费用		
管理费用		
财务费用		
资产减值损失		
加:公允价值变动收益	2 000	略
投资收益	60 000	
二、营业利润		
加:营业外收入	20 000	
减:营业外支出		
三、利润总额		
减:所得税费用		
四、净利润		

三、 收入管理

(一) 收入管理的意义

(1) 加强收入管理是企业继续经营的基本条件。企业的经营活动要想不断地进行,就必须用取得的收入来补偿支出,这样才能重新购买原材料,支付员工工资和其他费用等。如果一个企业的商品滞销,收入不能及时或根本无法取得,不能补偿支出,企业资金周转就会难以进行,企业的生存就会受到威胁。因此,收入的取得关系到企业再生产活动的正常进行。

(2) 加强收入管理是企业实现盈利的基本前提。企业只有及时取得通过销售等经营活动获得的收入,才能在生产经营活动中实现盈利。企业取得的收入,除去补偿生产经营支出,在正常经营条件下,应还有经营积累,从而为企业提高技术水平、扩大经营规模创造条件。

(3) 加强收入管理是提高资金利用效率的重要环节。收入的实现,意味着一定量的流动资金完成了一次周转。由于生产经营具有连续性,因此资金一次周转的结束是下次周转的开始,资金的不断周转就形成资金的循环。在资金占用量一定的条件下,收入越多,资金周转越快,企业资金的利用效率就越高。

（二）收入管理的要求

1. 及时正确地组织各种收入的核算

（1）合理的确认收入。收入的确认是指决定交易或事项中的某一项目作为一项会计要素加以记录或将之最终纳入财务报表的过程。收入确认与否直接影响企业利润的高低，影响信息使用者对企业盈利能力的判断，进而影响管理层对经营成果的评价和对企业投资、信贷的决策。收入应同时具备以下四个条件才能加以确认：① 企业已将商品所有权上的主要风险和报酬转移给购货方；② 企业既没有保留通常与所有权相联系的继续管理权，也没有对已售出的商品实施控制；③ 与交易相关的经济利益能够流入企业；④ 相关的收入和成本能够可靠地计量。

（2）可靠的计量收入。商品销售收入的金额应根据企业与购货方签订的合同或协议金额确定，无合同或协议的，应按购销双方都同意或都能接受的价格确定。企业在确定商品销售收入金额时，不考虑各种预计可能发生的现金折扣、销售折让。现金折扣在实际发生时计入发生当期的财务费用，销售折让在实际发生时冲减发生当期的销售收入。

（3）按规定披露收入。企业应披露以下内容：① 收入确认所采用的会计政策；② 当期确认的各项收入的金额。

2. 加强收入的日常管理

（1）面向市场，拓宽收入渠道。企业生产的商品只有满足市场需要且价廉物美，才能被迅速销售出去。企业的产品生产、销售必须以市场为导向，根据市场需求变化来调整企业的经营活动。企业在销售产品过程中，要了解市场情况、搜集各种信息、重视市场反馈，以使企业根据市场变化来调整计划中的不合理之处，为取得各种收入创造良好的外部环境。

（2）加强销售合同管理。在销售产品时，要诚信执行与客户所签订的经济合同。销售合同是企业和其他单位之间进行商品销售活动而签订的具有法律效力的契约，它明确规定了销售产品的名称、规格、数量、价格、结算方式、包装要求、发运方式及地点、交货日期，以及不履行合同的约束手段等。销售合同签订后，必须严格执行，按合同要求组织产品生产、包装和发运。这样不仅可以加速企业的资金周转，而且可以提高企业的信誉，为企业生产经营创造良好的环境。

（3）及时办理结算，尽快回笼货款。为了完成销售收入计划，在产品发出后，应及时做好销售结算、货款回笼工作。销售货款的结算与回笼一般由财务部门统一办理，但销售部门应该配合财务部门做好货款回笼工作。财务部门应按照不同销售方式和结算方法的规定通过银行与购货单位办理结算，并监督购货单位按时支付货款。对未能及时收回的货款，财务部门应与销售部门配合，主动向购货单位联系并催收，避免造成长期拖欠，提高资金的利用效率，加速企业资金周转。

（4）不得虚列或隐瞒收入、推迟或提前确认收入。虚列收入和提前确认收入会导致虚增本期收入，进而虚增利润；相反，隐瞒收入和推迟确认收入会导致虚减本期收入，进而虚减利润。上述做法混淆了各个会计期间的收入，随意调节了各个会计期间的利润，影响了企业的经营业绩和国家税收，按照《会计法》的规定，必须坚决予以制止。

第二节　费　用

一、费用及其分类

(一) 费用概念

企业在生产经营过程中，必然会发生各种耗费，包括原材料等劳动对象的耗费、机器设备等劳动手段的耗费，以及人工等活劳动的耗费。那么，到底什么是费用呢？与收入一样，在会计上，费用概念也有狭义和广义之分。

与收入相配比，我国《企业会计准则》将费用(expenses)定义为狭义费用概念，是指企业在日常活动中发生的、会导致所有者权益减少的、与向所有者分配利润无关的经济利益的总流出，在会计上被称作"营业费用"。

从以上费用的定义可以看出，费用与收入一样，是与企业日常活动相关联的，而企业非日常活动所形成的经济利益的流出属于损失的范畴，在会计上被称作"营业外支出"。从广义角度来看，费用既包括企业发生的营业费用，也包括企业发生的损失，还包括所得税费用。

费用可能表现为资产的减少，如减少银行存款等；也可能表现为企业负债的增加，如增加应付账款等；或者两者兼而有之，如购买材料的货款中部分支付现金，部分尚未支付。费用通常是为取得某项营业收入而发生的耗费，可以表现为资产的减少或负债的增加，这最终会减少企业的所有者权益。

(二) 费用分类

以工业企业为例，按照经济内容与用途进行分类，费用包括以下三大类。

1. 营业成本

营业成本是指企业因销售货物、提供劳务或让渡资产使用权等日常活动而发生的实际成本，即企业为获得营业收入而付出的货物或劳务等的价值。与营业收入按照企业经营业务的主次分类相对应，营业成本一般分为主营业务成本和其他业务成本。

主营业务成本是指企业在从事主营业务过程中为取得主营业务收入而发生的各项业务成本。

其他业务成本是指企业在从事其他业务过程中为取得其他业务收入而发生的各项业务成本。

2. 营业税金及附加

营业税金及附加是指企业日常活动应负担的税金及附加，包括营业税、消费税、城市维护建设税、资源税、土地增值税和教育费附加等。

3. 期间费用

期间费用是指应归属于一定会计期间的费用。这些费用容易确认其发生的时间，但难以判别其应归属的产品对象，因而在发生当期就转为与当期的收入相配比的费用。期间费用具体包括销售费用、管理费用和财务费用。

销售费用是指企业在销售商品过程中发生的费用，包括企业销售商品过程中发生的运输费、装卸费、包装费、保险费、展览费和广告费，以及为销售本企业商品而专设的销售机构（含销售网点、售后服务网点等）的职工薪酬等经营费用。

管理费用是指企业为组织和管理企业生产经营所发生的各项费用，包括企业的董事会和行政管理部门的职工工资、修理费、办公费和差旅费等公司经费，以及聘请中介机构费、咨询费、业务招待费等费用。

财务费用是指企业为筹集生产经营所需资金等发生的各项费用，包括应当作为期间费用的利息支出（减利息收入）、汇兑损失（减汇兑收益）以及相关的手续费等。

二、费用的报表列示

1. 表内列示

费用列示于利润表中，以各费用类账户的当期发生额计算填列。

（1）"营业成本"项目，以"主营业务成本"账户与"其他业务成本"账户的发生额合计数列示。

（2）"营业税金及附加"项目，以"营业税金及附加"账户的发生额列示。

（3）"销售费用"项目，以"销售费用"账户的发生额列示。

（4）"管理费用"项目，以"管理费用"账户的发生额列示。

（5）"财务费用"项目，以"财务费用"账户的发生额列示。

（6）"资产减值损失"项目，以"资产减值损失"账户的发生额列示。

（7）"营业外支出"项目，以"营业外支出"账户的发生额列示。

（8）"所得税费用"项目，以"所得税费用"账户的发生额列示。

2. 附注

在会计报表附注中，企业应披露以下与费用相关的信息：

（1）发生重大资产减值损失的，要说明导致每项重大资产减值损失的原因和当期确认的重大资产减值损失的金额。

（2）按"处置非流动资产损失"、"债务重组损失"、"非货币性资产交换损失"和"罚款支出"等分别列示"营业外支出"的构成情况。

（3）按"会计利润"针对企业发生的交易或事项的会计处理与税务处理的差异进行调整的"加计项目"和"减计项目"，以及计算确定得到的"应纳税所得额"分别列示"所得税"的构成情况。

【例8-2】　承例8-1，南方企业20××年的有关费用类账户的发生额资料如下：

主营业务成本 1 280 000 元；营业税金及附加 60 000 元；管理费用 182 000 元；财务费用 33 000 元；销售费用 80 000 元；资产减值损失 360 200 元；营业外支出 10 000 元；其他业务成本 120 000 元；所得税费用 406 240 元。

该企业20××年有关费用在利润表中的列示见表8-2。

表8-2　利润表

编制单位：南方企业　　　　　　　　　20××年度　　　　　　　　　单位：元

项目	本年金额	上年金额
一、营业收入		
减：营业成本	1 400 000	略

项目	本年金额	上年金额
营业税金及附加	60 000	
销售费用	80 000	
管理费用	182 000	
财务费用	33 000	
资产减值损失	360 200	
加:公允价值变动收益	2 000	
投资收益	60 000	
二、营业利润		
加:营业外收入		
减:营业外支出	10 000	
三、利润总额		
减:所得税费用	406 240	
四、净利润		

三、 费用管理

(一) 费用管理的意义

1. 加强成本费用管理是企业增加生产的必要手段

企业的生产经营过程是物化劳动和活劳动的耗费过程,成本费用是生产经营过程中物化劳动和活劳动耗费的反映。加强成本费用管理,就有可能节约物化劳动和活劳动的耗费。这样,企业就可以用同样的耗费,生产出更多的产品来满足社会需要。

2. 加强成本费用管理是企业提高经济效益的根本手段

提高经济效益,获取最大的利润是企业生产的最主要目标。增加利润尽管可以通过多种方法和手段来实现,但降低成本和费用是增加利润的根本途径,在保证产品质量、价格一定的情况下,降低成本费用就可以增加利润。

3. 加强成本费用管理是提高企业竞争力的重要手段

企业的竞争力是企业生存和发展的根本。要增强企业的竞争能力,就必须提高产品质量、降低产品的价格,做到物美价廉。而成本费用是企业在制定产品价格时要考虑的重要因素,长远看来,企业要降低产品价格,必须以降低成本费用为基础。

4. 加强成本费用管理是全面提高企业工作质量的根本途径

成本费用是综合性的经济指标,企业的经营业绩最终都可以直接或间接地在成本费用上反映出来。比如,产品质量的高低、劳动生产率的高低、生产工艺的合理程度、固定资产的利用情况、原材料耗费的多少等,都可以通过成本费用反映出来。因此,通过对成本费用的计算、控制、监督、考核和分析等,可促使企业加强经济核算,努力改善管理,降低成本费用,提高经济效益。

(二) 费用管理的要求

1. 及时正确地组织各种费用的核算

(1) 合理地确认费用。费用的确认,应遵循以下三条基本原则:

① 划分资本性支出与收益性支出的原则。按照划分资本性支出与收益性支出原则,

如果某项支出的效益涉及几个会计年度（或几个营业周期），该项支出应予以资本化，不能作为当期费用；如果某项支出的效益仅涉及本会计年度（或一个营业周期），就应当作为收益性支出，在一个会计期间内确认为费用。这一原则为费用的确认给定了一个时间上的总体界限。

② 权责发生制原则。划分收益性支出与资本性支出原则，只是为费用的确认作出时间上的大致区分，而权责发生制原则规定了具体在什么时点上确认费用。凡是当期已经发生或应当负担的费用，不论款项是否收付，都应作为当期的费用；凡是不属于当期的费用，即使款项已在当期支付，也不应当作为当期的费用。

③ 配比原则。所谓配比是指将收入和相关联的费用配合在一起，使得费用一般在其相关联的收入实现的期间确认入账，同时可决定由此产生的利润。

（2）可靠的计量费用。在费用的发生与现金支出的时间上有三种可能：费用与现金支出同时发生；费用发生在后；费用发生在先。对于第一种可能，通常是以市场价格计量所发生的费用，如支付办公用品费；对于费用发生在后的这种情况，通常是以历史成本计量所发生的费用，如计提固定资产的折旧费；对于最后一种可能，则往往采用预计价值计量所发生的费用，如预提利息费用。

2. 加强费用的日常管理

（1）健全成本费用管理的基础工作。加强成本费用管理，必须从建立健全成本费用管理的基础工作做起，具体来说，主要包括以下几方面：

① 实行成本费用定额管理。成本费用定额是指企业正常生产经营条件下所规定的人力、物力和财力的配备、利用和消耗的标准。定额是进行成本费用计划和控制的基础。企业应该根据自身的生产技术水平、管理状况，制定出合理的成本费用定额，为成本费用管理打下良好的基础。

② 严格遵守物资的计量、收发、领退制度。物资的计量、收发、领退是成本费用核算与管理的基础，也是杜绝浪费现象、防止舞弊行为、明确责任的重要手段。

③ 健全各项原始记录。企业在生产经营过程中，必须健全考勤记录、产量记录、工时记录等各项原始记录。这些记录是核算成本费用和进行经济活动分析的重要依据，对加强成本费用管理、改善经济管理活动具有重要作用。

（2）严格遵守成本费用的开支范围和开支标准。国家根据企业各项费用的性质、用途和资金来源，明确规定了企业成本费用的开支范围。这是一项重要的财务制度，企业必须在划清各项费用支出界限的基础上做到：一切属于成本费用开支范围的支出均应计入，不能少计、漏计，即不能虚减成本费用；一切不属于成本费用开支范围的支出均不应计入，不得多计、重记，即不能虚增成本费用。

（3）建立成本费用分析和考核制度。企业可以根据成本核算提供的资料以及其他有关资料，运用趋势分析法、比较分析法、比率分析法、因素分析法等开展成本费用分析，揭示产品成本水平的变动，检查成本费用预算的完成情况，确定成本差异，找出成本管理中存在的问题，寻求降低成本费用的途径和方法。

企业应对相应的成本费用责任主体进行考核和奖惩，以促进各责任主体合理控制生产成本及各种耗费。在进行成本费用考核时，企业可以通过目标成本节约额、目标成本节约率等指标和方法，综合考核责任中心成本费用预算或开支标准的执行情况，意在鼓励先进、鞭策后进,充分调动各方面履行经济责任、加强成本管理的积极性。

第三节 利 润

一、利润及其分类

(一) 利润概念

利润(profit)是指企业在一定会计期间的经营成果,包括收入减去费用后的净额、直接计入当期利润的利得和损失等。就利润的基本性质而言,它是企业净资产的增值。

(二) 利润分类

以企业申报缴纳所得税为界,可将企业利润分为两类:利润总额和净利润。

1. 利润总额

利润总额是企业经营活动成果的综合反映,是企业按照会计准则确认收益、费用、利得和损失后形成的税前会计利润,也是企业核算所得税的重要依据。根据我国《企业会计准则——基本准则》的规定,利润总额的计算公式如下:

利润总额＝营业利润＋营业外收支净额

(1) 营业利润。营业利润是企业利润总额的主要组成部分,也是企业利润的主要来源。营业利润的多少,主要受到企业的经营规模、市场占有率、开展多元化经营的程度以及成本费用控制水平等因素的影响。通常情况下,营业利润越大,代表企业的总体经营管理水平就越高,效益也就越好。因此,通过营业利润指标,可以较为恰当地反映企业管理者的经营业绩,有助于投资者、债权人进行盈利预测,并做出正确决策。其计算公式如下:

营业利润＝营业收入－营业成本－营业税金及附加－期间费用－资产减值损失＋

公允价值变动收益(或－公允价值变动损失)＋投资收益

营业收入、营业成本、营业税金及附加和期间费用的具体内容已在本章第一节和第二节讲述,这里不再赘述。

资产减值损失是指企业应收账款、存货、长期股权投资、持有至到期投资、固定资产、在建工程、工程物资、无形资产等发生减值时所确认的损失。

公允价值变动收益(或损失)是指企业交易性金融资产、交易性金融负债,以及采用公允价值模式计量的投资性房地产、衍生工具、套期保值业务等公允价值变动形成的应计入当期损益的利得(或损失)。

投资净收益是指企业以各种方式对外投资所取得的收益减去发生的投资损失和计提的投资减值准备后的净额。

(2) 营业外收支净额。营业外收支净额是指与企业生产经营活动没有直接关系的各项营业外收入减去各项营业外支出。其计算公式如下:

营业外收支净额＝营业外收入－营业外支出

营业外收入是指企业发生的与其经营活动没有直接关系的各项净收入,主要包括非流动资产处置利得、非货币性资产交换利得、债务重组利得、盘盈利得、罚款利得、捐赠利得等。

营业外支出是指企业发生的与其经营活动没有直接关系的各项净支出,主要包括非流动资产处置损失、非货币性资产交换损失、债务重组损失、盘亏损失、罚款损失、对外捐赠支出、非常损失等。

2. 净利润

净利润是指企业当期利润总额减去所得税费用以后的余额,即企业的税后利润。根据我国《企业会计准则》的规定,净利润的计算公式如下:

净利润＝利润总额－所得税费用

所得税费用是指企业按照国家税法的有关规定,对企业某一经营年度实现的经营所得和其他所得按照规定的所得税税率计算缴纳的一种税款。所得税费用是企业使用国家所提供的各种服务而对国家应尽的义务。

二、利润的报表列示

利润列示于利润表中,以各收入类和费用类账户的相关项目金额计算填列。

(1)"营业利润"项目,根据"营业利润＝营业收入－营业成本－营业税金及附加－营业费用－管理费用－财务费用－资产减值损失＋公允价值变动收益(或－公允价值变动损失)＋投资收益(或－投资损失)"进行计算填列,若为损失,则应以"－"填列。

(2)"利润总额"项目,根据"利润总额＝营业利润＋营业外收入－营业外支出"进行计算填列,若为损失,则应以"－"填列。

(3)"净利润"项目,根据"净利润＝利润总额－所得税费用"进行计算填列,若为损失,则应以"－"填列。

【例8-3】 承例8-1和8-2,南方企业20××年的有关利润项目列示见表8-3。

表8-3 利润表

编制单位:南方企业　　　　　　　　20××年度　　　　　　　　单位:元

项目	本年金额	上年金额
一、营业收入	3 680 000	
减:营业成本	1 400 000	
营业税金及附加	60 000	
销售费用	80 000	
管理费用	182 000	
财务费用	33 000	
资产减值损失	360 200	
加:公允价值变动收益	2 000	
投资收益	60 000	
二、营业利润	1 626 800	略
加:营业外收入	20 000	
减:营业外支出	10 000	
三、利润总额	1 636 800	
减:所得税费用	406 240	
四、净利润	1 230 560	

三、 利润管理

(一) 利润管理的意义

1. 加强利润管理是维护企业可持续发展的基本手段和前提

企业在确定利润数额之前,用营业收入抵补营业成本的补偿额可优先用于维持企业简单再生产的资金周转需要;而以营业收入抵偿营业成本后的余额所形成的利润数额可用于企业扩大再生产,提高生产能力,为社会创造更多更好的物质财富。

2. 加强利润管理是强化企业内部管理、促进发展的基本要求与重要保障

利润是企业综合性最强的指标。企业生产经营各个方面、各个环节的工作规程及管理水平,最终都将通过收入、成本费用等指标反映到利润指标上。加强利润管理是对企业内部管理的有力促进,也成为企业管理的重要内容。

3. 加强利润管理是保证和维护利益相关者不同利益的需要

企业利润的实现与分配,直接对国家、投资者和企业等多个利益主体的自身利益产生重大影响。国家采取征收所得税形式积累资金,投资者按出资额分得利润实现资本增值,企业通过税后留利用于扩大再生产。所以说,加强利润管理是保证和维护与企业相关联的各个利益主体的利益的直接要求和需要。

(二) 利润管理的要求

利润的形成同收入的实现、费用的发生有着直接的关系,所以对收入、费用的管理实际上也是对利润的管理,除此之外,还可以从以下几个方面加强对利润的管理。

1. 保证利润构成的合理性

企业的利润主要由营业利润、投资净收益、营业外收支净额构成。企业在利润控制过程中要合理安排其收入来源,以保证利润构成的合理性。一般情况下,营业利润这一指标能够比较恰当地代表企业管理者的经营业绩,是利润的主要构成内容,在利润总额的构成中应该占主要地位。对于工业企业来说,对外投资业务不是其主要业务,因此投资净收益在利润总额的构成中所占比例不宜太大(但对于专门从事对外投资业务的企业来说,投资净收益在企业利润构成中的比例就应该占主要地位);营业外收支净额与企业的生产经营活动无直接关系,在利润总额中的比例应只占较小的比例。

2. 保证企业依法纳税和合理节税、避税

实现企业最大限度的投资收益,是企业经营理财的目标,但税收的无偿性使企业财务目标的实现与国家征税制度产生了不能消除的矛盾,因为纳税就意味着企业既得利益的减少。因此,企业必须在遵守税法及其他法规的前提下,对自身的经济活动进行事先的筹划和安排,以达到涉税零风险与减轻税收负担的目的。

涉税零风险,即指纳税人首先必须依法纳税,要做到账目清楚,纳税申报正确,缴纳税款及时、足额,以避免因行为不合法而遭受税收方面的处罚。而减轻税收负担则是指在实现涉税零风险基础之上尽量少缴税。多数新创企业资金紧缺,涉及节税的问题。节税是新创企业有效减轻负担的途径,也是额外资源的重要来源。节税源于避税。避税是纳税人利用法律上的某些漏洞或含糊之处安排自己的事务,以减少本应承担的纳税数额。因此,为达到节税的效果,创业者必须研究国家的法律、政府的政策、政府的反避税措施。例如,企业在最初创立时,选择合适的企业组织形式、投资方向、注册地点等将直接影响企业今后的税负高低;在生产经营过程中,处理有关经济业务时,利用不同会计政策的选择来合理避税等。

3. 保证利润分配的合法性和合理性

利润分配是指企业将实现的税后净利润按规定进行的分配。我国《公司法》《企业会计准则》等对企业利润分配的各个项目和程序作了明确、具体的规定：企业当期实现的净利润，加上年初未分配利润（或减去年初未弥补亏损）和其他转入后的余额，为可供分配的利润。可供分配的利润减去提取的法定盈余公积、任意盈余公积后的余额即为可供投资者分配的利润。可供投资者分配的利润，按下列顺序分配：首先应付优先股股利，即企业按照利润分配方案分配给优先股股东的现金股利；其次，应付普通股股利，即企业按照利润分配方案分配给普通股股东的现金股利，也包括企业分配给投资者的利润；最后转作资本（或股本）的普通股股利，即企业按照利润分配方案以分派股票股利的形式转作的实收资本（或股本），也包括企业以利润转增资本。

遵守国家的财经法规是企业进行利润分配工作的前提。对缴纳所得税以后的利润，企业必须按照规定的项目和程序进行分配；同时，企业向股东分配利润时，必须考虑全体投资者的利益，保证资本金的完整，不得用资本金支付股利，也不能影响企业的偿债能力，要合理处理股东当前利益和企业长远发展之间的关系。

本章小结

收入有广义和狭义之分，广义的收入包括营业收入、投资收益和营业外收入等。狭义的收入，则仅指营业收入，是指企业在日常活动中形成的、会导致所有者权益增加的、与所有者投入资本无关的经济利益的总流入。按照收入形成的来源分类，可分为销售货物的收入、提供劳务的收入和让渡资产使用权的收入；按照企业经营业务的主次分类，可分为主营业务收入和其他业务收入。

费用也有广义和狭义之分，广义的费用包括营业费用、所得税费用和营业外支出等。狭义的费用，则仅指营业费用，是指企业在日常活动中发生的、会导致所有者权益减少的、与向所有者分配利润无关的经济利益的总流出。费用按其经济内容与用途，可分为营业成本、营业税金及附加和期间费用。

将收入与费用相配比，得到的结果就是利润。利润是企业经营成果的综合表现，是企业在一定时期的各项收入减去各项费用的差额，包括营业利润、利润总额和净利润。

任何企业，从事生产经营的目的主要是获取利润。利润作为衡量一个企业经营实力的综合性指标，受到企业的投资者、经营者、债权人、国家机关等各方利害关系者的关注。因此，创业企业应该在加强对收入、费用管理的基础上，更好地实现对利润的管理，以促进企业持续健康发展，从而保证和维护利益相关者不同利益的需要。

1. 什么是收入？收入有哪些特点？收入与利得如何区分？

2. 什么是费用？费用有哪些特点？费用与损失如何区分？

3. 何谓利润？企业的利润是如何确定的？

4. 创业企业在不同的发展阶段应当如何做好利润分配管理？

» 习题

某公司 20×× 年度有关账户的累计发生额如下：

单位:元

账户名称	1—12 月累计发生额
主营业务收入	525 000
主营业务成本	273 000
销售费用	42 000
营业税金及附加	39 900
其他业务收入	23 100
其他业务成本	19 950
制造费用	89 250
管理费用	27 300
财务费用	1 050
投资收益	63 000
营业外收入	7 560
营业外支出	15 750
所得税费用	65 710

根据上述资料,分别计算该公司的营业利润、利润总额和净利润,并编制该公司 20×× 年度的利润表。

第九章　财务报表及分析

【本章导读】

任何一个创业者都期望通过艰辛的付出达到理想的经营活动效果。财务报表是一种提供企业经营活动最终效果的手段,它是由企业会计人员运用一定编制技术加工完成的,总括地反映了企业特定日期的财务状况和特定时期的经营成果和现金流量。财务报表数据最终要转化为决策信息,还必须借助于一定的财务报表分析技术,让这些呆板的数据变得生动,从而为管理所用。本章主要介绍财务报表的编制技术和财务报表的分析技术等内容。

【学习目标】

1. 理解财务报表的含义及作用;掌握财务报表的结构及内容。

2. 了解财务报表分析的含义;掌握财务报表分析的主要方法。

引例 》》

康生公司与健生公司从事同一行业,其产品、经营范围、会计政策也都相似。两家公司上年末的会计数据如下表,另外又知:年末康生公司股票每股市价为 8 元,健生公司的股票每股市价为 15 元。如果你手头有笔闲钱,你会买哪家公司的股票?

单位:元

	康生公司	健生公司
资产:		
流动资产	194 900	264 640

	康生公司	健生公司
固定资产	685 100	835 360
资产总额	880 000	1 100 000
负债与所有者权益：		
流动负债	68 000	130 000
应付债券(12％,10年期)	240 000	200 000
股本(面值1元)	300 000	400 000
股本溢价	120 000	160 000
未分配利润	152 000	210 000
负债与所有者权益总额	880 000	1 100 000
未分配利润补充资料：		
期初余额	130 400	174 400
本年税后利润	39 600	74 800
股利	(18 000)	(39 200)
期末余额	152 000	210 000

第一节　主要财务报表

　　企业在日常的会计核算中,对其生产经营活动所发生的各项经济业务,分别通过记账、算账工作反映在各种会计账簿中。会计账簿虽然比会计凭证反映的信息更加条理化、系统化,但就其某一会计期间的经济活动整体而言,它所提供的信息仍然是不完整的和相对分散的,不能系统、全面地揭示和提供企业特定日期财务状况和某一会计期间经营成果、现金流量的全貌,很难符合国家宏观经济管理的要求,更难满足投资者、债权人等报表使用者的需要,也难以满足企业内部加强经营管理的需要。因此,会计工作者很有必要在日常会计核算的基础上,根据信息使用者的需要,定期对日常会计核算资料进行加工处理和分类,通过编制财务报表(financial statement),总括、综合而又清晰明了地反映企业特定日期财务状况和某一会计期间经营成果、现金流量的情况。

　　财务报表使用者对信息的需要不完全相同,财务报表是针对使用者的共同需要制定的,主要包括资产负债表、利润表、现金流量表以及所有者权益(或股东权益,下同)变动表。

一、资产负债表

（一）资产负债表的含义

资产负债表（balance sheet）是反映企业在会计期末全部资产、负债和所有者权益情况的报表。它是根据"资产＝负债＋所有者权益"这一会计等式，按照一定要求编制而成的揭示企业在一定时点上的财务状况的静态报表。资产负债表是企业会计报表体系中的主要报表，具有非常重要的作用：

（1）有助于评价企业资产结构、布局是否合理，判断企业应付各种变化的能力。资产结构是指资产总额中各资产项目所占的比重。资产的结构和分布情况是否合理，一定程度上显示资产的变现能力、企业财务状况与发展潜力和趋势。

（2）有助于判断和评价企业的偿债能力。企业一般应如期清偿到期债务，否则就难以继续经营下去，甚至会被迫进行清算而破产倒闭。企业偿债能力的大小，主要表现为资产与负债的比例关系以及流动资产与流动负债的比例关系。企业是否拥有足够的资产及时转成货币资金，以清偿到期的债务，是判断、评价企业偿债能力的重要财务标准。

（3）有助于评价企业资金结构和稳固程度。企业的资金结构是指企业权益总额中负债与所有者权益的比例。一般来说，负债比重越大，企业偿债能力就越弱，稳固程度也就越低。

（二）资产负债表的格式

目前国际上流行的资产负债表的格式主要有账户式和报告式两种。所谓报告式资产负债表，就是按"资产－负债＝所有者权益"这一会计等式的顺序，以垂直排列的形式，先列资产，再列负债，最后列所有者权益。所谓账户式资产负债表是一种典型的中西方普遍采用的格式，遵从"资产＝负债＋所有者权益"的基本等式，将各项资产列示于左方，将各项负债及所有者权益列示于右方，左右方总额保持相等。我国资产负债表一般采用账户式格式。账户式格式见表 9-1。

表 9-1　资产负债表

编制单位：　　　　　　　　　　　年　　月　　日　　　　　　　　　　　单位：元

资　　产	期末余额	年初余额	负债及所有者权益（或股东权益）	期末余额	年初余额
流动资产：			流动负债：		
货币资金			短期借款		
交易性金融资产			交易性金融负债		
应收票据			应付票据		
应收账款			应付账款		
预付账款			预收账款		
应收利息			应付职工薪酬		
应收股利			应交税费		
其他应收款			应付利息		
存货			应付股利		

资　产	期末余额	年初余额	负债及所有者权益（或股东权益）	期末余额	年初余额
一年内到期的非流动资产			其他应付款		
其他流动资产			一年内到期的非流动负债		
流动资产合计			其他流动负债		
非流动资产：			流动负债合计		
持有至到期投资			非流动负债：		
长期应收款			长期借款		
长期股权投资			应付债券		
投资性房地产			长期应付款		
固定资产			非流动负债合计		
在建工程			负债合计		
工程物资			所有者权益(或股东权益)：		
固定资产清理			实收资本(或股本)		
无形资产			资本公积		
开发支出			盈余公积		
其他非流动资产			未分配利润		
非流动资产合计			所有者权益(或股东权益)合计		
资产总计			负债及所有者权益(或股东权益)总计		

（三）资产负债表的内容

资产负债表的左边反映了企业资金的去向以及存在的形态，而右边则是反映了企业资金的来源，由于资金运动的守恒原理，左右两边的合计数自然相等。

1. 资产负债表左方项目（资产）

资产负债表左方项目是按照资产流动性排列的，先列示流动资产（current asset），再列示非流动资产（noncurrent asset）。

（1）流动资产部分

流动资产是指预计在一年内或者超过一年的一个正常营业周期中变现、出售或耗用的资产。

流动资产项目包括：货币资金、交易性金融资产、应收票据、应收账款、预付账款、应收利息、应收股利、其他应收款、存货、一年内到期的非流动资产、其他流动资产。

货币资金项目指的是企业目前所有的现金、银行存款以及一些指定特殊用途的存款。这是企业支付能力最强的一项资产。

交易性金融资产指的是企业把一些暂时闲置的资金用于短期的对外投资，当企业急需资金时，很容易将其在证券市场上出售换取货币资金。

应收票据指的是企业销售商品、产品时采用赊销的方式,买方通过开具商业汇票这种特有的书面方式来承诺自己在将来约定的时间付款。会计上采用权责发生制记账,即使是赊销并没有收到现金也作为收入记账,应收票据可以看作是未来可能的资金流入。

应收账款和应收票据类似,但买方并没有开具商业汇票,双方只是基于信任而达成的口头承诺,一般适用于信用状况良好或比较熟悉的企业,不适用于新客户或臭名远扬的企业(如果将来收不到钱,就只能成为一种"可能"的"假"收入了)。

预付账款指的是企业在购货之前就预先付给卖方的资金,当卖方商品非常紧俏或者商品的生产周期比较长时,通常会采取这种方式。

应收利息指的是企业根据权责发生制的要求记录的目前应该收取的但在未来期间才能收到的利息。企业要定期向信息使用者提供相关信息,如每月、每季度提供一次,但有些利息一定要到期一次性支付,就产生了应收利息,它也可以看作是未来的资金流入。

应收股利和应收利息类似,指的是已经宣告发放但目前还没拿到的现金股利。

其他应收款指的是上述项目未包括在内的应收而尚未收到的款项,比如保险公司已经承诺要赔偿的保险款。

存货是企业一项非常重要的流动资产,对于制造业企业来说,一般占据了流动资产的50%,它反映了企业准备加工的储备物资、正在加工的产品以及一些加工完毕准备出售的产品。

一年内到期的非流动资产正如项目名称所示,企业记录时是归属于非流动资产的,但随着时间的推移,从报表编制日算起,已经不足一年就能变现了。为了能够准确地反映该资产的变现时间状况,企业在流动负债下单独设置了该项目,以此反映在一年内即将要到期变现的非流动资产。

其他流动资产用来归集以上项目没有涵盖的一些流动资产。

(2)非流动资产部分

流动资产以外的资产应当归类为非流动资产,并应按其性质分类列示。

非流动资产项目包括:持有至到期投资、长期应收款、长期股权投资、投资性房地产、固定资产、在建工程、工程物资、固定资产清理、无形资产、开发支出、其他非流动资产。

持有至到期投资指的是企业将部分闲置的资金用于购买一些长期债券,如国库券,等到期时再连本带利地收回。这种方式可以获取比银行存款利息高的收益。

长期应收款指的是那些在一年以上才能收回的款项。企业存在长期应收款,一方面会导致企业机会收益的失去,另一方面会加大款项回收的风险。因此,企业应当尽量控制长期应收款的金额及时间。

长期股权投资指的是企业将资金用于购买其他企业的股份,通过这种方式来达到控制、影响该企业的目的,当然企业也会得到部分投资回报,但同时也要承担相应的风险。

投资性房地产指的是企业为了赚取租金或者资本增值而持有的房地产,如企业将建好的一幢大楼出租给其他公司作为写字楼使用,每年收取租金获利。

固定资产指的是企业为了生产商品、提供劳务、出租或经营管理而持有的使用时间在一年以上的资产,如房屋、汽车、机器设备等。

在建工程指的是正在建造的工程,如企业正在建造但还未完工的办公大楼。

工程物资指的是为构建固定资产而专门购入的物资,如为建造办公大楼购买的钢筋、水泥等。

固定资产清理指的是一些已经报废、毁损但目前还没有处理完毕的固定资产。

无形资产指的是企业取得的那些没有实物形态但可辨认的资产,如专利权、商标权、土地使用权等。

开发支出通常是指企业自行研发无形资产时所发生的各项支出,如研制过程中使用的材料、人工等。

其他非流动资产指的是上述项目没有涵盖的非流动资产。

2. 资产负债表右方项目(负债和所有者权益)

资产负债表右方项目是按照需要偿还的先后顺序排列的,流动负债排在前面,非流动负债排在中间,所有者权益排在后面,这样可以反映企业各种债务需要偿还的时间性,结合该表的左方可以看出企业的偿债能力。资产负债表右方项目包括负债类项目和所有者权益类项目。

(1)负债部分

负债类项目一般按流动负债和非流动负债项目列示。

① 流动负债部分

流动负债(current liability)是指在一年内即将到期的债务,包括短期借款、交易性金融负债、应付票据、应付账款、预收账款、应付职工薪酬、应交税费、应付利息、应付股利、其他应付款、一年内到期的非流动负债、其他流动负债等。

短期借款指的是企业向银行等金融机构借入的在一年内就要偿还的借款。

交易性金融负债指的是企业发行的在一年内就要赎回的短期债券。这是企业筹措短期资金的一种方式,但债券发行的门槛通常比较高。

应付票据和应收票据刚好相反,指的是企业承诺将来付款的书面承诺。

应付账款和应收账款相反,指的是企业承诺将来付款的口头承诺。

预收账款和预付账款相反,指的是企业销售之前预先向买方收取的部分货款,相当于企业提前获取了部分货币资金。

应付职工薪酬指的是企业在期末还未支付给职工的各项薪酬。

应交税费指的是企业应当交给税务机关但目前尚未缴纳的各种税费,比如所得税、增值税、营业税、消费税等。

应付利息和应收利息相反,指的是目前为止尚未支付的利息。

应付股利和应收股利相反,指的是企业已经承诺发放但目前尚未支付的现金股利。

其他应付款指的是以上项目中未包括在内的应付而未付的款项,比如承租人交纳的押金。

一年内到期的非流动负债是指企业将在一年内偿还的非流动负债。

其他流动负债指的是上述项目没有涵盖的非流动负债。

② 非流动负债部分

流动负债以外的负债应当归类为非流动负债(noncurrent liability),并应按其性质分类列示。非流动负债项目包括长期借款、应付债券、长期应付款等。

长期借款指的是企业向银行等金融机构借入的超过一年的借款。

应付债券指的是企业发行的时间超过一年的长期债券。

长期应付款指的是企业在超过一年以上的时间应付而未付的款项，比如融资租赁的租赁款。

（2）所有者权益部分

所有者权益（owner's equity）是使用者对企业净资产的要求权，包括实收资本（或股本）、资本公积、盈余公积、未分配利润等。

实收资本（或股本）指的是所有者向企业投入的资本，在一般情况下无需偿还，可以长期周转使用。

资本公积指的是企业收到投资者超出其在企业注册资本（或股本）中所占份额的投资。

盈余公积指的是企业按照规定从净利润中提取的各种积累资金。

未分配利润指的是企业留待以后年度进行分配的结存资金。

二、利润表

（一）利润表的含义

利润表（income statement）是反映企业一定会计期间净利润或净亏损情况的报表，属于动态报表。它可以反映企业的盈利能力、企业净损益的多少，不仅表明企业实现了多少利润或发生多少亏损，还可以从中看出利润的构成，同时在一定程度上可以说明企业的经营管理水平。通过利润表，企业管理者还可以分析利润增减变动的原因，检查企业利润计划的执行情况，研究如何改进企业生产的经营管理，提高企业的经济效益。

（二）利润表的格式和内容

利润表的基本格式有两种，即单步式与多步式。单步式利润表是将本期所有的收入加在一起，然后再把所有费用加在一起，两者相减，一次计算出净损益。而多步式利润表中的净损益是通过多步计算求出的。我国企业的利润表一般采用多步式。按照各项收入、费用以及构成利润的各个项目分类、分项列示，最终得出企业的本期净利润。利润表的项目排列顺序实际上反映了净利润形成的过程。这一过程包括四个步骤：① 计算营业利润；② 计算利润总额；③ 计算净利润；④ 计算每股收益。多步式格式见表9-2。

表9-2　利润表

编制单位：　　　　　　　　　　　年　　月　　　　　　　　　　　单位：元

项　　目	本月数	本年累计数
一、营业收入		
减：营业成本		
营业税金及附加		
销售费用		
管理费用		
财务费用		
资产减值损失		
加：公允价值变动收益（损失以"－"号填列）	""	

續表

項　　目	本月數	本年累計數
投資收益（損失以"－"號填列）		
其中：對聯營企業和合營的投資收益		
二、營業利潤（虧損以"－"號填列）		
加：營業外收入		
減：營業外支出		
其中：非流動資產處置損失		
三、利潤總額（虧損總額以"－"號填列）		
減：所得稅費用		
四、淨利潤（淨虧損以"－"號填列）		
五、每股收益：		
（一）基本每股收益		
（二）稀釋每股收益		

　　利潤表的"本月數"欄反映的是各項目的本月實際發生數；在編報中期財務報告時，反映的是上年同期累計實際發生數；在編報年度財務報告時，反映的就是上年全年累計實際發生數；"本年累計數"欄則是反映各項目自年初起至報告期末止的累計實際發生數。

　　（1）"營業收入"項目，反映的是企業經營主要業務和其他業務所確認的收入的合計數。

　　（2）"營業成本"項目，反映的是企業經營主要業務和其他業務發生的實際成本總額。

　　（3）"營業稅金及附加"項目，反映的是企業經營業務應負擔的營業稅、消費稅、城市維護建設稅、資源稅、土地增值稅和教育費附加等。

　　（4）"銷售費用"項目，反映的是企業在銷售商品過程中發生的包裝費、廣告費等費用和為銷售本企業商品而專設的銷售機構的職工薪酬、業務費等經營費用。

　　（5）"管理費用"項目，反映的是企業為組織和管理生產經營發生的管理費，如辦公經費、綠化費等。

　　（6）"財務費用"項目，反映的是企業籌集生產經營所需資金等而發生的籌資費用，如利息費用、銀行手續費等。

　　（7）"資產減值損失"項目，反映的是企業各項資產發生的減值損失，如存貨、固定資產等價值持續下跌所產生的損失。

　　（8）"公允價值變動收益"項目，反映的是企業按照相關準則規定應當計入當期損益的資產或負債公允價值變動淨收益，如交易性金融資產當期公允價值的變動額。如為淨損失，以"－"號填列。

　　（9）"投資收益"項目，反映的是企業以各種方式對外投資所取得的收益。如為投資損失，以"－"號填列。

　　（10）"營業外收入"項目和"營業外支出"項目，反映的是企業發生的與其生產經營無直接关系的各项收入和支出,如罚款收入、对外捐赠支出等。

(11)"利润总额"项目,反映的是企业实现的利润总额。如为亏损总额,以"一"号填列。

(12)"所得税费用"项目,反映的是企业根据所得税准则确认的应从当期利润总额中扣除的所得税费用。

(13)"净利润"项目,反映的是企业实现的净利润。如为净亏损,以"一"号填列。

(14)"基本每股收益"项目,应当根据每股收益准则规定计算的金额填列。企业应当按照归属于普通股股东的当期净利润除以发行在外普通股的加权平均数,计算基本每股收益。

(15)"稀释每股收益"项目,应当根据每股收益准则规定计算的金额填列。企业存在稀释性潜在普通股的,应当分别调整归属于普通股股东的当期净利润和发行在外普通股的加权平均数。

三、现金流量表

(一)现金流量表的含义

现金流量表(cash flow statement)是反映企业在一定会计期间现金和现金等价物流入和流出情况的报表。它是广义的财务状况变动表的一种,属于动态报表。这里所指的现金是指企业库存现金以及可以随时用于支付的存款,包括现金、可以随时用于支付的银行存款和其他货币资金;现金等价物是指企业持有的期限短、流动性强、易于转换为已知金额现金、价值变动风险很小的投资(除特别注明外,以下所指的现金均含现金等价物)。企业应根据具体情况,确定现金等价物的范围,并且一贯性地保持其划分标准,如改变划分标准,应视为会计政策的变更。企业确定现金等价物的原则及其变更,应在会计报表附注中披露。

编制现金流量表的目的,是为财务报告使用者提供企业在一定会计期间的现金流量信息,以便于财务报告使用者了解和评价企业获取现金和现金等价物的能力,并据以预测企业未来的现金流量。

(二)现金流量表的格式和内容

现金流量表主要按照不同类别的现金流量来分类、分项列示,其报表结构(主体部分)也是与现金流量的分类相联系的。企业的现金流量分为三类:经营活动产生的现金流量、投资活动产生的现金流量、筹资活动产生的现金流量。

1. 经营活动产生的现金流量

经营活动(operating activity)是指企业投资活动和筹资活动以外的所有交易和事项。经营活动主要包括:销售商品、提供劳务、经营租赁、购买商品、接受劳务、广告宣传、推销产品、交纳税款等。各类企业由于行业特点不同,对经营活动的认定存在一定差异,在编制现金流量表时,应根据企业的实际情况,对现金流量进行合理的归类。

经营活动流入的现金主要包括:① 销售商品、提供劳务收到的现金;② 收到的税费返还;③ 收到的其他与经营活动有关的现金。

经营活动流出的现金主要包括:① 购买商品、接受劳务支付的现金;② 支付给职工以及为职工支付的现金;③ 支付的各项税费;④ 支付的其他与经营活动有关的现金。

2. 投资活动产生的现金流量

投资活动(investment activity)是指企业长期资产的购建和不包括在现金等价物范围内的投资及其处置活动。其中的长期资产是指固定资产、在建工程、无形资产和其他资产等持有期限在一年或一个营业周期以上的资产。由于已经将包括在现金等价物范围内的投资视同现金，所以将之排除在外。投资活动主要包括：取得和收回投资、购建和处置固定资产、无形资产和其他长期资产等。

投资活动流入的现金主要包括：① 收回投资所收到的现金；② 取得投资收益所收到的现金；③ 处置固定资产、无形资产和其他长期资产所收回的现金净额；④ 收到的其他与投资活动有关的现金。

投资活动流出的现金主要包括：① 购建固定资产、无形资产和其他长期资产所支付的现金；② 投资所支付的现金；③ 支付的其他与投资活动有关的现金。

3. 筹资活动产生的现金流量

筹资活动(raising activity)是指导致企业资本及债务规模和构成发生变化的活动。其中的资本包括实收资本(股本)、资本溢价(股本溢价)。与资本有关的现金流入和流出项目包括吸收投资、发行股票、分配利润等。其中的债务是指企业对外举债所借入的款项，如发行债券、向金融企业借入款项以及偿还债务等。

筹资活动流入的现金主要包括：① 吸收投资所收到的现金；② 取得借款所收到的现金；③ 收到的其他与筹资活动有关的现金。

筹资活动流出的现金主要包括：① 偿还债务所支付的现金；② 分配股利、利润或偿付利息所支付的现金；③ 支付其他与筹资活动有关的现金。

现金流量表的格式和内容见表9-3。

表 9-3　现金流量表

编制单位：　　　　　　　　　　年度　　　　　　　　　　单位：元

项　　目	本期金额	上期金额
一、经营活动产生的现金流量：		
销售商品、提供劳务收到的现金		
收到的税费返还		
收到的其他与经营活动有关的现金		
经营活动现金流入小计		
购买商品、接受劳务支付的现金		
支付给职工以及为职工支付的现金		
支付的各项税费		
支付的其他与经营活动有关的现金		
经营活动现金流出小计		
经营活动产生现金流量净额		
二、投资活动产生的现金流量：		

续表

项 目	本期金额	上期金额
收回投资所收到的现金		
取得投资收益所收到的现金		
处置固定资产、无形资产和其他长期资产所收回的现金净额		
处置子公司及其他营业单位收到的现金净额		
收到的其他与投资活动有关的现金		
投资活动现金流入小计		
购建固定资产、无形资产和其他长期资产所支付的现金		
投资支付的现金		
取得子公司及其他营业单位支付的现金净额		
支付的其他与投资活动有关的现金		
投资活动现金流出小计		
投资活动产生的现金流量净额		
三、筹资活动产生的现金流量：		
吸收投资所收到的现金		
取得借款收到的现金		
收到的其他与筹资活动有关的现金		
筹资活动现金流入小计		
偿还债务支付的现金		
分配股利、利润或偿付利息所支付的现金		
支付的其他与筹资活动有关的现金		
筹资活动现金流出小计		
筹资活动产生现金流量净额		
四、汇率变动对现金及现金等价物的影响		
五、现金及现金等价物净增加额		
加：期初现金及现金等价物余额		
六、期末现金及现金等价物余额		

补充资料	本期金额	上期金额
1. 将净利润调节为经营活动现金流量		
净利润		
加：资产减值准备		
固定资产折旧、油气资产折耗、生产性生物资产折旧		
无形资产摊销		

项　　目	本期金额	上期金额
长期待摊费用摊销		
处置固定资产、无形资产和其他长期资产的损失（收益以"－"号填列）		
固定资产报废损失（收益以"－"号填列）		
公允价值变动损失（收益以"－"号填列）		
财务费用（收益以"－"号填列）		
投资损失（收益以"－"号填列）		
递延所得税资产减少（增加以"－"号填列）		
递延所得税负债增加（减少以"－"号填列）		
存货的减少（增加以"－"号填列）		
经营性应收项目的减少（增加以"－"号填列）		
经营性应付项目的增加（减少以"－"号填列）		
其他		
经营活动产生的现金流量净额		
2. 不涉及现金收支的重大投资和筹资活动：		
债务转为资本		
一年内到期的可转换公司债券		
融资租入固定资产		
3. 现金和现金等价物净增加情况：		
现金的期末余额		
减：现金的期初余额		
加：现金等价物的期末余额		
减：现金等价物的期初余额		
现金和现金等价物的净增加额		

报表中所列示的内容如下：

（1）经营活动产生的现金流量

"销售商品、提供劳务收到的现金"项目，反映的是企业销售商品、提供劳务实际收到的现金（包括增值税销项税额）。它包括本期销售商品、提供劳务收到的现金，以及前期销售商品和前期提供劳务本期收到的现金和本期预收的账款，减去本期退回本期销售的商品和前期销售本期退回的商品支付的现金，实际上就是在收付实现制的基础上所确认的本期实际收到的现金。

"收到的税费返还"项目，反映的是企业收到返还的各种税费，如收到的增值税、消费税、营业税、关税、所得税、教育费附加返还等。

"收到的其他与经营活动有关的现金"项目，反映的是企业除了上述各项目外，收到的其他与经营活动有关的现金流入,如罚款收入、流动资产损失中由个人赔偿的现金收入等。

"购买商品、接受劳务支付的现金"项目,反映的是企业购买商品、接受劳务实际支付的现金(包括增值税进项税额)。它包括本期购入商品、接受劳务支付的现金,以及本期支付前期购入商品、接受劳务的未付款项和本期预付款项。

"支付给职工以及为职工支付的现金"项目,反映的是企业实际支付给职工,以及为职工支付的现金,包括本期实际支付给职工的工资、奖金、各种津贴和补贴等,以及为职工支付的其他费用,不包括支付的离退休人员的各项费用和支付给在建工程人员的工资等。

"支付的各项税费"项目,反映的是企业按规定支付的各种税费,包括本期发生并支付的税费,以及本期支付以前各期发生的税费和预交的税金,如支付的教育费附加、矿产资源补偿费、印花税、房产税、土地增值税、车船使用税、预交的营业税等。

"支付的其他与经营活动有关的现金"项目,反映的是企业除上述各项目外,支付的其他与经营活动有关的现金流出,如罚款支出、支付的差旅费、支付的业务招待费、支付的保险费等,其他现金流出如价值较大的,应单列项目反映。

(2)投资活动产生的现金流量

"收回投资所收到的现金"项目,反映的是企业出售、转让或到期收回除现金等价物以外的短期投资、长期股权投资而收到的现金,以及收回长期债权投资本金而收到的现金,不包括长期债权投资收回的利息以及收回的非现金资产。

"取得投资收益所收到的现金"项目,反映的是企业除现金等价物以外的对其他企业的权益工具、债务工具和合营中的权益投资分回的现金股利和利息等,不包括股票股利。

"处置固定资产、无形资产和其他长期资产所收回的现金净额"项目,反映的是企业出售、报废固定资产、无形资产和其他长期资产所取得的现金(包括因资产毁损收到的保险赔偿款),减去为处置这些资产而支付的有关费用后的净额。

"处置子公司及其他营业单位收到的现金净额"项目,反映的是企业处置子公司及其他营业单位所取得的现金,减去相关处置费用以及子公司及其他营业单位持有的现金及现金等价物后的净额。

"收到的其他与投资活动有关的现金"项目,反映的是企业除了上述各项以外,收到的其他与投资活动有关的现金流入。其他现金流入如价值较大的,应单列项目反映。

"购建固定资产、无形资产和其他长期资产所支付的现金"项目,反映的是企业购建固定资产、取得无形资产和其他长期资产所支付的现金。不包括为购建固定资产而发生的借款利息资本化的部分,以及融资租入固定资产支付的租赁费、借款利息和融资租入固定资产支付的租赁费,这些现金付出应当在筹资活动产生的现金流量中反映。

"投资支付的现金"项目,反映的是企业取得除现金等价物以外的对其他企业的权益工具、债务工具和合营中的权益投资所支付的现金,以及支付的佣金、手续费等交易费用,但取得子公司及其他营业单位支付的现金净额除外。

"取得子公司及其他营业单位支付的现金净额"项目,反映的是企业购买子公司及其他营业单位购买出价中以现金支付的部分,减去子公司及其他营业单位持有的现金及现金等价物后的净额。

"支付的其他与投资活动有关的现金"项目,反映的是企业除了上述各项以外,支付的其他与投资活动有关的现金流出。其他现金流出如价值较大的,应单列项目反映。

(3) 筹资活动产生的现金流量

"吸收投资收到的现金"项目,反映的是企业以发行股票、债券等方式筹集资金实际收到的款项,减去直接支付的佣金、手续费、宣传费、咨询费、印刷费等发行费用后的净额。

"借款所收到的现金"项目,反映的是企业举借各种短期、长期借款所收到的现金。

"收到的其他与筹资活动有关的现金"项目,反映的是企业除上述各项目外,收到的其他与筹资活动有关的现金流入,如接受现金捐赠等。其他现金流入如价值较大的,应单列项目反映。

"偿还债务所支付的现金"项目,反映的是企业以现金偿还债务本金所支付的现金,包括偿还金融企业的借款本金、偿还债券本金等。企业支付的借款利息、债券利息,在"分配股利、利润或偿付利息所支付的现金"项目反映,不包括在本项目内。

"分配股利、利润或偿付利息所支付的现金"项目,反映的是企业实际支付的现金股利、支付给其他投资单位的利润或用现金支付的借款利息、债券利息等。

"支付的其他与筹资活动有关的现金"项目,反映的是企业除了上述各项外,支付的其他与筹资活动有关的现金流出,如捐赠现金支出、融资租入固定资产支付的租赁费等。其他现金流出如价值较大的,应单列项目反映。

(4) 其他现金流量

"汇率变动对现金及现金等价物的影响"项目,反映的是企业外币现金流量及境外子公司的现金流量折算为人民币时,所采用的现金流量发生日的即期汇率或按照系统合理的方法确定的、与现金流量发生日即期汇率近似汇率折算的人民币金额与"现金及现金等价物净增加额"中外币现金净增加额按期末汇率折算的人民币金额之间的差额。

四、 所有者权益变动表

所有者权益变动表(statement of owner's equity change)指的是反映构成所有者权益的各组成部分当期的增减变动情况的报表。当期损益、直接计入所有者权益的利得和损失,以及与所有者(或股东,下同)的资本交易导致的所有者权益的变动,应当分别列示。

在所有者权益变动表中,企业至少应当单独列示反映下列信息的项目:

(1) 净利润;

(2) 直接计入所有者权益的利得和损失项目及其总额;

(3) 会计政策变更和差错更正的累积影响金额;

(4) 所有者投入资本和向所有者分配利润等;

(5) 按照规定提取的盈余公积;

(6) 实收资本(或股本)、资本公积、盈余公积、未分配利润的期初和期末余额及其调节情况。

所有者权益变动表的格式见表9-4。

表 9-4 所有者权益变动表

编制单位： 20××年 单位:元

项 目	本年金额						上年金额					
	实收资本（或股本）	资本公积	减：库存股	盈余公积	未分配利润	所有者权益合计	实收资本（或股本）	资本公积	减：库存股	盈余公积	未分配利润	所有者权益合计
一、上年年末余额												
加:会计政策变更												
前期差错更正												
二、本年年初余额												
三、本年增减变动金额（减少以"－"号填列）												
（一）净利润												
（二）直接计入所有者权益的利得和损失												
1. 可供出售金融资产公允价值变动净额												
2. 权益法下被投资单位其他所有者权益变动的影响												
3. 与计入所有者权益项目相关的所得税影响												
4. 其他												
上述(一)和(二)小计												
（三）所有者投入和减少的资本												
1. 所有者投入资本												
2. 股份支付计入所有者权益的金额												
3. 其他												
（四）利润分配												
1. 提取盈余公积												
2. 对所有者（或股东)的分配												
3. 其他												
（五）所有者权益内部结转												
1. 资本公积转增资本(或股本)												

项　目	本年金额						上年金额					
	实收资本（或股本）	资本公积	减：库存股	盈余公积	未分配利润	所有者权益合计	实收资本（或股本）	资本公积	减：库存股	盈余公积	未分配利润	所有者权益合计
2. 盈余公积转增资本（或股本）												
3. 盈余公积弥补亏损												
4. 其他												
四、本年年末余额												

上述报表反映的主要内容如下：

（1）"上年年末余额"项目，反映的是企业上年资产负债表中实收资本（或股本）、资本公积、库存股、盈余公积、未分配利润的年末余额。

（2）"会计政策变更""前期差错更正"项目，分别反映了企业采用追溯调整法处理的会计政策变更的累积影响金额和采用追溯重述法处理的会计差错更正的累计影响金额。

（3）"本年增减变动额"项目：

"净利润"项目，反映的是企业当年实现的净利润（或净亏损）金额。

"直接计入所有者权益的利得和损失"项目，反映的是企业当年直接计入所有者权益的利得和损失金额。

"可供出售金融资产公允价值变动净额"项目，反映的是企业持有的可供出售金融资产当年公允价值变动的金额。

"权益法下被投资单位其他所有者权益变动的影响"项目，反映的是企业对按照权益法核算的长期股权投资，在被投资单位除当年实现的净损益以外其他所有者权益当年变动中应享有的份额。

"与计入所有者权益项目相关的所得税影响"项目，反映的是企业根据《企业会计准则第18号——所得税》规定应计入所有者权益项目的当年所得税影响金额。

"所有者投入和减少的资本"项目，反映的是企业当年所有者投入的资本和减少的资本。

"所有者投入资本"项目，反映的是企业接受投资者投入形成的实收资本（或股本）和资本溢价或股本溢价。

"股份支付计入所有者权益的金额"项目，反映的是企业处于等待期中的权益结算的股份支付当年计入资本公积的金额。

"利润分配"项目，反映的是企业当年的利润分配金额。

"提取盈余公积"项目，反映的是企业按照规定提取的盈余公积。

"对所有者（或股东）的分配"项目，反映的是对所有者（或股东）分配的利润（或股利）金额。

"所有者权益内部结转"项目，反映的是企业构成所有者权益的组成部分之间的增减变动情况。

"资本公积转增资本（或股本）"项目，反映的是企业以资本公积转增资本或股本的金额。

"盈余公积转增资本（或股本）"项目，反映的是企业以盈余公积转增资本或股本的金额。

"盈余公积弥补亏损"项目，反映的是企业以盈余公积弥补亏损的金额。

第二节　财务报表分析

一、财务报表分析的含义与内容

（一）财务报表分析的含义

财务报表分析（financial statement analysis）是企业进行财务管理的一项重要内容，它不仅可以说明企业目前的财务状况，而且能为企业未来的财务决策和财务计划提供重要依据，在财务管理环节中起着承上启下的重要作用。

财务报表分析以财务报表和其他相关资料为依据，采用科学的分析技术和方法，系统地分析、评价企业过去和现在的经营成果、财务状况及其变动趋势，目的在于了解过去、评价现在、预测未来，帮助企业利益关系集团改善决策。

不同的人员和组织机构都要通过财务分析和评价做出正确的财务决策，以实现经济效益最大化。但具体而言，各个主体分析的侧重点又有所不同。

（1）从企业投资者角度看财务报表分析

对于企业的投资者而言，他们最关心的是企业的盈利能力，因为盈利能力是投资者资本保值、增值的关键。但投资者仅关心盈利能力还不够，为确保资本保值、增值，投资者还应研究企业的偿债能力、营运能力、成长能力等。只有投资者认为企业有着良好的发展前景，企业的所有者才会保持或增加投资，潜在投资者才会把资金投入该企业。另外，对投资者而言，财务分析可评价企业经营者的经营业绩，发现经营过程中存在的问题，从而通过行使所有者权利，为企业未来的发展指明方向。

（2）从企业债权人角度看财务报表分析

企业的债权人包括向企业提供贷款的银行及其他金融机构，以及购买企业债券的组织和个人。债权人进行财务分析的目的与经营者和投资者不同，银行等债权人一方面从各自经营或收益目的出发，愿意将资金贷给企业；另一方面又关心该企业有无违约或清算破产的可能性。因此，从债权人角度进行财务分析的目的，主要是看其对企业的借款能否及时、足额地收回，即研究企业的偿债能力。

（3）从企业经营者角度看财务报表分析

企业的经营者进行财务分析的目的是多方面的。企业作为一个盈利性组织，追求的是经济效益最大化。经营者首先关心盈利能力，但他们不仅关心盈利的结果，也重视盈利的原因及过程。因此，企业的经营者也关心企业其他的财务状况，如偿债能力、营运能力、成长能力、现金流量状况等。企业的经营者通过对企业财务状况进行全面分析，及时发现生产经营中存在的问题，并采取有效措施解决问题，才能使企业盈利能力保持持续增长,最终达到企业经营的目标。

(4) 从其他利益相关集团看财务报表分析

其他财务报表分析评价的主体主要是一些企业的利益相关集团,如材料供应商、消费者、雇员、国家行政管理机构等。这些组织和个人出于保护自身利益的需要,也非常关心企业的财务状况。如国家行政管理机关通过财务分析和评价来监督国家的各项经济政策、法律规章制度在企业的执行情况,企业的纳税情况等;材料供应商则通过财务分析评价,研究企业是否能长期合作,了解销售信用水平等。

一般情况下,创业者既是投资人又是经营者,他们进行财务报表分析的目的是既需要评价企业过去的经营业绩,又需要衡量企业现在的财务状况,更希望能够预测企业未来的发展趋势。

(二) 财务报表分析的内容

在市场经济条件下,企业由产品经营转向资本经营,财务报表分析的内容应围绕企业的偿债能力、营运能力、盈利能力、成长能力和现金流量等几个方面进行。进行财务报表分析评价的主体不同,各有不同的分析侧重点,但其核心均是分析企业绩效,具体包括以下几个方面。

(1) 偿债能力分析

偿债能力是指企业偿还到期债务的能力。偿债能力大小的分析,是判断企业财务状况稳定与否的重要内容。企业偿债能力强,可以举债筹集资金来获取利益;反之,偿债能力差,则易使企业陷入财务困境,甚至危及企业生存。

偿债能力分为长期偿债能力和短期偿债能力两个方面。长期偿债能力分析的是企业以未来现金流量偿还债务的能力;而短期偿债能力反映的是企业以流动资产偿还债务的能力。

(2) 营运能力分析

营运能力是企业营运资产的效率。运用资金是否充分有效,是决定企业经营水平的前提。企业运用资金的多少,可以表现为经营能力的大小,有效的经营可以使企业增加收入,加速资金周转。因此,只有分析企业是否能够有效地运用资金,才能判断企业是否有提高收益水平的能力。

(3) 盈利能力分析

盈利能力是企业一定时期赚取利润的能力。盈利能力的大小,是衡量企业经营好坏的重要标志。企业经营的目的是经济效益最大化,因此,分析盈利能力是分析企业是否具有活力和发展前途的重要内容。

(4) 成长能力分析

成长能力是企业未来生产经营的发展趋势和发展水平。在市场竞争激烈的当代,企业必须求生存、求发展,从而使企业立于不败之地。因此,分析企业成长能力,能促使企业提高扩大再生产的增长速度,增强市场竞争的实力,使企业健康发展。

(5) 现金流量分析

现金是企业最活跃、最具有生命力的经济来源。近年来,随着现金流量表的广泛使用,以之为基础的现金流量分析也逐步发展起来,成为企业财务分析的重要内容之一。

（6）财务状况综合评价

财务状况综合评价是在以上诸项分析的基础上，运用财务综合评价方法对财务活动过程和财务效果进行分析与评价得到的综合结论。对企业的偿债能力分析、营运能力分析、盈利能力分析、成长能力分析等，往往只能反映一个方面或一个环节的财务状况。要想对企业的财务状况及财务成果得出整体结论，必须将企业视为一个完整的、不可分割的整体，并将反映企业财务状况诸方面各个要素分析融合在一起，全方位评价企业的财务状况和经营成果。

二、财务报表分析的主要方法

对于财务报表分析的主体而言，最重要的不是会计报表及其他相关信息中的各项具体数据，而是各项数据之间的联系及其变动趋势。下面主要介绍财务报表分析常用的几种方法。

1. 比较分析法

比较分析法（comparable analysis method）是将某项财务指标与性质相同的指标标准进行对比，以此揭示财务指标的数量关系和数量差异的一种方法。比较分析法的重要作用在于揭示财务指标客观存在的差距以及形成这种差距的原因，帮助人们发现问题、挖掘潜力、改进工作。根据分析内容的不同，比较法可以单独使用，也可以与其他分析方法结合使用。选择适当的评价标准是比较分析法的重要一环。在比较分析法中常用的评价标准如下：

（1）绝对标准。绝对标准是被普遍接受和公认的标准，无论哪个企业，无论财务分析的目的是什么，它都是适用的。但各行各业差距较大，即使是同一行业，不同规模、不同地域也会产生较大差异，因而很难找到统一的绝对标准。

（2）行业标准。行业标准是以企业所在行业的特定指标作为财务分析对比的标准。在实际工作中具体的使用方式有多种：可将本企业相关指标与同行业公认的标准指标进行比较，也可以与同行业先进水平相比较，或与同行业的平均指标相比较。通过与行业标准相比较，有利于揭示本企业与同行业其他企业的差距。

（3）目标标准。目标标准即财务管理的目标，即企业打算达到的目标。如果企业的实际财务数据与目标相比有差距，应尽快查明原因，采取措施改进，以便不断改善企业的财务管理工作。

（4）历史标准。历史标准是企业以前年度的数据，可以是上期指标，也可以是历史最高水平。采用历史数据作为比较标准有利于揭示企业财务状况、经营成果、现金流量的变化趋势及存在的差距。通过这种比较，可以确定不同时期有关指标的变动情况，了解企业生产经营活动的发展趋势和管理工作的改进情况。

采用比较分析法进行财务分析和评价，应注意财务指标与标准的可比性问题。也就是说，实际财务指标与标准指标的计算口径必须一致，即实际财务指标和标准指标在内容、范围、时间跨度、计算方法等方面必须一致，否则分析出的结果就会有所偏差。

2. 比率分析法

在错综复杂、相互联系的经济现象中，某些财务指标之间存在着一定的关联。比率分析法（ratio analysis method）就是将两项相互依存、相互影响的财务指标进行计算，形成比率，以分析、评价企业财务状况和经营水平的一种方法。比率分析法与比较分析法相比更具有科学性、可比性，它可适用于不同经营规模企业之间的对比。

财务比率主要有结构比率、效率比率和相关比率三种类型。

结构比率用于计算部分占总体的比重，这类比率揭示了部分与整体的关系，如流动资产与总资产的比率，长期负债与总负债的比率。通过结构比率指标，可以考察总体中某个部分的形成和安排是否合理，从而协调各项财务活动。

效率比率用于计算某项经济活动中所费与所得的比例，反映的是投入与产出的关系，如成本费用利润率、总资产报酬率、净资产收益率等。利用效率比率指标，可以进行得失比较，从而考察经营成果，评价经济效益。

相关比率是指用以计算部分与整体关系、所费与所得关系之外具有相关关系的两项指标的比率，反映有关经济活动之间的联系。这一类比率包括：反映偿债能力的比率，如流动比率、资产负债率等；反映营运能力的比率，如应收账款周转率、存货周转率等；反映盈利能力的比率，如净资产收益率；反映成长能力的比率，如销售增长率、资产增长率等。利用相关比率指标，可以考察有关联的相关业务安排是否合理，以保障企业生产经营活动能够顺利进行。

在财务分析评价中，比率分析法往往与比较分析法结合起来使用，从而能更加全面、深入地揭示企业的财务状况、经营成果及其变动趋势。

3. 趋势分析法

趋势分析法（trend analysis）是将连续数期的相同财务指标或比率进行对比，求出它们增减变动的方向、数额和幅度的一种方法。采用该方法可以从企业的财务状况和经营成果的发展变化中寻求其变动的原因、性质，并由此预测企业未来的发展前景。

运用趋势分析法主要进行以下三类分析：财务指标和财务比率分析；会计报表分析；结构百分比分析。

三、比率分析法

（一）偿债能力分析

企业偿债能力（payback capacity）是指企业偿还到期债务的能力。企业偿债能力的大小，是衡量企业财务状况好坏的标志之一，也是企业经营者和债权人都关注的内容，还是企业健康与否的"温度计"。企业只有具备足够或相当的偿债能力，才能保证按时清算债务和承付贷款，从而维护企业的信誉，最终保证企业生产经营正常进行，使其经济效益不断提高。

债务的偿还通常要动用企业的现金、银行存款、有价证券，甚至可能动用变现的资产来清偿到期的借款利息与本金，较高的负债对企业而言有一定的经营风险。偿债能力分析对于企业非常重要，它可以向企业管理层表明企业是否具有保证偿还长期和短期债务的能力；也可以为投资者是否投资该企业的决策提供参考资料；还有利于债权人作出正确的借贷决策。由于企业偿债能力是企业经营状况和财务状况的综合反映，通过对企业偿债能力的分析，可以说明企业的财务状况及其变动情况。

企业的债务包括短期负债和长期负债，与之相对应，偿债能力分析也包括短期偿债能力的分析和长期偿债能力的分析。

1. 短期偿债能力分析

短期偿债能力（short-term solvency）是指企业偿还流动负债的能力，或者说是短期债务到期时企业可以变现资产用于偿还流动负债的能力。短期偿债能力的强弱是企业财务状况好坏的重要标志。因此,无论是投资者、债权人,还是企业经营者,都十分重视企业的短期偿债能力。对债权人来说,企业只有具备较强的偿债能力,才能保证其债权的安全,也才能保障其按期取得利息和到期收回本金。对投资者和经营者来说,如果企业短期偿债能力发生问题,不仅会耗费企业经营管理人员大量的精力去筹措资金以偿还债务,从而难以集中精力于企业的经营管理,而且会增加企业筹资的难度或加大筹资成本,影响企业的盈利能力。

短期偿债能力分析,首先要明确影响短期偿债能力的因素,然后在此基础上,通过对一系列反映短期偿债能力的指标进行计算与分析,说明企业短期偿债能力状况。因此,观察企业短期偿债能力的大小,关键看流动资产的构成及其与流动负债之间的比例关系,同时还要考虑非现金性流动资产的变现速度等。评价企业短期偿债能力的财务指标主要包括流动比率、速动比率、现金比率。

为了便于说明,以下各项财务比率的计算将主要使用 ABC 公司作为实例,该公司的资产负债表和利润表见表 9-5、表 9-6。

表 9-5 资产负债表

编制单位:ABC 公司　　　　　　　　20××年 12 月 31 日　　　　　　　　单位:万元

资 产	期末余额	年初余额	负债及所有者权益	期末余额	年初余额
流动资产:			流动负债:		
货币资金	50	40	短期借款	86	58
交易性金融资产	22	18	应付票据	10	8
应收票据	12	15	应付账款	150	160
应收账款	398	199	应付职工薪酬	18	14
预付账款	62	25	应交税费	8	11
其他应收款	13	26	应付股利	30	12
存货	146	312	其他流动负债	118	67
一年内到期的非流动资产	60	2	流动负债合计	420	330
流动资产合计	763	637	非流动负债:		
非流动资产:			长期借款	470	250
长期股权投资	30	45	应付债券	310	330
固定资产	1 287	1 039	非流动负债合计	780	580
在建工程	18	32	负债合计	1 200	910
无形资产	28	26	所有者权益:		
其他非流动资产	14	21	实收资本	220	182
非流动资产合计	1 377	1 163	未分配利润	720	708
			所有者权益合计	940	890
资产合计	2 140	1 800	负债及所有者权益合计	2 140	1 800

表 9-6 利润表

编制单位:ABC 公司　　　　　　　　　　　　20××年度　　　　　　　　　　　　单位:万元

项　　目	本年累计	上年实际
一、营业收入	3 225	3 065
减:营业成本	2 822	2 665
营业税金及附加	30	30
销售费用	36	32
管理费用	56	50
财务费用	115	105
加:投资收益	46	38
二、营业利润	212	221
加:营业外收入	15	20
减:营业外支出	10	6
三、利润总额	217	235
减:所得税	70	77
四、净利润	147	158

对反映企业短期偿债能力的主要财务指标具体分析如下:

(1) 流动比率

流动比率(current ratio)是企业一定时期流动资产与流动负债之比,即企业用以偿付每元流动负债所具有的流动资产额。它是衡量企业短期偿债能力的常用比率,其计算公式如下:

$$流动比率＝流动资产÷流动负债$$

【例 9-1】　ABC 公司 20××年末的流动资产是 763 万元,流动负债是 420 万元,依上式计算流动比率为

$$流动比率＝763÷420＝1.82$$

流动比率是最早使用的财务比率之一。据有关资料记载,20 世纪初,美国银行家一般以流动比率作为短期放款的重要依据,因此,当时的美国人称流动比率为"银行家比率"。一般而言,企业的流动比率越高,营运资金(营运资金＝流动资产－流动负债)越多,短期偿债能力越强,因为一旦企业面临清算,将有可观数额的营运资金作为缓冲,以抵补流动资产变现损失,确保短期债权安全;流动比率过低则说明企业资金不足,偿债能力低下。但是就企业经营者而言,并非流动比率越高越好,尤其是由于应收账款和存货余额过大而引起的流动比率过高,势必表明企业信用政策过松、存货闲置过多。根据经验法则,生产型企业流动比率的标准一般以 2 左右比较好,因为流动比率为 2 的企业面临清算时,只要按账面价格的 50％变卖流动资产即可清偿全部流动负债。

流动比率受多种因素影响,在运用这一指标时,要注意具体情况具体分析。例如分析这一指标要因行业而异,只有与同行业比较,或与本企业历史水平进行比较,才能知道这个比率的高低,同时还要结合资产结构、周转及现金流量状况综合考虑。

（2）速动比率

速动比率（quick ratio）也称为酸性试验比率（acid-test ratio），是企业速动资产与流动负债的比值。该指标是衡量企业近期偿债能力、评价企业流动资产变现能力强弱的指标，反映在较短期内每单位流动负债有多少元速动资产能被用来抵偿。其计算公式如下：

$$速动比率＝（流动资产－存货）÷流动负债$$

【例 9-2】　ABC 公司 20××年末的存货是 146 万元，依上式计算速动比率为

$$速动比率＝（763－146）÷420＝1.47$$

在所有流动资产中，相对于存货，现金、有价证券及应收账款等项目的变现能力较强，故被合称为速动资产，即指可以立即在短期内用于直接偿付流动负债的那部分流动资产。在计算速动比率时剔除存货的主要原因在于：第一，在所有的流动资产中，存货的变现速度最慢；第二，由于某些原因，有时部分存货可能实际已经损失但未及时处理；第三，存货估价有时与市场价格相差悬殊。综上所述，把存货从流动资产总额中排除计算出来的速动比率，反映的短期偿债能力更加令人信服。

速动比率常用于充当流动比率的辅助指标。对速动比率的评价，一般认为是 1 较妥当，表示企业有较好的偿债能力。因为在此条件下，一旦企业面临财务危机，即使企业的存货全无价值，也不至于影响企业的及时偿债能力。低于 1 的速动比率被认为短期偿债能力偏低，说明企业的偿债能力存在问题。但速动比率并非越高越好，该比率过高可能说明企业因拥有过多的货币性资产而失去一些有利的投资机会。运用这个指标时，同样应注意具体情况具体分析。

影响速动比率可信度的重要因素是应收账款的变现能力。账面上的应收账款不一定都能变成现金，例如有时实际发生的坏账可能高于计提的坏账准备，对于这类情况，财务分析评价的主体应进行正确估计。

（3）现金比率

现金比率（cash ratio）又称即付比率，是企业立即可动用的资金与流动负债的比率，其计算公式为

$$现金比率＝可立即动用的资金÷流动负债$$

式中，可立即动用资金包括库存现金、银行存款和企业持有的短期有价证券（一般是指交易性金融资产）。

【例 9-3】　ABC 公司 20××年末的货币资金是 50 万元，交易性金融资产是 22 万元，依上式计算现金比率为

$$现金比率＝（50＋22）÷420＝0.17$$

现金比率表示现金类流动资产占流动负债的比重，反映流动资产中有多少现金能用于偿债。它是衡量企业短期偿债能力的一个极端保守和最为可靠的指标，在企业把应收账款和存货都抵押出去或应收账款和存货变现能力存在严重问题的情况下，计算现金比率显得尤为重要。

现金比率的作用是表明企业在最坏情况下的短期偿债能力。在大多数情况下，分析者不可能只要求企业用货币资金和短期证券作为偿还流动负债的保障，企业也没必要总是持有足够还债的现金、银行存款和短期证券。财务分析评价中，现金比率不宜过大：如

果该比率过高,则意味着企业以流动负债所筹集的资金未能得到合理的应用,而经常保持着获利能力低的现金类资产;该比率过低则意味着企业将可立即动用资金偿还流动负债的能力较差。一般来说,现金比率在 0.20 以上比较好。需要注意的是,采用现金比率评价企业的偿债能力时,应与流动比率和速动比率的分析相结合。

2. 长期偿债能力分析与评价

长期偿债能力(long-term solvency)是指企业偿还长期负债的能力,或者指在企业长期债务到期时,以企业盈利或资产偿还长期负债的能力。对企业长期偿债能力进行分析时,要结合长期负债的特点,在明确影响长期偿债能力因素的基础上,从企业盈利能力和资产规模两方面对企业偿还长期负债的能力进行计算与分析,以此说明企业长期偿债能力的基本状况及其变动原因,为企业进行正确的负债经营指明方向。很明显,长期偿债能力不同于短期偿债能力分析,一般更重视资本结构和盈利能力。反映长期偿债能力的主要财务指标有资产负债率、产权比率、所有者权益比率和已获利息倍数。

(1) 资产负债率

资产负债率(liability ratio)又称为举债经营率,表示单位资产总额中负债所占的比例,即债权人为企业提供的资金占企业总资产比重和企业负债经营的程度。一般用来说明企业的资产对债权人的保障程度,衡量企业举债经营的风险程度。其计算公式如下:

$$资产负债率=负债总额÷资产总额×100\%$$

【例 9-4】 ABC 公司 20××年末的资产总额是 2 140 万元,负债总额是 1 200 万元,依上式计算资产负债率为

$$资产负债率=1\,200÷2\,140×100\%=56.07\%$$

资产负债率指标既可用于衡量企业利用债权人资金进行经营活动的能力,也可反映债权人发放贷款的安全程度。该指标对于债权人来说,越低越好,因为在企业清算时,资产变现所得可能低于其账面价值,而所有者一般仅负有限责任,该比率过高,债权人可能蒙受较大损失。但就企业所有者和经营者而言,通常希望该指标高些,一方面有利于筹集更多资金扩大企业规模,另一方面有利于利用财务杠杆增加所有者获利能力。但资产负债率过高,反过来又会影响企业的筹资能力。因此,一般来说,该指标在 50%~60% 之间比较合适,这样有利于风险与收益的平衡;如果该指标大于 100%,则表明企业已资不抵债,视为达到破产警戒线。

(2) 产权比率

产权比率(equity ratio)是负债总额与所有者权益总额的比率,表明债权人所提供的资金与所有者提供的资金之间的比例及企业投资者承担风险的大小。其计算公式为

$$产权比率=负债总额÷所有者权益总额×100\%$$

【例 9-5】 ABC 公司 20××年末的所有者权益总额是 940 万元,依上式计算产权比率为

$$产权比率=1\,200÷940×100\%=127.66\%$$

该指标也是衡量企业长期偿债能力的一个重要指标,它反映了企业清算时,企业所有者权益对债权人利益的保障程度。从偿债能力或债权人的角度看,该指标越低越好,因为权益负债率越低,所有者权益对负债偿还的保障程度越大,债权人就越安全。但从企业所有者和经营者的角度看,为了扩大生产经营规模和取得财务杠杆利益,适当的负

债经营是有益的。一般认为该指标为 100% 比较适合。

从安全和稳健角度出发,有时也可将企业的负债总额与有形净资产进行对比,称为有形净资产负债比率,其计算公式为

有形净资产负债率＝负债总额÷(所有者权益总额－无形资产)×100%

用此指标评价企业偿债能力的原因在于,考虑到有些无形资产在企业清算时的价值将受到严重影响,如清算时企业的商誉可能为零。因此,这项指标实际上是权益负债率的延伸,它更为谨慎、保守地反映了企业清算时债权人投入的资本受到所有者权益的保障程度。

(3) 所有者权益比率

所有者权益比率(owner's equity ratio)是所有者权益与资产总额之比。该指标反映了企业所有的资产中有多少是所有者投入的。其计算公式为

所有者权益比率＝所有者权益总额÷资产总额×100%

【例 9-6】 依上式计算 ABC 公司的所有者权益比率为

所有者权益比率＝940÷2 140×100%＝43.93%

所有者权益比率＝1－资产负债率

可见,所有者权益比率和资产负债率是从不同的侧面来反映企业长期财务状况的,所有者权益比率越大,资产负债率越小,企业的财务风险也越小,偿还长期债务的能力就越强。

所有者权益比率的倒数,称为权益乘数,即资产总额是所有者权益的多少倍。该乘数越大,说明投资者投入的资本在资产中所占比重越小。其计算公式为

权益乘数＝资产总额÷所有者权益总额

式中,资产总额和所有者权益总额可以使用期末数,也可使用资产平均总额和所有者权益平均总额。

(4) 已获利息倍数

已获利息倍数亦称利息保障倍数(times interest earned),是指息税前利润与负债利息费用之比。它是衡量企业支付负债利息能力的指标。其计算公式为

已获利息倍数＝息税前利润÷利息费用

式中,息税前利润是指利润表中未扣除利息费用和所得税之前的利润。

【例 9-7】 ABC 公司 20××年净利润为 147 万元,利息费用为 80 万元,所得税为 70万元,则该公司已获利息倍数为

已获利息倍数＝(147＋80＋70)÷80＝3.71

该指标反映了企业盈利额与利息费用之间的特定关系,一般而言,该指标要大于1。该指标越高,说明企业的长期偿债能力越强;该指标越低,说明企业偿债能力越差。至于如何合理确定企业利息保障倍数的标准,则需要将该企业的这一指标和同行业其他企业进行对比,同时从稳健原则出发,最好比较企业连续几年的情况,并选择最低指标年度的数据作为标准值。这是由于企业不仅在经营好的年份要偿债,在经营不好的年份同样需要偿还等额的债务。某个会计年度利润较高常常会导致利息保障倍数指标也高,但不会年年如此。采用指标最低年度的数据作为标准,可以保障企业最低的偿债能力。一般情况下,企业均应采用这一原则,但也须注意具体情况具体分析。

（二）营运能力分析

企业的营运能力（operational capacity）是指企业经营管理中利用资金运营的能力，主要表现为资产管理即资产利用的效率，反映了企业资金周转状况。对此进行分析，企业管理者可以了解企业的营运状况及经营管理水平。资金周转状况好，说明企业的经营管理水平高，资金利用效率高；反之说明资金的利用效率低，需要改进。企业资金的周转状况与供、产、销各个经营环节密切相关，任何一个环节出现问题，都会影响企业资金的正常周转。资金只有顺利通过各个经营环节，才能完成一次循环。在供、产、销各环节中，销售有特殊的意义，因为产品只有销售出去，才能实现其价值，收回最初投入的资金，顺利完成一次资金周转。这样，企业管理者可以通过产品销售情况与企业资金占用量来分析企业的资金周转状况，评价企业的营运能力。

企业营运能力分析的内容主要包括流动资产营运能力分析和总资产营运能力分析。下面将逐一阐述。

1. 流动资产营运能力分析与评价

（1）流动资产周转率

流动资产周转率（current assets turnover）是反映企业流动资产周转速度的指标。它是销售收入与流动资产平均占用额的比率。用时间表示的流动资产周转率是流动资产周转天数。其计算公式如下：

$$流动资产周转次数＝销售收入÷流动资产平均余额$$

$$流动资产的周转天数＝计算期天数÷流动资产周转次数$$

$$＝流动资产平均余额×计算期天数÷销售收入$$

式中，销售收入是指扣除销售退回、折让和折扣后的销售净额，以下的计算类同。为了计算方便，计算期天数全年一般按 360 天计算，全季按 90 天计算，全月按 30 天计算。此外，公式中流动资产平均余额是期末和期初占用额的平均值。

【例 9-8】 ABC 公司年初流动资产为 637 万元，年末流动资产为 763 万元，销售收入为 3 225 万元，依上式计算的流动资产周转率为

$$流动资产周转次数＝3\ 225÷[(637＋763)÷2]＝4.61（次）$$

$$流动资产周转天数＝360÷4.61＝78.09（天）$$

流动资产的周转次数或天数，均表示流动资产的周转速度。流动资产在一定时期内的周转次数越多，亦即每周转一次所需要的天数越少，周转速度就越快，会相对节约流动资金，等于相对扩大了资产投入，增强了企业的盈利能力，流动资产营运能力就越好；反之，周转速度越慢就需要补充流动资产参加周转，会造成资金浪费，降低企业盈利能力。为查明流动资产周转率加速或延缓的原因，企业管理者还可进一步分析流动资产平均余额构成项目变动以及流动资金周转额构成因素对流动资产周转率的影响。

（2）存货周转率

在分析流动资产周转率、了解企业流动资产周转速度的基础上，企业管理者应进一步分析流动资产个别项目的周转速度，以增强对企业经营效率的了解程度。由于存货在流动资产中占极大的比重，因此，研究存货周转率尤为重要。

存货周转率（inventory turnover）是销售成本与平均存货的比率。用时间表示的存货周转率就是存货周转天数。其计算公式如下：

$$存货周转次数＝销售成本÷存货平均余额$$

$$存货周转天数＝计算期天数÷存货周转次数$$

【例 9-9】　ABC 公司年初存货为 312 万元,年末存货为 146 万元,销售成本为 2 822 万元,依上式计算的存货资产周转率为

$$存货周转次数＝2\ 822÷[(312＋146)÷2]＝12.32（次）$$

$$存货周转天数＝360÷12.32＝29.22（天）$$

式中,销售成本是指企业销售产品或提供劳务等业务的实际成本。平均存货是来自于资产负债表中存货的期初数和期末数的平均值。

存货周转率是对流动资产周转率的补充说明,是衡量企业销售能力及存货管理水平的综合性指标。该指标表示在一定期间内,存货转为应收账款的速度,即企业存货转为产品销售出去的速度。

同流动资产周转率类似,存货周转次数越多,存货周转天数越短,表示存货周转速度越快,利用效率越好;反之表示存货利用效率差。虽然评价存货周转速度快慢取决于周转次数和周转天数的多少,但不能绝对地看待这个问题。因为有时存货周转次数很多,周转天数很少,也可能是存货太少或库存经常不足带来的,这样可能导致商品脱销,丧失销售机会。因此,对存货周转率的评价应注意两点:一是要注意存货的结构,看是否有积压、滞销的存货;二是要注意其他企业和行业水平。

在使用和计算存货周转率指标时,存货的计价方法,如先进先出法、个别计价法、加权平均法等,在一个会计期间内必须保持一致,只能用一种计价方法,不能更换,否则会影响该指标的分析。

(3) 应收账款周转率

应收账款周转率(receivable turnover)是全年销售收入与平均应收账款的比率,它说明应收账款的周转速度。用时间表示的周转速度是应收账款周转天数。应收账款周转率计算公式如下:

$$应收账款周转次数＝销售收入÷应收账款平均余额$$

$$应收账款周转天数＝计算期天数÷应收账款周转次数$$

【例 9-10】　ABC 公司年初应收账款为 199 万元,年末应收账款为 398 万元,销售收入为 3 225 万元,依上式计算的应收账款周转率为

$$应收账款周转次数＝3\ 225÷[(199＋398)÷2]＝10.80（次）$$

$$每次应收账款周转天数＝360÷10.80＝33.33（天）$$

该指标反映一定时期内企业应收账款的平均收回速度,即一年内应收账款的回收次数和一年内收回应收账款所需的平均天数。应收账款是企业流动资产除存货外的另一重要项目。应收账款周转率是对流动资金周转率的补充说明,是衡量企业应收账款周转速度及管理效率的重要指标。

一般来说,应收账款周转率越高越好,说明收回货款速度快,资产流动性强,可以减少和避免坏账损失,但不可绝对地看待这个问题。应收账款周转速度的高低,不仅取决于销售收入的多少和应收账款占用数额的合理与否,而且间接地取决于应收账款的账龄分布、企业的信用政策和客户的信用状况。企业大量赊销的目的主要在于争取客户,扩大销售额。应收账款占用数额太少的企业,可能是信用政策太紧,而不能大胆开拓市场,

其后果必然是失去客户和减少盈利。而应收账款数额太大或应收账款高速增长的企业，可能是信用政策太松，销售环节管理较差，盲目赊销，其后果势必扩大资金成本，增加坏账损失，减少企业盈利，并可能导致资金周转不灵。

2. 总资产营运能力分析与评价

企业总资产营运能力，主要是衡量投入或占用全部资产取得产出的能力。反映全部资产营运能力的指标主要是总资产周转率。

总资产周转率(total assets turnover)是销售收入与平均资产总额的比率，用时间表示的总资产周转率是总资产周转天数。该指标衡量企业所有资产利用效果，是反映企业经营者工作绩效的重要指标。其计算公式如下：

$$总资产周转次数＝销售收入÷总资产平均占用额$$

$$总资产周转天数＝计算期天数÷总资产周转次数$$

【例 9-11】 ABC 公司年初资产总额为 1 800 万元，年末资产总额为 2 140 万元，销售收入为 3 225 万元，ABC 公司的总资产周转率为

$$总资产周转次数＝3 225÷[(1 800 ＋2 140)÷2]＝1.64（次）$$

$$总资产周转天数＝360÷1.64＝219.51（天）$$

该指标反映了企业销售收入与资产占用之间的关系，可用来分析企业全部资产的使用效率。通常，总资产周转率越高，反映企业全部资产营运能力就越强，营运效率就越高。如果这个比率较低，说明企业利用其资产经营的效率较差，会影响企业的获利能力，企业应该采取措施提高销售收入或处置资产，以提高总资产利用率。

上述各资产周转率是从资产投入的总体及主要形态来分析评价资产利用效率的，其中最重要的指标是应收账款周转率、存货周转率和流动资产周转率。在分析这些主要指标的同时结合其他周转率分析有助于了解企业资金流动周转情况和水平。

(三) 盈利能力分析

盈利能力(profitability)通常是指企业在一定时期内赚取利润的能力。盈利能力的大小是一个相对的概念，即利润是相对于一定资源投入、一定的收入而言的。利润率越高，盈利能力越强；利润率越低，盈利能力越差。企业经营业绩的好坏最终可通过企业的盈利能力来反映。无论是企业的管理层、投资者、债权人，或其他利益相关者都非常关心企业的盈利能力。因为企业盈利能力的大小，与投资者的投资收益、债权人的债权安全、企业职工的工资水平、管理人员的工作业绩乃至整个国家的财政收入等都息息相关。

从企业的角度来看，企业从事经营活动，其直接目的是最大限度地赚取利润并维持企业持续稳定的经营和发展。持续稳定的经营和发展是获取利润的基础，而最大限度地获取利润又是企业持续稳定发展的目标和保证。只有在不断获取利润的基础上，企业才可能发展，并且，盈利能力较强的企业比盈利能力较弱的企业具有更大的活力和更好的发展前景。

值得注意的是，对企业盈利能力的分析一般只涉及正常的营业状况。非正常营业状况也会给企业带来收益或损失，但通常只是特殊情况下的个别结果，不能说明企业的正常盈利能力。因此，在分析企业的盈利能力时，应排除诸如证券买卖、已经或即将停止的营业项目等带来的收益。

对企业盈利能力的分析一般从如下三个方面进行：①分析销售状况和利润的关系；

②分析资产和利润的关系；③分析所有者权益和利润的关系。

盈利能力的主要评价指标如下。

1. 销售净利率

销售净利率（net sales margin）是企业一定时期净利润与销售收入之间的比值，其计算公式为

$$销售净利率＝净利润÷销售收入×100\%$$

【例 9-12】　ABC 公司 20××年期末净利润为 147 万元，当年销售收入为 3 225 万元，则：

$$销售净利率＝147÷3\ 225×100\%＝4.56\%$$

这项指标是以销售收入为基础分析评价企业的获利能力，反映企业销售收入的收益水平，是评价企业经营效益的补充指标。销售净利率指每元销售额对应所获得的利润，一般来说，销售净利率越高，企业获利能力越强。从销售净利率的指标关系来看，净利润与销售净利率成正比关系，而销售收入与销售净利率成反比关系。也就是说，企业在增加销售收入的同时，必须相对获得更多的净利润，才能使销售净利率保持不变或有所提高。关注销售净利率的变动，有助于企业在扩大销售的同时，注意改进经营管理，提高盈利水平。

分析企业销售收入的收益水平，一般使用销售净利率，如果企业投资收益或营业外收支较大，也可使用营业利润率，这样可使盈利能力分析得到的结果更为客观。其计算公式为

$$营业利润率＝营业利润÷销售收入×100\%$$

2. 总资产报酬率

总资产报酬率（return on total assets）是企业投资报酬对资产总额的比值，依财务分析评价主体的不同有两种计算方法。

（1）按利润总额和利息支出计算

该指标是利润总额和利息费用的和与平均资产总额的比率，其计算公式如下：

$$总资产报酬率＝（利润总额＋利息费用）÷平均资产总额×100\%$$

【例 9-13】　ABC 公司 20××年利润总额为 217 万元，利息费用为 80 万元，则：

$$总资产报酬率＝（217＋80）÷[（1\ 800＋2\ 140）÷2]×100\%＝15.08\%$$

该公式一般适用于从宏观角度出发研究企业的获利能力。

（2）按净利润计算

这时该指标也称为资产净利率，是净利润与平均资产总额的比率。其计算公式如下：

$$总资产报酬率＝净利润÷平均资产总额×100\%$$

【例 9-14】　已知 ABC 公司 20××年净利润为 147 万元，则：

$$总资产报酬率＝147÷[（1\ 800＋2\ 140）÷2]×100\%＝7.46\%$$

该公式一般适用于从微观角度出发评价企业资产盈利水平，在企业财务管理中通常使用这一指标。

总资产报酬率是一个较为综合的指标，该指标把企业一定时期的利润与资产总额相比较，表明企业资产总额利用的综合效果。该指标越高，说明企业在增加收益和节约资

金等方面取得的效果越好,否则相反。

企业的资产由投资者投入或企业举债而来,利润的多少与企业资产的规模、资产经营水平等有着密切的关系。因此,总资产报酬率是一个综合性的指标,可以运用该项指标与企业自身前期的情况或与同行业其他企业进行比较,找出差异,使企业管理者正确评价企业的盈利能力。

3. 净资产收益率

净资产收益率(return on equity)又称权益净利率或净值报酬率,是企业一定时期的净利润与平均净资产之比。它是衡量投资者投入资本的获利能力与企业资本运营水平的综合效益的基本指标。其计算公式如下:

$$净资产利润率=净利润÷平均净资产×100\%$$

【例 9-15】 已知 ABC 公司 20××年度期末的净利润为 147 万元,所有者权益期初为 890 万元,期末为 940 万元,则:

$$净资产收益率=147÷[(890+940)÷2]×100\%=16.07\%$$

净资产收益率反映了企业自有资本的获利能力,表示每元净资产所获取的净利润。一般来说,净资产收益率越高,说明资本带来的利润越多,利用效果越好。如果净资产收益率高于银行利息率,则适当举债对投资者是有利的;反之,低于银行利率,则过多负债会影响投资者收益。

例如,企业的资产总额为 1 000 万元,息税前利润总额为 60 万元,银行利率为 5%,如果所筹资金中 400 万元为负债,剩余的 600 万元是所有者投入的,则扣除银行利息后投资者剩余利润=60-400×5%=40 万元,净资产收益率=40÷600=6.67%,表明投资者每 100 元投资可获利 6.67;当负债数额增至 500 万元时,扣除银行利息后投资者剩余利润=60-500×5%=35 万元,净资产收益率=35÷500=7%,表明投资者每 100 元投资可获利 7 元,高于 6.67 元,这说明当净资产收益率高于银行利息时,单位投资的获利能力增加了。如果银行利率高达 10%,在其他条件相同的情况下,净资产收益率则变为 3.33% 和 2%,说明投资者的单位获利能力下降了。

(四)成长能力分析

成长能力(growth capability)是指企业未来生产经营的发展趋势和发展水平。传统的财务分析评价仅仅从静态的角度来分析企业的财务状况,只注重分析企业的盈利能力、营运能力、偿债能力,这在日益激烈的市场竞争中显然不够全面,不够充分。其原因在于:首先,企业价值很大程度上取决于企业未来的获利能力,取决于企业销售收入、利润以及股利的未来增长,而不是公司过去或现在所取得的收益情况;其次,无论是增强企业的盈利能力、偿债能力,还是提高企业的资产营运效率,都是为了满足企业未来的生存和发展的需要,即为了提高企业的成长能力,也就是说成长能力是企业盈利能力、营运能力、偿债能力的综合体现。因此全面衡量一个企业的财务状况,不仅应从静态的角度分析其经营能力,还应从动态的角度分析和预测企业的经营成长水平,即成长能力。

企业能否持续成长对投资者、经营者、债权人及其他利益相关者至关重要。对投资者而言,企业能否持续成长,不仅关系到投资者投资回报的多少,而且关系到企业是否真正具有投资价值;对企业的经营者而言,要使企业获得成功,不能仅注重企业目前的经营能力,更应关心企业未来长期持续的成长能力;对债权人而言,成长能力同样至关重要,因为企业偿还债务,尤其是长期债务主要依靠企业未来的盈利能力。

分析评价企业的发展能力,主要是观察企业的经营规模、资本增值、生产经营成果、财务成果等增长情况,从而评价企业绩效。企业成长能力的分析及评价指标主要有销售增长率、资本积累率、资产增长率、收益增长率等。

1. 销售(营业)增长率

销售增长率(sales growth rate)是企业本年销售收入增长额同上年销售收入的比率,其计算公式如下:

$$销售增长率＝本年销售收入增长额÷上年销售收入×100\%$$

【例 9-16】 ABC 公司 20×× 年销售收入为 3 225 万元,上年销售收入为 3 065 万元,则:

$$销售增长率＝(3\ 225－3\ 065)÷3\ 065×100\%＝5.22\%$$

这项指标表明销售收入的增减变动情况,是分析和评价企业成长能力的重要指标。通过对销售增长率的分析,企业管理者可以衡量企业经营水平和市场占有能力,预测企业未来的业务发展趋势。

销售收入增长率的指标值如果大于 0,表明企业本年销售收入有所增长,指标值越高,表示增长速度越快,市场前景越好;如果小于 0,则表明销售收入有所下降,产品滞销,市场份额萎缩。在对该项指标分析时,企业管理者可结合企业历年销售水平、市场占有情况、行业未来发展等方面作趋势性的分析和判断。

2. 资本积累率

资本积累率(rate of capital accumulation)是企业年末所有者权益的增长额与年初所有者权益总额的比值,其计算公式如下:

$$资本积累率＝本年所有者权益增长额÷年初所有者权益总额×100\%$$

【例 9-17】 ABC 公司 20×× 年期末所有者权益为 940 万元,期初所有者权益为 890 万元,则:

$$资本积累率＝(940－890)÷890×100\%＝5.62\%$$

这个指标体现了企业当年资本积累情况以及资本的保全性和增长性。指标越高,表明企业的资本积累增长越多,资本保全性越强。一般而言,该指标至少要达到 0,如小于 0,则说明企业资本流失,企业管理者要查明原因,予以改进。

3. 资产增长率

资产增长率(asset growth rate)是企业本年总资产增长额与年初资产总额的比率,其计算公式为:

$$资产增长率＝本年总资产增长额÷年初资产总额×100\%$$

【例 9-18】 ABC 公司 20×× 年期末资产总额为 2 140 万元,期初资产总额为 1 800 万元,则:

$$资产增长率＝(2\ 140－1\ 800)÷1\ 800×100\%＝18.89\%$$

资产增长率是用来衡量企业资产规模增长幅度的财务指标。增长率为正数,说明企业本年度的资产规模获得增加;资产增长率为负数,说明企业本年的资产规模减少;资产增长率为 0,说明企业本年度的资产规模不增不减。在对资产增长率进行具体分析时,还应注意以下几个问题:首先,应将企业资产增长率与销售增长、利润增长等情况结合起来分析、评价企业的资产规模增长是否适当；其次，由于企业的资产来自于负债和所有者权益，应进一步分析企业的资产增长中有多少来自于所有者权益增长，有多少来自于负债增长，并判定资产增长的资本结构是否合理。

4．收益增长率

收益增长率（income growth rate）是企业本年收益的增加额与上年收益额的比值。财务管理的目的在于企业价值最大化，而企业收益的增长能够增加企业的价值。收益增长率是反映企业增长能力的重要内容，由于收益可表现为营业利润、利润总额和净利润等多种指标，反映收益增长率的指标也有多种表现形式。在实际财务工作中最常使用的是净利润增长率。净利润增长率是当年净利润的增长额与上年净利润的比率，其计算公式如下：

$$净利润增长率＝本年净利润增长额÷上年净利润×100\%$$

【例 9-19】 ABC 公司 20××年净利润为 147 万元，上年净利润为 158 万元，则：

$$净利润增长率＝（147－158）÷158×100\%＝－6.96\%$$

净利润增长率较大，说明企业收益增长得多，企业经营业绩突出，市场竞争能力强；相反，如果企业的净利润增长率较小，甚至小于 0，则说明企业收益增长得少，甚至负增长，表明企业经营业绩不佳，市场竞争能力弱。因此企业的净利润增长率至少应大于 0。

（五）现金流量分析

现金流量分析（cash flow analysis）是采用一定的方法，对财务报告中的现金流量信息进行计算处理，对其进行比较分析和研究，借以了解企业财务状况和经营成果，发现和揭示企业在现金流转方面存在的问题，对企业未来的现金流量进行科学预测提供依据。

现金是企业最活跃、最具有生命力的经济来源。企业的变现能力是一个企业经营状况的重要标志，反映着企业资本的周转速度，也反映企业的获利能力。企业的利益相关者通常都非常重视资产的变现能力，原因在于：首先，现金是流动性最强的资产，与营运资本相比，它不含期望变现的其他资产项目，能客观反映企业的变现能力。以收支现金流量反映的财务活动，也更能说明资产的变现过程。此外，现金是衡量企业生产经营状况的尺度。现金的流动涉及企业生产经营过程的各个阶段，包括生产经营过程中资源的使用效率、耗费程度、获利水平等，以现金获得的盈利才是企业真正获得的可支配盈利。因此，企业在经营过程中获得的现金越多，说明企业的财务状况越好。最后，企业拥有一定数量的现金，是维持企业正常偿债能力、避免财务风险、保证生产经营顺利进行的必要条件。值得注意的是，此处的"现金"不仅包括现金本身，也包括短期的、高流动的投资。

现金流量分析主要是依据现金流量表进行的，分析过程中也须结合资产负债表和利润表进行。随着近年来现金流量表的广泛使用，现金流量分析也逐步发展起来。但由于现金流量分析目前尚处于逐步完善的阶段，其方法体系并不完善，一致性也不充分。

现金流量分析的主要对象是现金流量表，分析与评价的内容包括：结构分析、流动性分析、财务弹性分析和收益质量分析。

1．结构分析

现金流量的结构分析包括流入结构、流出结构和流入流出比分析。这一分析的目的在于揭示企业现金流入、现金流出的结构组成,从而使分析者弄清企业现金流入的渠道,各项财务活动现金流入流出分别占多大比例,现金增加或减少的状况。

2. 流动性分析

流动性指将资产迅速转变为现金的能力。根据资产负债表计算的流动比率虽然也能反映流动性,但有很大的局限性,原因在于流动资产中的存货和待摊费用等资产实际难以很快转变为可偿债的现金,真正能用于偿还债务的是现金流量,因而用现金流量指标和债务指标进行对比能更好地反映企业的偿债能力。用现金流量反映企业资产流动性状况的评价指标体系如下。

(1)现金到期债务比

该指标以企业年度经营活动所致现金净流量与本期到期的债务相比较,计算公式如下:

现金到期债务比=经营活动现金净流量÷本期到期的债务

式中,本期到期的债务指本期到期的长期债务和本期应付票据之和。通常这两种债务不能展期,必须及时偿还。该指标表明现金流量对当期债务偿还的满足程度,该指标越高,表明经营现金流入对当期债务清偿的保证性越强。债权人通常对这一指标特别感兴趣。

(2)现金流动负债比

它以年度经营活动所致的现金净流量与流动负债相比较,表明经营现金流量对企业流动负债偿还的满足程度。通常债权人希望该指标高一些,其计算公式如下:

现金流动负债比=经营活动现金净流量÷流动负债

(3)现金债务总额比

现金债务总额比亦称与债务总额联系的现金流量比率,它以年度营业活动所致的现金净流量与全部债务总额相比较,表明经营现金流量对企业全部债务偿还的满足程度。其计算公式如下:

现金债务总额比=经营活动现金净流量÷债务总额

该比率越高,表明企业承担债务的能力越强,反之亦然。它同样也是债权人关心的一种现金流量分析。当然,相对而言,上述三项指标相比,短期债权人更关心现金到期债务比和现金流动负债比,而长期债权人更关心现金债务总额比。

3. 财务弹性分析

财务弹性分析指企业适应经济环境变化和利用投资机会的能力。这种能力来源于现金流量和支付现金需要的比较。现金流量超过需要,企业有剩余的现金,企业适应性就强,反之适应能力差。因此对财务弹性的衡量是将经营现金流量与支付要求进行比较。

(1)现金满足投资比率

现金满足投资比率是以企业近 5 年平均经营活动所致的净现金流入与平均投资支出相比较。其计算公式如下:

$$现金满足投资比率=\frac{近\ 5\ 年平均经营活动现金净流量}{近\ 5\ 年平均资本支出、存货增加、现金股利之和}$$

该比率越大,说明资金自给率越高。达到 1 时,说明企业可以用经营获取的现金满足扩充需要;若小于 1,则说明企业要靠外部融资来补充对资金的需求。

（2）现金股利保障倍数

现金股利保障倍数是以企业营业现金活动所致的每股现金净流量与当年企业发放的每股现金股利相比较。其计算公式如下：

$$现金股利保障倍数 = 每股经营现金净流量 \div 每股现金股利$$

该指标越大，说明企业以经营现金流入支付现金股利的能力越强。

4. 收益质量分析

收益质量指报告收益与公司业绩之间的相关性。如果收益指标能如实反映公司的业绩，则认为收益的质量好；如果收益不能很好地反映公司业绩，则认为收益的质量不好。收益质量分析，重点在于分析会计收益和现金净流量的比例关系。评价收益质量的指标主要是营运指数。其计算公式如下：

$$营运指数 = 经营现金净流量 \div 经营所得现金$$

此处需说明的是，经营所得现金是指经营净收益与非付现费用之和。另外，有关收益质量的相关信息一般列示于现金流量的"补充资料"部分。

若企业的营运指数小于1，通常说明收益质量不够好。首先，营运指数小于1，说明企业尚有一部分收益未取得现金，停留在实物或债权阶段，而实物或债权资产的风险大于现金，所以未收现的收益质量低于已收现的收益；其次，营运指数小于1，反映企业为取得同样的收益占用了更多的营运资金，即取得收益的代价增加了，所以同样的收益代表较差的经营业绩。

四、综合分析法

前面分别对企业的偿债能力、盈利能力、营运能力和成长能力以及现金流量进行了具体分析，但上述内容均只能反映企业经济效益的某一个方面，不能全面系统地对企业的财务状况和经营成果以及现金流量状况做出评价，而财务分析的目的就是要全方位地披露企业经营理财状况，进而对企业的经济效益做出正确合理的判断，为企业资金的筹集、投放、运用、分配等一系列财务活动的决策提供有利的支持。因此，必须进行多种指标的相关分析或者采用适当的标准对企业状况进行综合分析，才能从整体角度对企业的财务状况和经营成果进行客观评价。财务综合评价就是将企业视为一个完整的大系统，并将偿债能力、营运能力、盈利能力以及成长能力诸方面各个要素分析融合在一个有机整体中，全方位评价企业的财务状况和经营成果等状况。

财务状况的综合分析贵在综合，它利用各种方法——趋势分析法、杜邦法等，将企业财务活动视为一个完整的、不可分割的系统，并且在财务状况综合评价过程中，各种财务报表（主要指资产负债表、利润表和现金流量表）以及其他财务信息也在相互关联、相互影响中构成一个完整的信息报告系统。

（一）财务状况趋势分析法

趋势分析法是根据企业连续几个时期的分析资料，确定分析期各有关项目的变动情况和趋势的一种财务分析方法。趋势分析法既可用于对会计报表的整体分析，即研究一定时期报表各项目的变动趋势，也可对某些主要指标的发展趋势进行分析。

1. 趋势分析法的一般步骤

（1）计算趋势比率或指数。通常指数的计算有两种方法：一是连续比较有关指标在不同时期的变动趋势；二是将两个时期同一指标进行比较。前者称为环比动态比率，后者称为定基动态比率。它们的计算公式如下：

$$环比动态比率＝分析期指标÷分析前期指标×100\%$$

$$定基动态比率＝分析期指标÷固定期指标×100\%$$

采用环比动态指标分析，可以看出该指标的连续变化趋势；采用定基动态指标分析，可以将分析期与基期进行直接对比，以便寻找挖掘潜力的途径和方法，保证在现有基础上不断提高有关指标的先进性。趋势分析法较多使用的是定基指数。

（2）根据指数计算结果，评价与判断企业各项指标的变动趋势及其合理性。

（3）根据企业以前各期的变动情况，研究其变动趋势或规律，从而预测企业未来的财务状况变动趋势。

2．具体分析方法

采用趋势分析法时应注意：用以进行对比的连续数期的指标在计算口径上必须一致；由于各种偶然因素对财务活动产生的特殊影响，在分析过程中应加以消除；分析过程中若发现某项指标在一定时期变化显著，应将其列为分析重点。

（1）比较财务指标和财务比率分析

所谓比较财务指标和财务比率是指将企业连续几年间主要的财务指标和财务比率进行计算分析，直接观察其金额或比率的变动数额和变动幅度，分析其变动趋势是否合理，并据以预测企业未来的财务状况。

（2）比较会计报表分析

比较会计报表是指比较连续几期会计报表的数据，分析其增减变化的幅度及变化的原因，从而判断企业财务状况的发展趋势。

（3）结构百分比分析

结构百分比是指将财务报表上某一特殊项目的数值作为基准指标，用100％表示，而报表中其他项目分别与该项目进行比较的方法。通常在利润表和资产负债表分析中分别以销售收入和资产总额为基准指标。运用结构百分比分析方法，可以表示某一具体项目与基准指标（100％）之间的关系，以表明此项目的重要性。

（二）杜邦财务分析法

杜邦财务分析法因其由美国杜邦公司最早创造并成功应用而得名，故也称为杜邦系统（the Du Pont System）。杜邦分析法是一种利用各种主要财务比率指标间的内在联系，对企业财务状况及经济效益进行综合分析评价的方法。以上各节所涉及的偿债能力分析、营运能力分析、盈利能力分析、成长能力分析等，仅仅就企业某一方面的财务活动及其状况做出评价，但是企业的各项财务活动、各项财务指标是相互联系、相互影响的，必须结合起来加以研究。杜邦分析法正是将企业的各项财务活动及财务指标看作一个有机的系统，对系统内的相互依存、相互作用的各种因素进行综合分析的一种方法。杜邦分析法以净资产收益率为主线，将企业在某一时期的主营业务成果以及资产营运状况全面联系起来，层层分解，逐步深入，构成一个完整的分析体系，如图 9-1 所示。

净资产收益率

资产净利率　　×　　权益乘数

销售净利率　　×　　总资产周转率

净利润　　÷　　销售收入　　　　销售收入　　÷　　平均资产总额

销售收入　　－　　销售成本费用　　－　　所得税费用

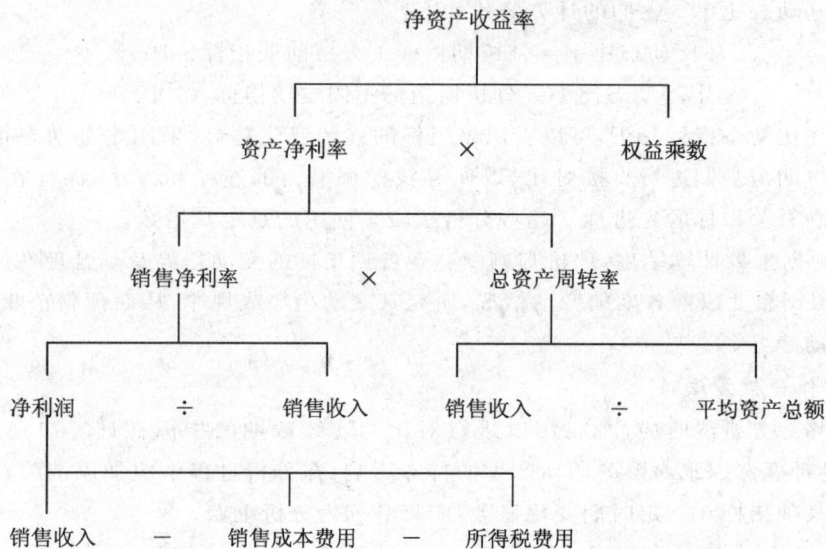

图 9-1　杜邦分析法

图 9-1 中的权益乘数表示企业的负债程度,权益乘数越大,企业负债程度就越高。权益除以资产是所有者权益比率,权益乘数是其倒数。其计算公式为

$$权益乘数 = 1 \div (1 - 资产负债率)$$

值得注意的是,此处的资产负债率指的是全年平均资产负债率,是企业全年平均负债总额与全年资产总额的比值。

杜邦体系的核心是净资产收益率,该指标是所有比率中综合性最强、最具有代表性的一个指标,原因在于该指标通过分解可以反映企业多方面的财务状况。其计算公式如下:

$$净资产收益率 = 资产净利率 \times 权益乘数$$
$$= 销售净利率 \times 总资产周转率 \times 权益乘数$$
$$= 销售净利率 \times 总资产周转率 \times 1 \div (1 - 资产负债率)$$

由上式可以看出,决定净资产收益率高低的因素有三个方面:销售净利率、总资产周转率和权益乘数。如此分解之后,可以把净资产收益率这样一个综合性的指标发生变化的原因具体化。

权益乘数主要受资产负债率的影响,企业负债越多,资产负债率越大,权益乘数就越高,能给企业带来杠杆效应的同时也给企业带来较大的财务风险;销售净利率高低的分析,需从销售额和净利润两个方面进行,净利润与销售净利率成正比关系,而销售收入与销售净利率成反比关系,净利润越大,销售净利率越高,企业盈利能力就越强;总资产周转率是反映企业运用全部资产取得销售收入能力的指标,对总资产周转率的分析,需对影响总资产周转率各因素进行分析,除了对资产的各构成成分从占用量上是否合理进行分析外,还可以通过对流动资产周转率、存货周转率、应收账款周转率等有关资产组成部分的使用效率进行分析,从而找出影响资产周转率的主要因素。

综上可知,杜邦分析法具有如下特点:

(1)杜邦分析法的核心是净资产收益率,该指标最具综合性、代表性,它表明了企业

财务管理的目标,即股东财富最大化。净资产收益率的高低反映了投资者投入资本的获利能力及企业筹资、投资等各项财务活动的效率和效益。

(2)全面、直观地反映了净资产收益率的影响因素,其中资产净利率是最重要的因素,杜邦分析法强调高资产净利率可以有三个来源:高销售利润率或高资产周转率或两者的结合。因此企业必须扩大销售,增加销售收入,加强成本控制,降低耗费以达到提高权益净利率的目的。净资产报酬的多少还与资产管理的好坏密切相关,较高的周转速度能够显示出良好的资产管理水平。

(3)说明适度的负债经营对企业的盈利非常重要。合理增加举债额度,能使企业获得经济繁荣时期的巨大财务杠杆利益。

通过杜邦财务分析体系,企业管理者一方面可从企业销售规模、成本水平、资产营运、资本结构等方面分析权益净利率增减变动的原因;另一方面可协调企业资本运营、资产经营和商品经营关系,促使权益净利率达到最大化,实现财务管理目标。

附:引例简要分析

对于债权人而言,购买债券主要考虑的是投资的安全性及收益水平,而投资的安全性取决于长期偿债能力(还本)和按期付息能力(盈利能力),因两家公司债券票面利率和期限完全相同,说明投资两个公司债券的收益等价。因此,选择的主要标准是长期偿债能力和盈利能力孰优。

经计算康生公司的负债比率为0.35,而健生公司的负债比率为0.30,从长期偿债能力角度,健生公司资本结构更稳健,投资其债券更安全。(如果资料更详尽,还应比较一下利息保障倍数)。

盈利能力分析:康生公司每股盈余为0.132,每股股利为0.06,市盈率为60.606,公司总股价为2 400 000元;健生公司每股盈余0.187,每股股利0.098,市盈率80.214,公司总股价6 000 000元,从盈利能力的角度,健生公司明显高于康生公司,故购买健生公司的股票更具有吸引力,但要注意到,健生公司的市盈率高达80倍,正常水平应在15~30,说明极受市场追捧,股价上升空间较小,风险较大,这与收益成正比。

本章小结

财务报表是反映企业某一特定日期财务状况和某一会计期间经营成果、现金流量的文件,是财务会计核算工作的结果,也是财务会计部门提供财务会计信息资料的重要手段。编制财务报表是会计循环的最后一个步骤。财务报表能提供经济生活中关于企业财务状况、经营成果、现金流量的价值方面的资料。财务报表使用者对信息的需要不完全相同,财务报表是针对使用者的共同需要制定的,但并不能满足所有使用者的全部的信息,如不能提供诸如人力资源、企业背景、企业文化等。因此,财务报表使用者为了自己的决策,还需要从另外的渠道获得信息。

财务报表分析正是利用以上报表提供的依据,采用科学的分析技术和方法,系统分析企业过去和现在的经营成果、财务状况、现金流量状况及其变化趋势。财务报表分析包括偿债能力、营运能力、盈利能力、成长能力和现金流量状况以及企业整体财务状况综合评价等方面,不同的分析主体(如企业经营管理者、投资者和债权人)有着各自不同的分析侧重点。总之,通过财务报表分析可以了解过去,评价现在,预测未来,帮助企业利益关系集团改善决策。

▶▶ 思考题

1. 什么是财务报表?它有何作用?
2. 资产负债表和损益表的主要区别是什么?它们之间有何联系?
3. 分析企业偿债、营运和盈利能力的指标有哪些?
4. 简述杜邦分析法的基本原理。

▶▶ 习题

某公司 20××年财务数据如下:

资产负债表

编制单位:×公司　　　　　　　　20××年 12 月 31 日　　　　　　　　单位:万元

资　　产	期末余额	年初余额	负债及所有者权益	期末余额	年初余额
流动资产:			流动负债:		
货币资金	170	150	应付票据	1 360	1 280
交易性金融资产	190	200	应付账款	1 300	1 230
应收账款	1 300	1 200	流动负债合计	2 660	2 510
存货	2 450	2 300	非流动负债:	1 940	1 800
流动资产合计	4 110	3 850	负债合计	4 600	4 310
			所有者权益:		
非流动资产:			实收资本	1 990	1 990
固定资产	3 390	3 250	未分配利润	910	800
非流动资产合计	3 390	3 250	所有者权益合计	2 900	2 790
资产合计	7 500	7 100	负债及所有者权益合计	7 500	7 100

利润表

项　目	本年累计	上年实际
一、营业收入	13 300	12 000
减：营业成本	9 800	9 000
营业税金及附加	600	560
销售费用	1 100	900
管理费用	420	380
财务费用	250	200
加：投资收益	180	190
二、营业利润	1 310	1 150
加：营业外收入	120	115
减：营业外支出	90	70
三、利润总额	1 340	1 195
减：所得税	440	390
四、净利润	900	805

结合上述，数据对该企业进行偿债能力、营运能力、盈利能力和成长能力的评价。

第十章 产品盈利能力分析

【本章导读】

企业利润表中计算出的利润能真实地反映公司的盈利状况吗？企业在生产经营中发生诸如折旧费之类的固定性制造费用，这些费用的发生只与企业是否经营有关，而与产品的销量无关。因此，固定性制造费用是应当计入产品成本还是确认为当期的期间费用？这是一个值得深思的问题。本章将从成本总额是否随成本动因的变化而变化的角度重新认识成本，探讨产品盈利能力的计量问题，并进一步分析成本、业务量及利润三者之间的关系。

【学习目标】

1. 理解变动成本、固定成本及混合成本的基本特征；掌握成本性态分析的基本方法；掌握变动成本法，理解其在计量产品盈利能力方面的意义。

2. 掌握盈亏平衡分析及实现目标利润的分析；理解利润敏感性分析的作用。

引例 »

长江公司是一家于8月份新开办的企业，企业只生产一种产品，当月投产并完工产品1 000件，对外销售产品600件，月末会计报表显示利润为8 000元，开业当月企业就有盈利，经理张强很高兴。9月份企业因为有400件存货，将产量减少了400件，也即本月企业生产产品600件，销售情况比上月情况略好，为650件。张强认为本月的盈利肯定能超过上月，当他看到会计报表上显示企业亏损了3 000元时，他怎么也不相信，认为是财务部门弄错了，让财务经理重新核对，但财务经理告诉他，会计报表没有问题。张强对此很不能理解，本月的销售量和上月相比明明是提高了呀，利润怎么却会降低呢？

第一节 变动成本法

一、成本性态

前已述及,企业实现的利润是收入减去成本(费用)后的余额,因此,企业在收入一定的情况下,要正确评估企业的盈利能力,必须恰当分析与之配比的成本(费用)。

所谓成本(costs)是指为生产某种产品或提供某种劳务而消耗的生产资料价值、发生的费用和支付的职工工资的货币价值之和,是以产品或劳务为对象进行核算的。然而,在企业成本管理中,时常需要分析某项成本的发生是否随着产量或某个因素的变动而变动,这样才能找到成本发生的根源,进而在控制及管理成本的同时更好地计量企业产品的盈利能力。

成本总额与相关成本动因之间的依存关系称为成本性态或成本习性,通俗地说就是成本是否随成本动因的变化而变化。为此,可以把成本分为变动成本(variable costs)、固定成本(fixed costs)和混合成本(mixed costs)。成本动因(cost driver)是指引起成本变化的因素,大多与数量有关,一般表现为业务量。这里的业务量是指企业在一定生产经营期间内投入或完成的经营工作量的统称,可用多种计量单位来表示,分为绝对量和相对量。绝对量又细分为实物量、时间量和价值量。相对量可以用百分比和比率等形式来反映。业务量可以是产品产量、销售量、人工小时、维修部门的维修小时、车辆行驶里程、业务人员处理订单个数和机器小时等。企业应根据具体情况和管理要求来确定成本动因。

(一) 变动成本

如果在一定的成本动因范围内,成本总额与成本动因成正比变化,如直接材料、直接人工,这一类成本就称为变动成本。变动成本有两个基本特点:① 一定成本动因量范围内,成本总额随成本动因的增减变动成正比例变动;② 单位变动成本不会受成本动因的增减变动影响,保持不变。例如,一个企业生产一个产品需要直接材料成本 50 元,需要直接人工成本 100 元,那么其材料成本总额、人工成本总额就会与产量多少成正比例关系。

变动成本可进一步区分为约束性变动成本和酌量性变动成本。约束性变动成本,是由产品的工艺设计所确定的,只要产品设计及工艺技术不改变,成本就不会变动,所以不受企业管理部门的影响。酌量性变动成本通常受管理部门决策影响,有很大的选择性,如按销售收入的一定百分比支出的销售佣金、技术转让费等,这些成本的显著特点是其单位变动成本的发生额可由企业最高管理阶层决定,如销售佣金计提的百分数由经理所定。

变动成本与成本动因之间成正比例变动的关系(即完全的线性关系),通常也只有在一定成本动因范围内存在,超过这一成本动因范围,两者之间就不一定存在正比例关系(即表现为非线性联系)。这一成本动因的变动范围,称之为相关范围。

(二) 固定成本

如果在一定期间和一定的成本动因范围内,成本总额不随成本动因的变化而变化,如厂房的折旧费,这一类成本就称为固定成本。与变动成本相对应,固定成本也有两个基本特点:① 在一定时期和一定成本动因范围内,成本总额不随成本动因的变动而变动;② 单位固定成本随成本动因的变动而成反比例变动。例如,企业每月直线法计提的折旧费就不会因生产量或销售量的变化而变化。

固定成本根据其支出数是否受管理部门短期决策行为的影响,还可以分为约束性固定成本和酌量性固定成本。约束性固定成本是指支出数不受管理部门短期决策行为影响的固定成本。约束性固定成本通常是提供和维持企业生产经营能力所需设施、机构而支出的成本。这些支出的大小取决于生产经营能力的规模,是维持企业最基本的生产能力成本,因此又称为经营能力成本。例如,保险费、财产税、租赁费、长期贷款利息、管理人员工资和固定资产折旧费等。这种成本通常由企业的高层管理人员根据企业的战略规划和长远目标确定,一旦形成在短期内很难改变,并且对企业的生产能力和经营目标产生重大影响。若削减该种支出,势必会影响企业的生产能力和长远目标,即使生产中断,该项固定成本仍然要发生,因此这种成本具有很大的约束性,企业在短期内是无法改变的。酌量性固定成本是指支出数受管理部门短期决策行为影响的固定成本,如研究开发费用、职工培训费和广告促销费等。这些成本在一定的预算执行期内固定不变,而在编制下期预算时,可由企业管理部门根据未来的需要和财务负担能力进行调整。因此,管理人员可以根据需要调整酌量性固定成本的费用水平。

但从较长时期看,所有成本都是可变的,即使是约束性固定成本亦是如此。随着时间的推移,企业生产经营能力的规模和质量都将发生变化,厂房的扩建、设备的更新、管理人员的增减,都将改变折旧费、修理费、工资及其他的支出额,使得约束性固定成本总额也相应地发生变化。另外当成本动因超过企业现有的生产能力水平时,势必要扩建厂房、增添设备、扩充必要的机构和增加相应的人员,从而使原属于固定成本的折旧费、修理费、管理人员工资等也必须相应增加,甚至在广告宣传方面也可能为此追加支出,以便扩大生产能力而增产的产品得以顺利销售出去。因此,所谓的固定成本的"固定性"并不是绝对的,而是有限制条件的。这一条件通常称为固定成本的"相关范围",包括特定的期间和特定的成本动因范围。

(三) 混合成本

还有一类成本,介于变动成本和固定成本之间,其总额会随成本动因的变化而变化,但又不成正比例变化,这一类成本就称为混合成本。混合成本的变动趋势相对较为复杂,一般有以下三种类型。

1. 阶梯型混合成本

阶梯型混合成本又称为半固定成本。这类成本在一定的成本动因范围内不随成本动因的变化而变化,类似于固定成本,而当成本动因突破这一范围时,成本就会跳跃上升。这类成本可用分段函数来表示。比如企业质量检验人员的工资就是比较典型的半固定成本,假设一个质检员每天最多可以检验 100 件产品,若企业产品在每天 100 件以内,则需要聘用一位质检员并支付其工资;而如果每天产品数量在 101 件与 200 件之间,此时需要两位质检员并支付两位工人的工资。

2. 标准型混合成本

标准型混合成本又称为半变动成本。这类成本有一个初始成本,相当于固定成本,在此基础上,成本随成本动因的变化而成正比例变化。这类成本函数表示为 $y=a+bx$。如企业与供电部门协商确定,企业每月电费支出的基数为 2 000 元,每使用一度电支付 0.3 元,假设企业生产产品每件需耗用 4 度电,此时企业的总电费 y 与生产产品数量 x 之间的关系为 $y=2\ 000+1.2x$。

3. 递延型混合成本

递延型混合成本又称为延期变动成本。这类成本在一定的成本动因范围内总额保持不变,一旦突破了这一成本动因范围,成本就随成本动因成正比例变化。这类成本同样可用分段函数表示。比如某企业实行计时工资制,职工的正常工作时间 10 000 小时内的工资总额是固定不变的,为 100 000 元,企业的小时工资率为 10 元,但如果职工的工作时间超过了正常水平,企业需根据加班时间支付双倍的加班工资。那么,企业支付的职工工资总额 y 与工作时间 x 之间关系为

当 $x<10\ 000$ 时,$y=100\ 000$;

当 $x>10\ 000$ 时,$y=100\ 000+20\times(x-10\ 000)$。

需要说明的是,现实经济生活中,成本种类繁杂,形态各异,上面所讲的变动成本、固定成本和混合成本不能囊括成本的全部内容,人们总是近似地将其描述为某一种性态。

二、混合成本的分解

由于会计记录通常只是披露混合成本项目的总成本及相关的成本动因,因而有必要采用正式的方法,将总成本划分为固定成本和变动成本,从而将所有的成本项目适当地归属到相应的成本性态类型中。

混合成本分解的最终目的是要将全部成本区分为固定成本和变动成本两大类。其方法主要有工程分析法、账户分类法、合同确认法和历史资料分析法。每种方法均要求分析人员做出线性成本关系的简化假设。这些方法的前提假设、分析方式以及在估计成本函数的精确程度方面各不相同,但它们并不互相排斥,许多企业将它们结合起来使用。

1. 工程分析法

工程分析法又称技术测定法,它是由工程技术人员根据生产过程中投入与产出之间的关系,对各种物质消耗逐项进行技术测定,在此基础上来估算单位变动成本和固定成本的一种方法。

工程分析法的基本要点:在一定的生产技术和管理水平条件下,根据投入的成本与产出数量之间的联系,将生产过程中的各种原材料、燃料、动力、工时的投入量与产出量进行对比分析,以确定各种消耗量标准。如生产单位产品所需耗用各种原材料、燃料的重量、机器小时、特定技术等级的人工小时等,将这些数量标准乘以相应的单位价格,即可得到各项标准成本。把与产量相关的各项标准成本汇集则为单位变动成本,把与产量无关的各种成本汇集则为固定成本总额。

较常见的情况是企业利用这种方法分析直接成本,如材料和人工;而不常用于分析间接成本,如制造费用,因为对于单个的制造费用项目来说,投入与产出之间的实物形态关系很难确定。

2. 账户分类法

账户分类法也称账户分析法,是指根据各有关成本明细账的发生额,结合其与业务量的依存关系,对每项成本的具体内容进行直接分析,使其分别归入固定成本或变动成

本的一种方法。

账户分类法具有简便易行的优点,适用于会计基础工作较好的企业。但由于此法要求分析人员根据自己的主观判断来决定每项成本是固定成本还是变动成本,因而分类结果比较主观。账户分析法在实务中广泛运用,但各企业实施的具体方法各不相同。

3. 合同确认法

合同确认法是根据企业与供应单位所订立的经济合同中费用支付规定和收费标准,分别确认哪些费用属于固定成本,哪些费用属于变动成本的方法。合同确认法一般适用于水电费、煤气费、电话费等公用事业费的成本性态分析。

4. 历史资料分析法

历史资料分析法是根据混合成本在过去一定期间内的成本总额与成本动因的历史资料,采用适当的数学方法对其进行数据处理,从而分解出固定成本总额和单位变动成本的一种定量分析法。常用的历史成本分析法有高低点法、散布图法和回归直线法。

(1)高低点法。高低点法是历史资料分析法的一种,是根据一定时期内的最高点和最低点业务量,及其相应的成本关系,来推算固定成本总额 a 和单位变动成本 b 的一种混合成本分解方法。其原理如下。

① 假定成本总额(y)与业务量(x)之间存在线性关系,则:

$$y = a + bx$$

式中,a 和 b 分别为固定成本和单位变动成本。

图 10-1 中,直线与纵坐标的截距为固定成本 a,而直线的斜率为单位变动成本 b。

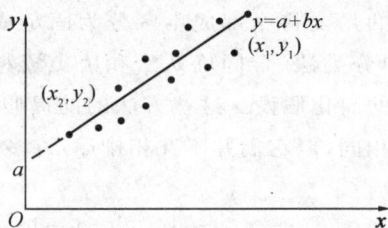

图 10-1　混合成本分解的高低点

② 利用高、低两点确定 a 和 b。根据两点确定一条直线的原理,利用业务量最高和最低两点(x_1,y_1)和(x_2,y_2)可得方程组如下:

$$\begin{cases} y_1 = a + bx_1 \\ y_2 = a + bx_2 \end{cases}$$

解方程组可得

$$b = \frac{最高点成本 - 最低点成本}{最高业务量 - 最低业务量} = \frac{y_1 - y_2}{x_1 - x_2}$$

$$a = 最高点成本 - b \times 最高点业务量 = y_1 - bx_1$$

或　　　　　　　　　$a = 最低点成本 - b \times 最低点业务量 = y_2 - bx_2$

【例 10-1】　凯特公司是一家生产家用厨具的小型企业,20××年 1—6 月份设备维修费(混合成本)的有关资料见表 10-1。

表 10-1　企业设备维修费的相关统计资料

月份	机器工作小时	维修费(元)
1	4 000	550
2	4 200	565
3	5 000	650
4	4 100	555
5	3 900	540
6	4 100	560

根据以上资料,运用高低点法对维修费进行成本分解。

解:Ⅰ. 确定高低点(见表 10-2)。

表 10-2　对维修费进行成本分解

项目	最高点(3 月份)	最低点(5 月份)
机器工作小时(x)	5 000	3 900
维修费(y)	650	540

Ⅱ. 计算 b 和 a,按成本性态建立维修费的组成方程。

$$b=\frac{y_高-y_低}{x_高-x_低}=\frac{650-540}{5\,000-3\,900}=0.1\,(元)$$

$$a=y_高-bx_低=650-0.1\times5\,000=150\,(元)$$

$$a=y_低-bx_低=540-0.1\times3\,900=150\,(元)$$

通过计算,该厂维修费(混合成本)中的固定成本为 150 元,单位变动成本为 0.1 元,按成本性态,维修费组成的方程为 $y=150+0.1x$。

高低点法的优点是简便易行,易于理解。但该法只是选择了历史资料诸多数据中的两组数据作为计算依据,使建立起来的成本性态模型可能不具代表性,容易导致较大的计算误差。如果出现异常的高点或低点,运用高低点法时应进行适当的修正和改进,如选择"具有代表性的高点和低点",避免例外事件造成极端观测值对成本函数的影响。该方法一般适用于成本变动趋势比较稳定的情况。

(2) 散布图法。所谓散布图就是在以横轴代表成本动因,纵轴代表混合成本的坐标图中,将过去一定时期的各期成本动因及成本数据分别在图中标出,这种将有关的若干组数据在坐标图上一一标出形成的图形就称为散布图。根据目测在各点之间画一条反映成本随业务量变动的变动趋势的直线,据此分解出混合成本中的固定成本和变动成本的方法就是散布图法。

散布图法的基本分解步骤如下:

① 画出散布图。以成本动因为横轴、成本为纵轴,建立坐标系;将过去一定时期的各组成本动因及相应的成本数据在坐标上一一标出,形成散布图。

② 画出趋势直线。用目测法在散布图上各点之间画出一条反映成本变动趋势的直线,也就是画出一条直线,让各点均匀分布在所画直线的两侧,直线与纵轴相交。

③ 确定固定成本 a 和单位变动成本 b。趋势直线对纵轴的截距即为固定成本 a;该

直线的斜率即为单位变动成本 b。

【例 10-2】 某企业 20××年 1—12 月份的维修费用资料见表 10-3。

表 10-3　某企业 20××年 1—12 月的维修费

月份	机器工作小时	维修费（元）
1	8 500	3 700
2	7 500	3 500
3	9 000	3 800
4	9 500	3 900
5	10 000	4 000
6	11 000	4 200
7	10 500	4 000
8	9 500	3 800
9	11 500	4 200
10	12 000	4 300
11	13 000	4 500
12	12 500	4 400

运用散布图法对维修费进行成本分解如下：

Ⅰ．画出散布图

以机器工作小时为横轴（x）、维修费为纵轴（y）建立坐标系；将 2012 年 1—12 月份的各月维修费、机器工作小时资料在坐标上一一标出（见图 10-2）。

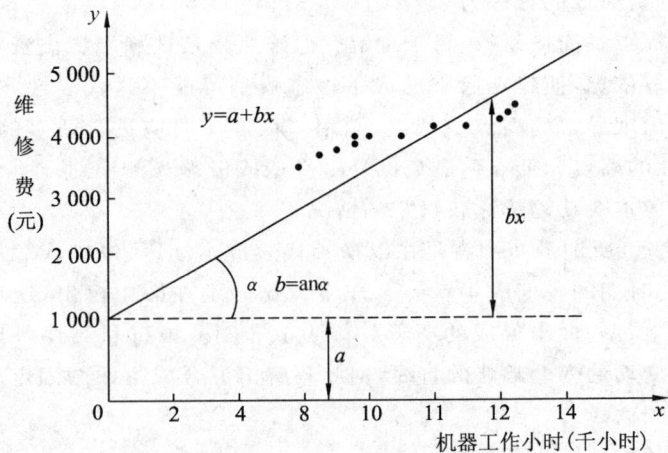

图 10-2　各月维修费的散布图

Ⅱ．画出趋势直线

在散布图上用目测法画出一条趋势直线与纵轴相交，使散布图上各点均匀分布在直线的上、下方。

Ⅲ．确定固定成本 a 和单位变动成本 b

从图 10-2 中可以确定趋势直线与 y 轴的交点为$(0,1\,000)$，直线在 y 轴上的截距为 $1\,000$，即固定成本 $a=1\,000$ 元。

在趋势直线上任找一点，量出该点坐标，如$(13\,000,4\,500)$，则该趋势直线的斜率为 $\dfrac{4\,500-1\,000}{13\,000-0}=0.269$，即单位变动成本 $b=0.269$ 元。因此，按照成本性态，维修费的组成方程为 $y=1\,000+0.269x$。

必须指出，以上两种方法的分解结果都不够精确。高低点法比较简便，但只考虑了历史资料中的两组数据，如果不同期间的成本动因及成本波动较大的话，那么得出的计算结果的误差较大；散布图法尽管考虑了给定的全部数据，但是通过目测确定的趋势直线进行分解，也不是一种严密、精确的方法，一般企业在进行混合成本分解之初会应用散布图法，以便看出成本与成本动因之间相互关系的一种趋势，便于后面选择恰当的混合成本分解方法。

（3）回归直线法。回归直线法是通过回归方程来确定成本直线，用以分解混合成本的方法。但在利用这种方法之前，必须先确定 x 与 y 之间有无线性关系，也就是 x 与 y 之间是否相关。若 x 与 y 相关性较强，则可进行分解；若 x 与 y 相关性较弱，则不必进行分解，因为这样分解出来的结果毫无意义。

企业在实际工作中，一般选用散布图法来进行初步的判断，看成本与成本动因之间是否存在线性关系。在数学上，通过计算相关系数 r 来判断两者之间是否线性相关。相关系数 r 的取值范围一般在 0 与 ±1 之间。当 $r=0$ 时，说明 x 与 y 完全不相关；当 $r=1$ 时，说明 x 与 y 完全正相关；当 $r=-1$ 时，说明 x 与 y 完全负相关。r 绝对值的大小说明 x 与 y 这两个变量相关程度的密切与否。

回归分析法的原理是从散布图中找到一条直线，该直线与由全部历史数据形成的散布点之间的误差平方和最小，这条直线在数理统计中称为"回归直线"或"回归方程"，因而这种方法又称最小平方法。其步骤如下：

① 根据历史资料列表。

② 计算相关系数 r，并据此判断 x 与 y 之间是否存在必要的线性关系：

$$r=\frac{n\sum xy-\sum x\sum y}{\sqrt{[n\sum x^2-(\sum x)^2][n\sum y^2-(\sum y)^2]}}$$ （其中 n 表示选取的样本个数）

③ 计算 b,a 的值（a 表示固定成本，b 表示单位变动成本）：

$$b=\frac{n\sum xy-\sum x\sum y}{n\sum x^2-(\sum x)^2}$$

$$a=\frac{\sum x^2\sum y-\sum x\sum xy}{n\sum x^2-(\sum x)^2}$$

④ 建立成本性态模型：$y=a+bx$。

【例 10-3】 仍以凯特公司为例，企业 1—6 月份有关产量及电费的数据见表 10-4，用回归直线法加以分解。

Ⅰ. 首先，计算相关系数 r，以检验 x 与 y 的相关程度：

表 10-4　产量及电费相关数据

月份	产量 x(件)	电费 y(元)	xy	x^2	y^2
1	185	1 370	253 450	34 225	1 876 900
2	220	1 500	330 000	484 00	2 250 000
3	250	1 400	350 000	62 500	1 960 000
4	300	1 600	480 000	90 000	2 560 000
5	280	1 600	448 000	78 400	2 560 000
6	265	1 530	405 450	70 225	2 340 900
$n=6$	$\sum x=1\,500$	$\sum y=9\,000$	$\sum xy=$ 2 266 900	$\sum x^2=$ 383 750	$\sum y^2=$ 13 547 800

为了便于进行计算,现将有关数据列于表 10-4 中。

$$r=\cfrac{6\times2\,266\,900-1\,500\times9\,000}{\sqrt{(6\times383\,750-1\,500^2)(6\times13\,547\,800-9\,000^2)}}$$

$$=\frac{101\,400}{122\,707}=0.83$$

$r=0.83$,接近于 1,说明 x 与 y 之间具有较密切的相关性,存在着线性关系,可用直线方程 $y=a+bx$ 描述其变动趋势。

Ⅱ. 其次,根据直线方程 $y=a+bx$ 建立回归方程。方程如下:

先将 n 组观察值中的 $y=a+bx$,加以合计得:

$$\sum y=na+b\sum x \qquad\qquad 式(10\text{-}1)$$

再将式(10-1)的两边用变量 x 加权,得:

$$\sum xy=a\sum x+b\sum x^2 \qquad\qquad 式(10\text{-}2)$$

解由式(10-1)和式(10-2)联立的方程组,可据此求出 a,b 值。

或将式(10-1)移项化简,得:

$$a=\frac{\sum y-b\sum x}{n}=\bar{y}-b\,\bar{x} \qquad\qquad 式(10\text{-}3)$$

将式(10-3)代入式(10-2)化简,得:

$$b=\frac{n\sum XY-\sum X\sum Y}{n\sum X^2-(\sum X)^2} \qquad\qquad 式(10\text{-}4)$$

将表 10-4 的数据代入式(10-4)得:

$$b=\frac{n\sum XY-\sum X\sum Y}{n\sum X^2-(\sum X)^2}$$

$$=\frac{6\times226\,900-1\,500\times9\,000}{6\times383\,750-1\,500^2}=2\,(元)$$

将 $b=2$ 代入式(10-3)得:

$$a=\frac{\sum y-b\sum x}{n}=\frac{9\,000-2\times1\,500}{6}=1\,000\,(元)$$

Ⅲ. 最后,将 a,b 值代入 $y=a+bx$ 中,得出电费的成本公式:$y=1\,000+2x$。

利用回归直线法进行混合成本分解,其结果较为精确,但计算过程比较复杂。

三、变动成本法

(一)变动成本法的含义

变动成本法(variable costing)是指在组织常规的产品成本计算过程中,以成本性态分析为前提,在计算产品成本时只包括产品生产过程中所消耗的直接材料、直接人工和变动性制造费用即变动生产成本,而把固定性制造费用即固定生产成本及非生产成本全部作为期间成本处理的产品成本计算方法。变动成本法的成本构成如图 10-3 所示。

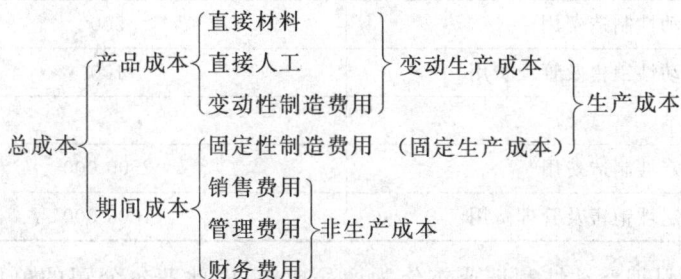

图 10-3　变动成本法的成本构成

变动成本法是与传统的制造成本计算法相对的概念。传统的成本计算方法是在计算产品成本时,把一定时期发生的直接材料、直接人工和全部制造费用(包括变动制造费用和固定制造费用)都包括在内的方法,称为"完全成本法"。正是因为完全成本法是将所有的制造成本,无论是变动的还是固定的,都吸收到了单位产品上去,因此也被称为"吸收成本法"或"吸收成本计算法"。完全成本法的成本构成即为图 10-3 所示的"生产成本"构成。

(二)变动成本法与完全成本法比较

变动成本法只把变动性的制造成本分配给产品,这些成本包括直接材料、直接人工和变动性的制造费用。固定性制造费用作为期间费用而被排除在产品成本之外。其理由是固定性制造费用是一种生产能力成本,一旦期间结束,由该生产能力提供的利益也就结束。因此,它不应该计入存货成本。某期间的固定性制造费用在期满后全部从当期收入中扣减。完全成本法则把所有的制造成本都分配给产品,此时,固定性制造费用按预定的分配率分配给各产品,计入存货成本,直到产品出售才列为费用,从收入中扣减。

变动成本法和完全成本法的区别在于固定性制造费用这一特殊的成本处理上。目前,对外报告要求使用完全成本法,同时变动成本法能为计划和控制提供重要的成本信息,是内部管理十分有用的工具。这里将对两种方法进行比较,讨论两种方法对存货计价及利润确定的不同影响。

1. 存货计价不同

企业在期末存货和本期销货均不为零的条件下,本期发生的产品成本最终表现为销货成本和存货成本。

不同的成本计算方法会影响存货的价值。现举例说明两种成本计算法下的存货计价。

【例 10-4】　菲尔公司去年产量为 10 000 件,年末存货为 2 000 件。有关产品成本数据如表 10-5 所示。

表 10-5　产品成本数据

单位:元

项　目	金　额(元)
单位变动成本	
直接材料	500
直接人工	1000
变动性制造费用	500
变动性销售及管理费用	100
固定成本	
固定性制造费用	2500 000
固定性销售及管理费用	1000 000

变动成本法只把变动性制造成本作为产品成本,因此菲尔公司的单位成本为 2 000 (=500+1 000+500)元。完全成本法则包括所有制造成本,因此菲尔公司的单位成本为 2 250(=500+1 000+500+2 500 000÷10 000)元。

单位成本差异会影响资产负债表上列示的存货价值,菲尔公司期末存货为 2 000 件, 故在变动成本法下,期末存货价值为 4 000 000(=2 000×2 000)元;而在完全成本法下, 期末存货价值为 4 500 000(=2 250×2 000)元。

注意,这两种方法唯一的区别在于对固定性制造费用的处理,因此,完全成本法计算 的单位产品成本总是大于变动成本法下的单位产品成本。

这里,请注意菲尔公司的单位变动成本为 2 100 元,单位变动生产成本为 2 000 元。

2. 利润确定不同

两种成本法下利润的计算方式是不同的。变动成本法下,企业利润的计算引入了贡 献毛益(contribution margin)指标,其计算公式如下:

$$贡献毛益＝销售收入－变动成本总额$$

$$经营利润＝贡献毛益－固定成本总额$$

而完全成本法是按照以下公式计算的:

$$营业毛利＝销售收入－营业成本$$

$$营业利润＝营业毛利－期间费用$$

由于单位产品成本是计算产品销售成本的基础,因此,变动成本法与完全成本法所 计算的利润不同。产生这种差异的原因是两种方法所确认的固定性费用数额不同,继续 以菲尔公司为例进行分析。

【例 10-5】　接上例,假设菲尔公司无期初存货,本年以 3 000 元的价格销售产品 8 000 件。两种成本法下的利润计算如表 10-6 所示。

表 10-6　菲尔公司两种成本法下的利润　　　　　　　　　　单位：万元

变动成本法	金额	完全成本法	金额
1. 营业收入	2 400	1. 营业收入	2 400
2. 变动成本	1 680	2. 营业成本	1 800
变动性产品销售成本	1 600	3. 营业毛利	600
变动性销售及管理费用	80	4. 期间费用	
3. 贡献毛益	720	销售及管理费用	180
4. 固定成本	350		
固定性制造费用	250		
固定性销售及管理费用	100		
5. 营业利润	370	5. 营业利润	420

　　从表 10-6 可以看出，营业收入相同，销售费用和管理费用也相同（完全成本法下的销售及管理费用等于变动成本法下的变动性销售及管理费用加上固定性的销售及管理费用），变动性产品销售成本也相同。可是，计入当期利润的固定性制造费用不同，变动成本法下为 250 万元，完全成本法下为 200（＝2 500 000÷10 000×8 000 元）万元，两种成本法下固定性制造费用相差 50 万元，因此利润的差额为 50 万元。

　　在完全成本法下，这 50 万元的固定性制造费用计入期末 2 000 件的存货价值，递延到未来期间确认为销售成本。

　　理解两种方法所计算的利润差异的关键在于分析固定性制造费用的流动。变动成本法总是把当期全部固定性制造费用确认为期间费用，而完全成本法只把属于销售产品中的固定性制造费用确认为本期费用。如果完全成本法下存货中的固定性制造费用较大，完全成本法计算的利润大于变动成本法计算的利润；反之，如果完全成本法下存货中的固定性制造费用较小，变动成本法计算的利润大于完全成本法计算的利润。因此，存货中固定性制造费用差额正好等于两种方法计算的利润差额。

　　不考虑其他因素的情况下，企业的营业利润从理论上说是单价、成本和销售量这三个要素的函数。所以，当单价和成本水平不变时，营业利润应该与销售量直接挂钩，营业利润的变动趋势应该直接与销售量的变动趋势相联系，而这一规律只有在变动成本法下才能得到充分体现。在变动成本法下，只要销售量相等，计算的利润就相同；如果销售量增加，利润也会相应增加。而完全成本法下，销售量的增加不一定会带来利润的增加，因为如果本期的生产量减少，单位产品负担的固定性制造费用会相应增加，单位产品成本也随之而增加，由于成本的提高，销售量增加的同时利润未必会增加。这就解释了引例中张强经理的困惑。

　　相较于完全成本法而言，变动成本法主要有如下两个优点：

　　（1）能够提供每种产品的盈利资料，强化经营管理。变动成本法用每种产品的销售收入减去变动成本，得到了"贡献毛益"，用来补偿企业的固定成本，进而形成企业的利润，贡献毛益可以反映每种产品的获利能力，是利润规划和经营管理中诸多决策的重要依据。

（2）促使管理者重视销售环节,避免盲目生产。在变动成本法下,固定成本作为期间成本直接计入当期损益,不必随存货递延到下一期,故在销售量既定的情况下,运用变动成本法,产量的高低和存货的增减对税前利润均不产生影响。而在完全成本法下,因为产品成本中的固定成本随着产成品结转到下期会导致企业可能为了短期效益单方面增加产量,造成大量产品积压,却不顾是否销售实现增长。因此,按照完全成本法确定的利润并不能真实反映企业的业绩,解决这种不合理现象的办法便是有效地使用变动成本法。

第二节　本量利分析

一、 本量利分析概述

前已述及,变动成本法能够更好地提供产品盈利的信息,但是销售量、成本到底是如何影响利润的实现的,也即销售量、成本和利润三者之间的关系还需要进一步探讨。

本量利即成本、产销量和利润的简称。企业生产经营实现利润的多少取决于产品销售成本、销售数量和销售价格。在市场经济条件下,销售成本、销售数量和销售价格是相互联系的,产品销售数量乘以销售价格等于销售收入,销售收入减去销售成本等于销售利润。一般情况下,产品销售价格下降,产品销售数量就会增加,由于固定性制造费用在相关范围内保持不变,则产品单位成本下降。这样一来,虽然产品销售价格降低会减少利润,但产品销售数量增加和单位成本下降又会增加利润。反之,产品销售价格提高,产品销售数量就会减少,产品单位成本就会升高。这样,虽然产品销售价格提高会增加利润,但产品销售数量减少和单位成本升高会减少利润。本量利分析(cost-volume-profit analysis,CVP 分析)正是通过成本、产销量和利润三者关系的研究,确定企业保本销售水平,分析各相关因素对盈亏的影响,进而预测目标利润的一种技术分析方法。

为了确保本量利分析的顺利进行,有必要给出下列假设:

（1）假设销售收入函数与销售成本函数均为线性函数;

（2）假设单价、总固定成本、单位变动成本能准确确定,且在相关范围内保持不变;

（3）假设产量与销售量相等;

（4）在多品种条件下,假设已知品种结构;

（5）假设单价和成本已知。

事实上,以上这些假设在实际工作中是很难满足的。企业应该掌握本量利分析的思想,灵活运用。

二、 盈亏平衡点分析

既然企业关心销售量的变化对收入、费用和利润的影响,那么,很自然地要确定盈亏平衡点的销售量。盈亏平衡点(breakeven point)又称保本点,是指企业经营达到不亏不盈的状态,此时产品提供的贡献毛益正好抵偿固定成本,利润为零。盈亏平衡点通常有两种表现形式:一是以实物单位来表示,称为盈亏平衡点销售量,即企业要达到不盈不亏的状态至少应销售多少单位的产品;二是以货币金额来表示,称为盈亏平衡点销售额,即企业要达到不盈不亏的状态至少应销售多少金额的产品。

　　确定盈亏平衡点的销售量,首先要确定销售单位。对于制造企业,这个问题很简单,如宝洁公司可以把一块香皂或一瓶洗发水作为一个单位。而服务性企业则可能会面临较为困难的选择,如东方航空公司把一公里或一单程航班作为一个单位需要慎重考虑。其次要分离固定成本和变动成本。本量利分析关注影响利润变动的因素,因此要确定与销售量相关的固定成本、变动成本及销售收入。这里讨论的成本包括了企业的全部成本——制造成本、销售费用和管理费用。因此,这里的变动成本是指所有随销售量的变化而变化的成本,包括直接材料、直接人工、变动性制造费用和变动性销售与管理费用;同样,固定成本包括固定性制造费用和固定性销售与管理费用。

（一）盈亏平衡点基本计算模型

1. 按实物量计算的盈亏平衡点

　　盈亏平衡点分析是以成本性态分析和变动成本法为基础的,如本章第一节中所述,在变动成本法下,利润的计算描述为如下公式:

$$利润＝销售收入－变动成本－固定成本$$

盈亏平衡点就是使利润等于零的销售量,即

$$销售收入＝变动成本＋固定成本$$

或　　　　　　　　$$销量×单价＝销量×单位变动成本＋固定成本$$

这就是盈亏平衡点的基本计算模型。

　　公式可以演变为

$$盈亏平衡点销量＝固定成本/(单价－单位变动成本)$$

　　设:P 为利润,TR 为收入,TC 为总成本,VC 为单位变动成本,FC 为固定成本,SP 为单价,V 为销量。则盈亏平衡点的基本计算模型表示为

$$V \times SP = V \times VC + FC$$

借助贡献毛益这一概念,上述模型可以变为

$$V = FC/(SP - VC)$$

【例 10-6】　假设 A 企业只生产和销售单甲产品,该产品的单位售价为 100 元,单位变动成本为 60 元,固定成本为 80 000 元,则盈亏平衡点的销售量为

$$V = 80\ 000/(100 - 60) = 2\ 000\ (件)$$

2. 按金额计算的盈亏平衡点

　　由 $V = FC/(SP - VC)$,可得:

$$V \times SP = \frac{FC \times SP}{SP - VC}$$

即　　　　　　　　$$V \times SP = FC/[(SP - VC)/SP]$$

$(SP - VC)/SP$ 为单位产品贡献毛益在销售单价中所占比例,即贡献毛益率。以例 10-6 数据为条件,贡献毛益率为

$$(100 - 60)/100 = 40\%$$

盈亏平衡点的销售金额为

$$V = 80\ 000/40\% = 200\ 000\ (元)$$

（二）安全边际与安全边际率指标

盈亏平衡点是企业处于不盈不亏的状态，此时贡献毛益可以补偿全部的固定成本，但企业的最终目标是要获得利润。所以企业的销量必须超过盈亏平衡点的销售量，其超出部分所提供的贡献毛益才能形成企业最终利润。显然，销量超过盈亏平衡点越多，企业未来发生亏损的可能性就越小，企业的经营也就越安全，由此得到了与盈亏平衡点紧密相关的另一个指标"安全边际"。

所谓安全边际（margin of safety）是指企业实际或预计销量（或销售额）与盈亏平衡点销量（或销售额）之间的差额，这个差额标志着从现有销售量到盈亏平衡点有多大的差距，或者说，销量下降多少企业仍不至于亏损。该指标主要用于企业分析其经营的安全程度。

安全边际可以用绝对数和相对数两种形式表示：前者称为安全边际销售量（或安全边际销售额）；后者称为安全边际率。其计算公式为

$$安全边际销售量 = 现有销售量 - 盈亏平衡点销售量$$

$$安全边际率 = \frac{安全边际销售量}{现有销售量} \times 100\%$$

或

$$安全边际销售额 = 现有销售额 - 盈亏平衡点销售额$$

$$安全边际率 = \frac{安全边际销售额}{现有销售额} \times 100\%$$

安全边际能粗略地衡量风险程度。在实际工作中总是存在一些制订计划时未知的事件，这些事件有可能使销售量低于预计水平。如果企业的安全边际较大，则当实际销售量下降而使公司发生亏损的风险要低于安全边际较小的情况；如果企业的安全边际比较小，管理人员就应考虑采取措施以提高销售量或降低成本，这些措施将提高安全边际，降低发生亏损的风险。

【例 10-7】 在例 10-6 中，该企业预计销售量可达到 3 500 件，则：

$$安全边际销售量 = 3\ 500 - 2\ 000 = 1\ 500（件）$$

$$安全边际率 = 1\ 500/3\ 500 = 42.87\%$$

或

$$安全边际销售额 = 1\ 500 \times 100 = 150\ 000（元）$$

$$安全边际率 = 150\ 000/350\ 000 = 42.87\%$$

由上面的分析可知，企业的所有销售量（或销售额）中，直到盈亏平衡点部分所赚得的贡献毛益恰好能弥补固定成本，此时利润为零；而盈亏平衡点以上的销售量（或销售额），即安全边际部分才能为企业提供利润，此时，安全边际部分所创造的贡献毛益即为利润，所以销售利润又可以按下列公式计算：

$$销售利润 = 安全边际销售量 \times 单位贡献毛益$$

或

$$销售利润 = 安全边际销售额 \times 贡献毛益率$$

将公式两边同时除以销售收入，可得：

$$销售利润率 = 安全边际率 \times 贡献毛益率$$

仍引用例 10-6 和例 10-7，

$$销售利润 = 1\ 500 \times (100 - 60) = 60\ 000（元）$$

或

$$销售利润 = 150\ 000 \times 40\% = 60\ 000（元）$$

则：

$$销售利润率＝42.87\%\times40\%＝17\%$$

利用有关的数据代入销售利润率计算公式,也可得到同样的结果:

$$销售利润率＝\frac{销售收入－销售成本}{销售收入}\times100\%$$

$$＝\frac{350\,000－[(3\,500\times60＋80\,000)]}{350\,000}\times100\%＝17\%$$

(三) 多品种条件下的盈亏平衡点分析

通常情况下,大多数企业不可能只生产或销售一种产品,对于多品种条件下盈亏平衡点的确定,一种可能的解决办法是对每种产品进行单独分析。如果此时把利润定义为产品毛利,是可以计算出每种产品的盈亏平衡点的。但是达到盈亏平衡点的产品毛利只能补偿直接固定费用,而共同性固定费用没有得到补偿,此时,将会使得企业亏损等于共同固定费用。因此,它不是整个企业的盈亏平衡点。对企业而言,进行盈亏平衡点分析,还必须考虑共同固定费用。

如果能够将共同固定费用很好地分摊给各个产品,就可以解决这个难题;但如果共同固定费用的分摊具有很大的主管随意性,此时,计算的盈亏平衡点显然就没有意义了。事实上,企业一般是很难找到恰当的共同固定费用的分摊标准的。

因此,对于多品种的问题,一般在假定品种结构不变的基础上,采用以下方法确定盈亏平衡点。

1. 加权平均法

既然为多种产品,考虑销售量显然是不合适的,因此,需要从销售收入的角度进行分析。已知:单一产品盈亏平衡点的销售额＝$\dfrac{固定成本}{贡献毛益率}$,但由于企业生产的各种产品的贡献毛益率有所差异,因此,在多品种条件下的贡献毛益率应为各种产品贡献毛益率的加权平均数,其权数是各产品销售收入在总销售收入中所占的比重。这就是加权平均法的思路。

所谓加权平均法,就是根据各种产品的单价、单位变动成本和销售数量计算出一个加权平均的贡献毛益率,再根据计算出的加权平均贡献毛益率和固定成本总额计算出总的盈亏平衡点销售额。这种方法实际上是将全部产品的贡献毛益作为补偿企业全部固定成本及利润的来源。加权平均法是计算多种产品盈亏平衡点最常用的一种方法。

其计算步骤如下:

(1) 计算全部产品的销售总额

$$销售总额＝\sum(各种产品的单价\times预计销售量)$$

(2) 计算各种产品销售额比重

$$某产品的销售额比重＝\frac{该产品的销售额}{销售总额}\times100\%$$

(3) 计算各种产品的加权平均贡献毛益率

$$加权平均贡献毛益率＝\sum\frac{各种产品的贡献毛益}{销售总额}\times100\%$$

$$＝\sum(各种产品的贡献毛益率\times各种产品的销售比量)$$

(4) 计算整个企业综合的盈亏平衡点销售额

$$综合盈亏平衡点销售额＝\frac{固定成本总额}{加权平均贡献毛益率}$$

（5）计算各种产品的盈亏平衡点的销售额和销售量

各种产品盈亏平衡点的销售额＝综合盈亏平衡点销售额×各种产品的销售比重

$$各种产品盈亏平衡点的销售量=\frac{各种产品盈亏临界点的销售额}{各种产品的单位售价}$$

【例 10-8】 假设某企业生产销售甲、乙、丙三种产品，且产销平衡，固定成本总额为 10 800 元，其他相关数据如表 10-7 所示。

表 10-7　甲、乙、丙三种产品的其他相关数据

项　目	甲	乙	丙
产销量（件）	1 000	2 000	2 500
售价（元）	50	15	8
单位变动成本（元）	40	9	6

按加权平均法的计算有关数据如表 10-8 所示。

表 10-8　甲、乙、丙三种产品的相关数据计算表

项　目	甲	乙	丙	合计
销售收入（元）	50 000	30 000	20 000	100 000
变动成本（元）	40 000	18 000	15 000	73 000
贡献毛益（元）	10 000	12 000	5 000	27 000
贡献毛益率（%）	20	40	25	27
产品销售比重（%）	50	30	20	100

加权平均贡献毛益率＝20%×50%＋40%×30%＋25%×20%＝27%

$$综合的盈亏平衡点的销售额=\frac{10\ 800}{27\%}=40\ 000（元）$$

各种产品的盈亏平衡点的销售额为

甲产品销售额＝40 000×50%＝20 000（元）

乙产品销售额＝40 000×30%＝12 000（元）

丙产品销售额＝40 000×20%＝8 000（元）

各种产品的盈亏平衡点的销售量为

甲产品销售额＝20 000/50＝400（件）

乙产品销售额＝12 000/15＝800（件）

丙产品销售额＝8 000/8＝1 000（件）

2. 联合单位法

联合单位法是试图将多品种的盈亏平衡点分析转化为单一品种的盈亏平衡点分析的方法。如果企业产品结构保持不变，可以根据企业以往的销售情况，确定各种产品的销售数量组合。如上例，企业销售甲产品 1 000 件、乙产品 2 000 件和丙产品 2 500 件，则用销售量表示的组合为 1 000：2 000：2 500，简化为销售 2 件甲产品，同时销售 4 件乙产品和 5 件丙产品。所谓联合单位法实际上是将固定实物比例构成的一组产品的盈亏平衡点的计算问题转换成单一产品盈亏平衡点的计算问题，通过每一个联合单位的贡献

毛益取代单一产品盈亏平衡点计算公式中的单位贡献毛益,而得出盈亏平衡点的销量(以联合单位度量),以此为基础,再计算出各种产品在企业盈亏平衡点时的销售额与销售量。

【例10-9】 如例10-8,甲、乙、丙三种产品的销量比例分别为1 000:2 000:2 500,即1:2:2.5,计算一个联合单位的贡献毛益,如表10-9所示。

表10-9 一个联合单位产品的贡献毛益计算表

产品	产销量(件)	销量比例	单位贡献毛益(元)	一个联合单位的贡献毛益(元)
甲	1 000	1	10	10
乙	2 000	2	6	12
丙	2 500	2.5	2	5
合计				27

根据联合单位的贡献毛益,计算盈亏平衡点的销量,则:

$$盈亏平衡点的销量 = \frac{固定成本}{联合单位的贡献毛益}$$

$$= \frac{10\ 800}{27} = 400（联合单位）$$

计算各种产品的盈亏平衡点的销量,则:

各产品的盈亏平衡点销量＝盈亏平衡点销量×各产品在联合单位中所占比重

甲产品的盈亏平衡点销量＝400×1＝400（件）

乙产品的盈亏平衡点销量＝400×2＝800（件）

丙产品的盈亏平衡点销量＝400×2.5＝1 000（件）

根据各产品的盈亏平衡点销量和各自的销售单价就可以计算各种产品的盈亏平衡点销售额,则:

甲产品的盈亏平衡点销额＝400×50＝20 000（元）

乙产品的盈亏平衡点销额＝800×15＝12 000（元）

丙产品的盈亏平衡点销额＝1 000×8＝8 000（元）

采用联合单位法计算出的盈亏平衡点与加权平均法下的计算结果完全相同。

三、目标利润分析

虽然盈亏平衡点的计算已经为决策提供了非常有用的信息,但是企业经营的目的在于盈利而非保本。因此,有必要在盈亏平衡点的基础上进一步扩展,以揭示企业实现预定目标利润应达到的产销水平,这时就引入了另一个与盈亏平衡点相互关联的指标——目标利润。

所谓目标利润即企业计划在未来期间要实现的利润。为了分析和规划目标利润,企业必须了解实现目标利润的模型。另外,涉及利润时不可忽略的一个因素是税收,因此要分税前和税后两种情况来讨论。

(一)实现税前目标利润模型

管理人员非常关心要实现特定目标利润,企业的销售量应该达到多少。由于利润与销量之间存在以下关系:

$$利润 = 单位贡献毛益 \times 销量 - 固定成本$$

设 P 代表目标利润，V 代表实现目标利润的销售量，则有：

$$P = (SP - VC)V - FC$$

$$V = \frac{P + FC}{SP - VC}$$

$$实现目标利润的销售量 = \frac{目标利润 + 固定成本}{单位贡献毛益}$$

该公式表明，为了保证目标利润的实现，目标利润应与固定成本一样，均由贡献毛益来补偿。

与盈亏平衡点相似，实现目标利润的销售量也可以用金额表示，其计算公式为

$$实现目标利润的销售额 = \frac{目标利润 + 固定成本}{贡献毛益率}$$

由此可以看出，盈亏平衡点只是实现目标利润的特殊情况，此时利润为零。

【例 10-10】 假定在例 10-6 中，该企业在计划期的目标利润为 120 000 元，则：

$$实现目标利润的销售量 = \frac{120\,000 + 80\,000}{100 - 60} = 5\,000（件）$$

$$实现目标利润的销售额 = \frac{120\,000 + 80\,000}{40\%} = 500\,000（元）$$

（二）实现税后目标利润模型

在企业实际中，税后利润才是企业可以实际支配的利润，才是真正影响企业生产经营中现金流量的现实因素。所以，从税后利润着眼，进行目标利润的规划和分析，将更能符合企业生产经营的实际。

由于税后利润与税前利润有如下关系：

$$税后利润 = 税前利润 \times (1 - 所得税率)$$

因此，税后利润转化为税前利润的计算公式为

$$税前利润 = \frac{税后利润}{1 - 所得税率}$$

由此可得如下公式：

$$实现目标利润的销售量 = \frac{\dfrac{税后的目标利润}{1 - 所得税率} + 固定成本}{单位贡献毛益}$$

$$实现目标利润的销售额 = \frac{\dfrac{税后的目标利润}{1 - 所得税率} + 固定成本}{贡献毛益率}$$

【例 10-11】 例 10-10 中，假设本期要实现的税后利润为 90 000 元，所得税率为 25%，其他条件不变，则：

$$实现目标利润的销售量 = \frac{\dfrac{90\,000}{1 - 25\%} + 80\,000}{100 - 60} = 5\,000（件）$$

$$实现目标利润的销售额 = \frac{\dfrac{90\,000}{1 - 25\%} + 80\,000}{40\%} = 500\,000（元）$$

四、利润敏感性分析

本量利分析中一条重要的假设是价格和成本保持不变，这在实际生活中是很少见

的。企业管理层必须意识到未来价格、成本和数量具有不确定性,经理人员应当将盈亏平衡点转向"盈亏平衡"区间,也就是说,由于数据具有不确定性,也许企业在 1 900 件到 2 100 件之间实现盈亏平衡,而不一定是预计的 2 000 件。另外,经理人员可进行敏感性分析。

敏感性分析(sensitivity analysis method)是一种常用的研究不确定性的分析方法,即为"如果—将会怎样"的分析,它在确定性分析的基础上,进一步分析不确定性(系统的周围条件发生变化)对系统的影响及影响程度(导致系统的状态发生了怎样的变化及变化规律)。利润的敏感性分析就是专门研究制约利润的有关因素在特定条件下发生变化时对利润所产生的影响的一种分析方法。因此,一般利润的敏感性法分析从两方面进行:一是研究分析影响利润有关因素发生多大变化时,企业将会由盈利转为亏损;二是研究影响利润各有关因素的变化对利润的影响程度。下面分别予以说明。

1. 确定影响利润有关因素的临界值

由于单价、单位变动成本、产销量和固定成本的变化都会导致利润发生相应变化,这种变化达到一定程度,会使企业达到盈亏平衡状态,超过这一点,企业就会由盈利转化为亏损。此时,可以求出这一临界点的销量和单价的最小允许值,单位变动成本和固定成本的最大允许值,也就是盈亏临界值,即影响利润的四大因素的最大值和最小值。

根据本量利关系的基本公式:

$$P = V \cdot (SP - VC) - FC$$

当 $P=0$ 时,即 $V \cdot (SP-VC) - FC = 0$,便可求得盈亏临界点:

销售量的最小允许值

$$V_{min} = \frac{FC}{SP - VC}$$

销售单价的最小允许值

$$SP_{min} = \frac{V \cdot VC + FC}{V}$$

单位变动成本的最大允许值

$$VC_{max} = \frac{V \cdot SP - FC}{V}$$

固定成本的最大允许值

$$FC_{max} = V \cdot (SP - VC)$$

【例 10-12】　长江企业生产一种能擦拭钢笔字的橡皮,单价为 10 元,单位变动成本为 6 元,全年固定成本预计为 100 000 元,销售量预计为 50 000 件。则目标利润为

$$P = 50\ 000 \times (10 - 6) - 100\ 000 = 100\ 000（元）$$

根据以上数据,分别代入上述四个公式,即可求得:

Ⅰ. 销售量的最小允许值

$$V_{min} = \frac{FC}{SP - VC} = \frac{100\ 000}{10 - 6} = 25\ 000（件）$$

即产品销售量的最小允许值(即盈亏平衡点销量)为 25 000 件,小于 25 000 件就会发生亏损,或者说,实际销售量完成计划的 50%,企业就可以保本。

Ⅱ．单价的最小允许值

$$SP_{\min}=\frac{V \cdot VC+FC}{V}=\frac{50\,000 \times 6+100\,000}{50\,000}=8（元）$$

即产品的销售单价不能低于 8 元这个最小值，或者说单价降低的幅度不能超过 20%，否则便会发生亏损。

Ⅲ．单位变动成本的最大允许值

$$VC_{\max}=\frac{V \cdot SP-FC}{V}=\frac{50\,000 \times 10-100\,000}{50\,000}=8（元）$$

即当单位变动成本由 6 元上升到 8 元时，企业由盈利转为不亏不盈，若单位变动成本上升超出这个临界点，企业就转为亏损。

Ⅳ．固定成本的最大允许值

$$FC_{\max}=V \cdot (SP-VC)=50\,000(10-6)=200\,000（元）$$

即固定成本最高只能为 200 000 元，大于这个数企业就亏损。

2．有关因素变化对利润变化的影响程度

销售量、单价、单位变动成本和固定成本诸因素的变化，都会对利润产生影响，但在影响程度上存在差别。有的因素虽然只发生了较小的变动，却导致利润发生了很大变化，换句话说，利润对这些因素的变化十分敏感，这些因素也因此被称为强敏感因素。与此相反，有的因素虽然变化并不算小，但利润的变化却不大，也就是说，利润对这些因素的变化并不敏感，这些因素被称为弱敏感因素。企业的决策人员需要知道利润对哪些因素的变化比较敏感，而对哪些因素的变化不太敏感，以便分清主次，抓住重点，确保目标利润的实现。

反映敏感程度的指标称为敏感系数，其计算公式为

$$敏感系数=\frac{目标值变动百分比}{因素值变动百分比}$$

式中，敏感系数为正数，表明它与利润同向增减；敏感系数为负数，表明它与利润反向增减。应当说明的是，有些时候敏感系数只取其绝对值，而不考虑正负号。原因在于正负号仅表明因素变化与目标值变化的方向相同或是相反，绝对值的大小才表明影响程度的大小。

【例 10-13】 假设在例 10-12 中，在原定的单价、单位变动成本、销售量和固定成本的基础上各增加 20%，则各因素的敏感程度分别为

Ⅰ．单价的敏感系数

当单价增加 20% 时：

$$SP=10(1+20\%)=12（元）$$

$$P=50\,000 \times (12-6)-100\,000=200\,000（元）$$

$$目标值变动百分比=\frac{200\,000-100\,000}{100\,000} \times 100\%=100\%$$

$$单价的敏感系数=\frac{100\%}{20\%}=5$$

也就是说，单价变动 1%，利润就会变动 5%，可见提价是提高盈利的最佳手段；反之，降价也是企业的最大威胁。

Ⅱ．销售量的敏感系数

当销售量增加 20% 时：

$$V = 50\ 000(1+20\%) = 60\ 000\ (件)$$

$$P = 60\ 000(10-6) - 100\ 000 = 140\ 000\ (元)$$

$$目标值变动百分比 = \frac{140\ 000 - 100\ 000}{100\ 000} \times 100\% = 40\%$$

$$销售量的敏感系数 = \frac{40\%}{20\%} = 2$$

Ⅲ．单位变动成本的敏感系数

当单位变动成本增加 20％时：

$$VC = 6 \times (1+20\%) = 7.2\ (元)$$

$$P = 50\ 000 \times (10-7.2) - 100\ 000 = 40\ 000\ (元)$$

$$目标值变动百分比 = \frac{40\ 000 - 100\ 000}{100\ 000} \times 100\% = -60\%$$

$$单位变动成本的敏感系数 = \frac{-60\%}{20\%} = -3$$

Ⅳ．固定成本的敏感系数

当固定成本增加 20％时：

$$FC = 100\ 000 \times (1+20\%) = 120\ 000\ (元)$$

$$P = 50\ 000 \times (10-6) - 120\ 000 = 80\ 000\ (元)$$

$$目标值变动百分比 = \frac{80\ 000 - 100\ 000}{100\ 000} = -20\%$$

$$固定成本的敏感系数 = \frac{-20\%}{20\%} = -1$$

关于各因素敏感系数的计算可以运用以下公式进行（不考虑正负号）。

$$销售价格的敏感系数 = \frac{销售价格 \times 销售量}{利润} = S_1$$

$$单位变动成本的敏感系数 = \frac{单位变动成本 \times 销售量}{利润} = S_2$$

$$销售量的敏感系数 = \frac{(销售价格 - 单位变动成本) \times 销售量}{利润} = S_3$$

$$固定成本的敏感系数 = \frac{固定成本}{利润} = S_4$$

由此可以看出：① 通常情况下，单价的敏感系数应该是最大的；② 单价的敏感系数肯定大于销售量的敏感系数；③ 销售量的敏感系数不可能最低，且大于 1；④ 单价、单位变动成本及销售量三者的敏感系数之间存在 $S_1 - S_2 = S_3$；⑤ 销售量及固定成本的敏感系数之间存在 $S_3 - S_4 = 1$。

事实上，产品单价、变动成本及固定成本的改变要受到外部环境及生产技术条件的制约，而销售量的变化则更多地由企业自身的努力决定。这里需要特别予以说明的是，销售量的敏感系数通常被称为经营杠杆系数。在物理学上，杠杆是使力倍增的简单装置。将其形象化地应用到企业经营中，是说如果销售量发生一定幅度的变动，一定会带来利润一个较大幅度的变化，具有杠杆效应。从财务角度来说，经营杠杆与企业内部的固定成本和变动成本的相对比例有关。如果经营杠杆系数越大，销售量的变化对利润的影响就越大，因此，企业所选择的成本组合将对其经营风险和利润水平产生很大的影响。

敏感系数提供了利润对有关因素变动而变动的敏感程度，但不能直接反映变动后的利润值。为弥补这种不足,也为了有关决策人员能更直观地了解有关因素的敏感程度,可以编制有关因素变动的敏感分析表以列示在各个因素一定变动率下的利润值。

【例 10-14】 假设在例 10-12 中,如以各个因素 10％的变动中幅度为间隔、以 30％为限,则有关因素变动的敏感分析表的编制如表 10-10 所示。

表 10-10　有关因素变动的敏感分析表

利润项目 \ 变动率	−30％	−20％	−10％	0	10％	20％	30％
销售量(件)	40 000	60 000	80 000	100 000	120 000	140 000	160 000
单价(元/件)	−50 000	0	50 000	100 000	150 000	200 000	250 000
单位变动成本(元/件)	190 000	160 000	130 000	100 000	70 000	40 000	10 000
固定成本(元)	130 000	120 000	110000	100 000	90 000	80 000	70 000

如果需要计算各因素每变动 1％对利润的影响,那么人工计算的工作量太大,这时可以借助电子计算机进行。但是,企业应当分析成本和价格的概率分布和经济因素对这些变量的影响,这些输入数据的确定是 CVP 分析中最困难的工作,仍然必须由人工完成。

本章小结

在收入一定的情况下,要正确评估企业的盈利能力,必须恰当分析与之配比的成本(费用)。所谓成本是指为生产某种产品或提供某种劳务而消耗的生产资料价值、发生的费用和支付的职工工资的货币价值之和,是以产品或劳务为对象进行核算的。然而,在企业成本管理中为了更好地控制及管理成本,时常需要分析某项成本的发生是否随着产量或某个因素的变动而变动,这样才能找到成本发生的根源。成本总额与相关成本动因之间的依存关系称为成本性态或成本习性,通俗地说就是成本是否随成本动因的变化而变化。为此,可以把成本分为变动成本、固定成本和混合成本。企业有必要将混合成本分解为固定成本和变动成本。方法主要有工程分析法、账户分类法、合同确认法和历史资料分析法。

以成本性态分析为前提,如果在计算产品成本时只包括产品生产过程中所消耗的直接材料、直接人工和变动性制造费用即变动生产成本,而把固定性制造费用即固定生产成本及非生产成本全部作为期间成本处理的产品成本计算方法称之为变动成本法。变动成本法主要有两大优点:① 能够提供每种产品的盈利资料,强化经营管理;② 促使管理者重视销售环节,避免盲目生产。

本量利即成本、产销量和利润的简称。本量利分析(CVP 分析)正是通过成本、产销量和利润三者关系的研究,确定企业保本销售水平,分析各相关因素对盈亏的影响,进而预测目标利润的一种技术分析方法。为了确保本量利分析的顺利进行需要给出一些假设。以此为基础,进行单一品种和多品种的盈亏平衡分析及实现目标利润分析。因为企业面临不确定性,经理人员应当将盈亏平衡点转向"盈亏平衡"区间。另外,敏感性分析是一种常用的研究不确定性的分析方法,利润的敏感性分析就是专门研究制约利润的有关因素在特定条件下发生变化时对利润所产生的影响的一种分析方法。因此,一般利润的敏感性法分析从两方面进行:一是研究分析影响利润有关因素发生多大变化时,企业将会由盈利转为亏损;二是研究影响利润各有关因素的变化对利润的影响程度。

≫ 思考题

1. 什么是变动成本和固定成本,并举例说明。

2. "没有固定成本这回事,只要时间足够长,所有的成本都是不固定的"。你同意这句话吗? 为什么?

3. 说明为何要慎重对待单位成本?

4. 试说明变动成本计算法及完全成本计算法赞成或不赞成固定性制造费用列入期间成本的理由。

5. 一个经营多品种的企业如何确定其盈亏平衡点?

6. 影响盈亏平衡点及目标利润的因素有哪些? 它们如何影响盈亏平衡点和目标利润?

7. 本量利分析中如果未来价格、成本、销售量存在不确定性,企业该怎么办?

≫ 习题

1. 某工厂将去年12个月中最高业务量与最低业务量情况下的制造费用总额资料摘录如表10-11所示:

表 10-11　企业业务量与制造费用资料

摘要	高点(9月)	低点(4月)
业务量(机器小时)	75 000	50 000
制造费用总额(元)	176 250	142 500

(1) 根据上述资料,采用高低点法将该厂的制造费用分解为变动成本与固

定成本,并写出混合成本公式。

(2)若该厂计划期间的生产能量为 65 000 机器小时,那么它的制造费用总额将为多少?

2. 设某企业产销 A 产品,最近两年的有关资料如表 10-12 所示:

表 10-12　A 产品相关资料

项　目	20×2 年	20×3 年
单位售价(元)	8	8
销售量(件)	5 000	5 000
期初存货量(件)	200	200
本期生产量(件)	5 000	5 800
期末存货量(件)	200	1 000
单位变动成本(制造部分)(元)	4.8	4.8
单位变动性推销及管理费(元)	0.24	0.24
固定性制造费用(元)	20 000	20 000
固定性推销及管理费用(元)	18 000	18 000

若该企业 20×1 年度每单位产品变动成本 4.8 元,每单位产品分摊固定成本 4 元。企业存货计价采用先进先出法。

(1)分别采用完全成本计算法及变动成本计算法编制该企业 20×2 年度及20×3 年度的利润表。

(2)简要说明 20×2 年度和 20×3 年度分别采用两种成本计算方法据以确定的税前利润一致或不一致的原因。

3. 某厂某月份的损益表如下(单位:元)

销售收入	400 000
销售成本	
变动成本	220 000
固定成本	200 000
	420 000
税前利润	(20 000)

该厂经研究认为,如果每月增加广告费 100 000 元,可使销售量有大幅度的增长。则:

(1)增加广告费后,盈亏平衡点的销售额应为多少?

(2)增加广告费后,要实现利润 20 000 元,销售收入应为多少?

4. 某公司产销 A,B,C 三种产品,全年固定成本总额为 400 000 元,三种产品资料如表 10-13 所示:

表 10-13　A,B,C 三种产品相关资料

项　目	A	B	C
产销量(件)	4 000	3 200	1 250
单位售价(元)	350	500	400
单位变动成本(元)	200	260	180

(1) 计算预计实现的利润。

(2) 按加权平均法计算综合盈亏平衡点销售额及各种产品盈亏平衡点的销售额。

5. 某企业产销 A 种产品,有关资料为:单位变动成本为 50 元,固定成本总额为 500 000 元,售价暂定为 130 元。

(1) 若该企业获利 100 000 元,则产销量每年应为多少?

(2) 若该企业想要获利 100 000 元,每年最大销量在 9 000 件,则售价应定为多少?

(3) 若市场售价不能高于 110 元,而企业仍想获利 100 000 元,在最大销量 9 000 件不扩大的情况下,应使单位变动成本或固定成本降低多少?

第十一章 预　　测

【本章导读】

　　科学预测是正确决策的前提和基础,企业要采取合理的策略,取得竞争优势,提高竞争能力,必须依靠科学的预测。企业在生产经营过程中如何才能做好预测分析呢? 本章以预测分析的步骤及方法为起点,进一步介绍销售预测、成本预测、利润预测及资金预测。

【学习目标】

1. 掌握预测分析的步骤及基本方法。
2. 掌握销售预测分析方法。
3. 理解成本预测方法。
4. 掌握利润预测及资金预测。

引例

　　20××年3月,广州某超市新上市的某品牌洗发香波缺货了,专程前来购买的顾客不得不购买其他品牌的产品。该企业立即召开紧急会议:这个新品上市一周,全国就销售40 000箱,已经超过2个月市场预测销量总和,严重缺货;企业计划把下周的预测销量从5 000箱提高到50 000箱,增加到10倍,这个数量的产品,工厂显然不可能立刻生产出来,但是立即生产,可以减少缺货的时间,比长期缺货好。

　　工厂计划部经理看到新的预测量,目瞪口呆:生产要增加10倍,而原材料库存最多只能支持1.5倍的生产量;原材料大多是进口的,就算立刻下单,就算供应商仓库有能够支持10倍产量的库存,按照正常情况,运输清关需要2个月才能完成;并且,下周生产计划已经排满了。但是,工厂的职责就是保证预测的需求,无论如何,也要尽力生产出来;通知采购部门紧急给供应商下单,所有海外材料一律空运,同时调整2周之后的生产计划,优先保证该新品种的生产。然后计划部经理

创业会计学
212

告诉总部,3个星期之后能够完成新的计划,建议先制订给现有客户的销售配额。

　　1个月后,产品陆续摆上各商店货架,但是市场却出奇的平静,新产品无人问津,甚至还不如其他产品卖得好。最有利的商机转瞬即逝,预测不准确以及过长的供应链给企业带来大量的损失:巨额的材料空运成本,囤积在仓库里面的大量库存,还有失去的消费者。

第一节　预测概述

　　古人云:"预则立,不预则废。"在市场经济条件下,企业要充分了解竞争的形势和竞争对手的情况,采取合理的策略,取得竞争优势,提高竞争能力,必须依靠科学的预测。企业的经营决策及科学管理,同样离不开科学的预测。

　　所谓预测,是指根据历史资料和现在的信息,运用一定的科学方法,对未来经济活动可能产生的经济效益和发展趋势做出科学的预计和推测的过程。科学预测是正确决策的基础,是企业编制计划、进行科学决策的重要组成部分。

一、 预测的内容

　　预测的内容包括销售预测、利润预测、成本预测和资金预测等几个方面。

1. 销售预测

　　销售预测是其他各项预测的前提,是根据市场调查所得到的有关资料,对有关因素进行分析研究,预计和测算特定产品在一定时期内的市场销售量及其变化趋势,进而预测本企业产品未来销售量的过程。

2. 成本预测

　　成本预测是根据企业未来发展目标和其他相关资料,运用专门的方法,预计企业未来成本水平及其发展趋势的过程。

3. 利润预测

　　利润预测是指在销售预测和成本预测的基础上,根据企业未来发展目标和其他相关资料,预计企业未来应达到和可望实现的利润水平及其变动趋势的过程。

4. 资金预测

　　资金预测是指在销售预测、利润预测和成本预测的基础上,根据企业未来经营发展目标并考虑影响资金的各项因素,运用一定方法预计、推测企业未来一定时期内或一定项目所需要的资金数额、来源渠道、运用方向及其效果的过程。

二、 预测的步骤

　　企业如何进行预测呢?下面将描述进行预测的通用方法。进行预测通常需要经过如下六个步骤。

1. 明确预测目的和要求

　　预测目的不同,预测的内容和项目所需要的资料以及运用的方法就会有所不同。根据经营活动的需要明确进行预测的具体要求,并根据具体要求拟定预测项目、制订预测计划,以保证预测顺利进行。

2. 确定预测对象

要做好预测分析,首先要弄清楚预测什么,即确定预测分析的内容和范围,进而有针对性地做好各阶段的预测工作。

3. 收集整理资料

进行预测分析必须要有充分的资料,才能为预测分析提供可靠的数据。收集资料是进行预测分析的重要一环,是预测分析的基础性工作。收集资料应力求全面、可靠,同时要对所收集的大量资料进行整理、归纳。

4. 选择预测方法

不同的预测对象和内容,应选择不同的预测方法。尤其是用定量预测法进行预测时,必须根据预测目的、预测对象的特点和历史数据的变化类型来选择恰当的、切实可行的预测方法。

5. 进行实际预测

运用收集的信息及选择的预测方法,对预测对象提出实事求是的预测结果。

6. 分析预测误差并修正预测值

任何方法的预测都不可能完全准确,尤其是根据数学模型计算出来的预测值可能没有将非计量因素考虑进去,这就需要分析预测误差并对其进行修正,使预测结果尽可能符合实际情况。

需要说明的是,这里描述的六个步骤,只是概括了一般的情况,在实际工作中,可以把这些步骤分解为八步或十步,或减缩为三步:① 确定问题;② 确定预测方法;③ 进行预测。

三、预测的方法

(一) 定性分析法

定性分析法又称非数量分析法、集合意见法等,是指依靠预测人员丰富的实践经验和知识以及主观的分析判断能力,在考虑政治、经济形势、市场变化、经济政策、消费倾向等因素对经营产生的影响的前提下,结合预测对象的特点进行综合分析,对事物的未来状况和发展趋势进行预测和推测的预测方法。常见的定性分析方法有判断分析法和调查分析法两大类。

1. 判断分析法

判断分析法是通过具有丰富经验的经营管理人员或知识渊博的经济专家,对企业一定期间特定产品的销售情况做出判断和预计的一种方法。该分析法包括:相关人员判断法、专家判断法(专家个人意见集合法、专家小组法、德尔菲法)等。

(1) 相关人员判断法

由企业的销售人员、生产人员、管理人员根据经验,将特定预测对象的预测值填入卡片或表格,继而进行综合分析以完成预测。为了减少判断的片面性,企业往往组织多人对同一产品或市场进行预测判断,再将这些数据加以平均处理。

(2) 专家判断法

由专家根据经验和判断能力进行分析判断预测。其中,专家个人意见集合法是针对未来趋势先征求专家个人的意见,然后加以综合确定预测值。专家小组法是将专家分成小组,运用专家们的集体智慧进行判断预测。德尔菲法是通过函询方式向若干专家分别征求意见,各个专家在相互不通气的情况下,根据自己的方法和观点进行预测,然后由企业将各个专家的意见汇集在一起,采用不记名方式反馈给各专家,请他们参考别人意见修正本人原来的判断,如此反复数次,最终确定预测结果。

2. 调查分析法

调查分析法是指通过对实际状况的调查,了解变化趋势,从而进行预测。首先,选择调查对象,该对象要具有普遍性和代表性;其次,确定调查方法,该方法要简便易行;最后,对调查所取得的数据与资料要进行科学的分析。只有这样,所获得的资料才具有真实性、代表性,才能作为预测的依据。

(二)定量分析法

定量分析法又称为数量分析法,是指在完整掌握与预测对象有关的各种要素定量资料的基础上,运用现代数学方法对有关的数据资料进行加工处理,据以建立能够反映有关变量之间规律性联系的各类预测模型的方法体系。常见的定量分析方法有趋势分析法和因果分析法。

1. 趋势分析法

趋势分析法又称为时间序列分析法,是以某项指标过去的变化趋势作为预测的依据,将未来作为过去历史的延伸,即根据某项指标过去的、按发生时间先后顺序排列的历史数据,应用一定的数学方法进行加工处理,找出随时间而发展变化的趋势,从而预测未来发展趋势的分析方法。常用的趋势分析法包括算术平均法、加权平均法、移动平均法、趋势平均法、指数平滑法和时间序列外推法等。

2. 因果分析法

因果分析法是指从某项指标和其他有关指标之间的规律性联系中进行分析研究,根据它们之间的规律性联系作为预测的依据。常用的因果分析法包括回归分析法、投入产出法和经济计量法等。因果预测分析法最常用的方法是回归分析法,回归分析法又包括直线回归法、曲线回归法。在实际中,影响预测值的因素通常很多,既有企业外部因素,也有企业内部因素;既有客观因素,也有主观因素。在这些因素中,有些因素对预测值起着决定性的作用,回归预测法的原理就是找到与预测值相关的主要因素,建立回归方程描述它们之间的变化规律,利用这种变化规律来进行预测。

定量分析法与定性分析法在实际应用中应相互补充、相辅相成。定量分析法较精确,但由于经济生活的复杂性,并非所有影响因素都可以通过定量进行分析,很多非计量因素无法考虑进去,如国家经济政策、政治经济形势的变动、竞争对手、消费倾向、市场前景等,如果不结合预测期间的政治、经济、市场以及政策方面的变化情况,必然会导致预测结果脱离客观实际。再者,定量分析本身也存在局限性,任何数学方法都无法概括所有复杂的经济变化情况。而定性分析虽然可以将这些非计量因素考虑进去,但却带有一定的主观随意性。因此,在实际工作中,应依据具体情况将定量预测法与定性预测法结合起来应用,才能提高预测分析结果的准确性和可信性。

第二节 销售预测

销售预测又叫产品需求量预测,是指根据有关资料,通过对相关因素的分析研究,预计和测算特定产品在未来一定时期内的市场销售量水平及其变化趋势,进而预测本企业产品未来销售量的过程。在市场经济条件下,企业实行以销定产,各项经营活动和产品的销售密切相关。因而,在企业预测系统中,销售预测处于先导地位,它对于指导利润预测、成本预测和资金预测,进行长短期决策,安排经营计划,组织生产等都起着重要作用。

一、销售的定性预测

销售的定性预测,主要运用判断分析法和调查分析法,下面通过一个例子来说明如何应用判断分析法。

【例 11-1】 四方是一家处于创业期的洗涤用品生产企业,企业有 1 名销售主管和 2 名资深销售人员。假设销售主管预测的准确性相对较高,占 40% 的权重,2 名销售人员各占 30%。每人预计其销售量和概率如表 11-1 所示。

表 11-1 销售人员预计销售量和概率

	销售量(件)	概率	销售量 X 概率
销售主管预测: 最高 一般 最低	580 520 480	0.3 0.5 0.2	174 260 96
期望值			530
A 销售人员预测: 最高 一般 最低	620 530 390	0.2 0.6 0.2	124 318 78
期望值			520
B 销售人员预测: 最高 一般 最低	550 450 350	0.2 0.5 0.3	110 225 105
期望值			440

总销售量预测值 $= 530 \times 0.4 + 520 \times 0.3 + 440 \times 0.3 = 500$(件)

下面介绍调查分析法的运用。

【例 11-2】 普尔公司是一家奶制品生产企业,主要在本地区销售。普尔公司对本地区销售量的预测如表 11-2 所示。该产品的市场占有率为 30%。

表 11-2 普尔公司销售调查结果计算

家庭年收入 (万元)①	家庭户数 (万户)②	每户年均购买量 (件)③	总需求量 ④=③×②	本企业销售量预测 ⑤=④×30%
5 以下	4	10	40	12
5～10	10	30	300	90
10～15	8	100	800	240
15～20	5	300	1 500	450
20 以上	3	400	1 200	360
合计	30		3 840	1 152

总销售量预测值＝3 840×30％＝1 152（万件）

二、销售的定量预测

销售的定量预测分析方法有趋势分析法和因果分析法。如果产品的未来销售量是历史销售量的延伸，也即销售量随着时间的推移呈现出一定的发展变化趋势，则利用趋势分析法进行预测；而如果产品的销售量和其他指标之间存在规律性的联系，则根据它们之间的规律性联系作为预测的依据，运用因果分析法。

（一）趋势分析法

趋势分析法是指将时间作为制约预测对象变化的自变量，把未来作为历史的自然延续，按事物自身的发展趋势进行预测的一种方法。主要包括平均分析法和时间序列外推法。

平均分析法主要包括算术平均法、移动平均法、加权平均法、趋势平均法、指数平滑法等，这些方法在相关的课程中已经学习，此处不再赘述。

下面介绍时间序列外推法。所谓时间序列，也叫时间数列或动态数列，是将某统计指标的数值，按时间先后顺序排列而形成的数列。时间序列外推法就是通过编制和分析时间序列，根据时间序列所反映出来的发展过程、方向和趋势，进行类推或延伸，借以预测下一段时间或以后若干年内可能达到的水平。

时间序列外推法的步骤：

（1）收集历史资料，加以整理，编成时间序列。时间序列分析通常是把各种可能发生作用的因素进行分类，按各种因素的特点或影响效果可分为四大类：长期趋势、季节变动、循环变动、不规则变动。

（2）分析时间序列。时间序列中的每一时期的数值都是由许许多多不同的因素同时发生作用后的综合结果。

（3）求时间序列的长期趋势值（T）、季节变动值（S）和不规则变动值（I），用近似的数学模式来代表它们，并通过合适的技术方法求出数学模式中的未知参数。

（4）预测未来的长期趋势值 T 和季节变动值 S，在可能的情况下预测不规则变动值 I。然后用以下模式计算未来的时间序列的预测值 Y：

$$加法模式 \quad T+S+I=Y$$
$$乘法模式 \quad T\times S\times I=Y$$

如果不规则变动的预测值难以计算，就只计算长期趋势和季节变动的预测值，以两者相乘之积或相加之和为时间序列的预测值。如果经济现象本身没有季节变动或不需预测季、月的资料，则长期趋势的预测值就是时间序列的预测值，即 $T=y$。但要注意这个预测值只反映现象未来的发展趋势，即使很准确的趋势线在按时间顺序的观察方面所起的作用，本质上也只是一个平均数的作用，实际值将围绕着它上下波动。

1. 长期趋势预测

测定长期趋势一般采用数学模型，包括直线趋势模型和曲线趋势模型，这里主要介绍直线趋势的测定。

以时间因素（t）为自变量，以销售量（额）（y）为因变量，配合直线趋势方程并用最小平方求解：

$$y=a+bt$$

$$a=\frac{\sum y_i - b\sum t_i}{n}$$

$$b=\frac{n\sum t_i y_i - \sum t_i \sum y_i}{n\sum t_i^2 - (\sum t_i)^2}$$

最小平方法是测定长期趋势最普遍的方法，它的原理是时间序列实际值与趋势值的离差平方和达到最小值。符合这个条件的只有一条线，所以这条线又称为原数列的最适线，它使趋势线同原数列配合最佳。这条线同时也满足离差之和为零的要求。

2. 季节变动预测

季节变动是指由于自然条件和社会条件的影响，事物现象在一年内随着季节的转换而引起的周期性变动，这里所说的季节可以是季度、月份、周等。研究季节变动的目的在于：认识掌握季节性变动的规律，测算市场需求，从而正确地进行销售决策，及时安排组织生产。季节变动预测是一种根据以日、周、月、季为单位的时间序列资料，测定以年为周期、随着季节转换而发生周期性变化的规律性的方法。季节变动预测的方法很多，最主要的方法是计算季节指数。季节指数反映季节变动的程度，季节指数高说明是旺季，反之则是淡季。计算季节指数通常采用的方法是按月（季）平均法。

按月（季）平均法的计算公式为

季节指数＝各年同月（季）平均数/各年各月（季）总平均数

其计算步骤如下：

（1）根据时间序列计算各年同月（季）平均数；

（2）根据时间序列计算各年各月（季）总平均数；

（3）将各年同月（季）平均数与各年各月（季）总平均数进行对比，用各月（季）季节指数预测各月（季）销售量（额）；

按月（季）平均法计算简单，但不够精确，没有考虑长期趋势的影响，当存在后期各月（季）水平较前期水平有较大提高时，必须用趋势剔除法来测定季节变动。

（二）因果预测分析法

因果预测法是依据所掌握的历史资料，找出所要预测的变量和与它相关联的变量之间的关系，从而建立相应的因果预测模式。因果预测分析法最常用的方法是回归分析法。回归分析法又包括线性回归法、曲线回归法等。

1. 简单线性回归模式

简单线性回归模式是假定影响预测对象销售量的因素只有一个，根据直线方程，按照数学上的最小二乘法来确定一条误差最小的、能正确反映自变量与因变量之间关系的直线。

【例 11-3】 莱特公司生产汽车发动机,经分析,影响汽车发动机的主要因素是汽车的销售量。设近 5 年的汽车销售量统计资料和该企业发动机的实际销售量资料如表 11-3所示。

表 11-3　本企业发动机及全国汽车销售量统计资料

年份	20×1	20×2	20×3	20×4	20×5
企业发动机销售量(万台)	185	270	365	370	389
全国汽车销售量(万辆)	938	1 364	1 806	1 850	1 930

预测期为 20×6 年的全国汽车预计销售量是 2 200 万辆,莱特公司的发动机的销售量会是多少呢?

设 y 为企业发动机的销售量,x 为全国汽车销售量。根据给定资料,编制计算表,如表 11-4 所示。

表 11-4　回归分析计算表

年份	汽车销售量 x(万辆)	发动机销售量 y(万台)	xy	x^2
20×1	938	185	173 530	879 844
20×2	1 364	270	368 280	1 860 496
20×3	1 806	365	659 190	3 261 636
20×4	1 850	370	684 500	3 422 500
20×5	1 930	389	750 770	3 724 900
合计	7 888	1 579	2 636 270	13 149 376

$$b=\frac{n\sum x_i y_i - \sum x_i y_i}{n\sum x_i^2 - (\sum x_i)^2}==\frac{5\times 2\,636\,270 - 1\,579\times 7\,888}{5\times 13\,149\,376 - 7\,888^2}=0.206$$

$$a=\frac{\sum y_i - b\sum x_i}{n}=\frac{1\,579 - 0.206\times 7\,888}{5}=-9.084$$

所以
$$y=-9.084+0.206x$$

当预测期为 20×6 年的全国汽车预计销售量是 2200 万辆时,莱特公司发动机的销售量预计为
$$y=-9.084+0.206\times 2\,200=444(万台)$$

应用线性回归模式的前提是,因变量和自变量之间不仅存在因果关系,同时他们之间是线性相关的。一个简单的做法是,在直角坐标系上画出散点图,根据散点图进行初步的判断。当然可以通过计算变量之间的相关系数来判断两者之间是否线性相关。

2. 多元线性回归模式

在实际生产经营活动中,影响经济变动的因素是多种多样的,要预测未来的经济情况,必须考虑采用多个自变量,建立多元回归方程来进行预测。多元线性回归模式是以多元线性回归方程为基础,建立一个预测函数式。

多元回归方程的表达式可以表示为

$$y = a + b_1 x_1 + b_2 x_2 + \cdots + b_n x_n$$

式中，y 为因变量；x_i 为各个自变量；b_i 为 x_i 变动一个单位时 y 的平均变动值。

在建立多元线性回归方程时应该注意多重相关问题。当两个或两个以上的自变量之间彼此高度相关时就形成了多重相关。一般来说，分析人员认为当自变量之间的相关系数超过 0.7 时就意味着多重相关。多重相关会增大单个变量系数的标准误差，结果造成单个自变量系数更大的不确定性。

如果存在严格多重相关，就应该取得不受多重相关影响的新数据。不能遗漏应包含在模型中的自变量，否则会造成模型中的自变量系数估计值偏离真实值。

3. 非线性回归模式

以过去较长时期的历史资料为基础进行分析，一个指标的变动同另一个指标有着密切的联系，但结合有关数据的趋势线并不一定是一条直线，有可能是曲线，则需要建立非线性回归方程。

非线性回归方程的建立有时比较困难，需要借助计算机等辅助计算工具，在此不作详述。

第三节 成本预测

成本预测就是根据企业的经营总目标及有关资料和数据，结合企业未来发展前景和趋势，采用定量和定性分析方法，对未来一定时期的成本水平和目标成本进行预计和测算。成本预测是成本管理的重要环节，是进行成本管理的起点。通过成本预测，可以掌握未来的成本水平及其变动的趋势，为科学编制成本计划、进行成本控制、挖掘降低成本的潜力、进行成本分析和成本考核提供依据。

一、成本预测的内容

成本预测可以分为近期预测（月、季、年）和远期预测（3 年、5 年、10 年）。远期预测通常用于分析宏观经济变动对企业成本的影响（如生产力布局变动、经济结构变动、价格变动等），为企业确定中长期预算和年度预算提供资料。近期预测着重分析影响成本的各个因素的变动，测算各种方案的成本指标，从中选择最优方案据以确定计划成本指标。在近期预测中，成本预测的侧重点是年度成本预测。

从成本管理的全过程来看，成本预测是一个动态过程，应包括以下内容：

（1）在新产品投产之前，要测算产品设计成本，确定产品按正常批量生产的成本水平，并将测算的数据作为选取最优产品设计方案的重要依据。

（2）在正式编制生产经营计划之前，要进行成本预测。计划阶段的成本预测是编制成本计划必不可少的分析工作。

（3）在成本计划执行过程中，要进行期中成本预测，科学预计推测成本计划能否按期完成。

（4）企业采用新技术、新工艺过程中进行成本预测，以保证技术上可行，经济上合理。

二、 成本预测的步骤

成本预测,应该有计划、按步骤完成,尽可能避免预测的主观性,提高预测的科学水平,使预测目标更接近于实际。成本预测按以下步骤进行。

1．确定成本目标

根据企业的经营总目标,测算企业在现有条件下能够达到的目标成本的水平,提出目标成本草案。目标成本是指企业为实现经营目标所应达到的成本水平,也是企业未来期间成本管理所应达到的目标。选择初选目标成本主要有两种方法。

(1)先进成本法,即选择某一先进的成本水平作为初选目标成本。初选目标成本可以是国内外同行业的先进成本、本企业历史上先进水平的实际成本,也可以是按本企业平均先进的消耗定额制订的定额成本或计划成本。

(2)目标成本法,即根据企业预测期的目标利润确定目标成本。产品价格包括产品成本、销售税金和利润三个部分。在企业实行目标管理的过程中,先确定单位产品价格和单位利润目标,然后就可以按下列公式计算单位产品的目标成本:

单位产品目标成本＝预测单位价格－单位产品销售税金－单位产品目标利润

2．收集整理有关资料,对成本进行初步测算

初步测算是在收集和占有大量历史资料的基础上进行的,可以结合预测对象的特点采用定性分析法和定量分析法进行预测。在采用定量分析法时,首先应对过去的成本资料进行必要的调整,剔除成本中数额较大的偶然费用,如自然灾害和意外事故造成的停工损失等;其次,对涉及产品设计、工艺改变耗用的价格有重大变化的情况也要进行调整;最后,根据实际资料,将产品成本划分为变动成本和固定成本两部分,对于混合成本要采用一定的方法如高低点法,将成本分解为变动成本和固定成本,以便进行预测。

3．提出各种降低成本方案,并比较各种成本方案的经济效果

根据占有资料实际情况,选用可行的成本降低方案。在提出成本降低方案时,应充分收集企业对降低成本的要求、报告期实际成本情况、计划期成本可能的变化情况等资料,选择降低成本最优方案,初步预测在当前生产经营条件下成本可能达到的水平,并找出与目标成本的差距。

4．修订目标成本,确定最佳预测值

通过比较和分析初选的目标成本、初步测算的成本、可降低的成本,找出差异,据以修订目标成本,最终形成最佳成本预测值,使预测结果更加符合实际。

三、 成本预测的方法

根据产品的不同特点,选择适当的成本预测方法。

(一)直线回归法

回归直线法是一种比较精确的方法。它是根据若干期的历史成本资料,利用最小平方方法,分析成本在一定条件下增减变动的趋势和基本规律,确定成本预测方程,据以进行成本预测的方法。

以 y 代表总成本,a 代表固定成本总额,b 代表单位变动成本,x 代表产品产量,n 代表历史资料的期数,则它们之间基本上成线性关系,可表示为

$$y=a+bx$$

求得 a,b 值后,代入方程式,即可预测未来时期的成本。

运用直线回归法的前提是能够取得较为准确的该产品的历史数据,并且可以判定成本与产量之间是否成线性关系。正如前面学习过的,这里也可以简化运用高低法来求得总成本与产量之间的数学关系,进而预测未来期间的成本。

（二）技术测定法

技术测定法是指在充分挖掘生产潜力的基础上,根据产品设计结构、生产技术条件和工艺方法,对影响人力、物力消耗的各项因素进行技术测试和分析计算,从而确定产品成本的一种方法。该方法因为资料收集及分析的工作量比较大,适用于品种少、技术资料比较齐全的产品。

（三）产值成本法

产值成本法是指按工业总产值的一定比例确定产品成本的一种方法。产品的生产过程同时也是生产的耗费过程,在这一过程中,产品成本体现生产过程中的资金耗费,而产值则以货币形式反映生产过程中的成果。产品成本与产品产值之间客观存在着一定的比例关系,比例越大说明消耗越大,成本越高;比例越小说明消耗越小,成本越低。企业进行预测时,可以参照同类企业相似产品的产值成本率分析确定本企业的产值成本率。其计算公式如下:

$$某产品预测的单位成本 = \frac{某产品的总产值 \times 预计产值成本率}{预计产品产量}$$

该方法虽然简便,但预测值不够准确。

（四）因素变动预测法

影响产品成本变动的因素很多,测算的具体方法也不尽一致,归纳起来有以下几方面。

1. 直接材料消耗数量及价格变动对产品成本的影响

产品成本中所消耗的直接材料包括原材料、辅助材料、燃料等。原材料费用是构成产品成本的主要项目之一,在产品成本中一般占有较大的比重。在保证产品质量的前提下,合理、节约地使用原材料,降低原材料费用,是不断降低产品成本的主要途径。影响材料成本变动的因素有材料消耗量和材料价格。如果基期与计划期之间单位产品材料耗用量与单价有变动,就会影响计划期产品的单位成本和总成本。如果能够事先测定材料成本的变动,就可以测算出对产品成本的影响金额和程度。其计算方法为

某材料价格变动对单位成本影响＝（计划期某材料单位价格－基期某材料单位价格）×
计划期单位产品原材料单耗量

某材料单耗量变动对单位成本影响＝（计划期某材料单耗量－基期某材料单耗量）×
基期单位产品原材料单位价格

2. 工资水平和劳动生产率变动对产品成本的影响

单位成本中的工资费用数额,取决于生产工人的平均工资和生产工人劳动生产率的高低。如果工资增长幅度大于劳动生产率增长幅度,产品成本就会上升;相反,如果工资增长幅度小于劳动生产率增长的幅度,产品成本就会降低;如果工资增长的幅度等于劳动生产率增长的幅度,对产品成本就没有影响。因此,可以利用它们的关系来测算劳动生产率与平均工资的变动对成本的影响程度。其计算方法为

劳动生产率提高对成本降低率的影响％＝生产工人工资占成本％×[1−(1÷劳动生产率发展速度％)]

工时降低对成本降低率的影响％＝生产工人工资占成本％×[1−(平均工资发展速度％÷工时发展速度％)]

工资和劳动生产率变动对单位成本降低率的影响％＝

生产工人工资占成本％×[1−(平均工资发展速度％÷劳动生产率发展速度％)]

工资和劳动生产率变动对单位成本降低额的影响＝

[1−(平均工资发展速度％÷劳动生产率发展速度％)]×基期单位工资成本

3. 产量变动对产品成本的影响

由于固定成本的总额在相关范围内保持不变,所以随着产量的增加,单位产品分摊的固定成本的份额将相应的减少;当产量减少时,分摊到单位产品成本的固定成本就相应的增加。因此,根据基年的产品产量和计划期产量以及基年单位成本中的固定费用,能测定产量变动对成本的影响程度。其计算方法为

产量变动对产品成本中固定费用的影响＝[1＋(1÷产量增长％)]×基期单位成本中的固定费用

在分析并确定各因素对单位成本单独影响的基础上,汇总各因素变动对产品单位成本的综合影响,从而进一步确定产品单位成本。

第四节 利润预测

利润预测是按照企业经营目标的要求,根据企业未来发展目标和其他相关资料,通过对影响利润变化的成本、产销量等因素的综合分析,预计、推测或估算未来应当达到和可望实现的利润水平及其变动趋势的过程。对企业利润的预测,最主要的是对营业利润的预测。

一、 比例预测法

比例预测法是根据各种利润率指标(如销售收入利润率、销售成本利润率和产值利润率等)来预测计划期产品销售利润的一种方法。

1. 根据销售利润率预测

计划期产品销售利润额＝预计计划期产品销售收入×产品销售收入利润率

产品销售收入利润率是指产品销售利润与产品销售收入的比率,它说明了每元的销售收入可以获得多少的利润。只要能预计出计划期产品销售收入,就可以测算出预计的产品销售利润额。

2. 根据销售成本利润率预测

计划期产品销售利润额＝预计计划期产品销售成本×产品销售成本利润率

销售成本利润率是指企业在一定时期内取得的销售利润和同一时期发生的成本的比率。它说明了每耗费一元钱的成本取得的利润,能反映出成本升降的经济效果。只要能预计出计划期产品的销售成本,就可以据此测算出预计的产品销售利润。

3. 根据产值利润率测算

   计划期产品销售利润额＝预计计划期产品总产值×产品产值利润率

产值利润率是指企业一定时期内产品销售利润和工业总产值之间的比率。它说明了每元工业总产值提供利润的情况。只要能预计出计划期产品总产值，就可以测算出计划期产品销售利润额。

二、因素分析法

因素分析法是在本期已实现的利润水平基础上，充分估计计划期影响产品销售利润的各因素增减变动的可能，来预测企业计划期产品销售利润的数额。影响产品销售利润的主要因素有产品销售数量、产品品种结构、产品销售成本、产品销售价格及产品销售税金等。

1. 预测单个因素变动对利润的影响

假定在其他因素不变的情况下，预测产品销售数量、产品销售价格、产品销售成本、产品品种结构及产品销售税金中的某一因素发生变化对利润的影响，具体方法见第十章中本量利分析的相关内容。

2. 预测多个因素同时变动对利润的影响

事实上，影响利润的各因素间是相互联系、相互制约的，企业更多情况下是多个因素同时发生变动，因此需要考虑多因素同时变动对利润形成的综合影响，可用以下公式求得（具体推导过程略）：

$$P\% = (D_1 + D_3 + \frac{D_1 \times D_3}{100})S_1\% - (D_2 + D_3 + \frac{D_2 \times D_3}{100})S_2\% - D_4 S_4\%$$

式中，$P\%$ 为利润变动百分比；S_i 为各因素变动的敏感系数；D_i 为各因素变动的百分点符号。所谓百分点符号，就是指不带百分号的变动率，如单价上涨 10%，则 $D_1 = 10$。

【例 11-4】 假设某企业经营一种产品，经计算确定，单价、单位变动成本、销售量及固定成本的敏感系数分别为 10，6，4 和 3；现企业由于情况的变化，单位变动成本和固定成本均上升，上升幅度分别为 2% 和 3%，这样企业决定价格上浮 5%，但企业预计销售量会降低 1%，此时利润会发生怎样的变化呢？

由题意可知，$S_1 = 10$，$S_2 = 6$，$S_3 = 4$，$S_4 = 3$；$D_1 = 5$，$D_2 = 2$，$D_3 = -1$，$D_4 = 3$。根据公式可得：

$$P\% = (5 - 1 - \frac{5 \times 1}{100}) \times 10\% - (2 - 1 - \frac{2 \times 1}{100}) \times 6\% - 3 \times 3\% = 24.62\%$$

可见当上述四个因素同时变动时，会使得利润增长 24.62%。

第五节　资金预测

资金预测也即是资金需要量的预测，就是以预测期企业生产经营规模的发展和资金利用效果的提高为依据，在分析历史资料、技术经济条件和发展规划的基础上，运用数学方法，对预测期资金需要量进行科学的预计和测算。开展企业资金需要量预测的基本目的是保证企业经营和投资业务的顺利进行，使企业资金既能保证满足经营和投资的需要,又不会有太多的闲置。

资金预测的方法主要有因素分析法、回归分析法和营业收入比例法。

一、 因素分析法

因素分析法又称分析调整法,是以有关资金项目上年度的实际平均需要量为基础,根据预测年度的经营业务和加速资金周转的要求,进行分析调整,来预测资金需要量的一种方法。采用这种方法时,首先应在上年度资金平均占用额的基础上,剔除其中呆滞积压等不合理占用部分;然后根据预测期的经营业务和加速资金周转的要求进行测算。

因素分析法的基本模型是

$$资金需要量 = \left(\begin{array}{c}上年度资\\金实际平\\均占用额\end{array} - \begin{array}{c}不合理资金\\平均占用额\end{array}\right) \times \left(1 \pm \begin{array}{c}预测年度销售\\增减的百分比\end{array}\right) \times \left(1 \pm \begin{array}{c}预测年度资金\\周转速度变动率\end{array}\right)$$

【例 11-5】 设莱特公司上年度资金实际平均占用额为 2 000 万元,其中不合理部分为 200 万元,预计本年度销售增长 4%,资金周转速度加快 2%,则预测年度资金需要额为

$$(2\ 000 - 200) \times (1 + 4\%) \times (1 - 2\%) = 1\ 834.56(万元)$$

因素分析法比较简单,容易掌握,但预测结果不太精确,因此通常用于匡算企业全部资金的需要额,也可以用于对品种繁多、规格复杂、用量较小、价格较低的资金占用项目的预测。运用因素分析法预测资金需要额,应当注意以下问题:

(1) 在运用因素分析法时,应当对决定资金需要额的众多因素进行充分的分析与研究,确定各种因素与资金需要额之间的关系,以提高预测的质量。

(2) 因素分析法限于对企业经营业务资金需要额的预测,当企业存在新的投资项目时,应根据新投资项目的具体情况单独预测其资金需要额。

(3) 运用因素分析法匡算企业全部资金的需要额,只是对资金需要额的一个基本估计。

二、 回归分析法

回归分析法是先基于资金需要量与营业业务量(如销售数量、销售收入)之间存在线性关系的假定建立数学模型,然后根据历史有关资料,用回归直线方程确定参数预测资金需要量的方法。其预测模型为

$$y = a + bx$$

式中,y 表示资金需要总额;a 表示不变资金总额;b 表示单位业务量所需要的可变资金额;x 表示经营业务量。

不变资金是指在一定的营业规模内不随业务量变动的资金,主要包括为维持营业而需要的最低数额的现金、原材料的保险储备、必要的成品或商品储备,以及固定资产占用的资金。可变资金是指随营业业务量变动而同比例变动的资金,一般包括在最低储备以外的现金、存货、应收账款等所占用的资本。

计算方法如本章销售预测中介绍的,在此不再举例。

运用回归分析法预测资金需要额,应当注意以下问题:

(1) 资金需要额与营业业务量之间的线性关系应符合历史实际情况,并预期未来这种关系将保持下去。

(2) 确定 a,b 两个参数的数值,应利用预测年度前连续若干年的历史资料,一般要有 3 年以上的资料,才能取得比较可靠的参数。

（3）应当考虑价格等因素的变动情况。在预期原材料、设备的价格和人工成本发生变动时，应相应调整有关预测参数，以取得比较准确的预测结果。

三、营业收入比例法

营业收入比例法是根据营业业务与资产负债表和利润表项目之间的比例关系，预测各项目资金需要额的方法。例如，某企业每年为销售 100 元货物，需有 25 元存货，存货与营业收入的比例是 25%（＝25÷100）。若营业收入增至 200 元，那么，该企业需有 50（＝200×25%）元存货。由此可见，在某项目与营业收入比例既定的前提下，便可预测未来一定销售额下该项目的资金需要额。

运用营业收入比例法，一般要借助预计利润表和预计资产负债表。通过预计利润表预测企业留用利润这种内部资金来源的增加额；通过预计资产负债表预测企业资金需要总额和外部筹资的增加额。

1. 编制预计利润表，预测留用利润

预计利润表是运用营业收入比例法的原理，预测留用利润的一种预计报表。预计利润表与实际利润表的内容、格式相同。通过提供预计利润表，可预测留用利润这种内部筹资的数额，也可为预计资产负债表预测外部筹资数额提供依据。

编制预计利润表的主要步骤如下：

（1）收集基年实际利润表资料，计算确定利润表各项目与营业收入的比例。

（2）取得预测年度营业收入预计数，以此预计营业收入和基年实际利润表各项目与实际营业收入的比例，计算预测年度预计利润表各项目的预计数，并编制预测年度预计利润表。

（3）利用预测年度税后利润预计数和预定的留用比例，测算留用利润的数额。

2. 编制预计资产负债表，预测外部筹资额

预计资产负债表是运用营业收入比例法的原理预测外部筹资额的一种报表。预计资产负债表与实际资产负债表的内容、格式相同。通过提供预计资产负债表，可预测资产、负债及留用利润有关项目的数额，进而预测企业需要外部筹资的数额。

运用营业收入比例法要选定与营业收入保持基本不变比例关系的项目。这类项目称为敏感项目，包括敏感资产项目和敏感负债项目。其中，敏感资产项目一般包括现金、应收账款、存货等；敏感负债项目一般包括应付账款、应交税费等。应收票据、固定资产、长期股权投资、递延所得税得资产、短期借款、应付票据、非流动负债和股本（实收资本）通常不属于短期敏感项目，留用利润也不宜为敏感项目，因其受到企业所得税税率和股利政策的影响。

【例 11-6】 西奈公司 20×2 年实际利润表（简化）的主要项目与营业收入的比例如表 11-5 所示，企业所得税税率为 25%。试编制该企业 20×3 年预计利润表，并预测留用利润。

表 11-5　20×2 年实际利润表(简化)

单位:万元

项目	金额	占营业收入的比例(%)
营业收入	20 000	100
减:营业成本	14 400	72.0
销售费用	1 200	6.0
管理费用	1 920	9.6
财务费用	900	4.5
营业利润	1 580	7.9
加:营业外收入	50	—
减:营业外支出	130	—
利润总额	1 400	7.0
减:所得税费用	350	—
净利润	1 050	—

若该企业 20×3 年预计营业收入为 22 000 万元,则 20×3 年预计利润表经测算如表 11-6 所示。

表 11-6　20×3 年预计利润表(简化)

单位:万元

项目	20×2 年实际数	占营业收入的比例(%)	20×3 年预计数
营业收入	20 000	100	22 000
减:营业成本	14 400	72.0	15 840
销售费用	1 200	6.0	1 320
管理费用	1 920	9.6	2 112
财务费忍	900	4.5	990
营业利润	1 580	7.9	
加:营业外收入	50	—	1 738
减:营业外支出	130	—	60
利润总额	1400	7.0	148
减:所得税费用	350	—	1 530
净利润	1 050	—	382.5
			1 147.5

若该企业税后利润的留用比例为 20%,则 20×3 年预测留用利润额为 229.5(= 1147.5×20%)万元。

该企业 20×2 年实际营业收入 20 000 万元,资产负债表及其敏感项目与营业收入的比例如表 11-7 所示。

表 11-7　20×2 年实际资产负债表

单位:万元

项目	金额	占营业收入比例(%)
资产:		
现金	100	0.5
应收账款	2 900	14.5
存货	3 400	17.0
其他流动资产	10	—
固定资产	320	—
资产总计	6 730	32.0
负债及股东权益:		
应付票据	800	—
应付账款	3 040	15.2
其他流动负债	160	0.8
非流动负债	230	—
负债合计	4 230	16.0
股本	2000	
留用利润	500	
股东权益合计	2 500	
负债及股东权益总计	6 730	

根据上述资料,编制该企业 20×3 年预计资产负债表(简化)如表 11-8 所示。

表 11-8　20×3 年预计资产负债表(简化)

单位:万元

项目	20×2 年实际数(1)	20×2 年销售百分比(%)(2)	20×3 年预计数(3)
资产:			
现金	100	0.5	110
应收账款	2 900	14.5	3 190
存货	3 400	17.0	3 740
其他流动资产	10	—	10
固定资产	320	—	320
资产总计	6 730	32.0	7 370
负债及股东权益:			
应付票据	800	—	800
应付账款	3 040	15.2	3 344
其他流动负债	160	0.8	176
非流动负债	230	—	230
负债合计	4 230	16.0	4 550
股本	2 000		2 000
留用利润	500		729.5*
股东权益合计	2 500		2 729.5
追加外部筹资额			90.5**
负债及股东权益总计	6 730		7 370

*　根据表 11-6,20×3 年预测留用利润增加额为 229.5 万元,则累计留用利润为 500+229.5＝729.5 万元。

**　加总预计资产负债表的两方:20×3 年预计资产总额为 7 370 万元,其中已有负债及所有者权益之和为 7 279.5 万元,两者之间的差额为 90.5 万元。它既是使资产负债表两方相等的平衡数,也是企业需要的外部筹资额。

3. 按预测模型预测外部筹资额

以上介绍了如何运用预计资产负债表预测外部筹资额的过程。为简便起见,亦可改用预测模型预测需要追加的外部筹资额。其公式为

$$需要追加的外部筹资额 = \triangle S \sum \frac{RA}{S} - \triangle S \sum \frac{RL}{S} - \triangle RE = \triangle S(\sum \frac{RA}{S} - \sum \frac{RL}{S}) - \triangle RE$$

式中,$\triangle S$ 表示预计年度营业收入增加额;$\sum \frac{RA}{S}$ 表示基年敏感资产总额除以基年营业收入;$\sum \frac{RL}{S}$ 表示基年敏感负债总额除以基年营业收入;$\triangle RE$ 表示预计年度留用利润增加额。

如上例,运用模型预测 20×3 年需要追加的外部筹资额为

$$(22\ 000 - 20\ 000) \times (32\% - 16\%) - 229.5 = 90.5 (万元)$$

营业收入比例法基于预测年度非敏感项目、敏感项目及其与营业收入的百分比均与基年保持不变的假定。在实践中,非敏感项目、敏感项目及其与营业收入的比例有可能发生变动,具体情况有:① 非敏感资产、非敏感负债的项目构成以及数量的增减变动;② 敏感资产、敏感负债的项目构成以及与营业收入比例的增减变动。这些变动对预测资金需要总量和追加外部筹资额都会产生一定的影响,必须相应地予以调整。

这种方法是根据预计资产负债表的原理,预测企业追加外部筹资数额的简便方法。它的主要优点是能为财务管理提供短期预计的财务报表,以适应外部筹资的需要,且易于使用。但这种方法也有缺点,倘若有关项目与营业收入的比例跟实际不符,据以进行预测就会形成错误的结果。因此,在有关因素发生变动的情况下,必须相应地调整原有的销售百分比。

本章小结

预测是企业管理的重要职能,是决策的基础,能为决策提供科学的依据。所谓预测分析,即根据过去和现在预计未来,由已知推断未知的过程。预测分析的方法一般可分为定性分析法和定量分析法两大类。定性分析法主要有判断分析法和调查分析法。常见的定量分析法有趋势分析法和因果分析法,趋势分析法包括算术平均法、加权平均法、移动平均法、趋势平均法、指数平滑法和时间序列外推法等;因果分析法包括回归分析法、投入产出法和经济计量法等。定性分析法和定量分析法各有优缺点,应根据具体情况将二者结合使用。

预测分析的内容包括销售预测、成本预测、利润预测和资金预测几个方面。

销售预测是其他预测的前提,根据市场调查得到的有关资料,通过对相关因素分析,预计和测算特定产品在一定时期内市场销售量及其变化趋势,进而预测本企业产品未来销售量的过程。销售预测的方法主要有趋势分析法、因果分析法、判断分析法和调查分析法等,企业应结合使用。

成本预测是一个动态的过程,应该有计划按步骤进行。成本预测的方法主

要有直线回归法、因素变动预测法及产值成本法、技术测定法等。

对企业利润的预测，最主要的是对营业利润的预测。利润预测的方法主要有比例预测法和因素分析法，其中，因素分析法是分析单个因素单独变动及多个因素同时变动对利润的影响的方法。

资金预测也即资金需要量的预测，是在销售预测、成本预测及利润预测的基础上进行的。资金预测的方法主要有因素分析法、回归分析法和营业收入比例法。

》》 思考题

1. 解释定量分析法和定性分析法的优缺点。
2. 解释销售预测的意义及方法，并说明适用范围。
3. 试述成本预测的重要性。
4. 试述利润预测的方法。
5. 企业为何要进行资金需要量预测？方法有哪些？

》》 习题

1. 某企业生产一种产品，20×2 年 1—12 月份的销售量资料如表 11-9 所示。

表 11-9 20×2 年 1—12 月份的销售量资料

月份	1	2	3	4	5	6	7	8	9	10	11	12
销售量（吨）	10	12	13	11	14	16	17	15	12	16	18	19

要求：分别按下列方法预测 20×3 年 1 月份销售量。

（1）平滑指数法（假设 20×2 年 12 月份销售量预测数为 16 吨，平滑指数为 0.3）。

（2）时间序列外推法（只考虑长期趋势）。

2. 某企业从会计资料中查得，甲产品 20×2 年 1—9 月份实际产量为 1 000 件，实际总成本为 8 400 元，预计 10—12 月份产量为 500 件，总成本为 4 101 元，请问甲产品 20×2 年预计平均单位成本是多少？

假定甲产品 20×2 年度预计平均单位产品成本和总成本的分项资料如表 11-10 所示。

表 11-10 20×2 年度预计平均单位产品成本和总成本的资料

项目	单位成本(元)	总成本(元)
材料	4.960	7 440
燃料及动力	0.694	1 041
工资及福利费	0.960	1 440
制造费用	1.720	2 580
合计	8.334	12 501

若材料、燃料及动力、工资及福利费为变动费用,制造费用全为固定费用,且 20×3 年影响及影响程度为产量增加 20%,材料成本降低 2%,材料消耗降低 1%,燃料及动力消耗量降低 2.5%,制造费用增加 5%。要求用因素分析法预测 20×3 年甲产品的总成本和单位成本。

3. 某企业经营一种产品,单价为每件 100 元,单位变动成本为每件 60 元,固定成本总额为 30 万元,20×2 年实现销售 1 万件。

(1) 计算各因素的敏感系数;

(2) 如果企业期望 20×3 年利润增长 60%,则各因素应该如何变化?

(3) 如果根据当前的市场状况,销售单价提高 5%,单位变动成本降低 3%,销售量上升 2%,固定成本总额增长 4%,请问此时利润将会如何变化?

4. 某企业 20×2 年度实现销售额为 600 万元,获得税后净利 24 万元,并发放了股利 12 万元,假定该企业固定资产利用率已经饱和。该企业 20×2 年底的资产负债表如表 11-11 所示。

表 11-11 资产负债表

20×2 年 12 月 31 日 单位:万元

资产		负债及所有者权益	
货币资金	30	应付账款	72
应收账款	96	应交税金	48
存货	120	长期借款	176
固定资金(净值)	192	实收资本	180
无形资产	30	未分配利润	36
合计	468	合计	512

若该企业在计划期间(20×3 年)销售额增至 900 万元,并仍按 20×2 年股利发放率支付股利;按折旧计划提取 30 万元折旧,其中 60% 用于设备改造。又假定计划期间零星资金需要量应增加 12 万元,求预测计划期(20×3 年)需要追加资金的数量。

第十二章 决　策

【本章导读】

　　"管理的重心在经营,经营的重心在决策",企业管理者常常需要做出各种经营与投资决策,如企业零部件是自制还是外购、生产何种产品、是否接受特殊订货、半成品立即出售还是继续加工后出售,以及产品如何定价、是否该用新设备替代旧设备等,这些决策的正确与否直接关系到企业的盛衰成败。本章主要介绍企业各主要决策的常用分析方法。

【学习目标】

　　1. 掌握决策的基本步骤及相关收入与相关成本的内涵。

　　2. 掌握各种生产决策的常用方法。

　　3. 理解影响价格制定的因素;了解不同的定价策略。

　　4. 掌握互斥投资方案的决策方法;了解事后审计的重要性。

引例

　　长江公司生产电位器,目前,产品所需的零部件都由企业自己生产,企业的厂房是租赁的,由于需求扩大,产量大幅度提高,超过租赁设施的生产能力,因此,企业需要更多的仓库、办公室和生产塑料模具(用来生产电位器)的场地。企业总经理、分管销售及分管财务的两位副总经理开会讨论生产能力受限制问题。有几种方案可供选择:一是自建厂房;二是租赁另一个与目前规模相似的厂房;三是另租一间仓库,旧仓库用作办公室及扩大塑料模具的生产;四是外购轴和轴套(这两种零部件供过于求,价格下降很快),这样能清理出所需场地。通过讨论,否决了前两个备选方案,而对后两个备选方案则难以判断,需要分析各个备选方案的相关成本。那后两个备选方案的相关成本又有哪些呢?

第一节　经营决策概述

在市场经济环境下,企业管理当局为了应对瞬息万变的市场状况和激烈的竞争,常常需要做出各种经营与投资决策,而其决策的正确与否则关系到企业的盛衰、成败、生存和发展。现代管理科学认为,提高企业的生产效率固然重要,但更为重要的是正确地进行经营与投资决策。因此,"管理的重心在经营,经营的重心在决策",这是市场经济的必然要求。

一、决策的含义

决策是指企业管理在现实条件下,为了达到预期的经营目标,通过预测及对比分析,在两个或两个以上的备选方案中选择最佳方案的过程。决策是事先做出的选择,决策正确与否,不仅直接影响到企业的经济效益,甚至关系到企业的兴衰成败,从这个意义上说,决策是企业经营管理的核心问题。一个管理者每天都会采取许多的行动,也就是说每天都会做出许多的决策,有正确的决策,也有错误的决策。决策者的职位越高,做出的决策就越重要,影响的范围越大,程度越深。企业管理者的决策失误,会影响到企业的经营活动,导致财务状况恶化,甚至危及企业的生存。

决策作为现代管理科学的内容,它的产生和完善标志着企业经营管理已经由过去的经验式定性管理发展到科学的定性与定量相结合的管理。决策是经过科学的计算和分析,全面衡量其得失后做出的最优抉择。一般来说,决策具有较高的科学性和可靠性,这有助于企业决策者克服主观片面性,促进企业改进经营管理,提高经济效益。

决策分析贯穿于企业生产经营活动的始终,涉及面广,要解决的问题多,这就决定了决策种类的多样性。决策按影响时间的长短不同,可分为短期决策和长期决策两大类。

短期决策通常是指对较短时间(一般为一年以内)的生产经营收支产生影响的问题而进行的决策。短期决策主要探讨如何在生产经营过程中最有效、最经济、最合理地利用现有资源以获取最大的经济效益,它一般不涉及新的固定资产投资,因而又称为"经营决策"。例如一年内的生产安排、品种规划、追加订货、定价决策等。

长期决策是指对企业经济效益的影响时间在一年以上,一般涉及企业的发展方向及其规模等重大问题而进行的决策,如厂房、设备的新建与更新,新产品的开发,设计方案的选择与工艺改革,企业剩余资金投向等,又称为"投资决策"。这类决策一般都具有使用资金量大、对企业发展影响时间长的特点。

二、经营决策的步骤

企业如何进行经营决策呢? 下面将介绍进行经营决策的通用方法。

1. 基本步骤

(1)确定问题。

(2)确定该问题可能的备选方案,排除明显不可行的方案。

(3)确定与各可行备选方案有关的成本与收入。把成本和收入分为相关及不相关两类,排除不相关成本与收入。

（4）汇总每个备选方案的成本和收入。

（5）对定性因素进行评价。

（6）选择总体收益最高的备选方案。

需要说明的是，这里描述的六个步骤，只是概括了一般的情况，在实际工作中，可以把这些步骤分解为八步或十步，或减缩为三步，如：① 确定问题；② 确定备选方案及其相关成本；③ 进行决策。

2. 实例分析

以引例为例，长江公司的决策步骤如下：

（1）确定问题。进行决策的第 1 步是确定具体问题。例如，长江公司的管理当局认为必须扩大仓库、办公室及塑料模型的生产场所，那么，所需场所的大小、需要的原因及如何使用该场所都是他们必须考虑的重要方面，其中最重要的是如何获得所需的场所。

（2）确定备选方案。进行决策的第 2 步要考虑并列出各种可能的备选方案。长江公司确定可能的备选方案有：

① 自己建造厂房，满足目前及可预见的未来的需要。

② 再租赁类似的厂房。

③ 再租赁房子作为仓库，清理原来的仓库用来扩大生产。

④ 外购轴和轴套，利用原来生产这些零件的空间解决场地问题。

作为该步骤的一部分，长江公司必须排除不可行方案。由于备选方案 1 的风险太大，应该排除；而备选方案 2 不但不能解决场地问题，而且据推测成本太高，也必须排除；备选方案 3 与 4 可行，它们不仅满足风险和成本的约束条件，而且能解决企业所面临的场地问题。值得注意的是，长江公司排除掉企业发展阶段中风险太大的备选方案，从而把经营决策（寻找更大的场地）与该企业的总体发展战略联系起来。

（3）确定与每个可行的备选方案有关的成本和收入。在本步骤要确定与每个可行备选方案有关的成本和收入，排除明显不相关的成本和收入。

假设长江公司所确定的与生产轴和轴套有关的成本如下：直接材料 130 000 元；直接人工 150 000 元；变动性制造费用 65 000 元；总变动性生产成本 345 000 元。此外，如果长江公司继续自制轴和轴套，必须再租赁仓库以解决场地问题。合适的仓库每年租赁费为 135 000 元。另一个可行备选方案是外购轴和轴套，并使用清理出来的生产场地。外购足够的产品每年需要 460 000 元。

（4）汇总每个可行备选方案的相关成本与收入。在备选方案 3 中，继续自制零件并租赁仓库，需要成本 480 000 元，而在备选方案 4 中，外购零件并利用内部场地需要花费成本 460 000 元。两个方案的成本对比如表 12-1 所示：

表 12-1 两方案成本对比

单位:元

备选方案 3		备选方案 4	
变动性生产成本	345 000	外购价格	460 000
仓库租赁费	135 000		
合计	480 000		

从表 12-1 可以看出,差别成本为 20 000 元,故备选方案 4 较优。

(5) 评价定性因素。虽然与备选方案有关的成本和收入十分重要,但是它们不能决定一切,定性因素也会显著地影响经理的决策。定性因素是指那些不能用数量衡量的因素。例如,在长江公司所面临的自制或外购决策中,需要考虑的定性因素包括:外购轴和轴套的质量;供货渠道的可靠性;今后几年价格的稳定性;与雇员的关系;社会形象;等等。为了阐述定性因素对自制或外购决策可能产生的影响,下面对前面两个因素——供货质量和供货可靠性进行分析。

如果外购轴和轴套的质量远低于自制的质量,那么外购的成本优势就比实际低。低质量的原材料会降低电位器的质量,从而影响销售量。因此,长江公司可能选择自制零件。

同样,如果供货渠道不可靠,会扰乱生产计划,使企业不能及时履行顾客订货合同。这些因素会增加人工成本和制造费用,从而降低销售量。经过仔细权衡,长江公司可能认为自制比外购好,即使最初的相关成本分析表明外购零件有利。

如何对待决策过程中的定性因素呢? 第一,必须确定有哪些定性因素。第二,决策者应尽量将定性因素量化。定性因素经常只是难以量化,而并非不能量化。例如,外部供应商的不可靠性可用预计延误天数乘以长江公司每天停工的人工成本来表示。最后,真正的定性因素,如推迟供货对企业与顾客关系造成的影响,必须在最后步骤——选择总体收益最大的备选方案时予以充分考虑。

(6) 进行决策。一旦确定了每个备选方案的全部相关成本与收入,并权衡了定性因素后,就能进行决策了。如果两个备选方案的成本差别很小,而且长江公司的重点在于保证质量和充分利用人员,那么他将选择自制轴和轴套并租赁仓库。

三、 相关信息

很多时候,决策者需要在信息不充分的情况下做出决策,同时还要面对大量无用的信息。区分相关信息和无关信息是很困难的。相关信息(relevant information)有两种基本特征。第一,相关信息必须在备选方案之间存在差异。假设你要在两种工作中做出选择,两份工作的薪水是相同的,虽然薪水在选择工作的过程是很重要的,但此时薪水却是与决策过程不相关的。第二,相关信息是面向未来的。因为已经发生的收入和成本是无法改变的,因此,对于决策而言,过去的信息是无关信息。

相关成本(relevant cost)指各个备选方案之间不同的未来成本。所有决策都面向未来,因此,只有未来成本才与决策相关。但是,相关成本不仅应是未来成本,而且在各备选方案之间还应有所不同。如果某项未来成本对于至少两个备选方案而言是相同的,那么它就不影响决策,这样的成本称为不相关成本(irrelevant cost)。区分相关和不相关成本是一项十分重要的决策技能。

考虑长江公司的自制或外购备选方案:该企业每年生产轴和轴套的直接人工为150 000元(以正常生产量为基础)。这项成本是该项决策必须考虑的因素吗? 直接人工成本是两个备选方案不同的未来成本吗? 直接人工成本当然是未来成本,因为明年生产轴和轴套需要人工劳动,长江公司需要向他们支付报酬。可是,两个备选方案的直接人工成本不同吗? 如果向供应商购买轴和轴套,就不要进行内部生产,从而不需要工人进行劳动,直接人工成本为零。因此,两个备选方案的直接人工成本不同(自制方案的直接人工成本为 150 000 元,而外购方案的直接人工成本为 0)。由于最近期间正常作业的直接人工成本是 150 000 元,虽然过去成本与决策不相关,但是它们通常能用来预测未来成本,可以以此来估计未来成本。因此,直接人工成本是相关成本。

长江公司生产轴和轴套的机器是 5 年前购买的,每年折旧费是 125 000 元。这项成本是相关成本吗? 换而言之,折旧费是两个备选方案之间不同的未来成本吗? 折旧费是过去已经发生成本的分摊。它是一种沉落成本(sunk cost),不受未来决策影响。虽然把这项沉落成本分摊给未来期间,称它为折旧费,但它的原始成本是不可避免的。因此,沉落成本是过去成本,在每个备选方案中都相同,故在两个备选方案之间进行选择时,生产轴和轴套的机器的原始成本及其相关的折旧费是不需考虑的因素,是与决策无关的成本。

不是所有的未来成本都是相关成本。假设租赁整个工厂需 340 000 元,将其在各个生产部门之间进行分摊,其中生产轴和轴套的部门应承担 12 000 元。这 12 000 元与长江公司的自制或外购决策相关吗? 由于租赁款将于今后 5 年每年支付一次,因此它是未来成本。但对于自制或外购决策的各个备选方案而言,无论长江公司选择何种备选方案,都必须支付工厂租赁款。对于这两个备选方案而言,租赁款是相同的。如果停止生产轴和轴套,虽然分摊到其他部门的租赁款可能会改变,但是总租赁款不受决策影响。因而,该成本仍是不相关成本。

需要注意的是,成本是否与决策相关,与成本性态没有必然的联系,也即变动成本可以是不相关成本,而固定成本也可能是相关成本。

有些没有实际发生的成本也可以是相关成本,如机会成本。机会成本是指由于选择最优方案而放弃次优方案所丧失的潜在利益。比如你有 100 000 元现金,并且你有两种可供选择的投资机会——购买股票和存入银行,假设银行存款年利率为 5%,存入银行取得的利息收入 5 000 元可能将是决策是否购买股票的机会成本,如购买股票预计的收益超过 5 000 元就会选择购买,否则将选择将钱存入银行。机会成本没有实际发生,不会在财务会计记录中出现,也不在财务报表中报告,但是在进行相关决策时必须予以考虑,它是决策的相关成本。

可以用同样的方法分析收入。相关收入(relevant revenues)是指在备选方案之间存在差异的未来收入,因此,有时又被称为差异性收入。如企业决定生产 A,B 两种产品之间的一种,则这两种产品预计的销售收入就是相关收入。

第二节 生产决策

生产决策主要决定企业生产什么、生产多少,包括:自制或外购某零件的决策;部门或产品的取舍决策;接受低于正常价格的特殊定单决策;产品继续加工或在分离点出售的决策等。不过,许多决策的原理都是相同的。

一、 自制或外购的决策

经理人员常常面临自制或外购某种零件的决策。当然,管理当局应定期评价过去的生产决策。由于以前的决策基础可能已经发生变化,因此,管理当局必须采取不同的方法进行评价。

通过一个例子来说明自制与外购决策的分析过程。

【例 12-1】　假设西尔制造企业当前正自制打印机用某种电子元件。一年后,西尔公司将转向生产另一种打印机,而这种电子元件将不再使用。不过,今年该企业仍需再生产 10 000 个这种部件,以满足生产旧打印机的需要。西尔公司已经与一潜在的供应商接触,该供应商愿意生产西尔公司特殊规格的打印机元件,要价为每单位 47 元。价格似乎很诱人,因为该元件的完全制造成本为 80 元。西尔公司是自制还是外购该电子元件呢?

根据以上资料很容易确定问题和可行备选方案:由于决策只涉及一个期间,因此不必考虑定期发生的成本。只要确定相关成本,经过汇总,就能做出决策(假设没有什么特别的定性因素需要考虑)。

首先确定与生产 10 000 个电子元件有关的成本,完全成本计算如表 12-2 所示。

表 12-2　元件完全成本计算

单位:元

	总成本	单位成本
设备租金	100 000	10.00
设备折旧费	20 000	2.00
直接材料	100 000	10.00
直接人工	200 000	20.00
变动性制造费用	80 000	8.00
总固定费用	300 000	30.00
合计	800 000	80.00

企业大部分设备是租用的,租用设备能随时偿还,不需支付违约金,只要支付设备持有期间的租金。到今年年末,专用机器的折旧费还未提完;由于该机器不能变卖,只得报废。工厂总固定性制造费用为 10 000 000 元,以每种产品生产设施的占地面积为基础进行分配。生产该电子元件的设施占地 6 000 平方米、工厂总面积为 2 000 000 平方米。因此,该电子元件分配的固定性制造费用为 300 000(＝0.03×1 000 000)元。在这些成本项目中,应该排除折旧费,因为它是沉没成本;总固定性制造费用也是不相关成本,因为即使外购电子元件,所分配的共同费用 300 000 元也依然会发生。其他成本是决策相关成本,如若外购电子元件则不需要租用设备,因此,设备租金是相关成本。同样,直接材料、直接人工、变动性制造费用也都与决策相关,因为如果外购电子元件,这些成本将不会发生。

如外购电子元件,采购成本当然是与决策相关的成本。因为如果自制元件,就不会发生采购成本。还有其他与外购相关的成本吗?假设企业接货和检验人员的工作已满负荷,如再购买电子元件,则要另外雇佣兼职验收员,每年成本为 85 000 元;假设采购部门有足够的剩余作业能力处理外购电子元件业务,因而不需要再发生额外的成本。

根据以上讨论,每个备选方案的相关成本如表 12-3 所示。

表 12-3 备选方案差别成本

单位:元

	自制	外购	差别成本
租金	100 000		10 000
直接材料	100 000		10 000
直接人工	200 000		20 000
变动性制造费用	80 000		8 000
采购成本		470 000	(470 000)
兼职验收员		85 000	(85 000)
合计	480 000	555 000	(75 000)

以上分析表明自制比外购电子元件节约 75 000 元,因此应该拒绝供应商的要价。

同样可以以单位成本为基础进行分析。一旦确定相关成本,就能比较单位相关成本。本例中,自制方案的相关单位成本为 48(= 480 000/10 000)元,而外购方案的单位相关成本则为 55.5(=555 000/10 000)元。

假设西尔公司尚没有完全确定明年所需元件的数量,则不能直接比较自制和外购的相关成本,此时可以通过计算两个备选方案的成本无差别点来确定方案的优劣。所谓成本无差别点即是两个方案成本相等的那一点。根据前述的相关成本资料,对自制方案而言,租金是固定成本,而直接材料、直接人工和变动性制造费用是变动成本,因此,可以写出成本性态方程:

$$y_{自制} = 100\,000 + 38x$$

对外购方案而言,采购成本是变动成本,而兼职验收员的工资是固定成本,因此,其成本性态方程为

$$y_{外购} = 85\,000 + 47x$$

假设两方案的成本相等,则有:

$$100\,000 + 38x = 85\,000 + 47x$$

所以 $x = 1\,667$(件)

如果西尔公司所需元件的数量小于 1 667 件,就应该外购;而如果西尔公司所需元件的数量大于 1 667 件,则应该自制;而当西尔公司所需元件的数量等于 1 667 件时,自制和外购的相关成本相同。

用成本无差别点来判断方案的优劣同样需要分析相关成本,如果是决策无关成本则不应考虑。

二、取舍决策

经理通常要决定某个分部,如某种产品,是应该保留还是应予撤销。以变动成本计算法为基础编制的分部报告为取舍决策提供了十分有价值的信息,并且分部贡献毛益和分部毛益都有助于评价部门业绩。尽管分部报告能为取舍决策提供有用信息,但是,如何应用这些信息进行决策则要借助于相关成本计算法。

这里通过一个例子来说明取舍决策的决策过程。

【例 12-2】 斯文材料公司生产水泥板、砖和瓦片。财务部门经理编制的 20×3 年预计收益表如下表 12-4 所示。

表 12-4　20×3 年预计收益表

单位:千元

	板	砖	瓦	合计
销售收入	5 000	8 000	1 500	14 500
减:变动费用	2 500	4 800	1 400	8 700
贡献毛益	2 500	3 200	100	5 800
减:直接固定费用				
工资	370	400	350	1 120
广告费	100	100	100	300
折旧费	530	400	100	1 030
合计	1 000	900	550	2 450
分部毛益	1 500	2 300	(450)	3 350
减:共同固定费用				1 250
净利润				2 100

瓦片的预计分部毛益出现负数,这是该类产品连续第 3 年取得如此糟糕的业绩。斯文材料公司的总经理对此十分关心,正试图决定瓦片生产线的取舍。

他最初的打算是采取措施以增加瓦片的销售收入。他想提高单价,并发动一次积极的促销活动。不过,销售经理认为这是徒劳:市场已经饱和,竞争十分激烈,难以提高市场份额;如果提高单价,销售收入肯定会下降。

并且,通过降低成本来提高该类产品的盈利能力也不可行。过去两年中,该类产品的成本已经降低了许多,亏损已减少到目前的预期水平,再降低成本将会损害产品的质量,反而影响销售量。

既然没有什么办法能提高瓦片的业绩,总经理决定停止生产瓦片。其理由是,虽然这样做会使企业的贡献毛益降低 100 000 元,但解雇该产品的监管员和取消广告预算则可节约 450 000 元(由于折旧费代表了沉落成本的分摊,因此折旧费 100 000 元是不相关成本)。可见,停止生产瓦片要比继续生产瓦片节约 350 000 元,具体分析见表 12-5。

表 12-5　继续或中止瓦片生产差量分析　　　　单位:千元

	继续	中止	差别成本
销售收入	1 500	0	1 500
减:变动费用	1 400	0	1 400
贡献毛益	100		100
减:广告费	100	0	100
监管员工资	350	0	350
相关收益(损失)合计	(350)	0	(350)

在最后拍板之前,总经理决定先征求销售经理和生产经理的意见。销售经理认为终止生产瓦片将使水泥板的销售量下降 10%,砖的销售量下降 8%。他解释说,许多顾客除了购买瓦片,还同时购买水泥板或砖。一些顾客如不能在同一地方购买到两种产品,他们就会到别处购买。

总经理在听取了销售经理的意见后,立即结合瓦片的停产将对其他产品销售量产生的影响,重新进行分析。他决定计算各个备选方案的总销售收入和总销售成本。和上次一样,由于折旧费和共同固定费用是不相关成本,它们被排除在分析之外。

停止生产瓦片将使总销售收入降低 2 640 000 元,其中,水泥板降低 500 000(＝0.1×5 000 000)元,砖降低 640 000(＝0.08×8 000 000)元,瓦片降低 1 500 000 元。同样,变动费用也将降低 2 034 000 元,其中水泥板降低 250 000(＝0.1×2 500 000)元,砖降低 384 000(＝0.08×4 800 000)元,瓦片降低 1 400 000 元。因此,总贡献毛益将减少606 000(＝2 640 000－2 034 000)元,由于停止生产瓦片只节约监管费和广告费 450 000元,因而最终结果为损失 156 000(＝450 000－606 000)元,停止生产瓦片不利。表 12-6概括了利用新资料所进行的分析。

表 12-6　继续或中止瓦片生产差量分析

单位:千元

	继续	中止	差量
销售收入	14 500	11 860	2 640
减:变动费用	8 700	6 666	2 034
贡献毛益	5 800	5 194	606
减:广告费	300	200	100
监管员工资	1 120	770	350
相关收益(损失)合计	4 380	4 224	156

斯文材料公司的例子又一次说明了经营决策程序。第一,确定问题(瓦片的业绩差)。第二,列出可能的备选方案,排除不可行备选方案。例如,提高销售量和进一步降低成本都是不可行的备选方案而被排除。第三,企业对可行备选方案进行研究:① 继续生产瓦片;② 终止生产瓦片。第四,对可行备选方案的相关成本和收入进行分析,选择其中最优方案(继续生产瓦片)。

企业总经理最初对两个备选方案进行分析时,决定暂时停止生产瓦片,后来根据销售经理所提供的附加资料,他又作出相反的决定。企业总经理在作出最优决策之前,通常不可能拥有全部必需的资料,也无法确定所有可行的方案,但是应尽可能收集所有的资料,并确定尽可能多的可行方案。正如本例所表明的,有限的资料会导致错误的决策。如果可行方案数量太少,那么最优方案很可能仅仅因为总经理没有予以考虑而无法选中。总经理还可以从熟悉情况的其他人的建议中得到帮助。这样,不仅决策所需的资料增多了,而且可行方案的数量也得到了扩充,从而改善了决策。总之,取舍决策涉及多方面的因素,需要从不同角度设计方案并采用恰当的方法进行决策。

三、 特殊订货决策

企业在完成当前生产任务后,生产能力往往还有一定的剩余,这时可能会接到顾客追加的特殊订货。同正常订货相比,这种特殊订货的出价往往较低,同时还可能在产品功能、外观或送货条件等方面有特殊要求。

【例 12-3】 某刀具生产企业主要生产不锈钢家庭用刀具,年生产能力为 20 000 件,根据销售预测,明年可以正常销售 15 000 件,平均售价 140 元,单位变动制造成本(直接材料、直接人工及变动性制造费用)为 50 元,单位变动性销售费用(销售佣金及运费等)为 20 元,年固定性制造费用(折旧费)为 450 000 元,固定性销售费用(工资费用及折旧费)为 150 000 元,现有一客户要求特殊订货 5 000 件,出价为 60 元/件,运费为每件产品 20 元。如果你是企业经理,你是接受还是拒绝该特殊订货?

接受订货前,企业的生产能力为 20 000 件,还有剩余生产能力,可以接受特殊订货的生产。正常情况下产品的成本资料如表 12-7 所示。

表 12-7 产品的单位生产成本

单位:元

	单位成本
变动性制造成本	50
固定性制造费用	30
变动性销售费用	20
固定性销售费用	10
合计	110

从上表可以看出,特殊订货出价只有 60 元/件,低于产品的单位成本 110 元/件,企业似乎不应该接受这一订货。但对成本进行分析后可以发现,由于企业的生产能力有剩余,因此,该项订货接受与否都不会影响企业的固定成本(固定性制造费用和固定性销售费用),固定成本属于不相关成本,在决策时可以不考虑。

如果客户愿意支付产品的运费,无论企业接受订货与否,都不会影响变动性销售费用,即变动性销售费用也为非相关成本,分析见表 12-8。

表 12-8 接受或拒绝订货差量分析

单位:元

	接受	拒绝	差量
销售收入	300 000	0	300 000
减:变动费用	250 000	0	250 000
贡献毛益	50 000	0	50 000
相关收益(损失)合计	50 000	0	50 000

由表 12-8 可知,接受特殊订货会增加利润 50 000 元,所以在客户负担运费的情况下,企业应该接受特殊订货。

而如果由企业负担运费,则运费也属于相关成本,具体见表 12-9。

表 12-9　接受或拒绝订货差量分析

单位:元

	接受	拒绝	差量
销售收入	300 000	0	300 000
减:变动费用	350 000	0	350 000
变动性制造成本	250 000		
变动性销售费用	100 000		
贡献毛益	(50 000)	0	(50 000)
相关收益(损失)合计	50 000	0	50 000

由于接受追加订货的差量收入低于差量成本,因此,在企业负担运费的情况下,不应该接受订货。

接上例,如果该客户的出价为 80 元/件,并愿意负担运费,但要求订货 6 000 件,并要求增加一种特殊的部件。企业经了解得知,该部件的购买单价为 14 元/件,企业必须为此订货增加固定成本 20 000 元。此时你愿意接受该特殊订货吗?

企业如果接受此特殊订货,会增加销售收入 480 000(=6 000×80)元。同时变动性制造成本也会相应增加 300 000(=6 000×50)元;增加特殊部件的购买成本 84 000(=6 000×14)元;因为接受该订货而增加的固定成本 20 000 元;如果接受该特殊订货,不得不减少正常销售 1 000 件,这 1 000 件将获得的贡献毛益是接受该订货的机会成本,1 000 件产品的贡献毛益为 70 000(=1 000×(140-50-20))元。这些均是决策中应予以考虑的相关收入和相关成本。具体如表 12-10 所示。

表 12-10　接受或拒绝订货差量分析

单位:元

	接受	拒绝	差量
相关收入	480 000	0	480 000
减:相关成本	474 000	0	474 000
变动性制造成本	300 000	0	300 000
增加部件的购买成本	84 000	0	84 000
增加的固定成本	20 000	0	20 000
机会成本	70 000	0	70 000
相关收益(损失)合计	6 000	0	6 000

以上计算分析表明,尽管增加的部件购买成本及固定成本,均属于相关成本,但是相关收入仍大于相关成本,最终利润增加 6 000 元。因此,应当选择接受此特殊订货。

四、销售或进一步加工决策

联产品(joint products)在分离点前共同加工并发生相同的成本,在分离点上,它们成为不同的产品。例如,某种矿含有铜和金,在铜和金分离之前,必须共同进行开采、粉碎和加工。产品分离的瞬间称为分离点(split-off point)。采矿、粉碎和加工的成本是两种产品的共同成本。联产品通常在分离点出售,但有时某种联产品在分离后继续加工再出售能获利更多。决定出售或继续加工是经理所面临的一项重要决策。

【例 12-4】 现以普尔公司为例进行分析。普尔公司是一家专门种植苹果的大型农场企业。每块地大约能生产苹果 1 吨。苹果树在生长期间必须进行喷洒农药、施肥、灌溉和修剪。当苹果成熟后,还要雇佣工人摘苹果,然后把苹果送到仓库进行清洗和分类。每年,普尔公司进行这些作业(包括加工),每吨需要花费 3000 元。

根据大小和是否有瑕疵,苹果可分为三个等级(A、B 和 C)。没有瑕疵(伤痕、裂口和虫洞等)的大苹果放于一个箱子里,为 A 级;没有瑕疵的小苹果放于另一个箱子里,为 B 级;其他剩余的苹果放于再一个箱子里,为 C 级。这样,每吨苹果有 400 公斤 A 级苹果,300 公斤 B 级苹果和 300 公斤 C 级苹果。

A 级苹果以 8 元/公斤的价格出售给大型超市;B 级苹果每袋 3 公斤,以 15 元/袋的价格出售给超级市场(每个袋子的成本为 0.5 元);C 级苹果继续加工成苹果罐头,每个罐头 500 克,价格为 12 元,加工成本为 2 元/公斤,最后能生产 400 个罐头。

最近某大型超市连锁店要求普尔公司供应每罐 500 克的苹果派馅,愿以 6 元/罐的价格购买。普尔公司认为 B 级苹果符合要求,估计加工成本为 1.8 元/公斤,产出为450 罐。

在决定 B 级苹果是在分离点出售还是继续加工成苹果派馅再出售时,喷洒农药、修剪等共同成本与决策不相关,因为不论是在分离点出售还是继续加工,这些作业都要发生,每吨成本为 3 000 元。但在分离点的销售收入与继续加工成苹果派馅的销售收入很可能不相等,因此,销售收入与决策相关;同样,只有继续加工才会发生加工成本,从而加工成本也与决策相关。

由于在分离点有 300 公斤 B 级苹果,普尔公司共销售 100 袋 3 公斤的苹果,净价格为 14.5 元/袋,可见,它在分离点的净销售收入为 1 450(=14.5×100)元。如果把 B 级苹果继续加工成苹果派馅,总销售收入为 2 700(=6×450)元。因而,继续加工的增量收入为 1 250(=2 700−1 450)元,继续加工的增量成本为 540(=1.8×300)元。由于销售收入增加 1 250 元,而成本只增加 540 元,因此,普尔公司应继续加工 B 级苹果,见表12-11。

表 12-11　销售或继续加工差量分析

单位:元

	销售	继续加工	差量
销售收入	1 450	2 700	1 250
加工成本	0	540	540
相关收益(损失)合计	1 450	2 160	710

五、产品组合决策

在前面的例子中,每收获 1 吨苹果,有 400 公斤 A 级苹果、300 公斤 B 级苹果和 300公斤 C 级苹果。虽然各种苹果的比例在某种程度上受喷洒农药、施肥、灌溉和修剪等程序影响,但是普尔公司在很大程度上无法控制苹果的组合。不过,许多企业却能决定其产品组合,而且产品组合决策对企业的盈利能力有重大影响。

每一种产品组合都代表一种备选方案,并有相应的利润水平。经理人员应选择企业总利润最大化的备选方案。由于固定成本不随作业水平的变动而变动,因此,各种产品组合下的总固定成本都相同,从而与决策不相关。这样,经理人员只须选择使总贡献毛益最大化的备选方案。

【例 12-5】 假设乔伊公司生产两种齿轮:X 和 Y,其单位贡献毛益分别为 250 元和 100 元。如果企业拥有足够的资源,并且每种产品的需求量也不受限制,那么产品组合决策将十分简单——无限地生产各种产品。但现实是,每个企业都面临资源和需求量的限制,这些限制称为约束条件。经理必须在一定的约束条件下选择最优产品组合。

假如乔伊公司能出售全部产品,有人会认为企业应当生产和销售齿轮 X,因为它的单位贡献毛益较大。不过,这个方案未必是最优方案。选择最优产品组合在很大程度上受稀缺资源与具体产品之间关系的影响。这些关系会影响各种产品的产量,最终则影响总贡献毛益。这里主要介绍只有一种资源约束条件的最优产品组合。

假设齿轮要由某种专用机器来开槽口,该企业拥有 8 台这种机器,每年共可提供 40 000 机器小时的作业能力。每个齿轮 X 需 2 机器小时,齿轮 Y 需 0.5 机器小时。如果没有其他约束条件,齿轮的最优组合是多少? 由于每个齿轮 X 需要 2 个机器小时,因而每年能生产 20 000 个齿轮 X,单位贡献毛益为 250 元,即乔伊公司每年能实现贡献毛益 5 000 000 元。另一方面,每个齿轮 Y 需要 0.5 个机器小时,从而每年能生产 80 000 个齿轮 Y,单位贡献毛益为 100 元,则每年能实现总贡献毛益 8 000 000 元。可见,尽管齿轮 X 的单位贡献毛益是齿轮 Y 的 2.5 倍,但生产齿轮 Y 比生产齿轮 X 能获得更多的利润。

每种产品的单位贡献毛益不是关键因素,单位稀缺资源的贡献毛益才是决定性因素,所以企业须选择单位机器小时贡献毛益最大的产品。齿轮 X 的单位机器小时贡献毛益为 125 元,而齿轮 Y 单位机器小时贡献毛益为 200 元,因此,最优产品组合为生产 80 000 个齿轮 Y,不生产齿轮 X。

第三节　定价决策

定价决策是企业经营决策的重要组成部分。对于管理人员来说,为一个企业的产品进行定价是最重要的、也是最困难的决策之一。价格太高就将失去顾客,而价格低于顾客愿意付出的价格时将失去赚钱利润的机会。定价必须考虑到企业内部和外部的诸多因素。

一、影响定价决策的因素

一般来说,影响企业定价决策的因素有以下几个。

1. 消费者需求

在企业运营的所有阶段,消费者的需求都是至关重要的,贯穿于产品设计到定价的始终。产品设计与定价是相互影响的,所以他们必须同时被纳入考虑范围。例如,消费者需要高品质的产品,也就意味着要耗费更多的制造时间和更贵的原材料,其结果是产生更高的售价。但另一方面,管理者应该注意,不能脱离市场为其产品进行定价。

2. 竞争对手行为

企业和他们的竞争对手都在努力将产品出售给同一个消费群体。因而企业管理者在实际产品进行定价时，就必须关注其竞争对手的行为。如果某个竞争对手降低了某种产品的价格，企业可能也将紧随其后，以避免失去原有的市场份额，但企业也不能盲目地跟随竞争对手行动。

3. 成本

在价格制定中，成本是影响定价的最基本因素。企业生产产品、销售产品的目的是弥补成本及各项费用并获得利润，实现企业利润最大化，促进企业快速成长。因此，企业产品的价格要高于成本。如果企业产品的价格长期低于成本，那么销售产品所获的收入就不能弥补产品的成本，更不能弥补企业的各项费用（财务费用、管理费用和销售费用），企业也就无法获得利润，更无法实现自身发展。

4. 政策法规因素

国家的政策法规也会影响产品定价。例如，国家一般都会对农产品进行补贴，而对某些行业征税。政府如果取消对这些行业的限制，这些行业的产品价格就会完全由市场决定。但是，一旦政府介入，就必须考虑政府税收和补贴对产品价格的影响。一般来说，政府对产品进行补贴，可以使产品价格维持在一定的水平，不会剧烈波动；对产品征税，生产者就会把部分税收转嫁给消费者，从而提高产品价格。同时，政府还可以利用货币金融、海关的功能间接调节价格。因此，企业需要很好地了解国家关于物价方面的政策、法规，并以其作为制定价格的依据。

二、成本基础定价

产品定价最主要考虑的是产品的成本与产品需求两方面。成本是企业生产和销售所发生的各项费用的总和，是构成产品价格的基本因素，也是价格的最低经济界限。以成本为基础制定产品价格，不仅能保证生产中的耗费得到补偿，而且能保证企业获得必要的利润。因此，许多企业以成本为出发点制定价格，这种方法的原理非常简单，先计算出产品的成本，然后再加上目标利润以确定价格。企业进行投标时，通常以成本为基础制定投标价格。

【例 12-6】 以艾尔公司为例。该企业按顾客要求组装电脑，配件和其他直接材料的成本易于追溯，直接人工也较容易追溯到各项业务中。装配工人的工资为每小时 12 元，企业还另外支付相当于工资额 25% 的津贴。去年，艾尔公司承接了 650 项业务，平均每项 50 小时，制造费用由电费、小型工具费和场地费组成，达到 800 000 元。艾尔公司去年的收益表如表 12-12 所示。

表 12-12　收益表

单位:元

销售收入		8 565 000
销售成本		
直接材料	5 850 000	
直接人工	487 500	
制造费用	800 000	7 137 500

毛利		1 427 500
销售及管理费用		250 000
营业利润		1 177 500

假设企业希望今年每项业务所实现的利润与去年相同,则只要将销售费用、管理费用和营业收益相加,除以产品销售成本,即可计算出产品销售成本的加成率:

$$产品销售成本加成率 = \frac{销售及管理费用 + 营业利润}{产品销售成本} \times 100\%$$

$$= \frac{250\ 000 + 1\ 177\ 500}{7\ 137\ 500} \times 100\% = 20\%$$

产品销售成本的加成率为20%,这20%的加成率中包括了利润以及销售和管理费用。因而,这一加成率并非纯粹的利润。

加成可运用各种基数来计算。显然,艾尔公司外购材料成本的比重最大,去年直接材料的加成达到了其他所有成本和利润的46.4%。假如企业营业量和其他费用保持不变,46.4%的直接材料成本加成比例也能使企业获得相同的利润额。企业选择的成本基数和加成比例主要是基于方便上的考虑。如果发现直接人工与直接材料成本大致成比例变动(如配件越多,需要越多时间安装),直接材料成本比产品销售成本更容易确定,那么,以直接材料成本为基数可能更好。

为了说明如何在投标中应用加成,假设企业有机会参加当地某保险公司一项业务的投标,该业务要求艾尔公司按特定要求组装100台电脑。估计的成本如表12-13所示:

表12-13　成本估计

单位:元

直接材料(电脑配件、软件及电线等)	400 000
直接人工(100×60 小时×15 元)	9 000
制造费用(直接人工成本的60%)	5 400
预计产品销售成本	414 400
加20%的产品销售成本加成	82 880
报价	497 280

因此,艾尔公司的最初报价为497 280元。请注意,这是该企业的第一次报价,企业还可根据竞争对手的情况及其他因素调整报价。加成只是定价指南,并不是绝对规则。

如果艾尔公司对每项业务都按成本加成20%来投标就足以盈利吗?不,绝对不会,如果获得的业务量太少,那么全部的加成将不足以补偿销售和管理费用,这样就无法获利。

以成本为基础的定价方法决策,着重考虑企业的成本情况而基本上不考虑市场需求情况,因而制定的产品价格,不一定是企业取得最大利润时的最优价格。为此,企业必须考虑市场需求状况与价格弹性,分析销售收入、成本、利润与价格之间的关系,从中寻找最优价格。价格确定的方法主要有弹性定价法等,由于相关内容在经济学课程中已经学过,故不再赘述。

三、 产品定价策略

选择适当的方法对产品价格进行预测固然十分重要,但预测结果还应结合产品所处的不同的寿命阶段,采取不同的价格策略予以调整和修正,这样才能作为最终的价格确定下来,从而保证企业销售目标的实现。

1. 产品寿命周期不同阶段的价格策略

所谓产品寿命周期,是指某种产品从投入市场开始到退出市场为止的整个过程。一般分为投入期、成长期、成熟期和衰退期四个阶段,如图 12-1 所示。在不同的寿命阶段,产品的质量、成本、产销量、竞争情况及需求者的评价等存在着差异,对价格的确定会产生不同的影响,因而应该选用不同的价格策略,使企业获得最大的经济效益。

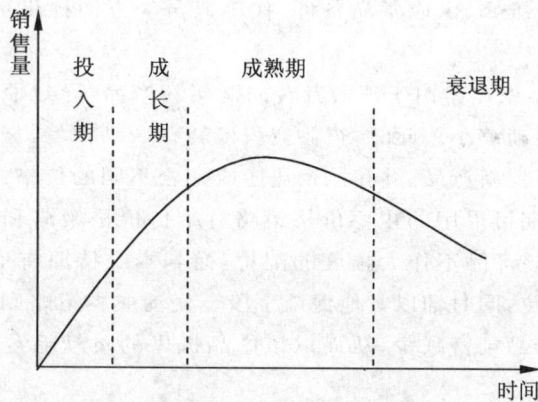

图 12-1 产品寿命周期

(1) 投入期的价格策略。当企业向市场推出一种新产品的时候,虽然有一定的技术、经济优势,甚至还可能独家经营,但由于大批生产的能力还未形成,加上消费者对新产品缺乏了解和信任,因而有待打开销路。企业为尽快打开销路,可采取以下价格策略。

① 撇油策略。撇油策略是指在新产品刚上市时,把产品的价格定得较高,同时花费巨额的广告费和销售费用,以后,随着市场扩大、竞争加剧,再把价格逐步降低。这样,在不同时期,产品利润的"油脂"被逐步撇掉,直到以低价维持销售。这种策略的目标是保证产品在销售初期获得高额利润,以补偿新产品在研究和开发方面所耗费的大量资金成本。但这种策略也会引来竞争,影响及时打开销路。因此,撇油策略常用于市场上没有类似替代物、在短期内居垄断地位并容易开辟市场的新产品,或技术含量较低容易被模仿的流行产品。

② 渗透策略。渗透策略是指在新产品刚上市时,为了开拓新产品市场,把产品的价格定得较低,以吸引大量顾客,提高市场占有率,赢得竞争优势后再逐步提价。这种策略尽管在初期获利不多,但便于在市场上建立长期的领先地位,能持久地给企业带来经济效益,因而是一种长期的定价策略。在产品市场规模大、竞争激烈、价格弹性大的情况下,采用渗透策略,企业可以达到以廉取胜、薄利多销的目的。

(2) 成长期的价格策略。产品经过投入期的试销和改进,逐渐形成销售高峰,产品进入成长期,在成长期内,由于广告宣传等促销作用,产品已为消费者所熟悉,并在竞争中占有较大的优势,市场需求量扩大,利润增长。在此阶段,企业应保证市场供应,在维持、扩大市场占有率的情况下,通过采用目标价格策略,修正预测值,确定产品的最优价格。

（3）成熟期的价格策略。产品进入成熟期,市场需求量接近饱和,销售增长率逐渐下降。本阶段的最大特点是随着大量竞争者进入市场,竞争日益激烈。此时,企业一方面应继续加强广告宣传和用户服务工作,在保持老用户的同时,努力扩大新用户;另一方面,企业应加强内部管理,努力降低产品成本,为今后采用竞争价格策略创造条件,维持原市场占有率。

竞争价格策略,因竞争者的情况而异。对于竞争条件(如成本、质量、性能等)差的对手,可以采用低价倾销的办法,在价格政策允许的范围内挤走竞争者或乘机扩大市场占有率;对于竞争条件强的对手,可以采用"你提我也提,你降我也降"的办法,努力维持原来的市场占有率;对于竞争条件相当的对手,为避免竞争可能形成的两败俱伤,可以采用非价格竞争办法,即在维修、供应备品备件、代培人员等方面提供更优越的条件,以维持原有的市场占有率。

（4）衰退期的价格策略。由于消费者转向购买新产品,导致原有产品销售和利润大幅度下降,市场需求逐渐缩小。此时,企业应积极转移产品市场,努力在新地区开拓对该产品的需求,并努力开发新产品。同时,企业还应配合不同的价格策略,充分发挥原有产品的创利能力。衰退期可采用的主要价格策略有维持价格策略和变动成本策略。所谓维持价格策略是指对该产品不作大幅度的削价,而基本维持原有价格水平,以保持产品在消费者心目中的地位,同时辅以其他促销手段。变动成本策略则是指以单位变动成本作为最低价格,防止产品销售减少,从而以该产品提供的贡献毛益来弥补一部分固定成本,增加企业的盈利。

2. 其他价格策略

（1）心理价格策略。心理价格策略主要是零售业企业针对顾客消费心理而采取的定价策略。常用的方法主要有:

① 整数定价。以整数作为商品价格的一种方法。消费者在购物时,特别在选购耐用消费品或高档商品时,看重的往往是商品的质量。在他们看来,价格超高,说明质量越好。因此,在对高档商品及耐用消费品定价时,常采用整数定价法,给消费者一种质量好、可靠性强的印象。

② 尾数定价。与整数定价法相反,尾数定价是指采取非整数的定价形式,引起消费者的购买欲望,以达到增加销售量的目的。以这种定价方法制定的价格,一般尾数以8和9为多,这样既给消费者一种价格较低的印象,又能使消费者认为企业定价认真准确,产生信任感。这种方法一般适用于价值较小、销售量大、销售面广、购买次数多的中低档日用消费品。

③ 声望定价。一般来说,有名望的商店出售的商品,其价格要比一般商店高;同类商品中,名牌商品价格要比非名牌商品高。这种以商店或商品的声望来定价的方法就是声望定价法。由于声望定价商品的购买者,多是以商品的品牌及价格能否显示其身份与地位、能否炫耀其豪华为目的,因而该类商品往往采用整数高位定价,以满足消费者的心理需要。

④ 习惯性定价。习惯性定价是商品进入成熟期时的一种心理定价法。市场上一种商品由于销售已久,消费者经过使用后,凭经验和感觉会对该商品的质量、使用性能等与其他类似商品进行比较,并作出主观评价,形成一种心理上乐于接受的习惯性价格。对

于这类商品，任何生产者如不具备特殊优势的话，都必须按照消费者的习惯性定价，否则，消费者的心理倾向会促使其减少购买量。

⑤ 心理折扣定价。心理折扣是利用消费者求廉务实的心理特点而采取的降价促销措施。当一种商品的品牌、性能不为广大消费者熟悉与了解，其市场接受程度较低时，采用心理折扣价格，即标明原价后再打折扣，会在消费者心理上造成物美价廉的感觉，从而吸引消费者。这种方法对不太著名、市场接受程度较低或销路不太好的商品比较有效。

（2）折扣定价策略。折扣定价策略是指在一定条件下，以降低商品的销售价格来刺激消费者，从而达到扩大商品销售量的目的。具体方式有以下几种：

① 数量折扣。这是按消费者购买数量多少给予价格折扣的定价方法。消费者购买数量越多，折扣越大，它鼓励消费者大量或集中向本企业购买。数量折扣又分为累计折扣与非累计折扣两种。非累计数量折扣是指消费者购买某种商品达到一定数量时给予折扣优惠。累计数量折扣，规定消费者在一定时期内，购买商品如果达到一定数量或金额时，可按总量大小给予不同的折扣。

② 现金折扣。按消费者付款期限长短所给予的价格折扣，其目的在于鼓励消费者尽早偿付货款，加速企业资金周转。

③ 季节性折扣。该折扣是对消费者在商品淡季购买商品所给予的价格折扣，其目的是鼓励消费者提早购买，减轻企业的仓储压力，同时加速资金周转。

（3）综合定价策略。很多企业经常生产或经营两种以上彼此关联的商品，这时，企业在对其中某一商品定价时，就必须考虑到与它关联的相关商品，只有将它们作为一个整体加以综合考虑，才能保证企业取得最大的利益。综合定价策略就是针对相关商品所采取的一种定价策略。它根据相关商品在市场竞争中的不同情况，使各种商品价格有高有低，既能适应市场竞争的需要，又能促进商品的销售。相关商品的定价主要有三种情况：

① 为具有互补关系的相关商品定价。互补关系的相关商品，是指其使用价值的实现互为前提条件的两种或两种以上的商品。如相机与胶卷，打印机与墨盒等。为这类相关商品的定价，可有意识地降低其中部分相关商品的价格，一般是降低购买次数少或需求弹性较大的商品价格，而抬高另一部分相关商品的价格，从而达到提高整体利润的目的。如降低打印机的价格，促进打印机的销售，而当你购买打印机之后，无形中你就成了价格高昂的墨盒的长期使用者。另外，便宜的相机与高价的胶卷，廉价的整车与昂贵的配件，都是典型的定价实例。

② 为具有配套关系的相关商品定价。配套关系的相关商品是指其使用价值既可单独发生作用，又可与另一商品配合发挥作用的商品。如西服套装中的上衣与裤子。为这类商品定价，可实行单件高价，配套优惠的策略。例如，购买一件上衣，按原价出售，购买套装，可按原价的八折出售，或是免费赠送一件配套的衬衣。这样做既可节约流通费用，又可扩大销量，有利于企业提高经济效益。

③ 销售商品与服务维修的定价。如果企业是为了方便客户使用，解除客户的后顾之忧，可以把商品价格定得高些，而把修理服务费定得低些。如果企业是为了鼓励客户积极购买商品，加速产品更新换代，则应把商品的价格定得低些，而将修理服务费定得高些。

第四节 投资决策

第二章讨论了独立方案的投资决策,其实有关互斥方案的投资决策很多。如何应用净现值(NPV)法和内部收益率(IRR)法,从众多竞争性的互斥方案中选择最优方案,是一个非常有趣的问题。

这里先介绍一个企业经常会遇到的决策问题。

【例 12-7】 假设某企业准备购置计算机辅助制造设备替换现用的旧设备,以降低每年的生产成本,旧设备原值 100 000 元,已使用 5 年,估计还可使用 5 年,已提折旧 5 000元,使用期满后无残值,若现在出售,可得价款 25 000 元。新机器的购置成本为 120 000元,估计可用 5 年,期满有残值 10 000 元。使用新设备后,企业销售收入不变,但每年付现成本下降 30 000 元。假设企业要求达到的最低投资回报率为 10%,所得税税率为25%。作为企业的经理是否应选择更新旧设备呢?

在做出是否以新换旧的决策时,因为使用新旧设备企业的销售收入不变,因此与决策是不相关的,可以不考虑。同时企业的销售收入的数额不确定,无法完整估计企业使用新旧设备给企业带来的现金流量,因此要通过考虑估计两者现金流量的差量来判断方案的优劣。下面站在新设备的角度对旧设备继续使用与更新进行增量分析(见表12-14)。

表 12-14 增量现金流量表

单位:元

项目	0 年	1~4 年	5 年
新设备买价	−120 000		
加:清理旧设备现金流入	31 250		
旧设备出售价款	25 000		
旧设备账面价值	50 000		
清理损失	25 000		
清理损失 25%抵税	6 250		
初始现金流量增量	−88 750		
销售收入		0	0
付现成本节约额		30 000	30 000
折旧费增加		12 000	12000
税前利润增量		18 000	18 000
所得税		4 500	4 500
税后利润增量		13 500	13 500
经营现金流量增量		25 500	25 500
总结现金流量增量			10 000
现金净流量增量	−88 750	+25 500	+35 500

根据上表数据计算增量净现值：

$$增量净现值=25\,500\times(P/A,10\%,4)+35\,500\times(P/F,10\%,5)-88\,750$$
$$=14\,130.5（元）$$

由于增量净现值大于 0，故应以新的计算机辅助制造设备取代旧设备。

在对互斥方案进行投资决策时，可根据其现金流量的增量计算增量净现值、增量现值指数或增量内部收益率，并以此为标准进行项目的选择。判断其标准时，如果增量净现值大于 0、增量现值指数大于 1，或增量内部收益率大于资本成本，则增量投资在经济上是可行的。

对于独立方案，运用净现值法和内部收益率法，都能够做出相同的决策。例如，对于常规方案（现金净流量符号只变化一次的方案），如果净现值大于 0，那么内部收益率也将大于最低要求的投资报酬率；两种方法都能做出正确的决策。然而，对于互斥方案，两种方法是否存在差异呢？凭借直觉，人们会以为在互斥方案中，净现值值最高或内部收益率值最高的方案应该被采纳。但事实是采用这两种不同的方法，可能会得出不同的结论。研究表明：在选择互斥方案时，正常情况下净现值法要优于内部收益率法。

净现值法与内部收益率法的区别主要表现在以下两个方面：一方面，净现值法假定能够按最低要求的投资报酬率将每笔现金流入进行再投资，而内部收益率法假定能够按计算出的内部收益率将每笔现金流入进行再投资。在比较互斥方案时，按照最低要求的投资报酬率进行再投资，显得更切合实际，能得出更为可靠的结果。另一方面，在衡量方案的获利能力时，净现值法用的是绝对数值，而内部收益率法用的是相对数值。净现值反映的是企业价值的变化额。

由于净现值能衡量各个互斥方案对企业价值的影响，因此，选择净现值最大的投资方案，与实现股东财富最大化的经营目标是一致的。另一方面，用内部收益率并不能保证任何时候都能作出导致财富最大化的选择。内部收益率作为衡量项目相对获利能力的指标，其优势在于能够精确地测量出资金留在企业内部可赚取的投资报酬。然而，内部收益率的最大化，并不一定意味着企业股东财富的最大化，因为从本质上说，内部收益率无法体现投资方案的绝对贡献额。在投资分析的最后阶段，起决定作用的是投资方案能够赚取的总金额——绝对利润额，而不是相对利润额。因此，在从竞争性的互斥方案、或资金有限情况下的互斥方案中选择最优方案时，应选用净现值指标，而不是内部收益率指标。

对于独立方案，若其净现值大于 0，则它应被接受；对于互斥方案，则应选取净现值值最大的方案。从若干个竞争性方案中选择最优方案，应遵循三个步骤：① 估计每个方案的现金流量；② 计算每一方案的净现值；③ 确定净现值最大的方案。

【例 12-8】 特利游戏公司准备向市场推出一种新游戏，这种游戏能够让玩家展示和学习有关的地理知识。当时精小游戏风靡于世，企业相信该产品必将成功。但是，游戏配电盘的设计方案一直没有定下来，有 A，B 两种可供选择的方案。方案 B 比方案 A 更为精致，却需要投入更多的资金和年营运成本，当然方案 B 能够为企业创造更多的收入。设计方案的年现金收入、年付现成本、初始投资（均为税后现金流量）和寿命期见表12-15。

表 12-15 方案 A 和方案 B 的现金流量

单位:元

	方案 A	方案 B
年现金收入	200 000	240 000
年付现成本	140 000	170 000
初始投资	180 000	210 000
项目寿命期	5 年	5 年

企业必须决定选择何种设计方案。假设企业的资本成本为 12%。

方案 A 的初始投资额为 180 000 元,每年的现金净流入量为 60 000 元(＝200 000－140 000)元。方案 B 的初始投资额为 210 000 元,每年的净现金流入量为 70 000(＝240 000－170 000)元。根据这些现金流量信息,就可以计算每一方案的净现值。

$$NPV_A = 60\ 000 \times (P/A, 12\%, 5) - 180\ 000 = 36\ 300（元）$$
$$NPV_B = 70\ 000 \times (P/A, 12\%, 5) - 210\ 000 = 42\ 350（元）$$
$$IRR_A = IRR_B = 20\%$$

净现值分析的结果显示,方案 B 能够带来更多的利润,它的净现值更高。因此,方案 B 优于方案 A,企业应选择方案 B。

有趣的是方案 A 和方案 B 有着相同的内部收益率均为 20%。尽管两个方案的内部收益率都为 20%,但企业不应认为这两个方案的经济效益是等同的。分析结果表明,方案 B 的净现值较大,因而所带来的企业财富增值也比方案 A 多,故企业应该选择方案 B。这说明,在理论上,净现值用于竞争性投资方案的分析比内部收益率优越。

对于互斥方案的选择,也可以运用简单的非贴现指标,如静态投资回收期、会计收益率等作为辅助的决策指标。方法同于第二章的相关内容,这里不再重复。

长期投资决策的评价方法在很大程度上依赖于对未来现金流量的估计,虽然这种估计很难做到十分准确,但是对于未来不切实际的乐观估计会使得投资项目不能收回成本,企业管理者们必须认真考虑这个问题。

进行事后审计可以促使管理者对于投资决策进行慎重考虑。事后审计是在投资项目实施完成后进行的。事后审计是运用初始决策时的项目评价方法,对投资项目进行再次评价的。例如,项目投资决策时采用的是净现值法,事后审计也是使用净现值法进行评价。与决策时不同的是,在事后审计中用到的现金流量是真实数据而非估计值。

事后审计的目标是提供反馈信息,帮助管理者不断提高对未来现金流量的估计能力,提升企业的投资决策水平,确保资源的有效利用。如果认为事后审计的目的是惩罚,那是错误的。如果管理者由于未达到预计结果而受到惩罚,那么,以后他在估计未来现金流量时就可能会很谨慎,太保守和太乐观一样会产生问题。对未来现金流量的估计过于乐观,可能会使得管理者接受一个不该接受的投资项目;而低估未来现金流量,管理者可能会拒绝一个不该拒绝的项目,错过好的投资机会。但不可否认的是,事后审计能够影响管理者的管理行为,使他们更可能从企业的最佳利益出发,从事决策。

有时管理者为了争取到稀缺的资本资源,会故意高估现金流入量,低估现金流出量,从而使一个蹩脚投资项目的净现值或内部收益率达到项目通过应达到的水平。当投资项目早期的现金流入量高、后期流入量低时，这种欺骗行为更有诱惑力，向上抬高后期的现金流入量，可能使一个前期效益好、后期效益差的不良投资项目获得通过，这是不道德的行为。企业应该建立严密合理的业绩评价制度和事后审计制度，杜绝或减少员工从事不道德行为的强烈动机，鼓励管理者审慎对待投资决策。

本章小结

　　决策是企业管理的重心，决策可分为经营决策和投资决策。企业获取的信息是多方面的，有与决策相关的，也有与决策无关的，只有相关信息（相关收入和相关成本）是决策时需要考虑的。相关成本是指不同方案的未来的有差别的成本，在决策时必须予以足够的关注。

　　经营决策一般由六个步骤组成：确定问题，确定备选方案，确定每个备选方案的相关成本和相关收入，比较每个方案的相关成本和收入，评价定性因素并进行决策。经理必须确保考虑了所有重要的可行方案。本章运用了很多例子来说明如何做出经营决策，包括自制或外购的决策、取舍决策、特殊订货决策以及出售或继续加工决策、产品组合决策等。定价决策是企业非常重要但又十分困难的决策，企业定价要考虑的因素很多，成本是定价决策的重要因素。

　　独立方案和互斥方案的投资决策稍有不同，独立方案决策时净现值法和内部收益率法一般能得到相同的决策结果，而互斥方案则可能产生不同的选优顺序。研究表明，对互斥方案而言，净现值法相较于内部收益率法更能体现股东财富最大化的要求，因此，净现值法优于内部收益率法。同时对于互斥方案可估计两方案现金流量的增量，通过计算增量净现值判断方案的优劣。投资项目实施后应该进行事后审计，这样可以帮助管理者不断提升企业的投资决策水平。

思考题

1. 解释为何现有资产的折旧费总是与决策不相关的？
2. 请举例说明与决策不相关的未来成本。
3. 列举一项与决策相关的固定成本。
4. 经理采取什么方法能了解更多的可行备选方案？
5. 在自制或外购决策中，直接材料有没有可能是与决策无关的？
6. 在销售或继续加工决策中应该考虑联合成本吗？
7. 假设企业生产两种产品，是否应只关注贡献毛益大的产品？
8. 为什么企业愿意将产品以低于完全成本的价格出售？

9. 为什么说准确预测潜在投资的现金流量是非常重要的?

10. 解释为何互斥方案决策时,人们普遍认为净现值法优于内部收益率法?

▶▶ 习题

1. 一家企业在生产产品的过程中,每个月需要一种零件 1 200 件,这种零件如果从外部购买,单价为 45 元;如果自制,则单位成本为 50 元,其成本构成如表 12-16 所示。

表 12-16 零件成本资料

项目	金额
直接材料	20 元
直接人工	10 元
制造费用	20 元
其中:变动费用	10 元
固定费用	10 元
单位产品成本	50 元

同时,该企业的剩余生产能力无法转移。企业该自制还是外购该零件呢?

2. 某食品商店近期各营业组的月利润如表 12-17 所示。

表 12-17 各营业组月利润情况

单位:元

项目 \ 部门	菜果组	肉类组	烟酒组	合计
销售收入	25 000	50 000	50 000	125 000
变动成本	15 000	20 000	30 000	65 000
贡献毛益	10 000	30 000	20 000	60 000
固定成本	13 750	25 000	15 000	53 750
其中:				
专属固定成本	8750	15 000	5 000	28 750
按销售额分摊固定成本	5 000	10 000	10 000	25 000
净利	(3 750)	5 000	5 000	6 250

(1) 试问菜果组是否应停止营业?

(2) 若菜果组停止营业,原营业场地可对外出租,每月可得租金 1 500 元。请问出租场地的方案是否可行?

3. 假定大明机器厂只生产甲机床,全年最大生产能力为 5 000 台,正常产销数量为 4 000 台。甲机床的销售单价为 2 400 元,其单位成本资料见表 12-18。

表 12-18　甲机床成本资料

单位:元

项目	金额
直接材料	650 元
直接人工	540 元
制造费用	800 元
其中:变动费用	310 元
固定费用	490 元
单位产品成本	1 990 元

(1) 有外地客户前来订货 1 000 台,只愿出价每台 1 580 元。

(2) 若外地客户来订货 1 100 台,这时大明工厂如接受订货,需减少正常的产品销售量 100 台,但对方出价仍为每台 1 580 元。

针对上述不同的情况,请你帮助企业做出是否接受该特殊订货的决策。

4. 一家企业生产的甲产品可以直接出售,其年销量为 1 000 件,单位变动成本为 30 元/件,固定成本为 50 000 元,售价为 100 元/件。如果进一步加工可以制成乙产品,每件追加的深加工变动成本为 80 元,售价为 200 元。企业具备把全部半产品深加工成产成品的能力,如不进行深加工,生产能力可能转移用于生产丙产品,生产丙产品可获得的贡献毛益额为 30 000 元。企业应该深加工制成乙产品出售吗?

5. 彼得公司的业主彼得准备参加某业务的投标。该业务需要直接材料 12 000 元,直接人工 7 500 元,制造费用 500 元。彼得通常以产品销售成本加成来计算初始报价,然后根据其他因素调整报价,去年的收益见表 12-19。

表 12-19　公司简易收益表

单位:元

项目	金额
销售收入	1000 000
销售成本	450 000
毛利	550 000
销售及管理费用	245 000
净利润	305 000

(1) 计算彼得使用的成本加成率。

(2) 彼得的初始报价是多少?

6. 某企业正在考虑两种改进现行生产过程的不同方案,两项投资的税后现金流量分布见表 12-20。

表 12-20 A,B 方案现金流量情况

单位:元

年	方案 A	方案 B
0	(100 000)	(100 000)
1	0	63 857
2	134 560	63 857

企业的资本成本为 10%。

(1) 计算每项投资的净现值和内部收益率。

(2) 说明为什么企业选择净现值较大的方案是正确的决策。

第十三章 预 算

【本章导读】

企业全部经营活动的目标确定以后,就必须考虑为实现目标需采取什么样的措施和方法。在这个阶段,企业的所有职能部门必须通力配合,协调行动,编制好企业的预算,用以规划和控制企业的未来经济活动,对企业的全部经济活动实行预算管理。本章将围绕预算的含义、编制预算的作用和程序、预算体系与具体内容,以及预算的编制方法等问题,加以阐述。

【学习目标】

1. 理解预算的内涵、特征及其主要内容体系;了解编制预算的作用以及预算编制的主要程序;掌握企业预算中经营预算、财务预算编制的具体方法。

2. 理解预算编制方法的种类及其各自的内涵;了解固定与弹性预算、增量与零基预算、定期与滚动预算的区别和联系;掌握固定与弹性预算、增量与零基预算、定期与滚动预算的实践运用。

引例

小王从大学管理系毕业后被分配到金属零件厂工作已有两个多月了,领导让他编制科室下一个财政年度的预算。参考本厂上年度的各项财政指标,并与科室其他的同事商量之后,小王起草了一个预算报告并交给了科长,下一步就是向科长说明自己各项计算的依据。然后这个报告被科长送到了厂部。小王的上司康科长是这样与他会谈的。

"小王,你坐下。我看了你起草的预算报告,有几个问题想问你一下。例如,你估计行政费用是 7 716 元?"

"是的,康科长。如果你不信,可以看我的计算根据。"

"噢,不必。我之所以问这个问题是因为我觉得这个数字太不显眼。让我们把它改成 8 000 元,其他几个地方也有这样的问题,我帮你都改过来。"

"这样总金额是多少?"

"正好 74 000 元。"

"这比我申请的要高一些。这样合适吗?"

"当然,你不知将来什么东西会比你预算的要贵一些。顺便问一声。你是怎么得来这些数据的?"

"我首先考虑今年我们科要干什么事,然后再看各项活动大约需要多少钱。我手上有一本厂里编制预算的一个手册。我的计算公式都是从那里得来的。"

"这是一种做预算的方法,但是我建议你在每一项经费里加一个保险系数。"

"保险系数?"

"是的。你知道,万一什么事不妙也好对付。而且,你不知道厂长们会把什么经费砍掉。比你真正需要的多一点总没错。你懂我的意思吗?"

"我懂。"

"好。这里是你的预算报告。除了把各个数字变成整数之外,另加 20%,然后交给我,由我送到厂里去。"你认为这种制定预算的方法合理吗?

第一节　预算概述

几乎每个人在日常生活中都会有编制预算以及使用预算的经验,只不过是方式不同而已。例如,大多数人均会对其未来收入有所估计,并且对其衣食住行也都有计划,使其支出总和不超过一定的限额。企业预算与个人预算的功用相同,只是个人预算通常没有具体的形式,而企业预算则要有具体的形式,并且远比个人预算详尽,其编制过程也复杂很多。自 20 世纪 20 年代以来,世界一流的大中型企业也开始逐步引入预算管理的概念,如美国的通用公司、杜邦公司等。

一、预算的内涵和特点

在计划经济时期,我国实行的是统收统支、高度集中的财政机制,企业的销售、生产预算全部被纳入到国家预算之中。一切收支项目、收支办法、收支范围和收支标准都由中央统一制定,企业的预算只是政府财政预算的"附庸品",没有形成独立体系。20 世纪 50 年代之后,随着国民经济的恢复,国家开始实行统一领导、分级管理体制,开始逐步放松对地方的预算权。20 世纪 80 年代至 90 年代,国家开始推行全面质量管理、内部银行、责任会计制度等,并且西方的管理会计理论也开始被引入内地,这推动了我国预算管理的发展,并且逐步形成了以销售收入、成本和利润、现金流为导向的预算管理制度。美的集团、Hisense 就是典型的案例。

21 世纪以来,随着我国经济体制改革的不断深入,预算管理对于企业的重要性已经不言而喻。预算(budget)是描述特定期间对财务资源和经营资源运用的详细计划。预算以数量和金额的形式描述管理层对公司未来的期望,它包含有关管理层的财务目标和其对未来资源需要量期望的具体细节。预算给经理们提供了对公司具体财务目标的进展情况进行度量的手段,它是按其经济内容及相互关系有序排列组成的有机体,主要包括经营预算、财务预算和专门决策预算三部分。它根据企业决策方案的要求,对销售、生产、采购、人工、制造费用、管理费用和融资活动等确定明确的目标,并表现为一整套预计的财务报表,借以预计未来期间的财务状况和经营成果。

预算管理之所以成为公司的一种有效的管理方法,是因为它具有以下几个重要的特征:

(1) 主体性。预算的主体是一个国家、企业、组织或团体机构。

(2) 战略性。预算表示的是一项整体的经营策略和计划,其实以特定的财务数据为基础,表达企业对未来短期、中期、长期的预期。

(3) 制度性。企业的预算管理具有很强的程序性,须建立一系列的立项、编制、审批、执行、监督、考评等体系。

(4) 市场性。企业的最终目标是追求利益的最大化,预算方案需要反应市场的预期,时刻以市场为导向。

二、 预算的内容

预算是对企业计划期间全部经济活动及其成果的数量说明,既包括有关生产经营活动方面的预算,又包括有关财务状况和经营成果方面的预算。就预算的实质来说,它是一种规划,是一种通过资源的合理配置达到经营目标的管理办法,它更多的是注重过程的安排,而不是结果的定位和描述。实践证明,预算管理应该在企业中扮演如下角色:支持企业的战略目标;分解企业的经营目标;明确部门的经济责任;控制企业的经济活动;评价企业的经营实绩等。

现代企业的经营管理不仅须关注日常经营活动,还必须关注投资和资本运营活动;不仅要考虑资金的供给、成本的控制、利润的实现,还需要时刻结合市场的需求,分析企业自身的生产能力、原材料供应能力、人力资源的保障状况等。为此,企业预算可具体分为经营预算、财务预算和专门决策预算。

经营预算,又称为业务预算,是对计划期内各种经营活动的预算,包括销售预算、生产预算、直接材料预算、直接人工预算、制造费用预算、产品成本预算、销售及管理费用预算等。

财务预算是指企业在计划期内反映有关现金支出、经营成果和财务状况的预算,包括现金预算、其他收支预算、预计损益表、预计资产负债表等。

专门决策预算又称为投资预算,是指企业为不经常发生的长期投资决策项目或一次性专门业务编制的预算,包括经营决策预算和投资决策预算。预算的结果最终要反映为一整套的财务报表和其他附表。

预算的上述内容之间存在着相互勾稽和相互制约的关系,它们构成了一个严密的预算体系。预算的内容和体系见图 13-1。

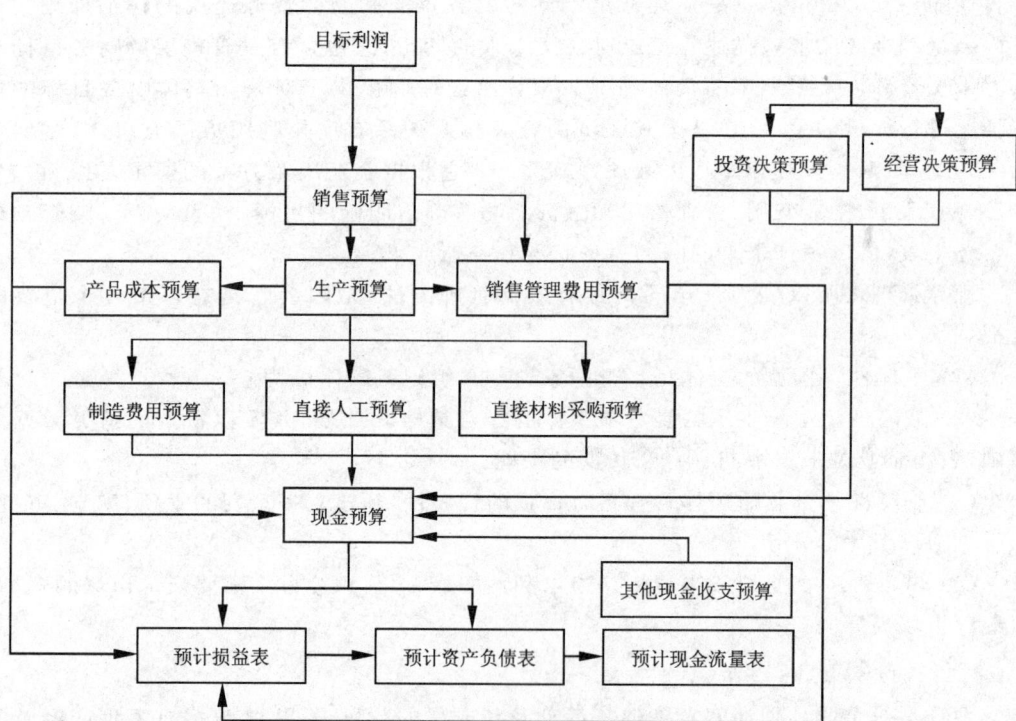

图 13-1　预算的内容体系

　　在预算体系中,销售预算通常起着基础和核心的作用。这是因为在市场经济条件下,企业必须适应市场的需求,实行以销定产,才能在激烈的市场竞争中求得胜利,获得最大的经济效益。因此,市场经济中以利润最大化为经营目标的企业,在具体编制预算时,首先应根据已确定的目标利润,了解市场的需求状况,预测目标销售量以及对产品品种、质量和数量的要求,编制出科学合理的销售预算。这是预算是否能够成功的关键。然后,生产部门根据确定的预计销售量以及产品的期初、期末存货量,计算出预计生产量,以满足市场需求。采购部门根据预计生产量和原材料的期初、期末存货量,确定需要购进的材料数量,保证产品生产的需要。人事部门根据预计的生产任务,配备相应的人工和技术力量。当然,销售部门、车间和厂部的行政管理部门也要核算出相应的制造费用和管理费用。最后,由财务部门根据上述各业务部门的经济活动需要确定用于购置固定资产,支付股息红利、应付料款、工资及其他费用的货币资金,并在此基础上编制预计损益表、预计资产负债表和预计现金流量表。

　　预算是由若干个相互关联的具体预算组成的有机整体。经营目标一旦确定,企业就要根据各个预算之间的约束关系,按照一定的程序编制预算。预算的具体内容一般包括以下几个方面。

(一) 经营预算

1. 销售预算

　　销售预算是预算的起点,其他预算都是以销售预算为基础的。销售预算的主要内容是销售量、单价和销售收入。销售量可按预测销售量来确定;单价可以采用企业根据定价目标所确定的价格,也可以采用上一年度销售资料的价格,还可以在以前年度销售平

均价格的基础上做适当的调整;销售收入是两者的乘积,其公式为

$$预计销售收入=预计销售量\times预计销售单价$$

编制销售预算时,要根据企业以往的销售量、市场预测和市场动态、国内外的经济形式、行业经济状况、物价指数、广告及促销办法、产品市场占有率、行业竞争、产品的季节性变动以及人们习惯的变化等因素进行综合考虑,确定符合实际的销售计划。例如,南方公司20×1年销售收入为10 000万元,利润为2 500万元。由于处于企业的初创期,总经理为迅速占据市场,获得规模效应,决定增设产品线和实体店铺,确定下年度利润要达到6 000万元,即20×2年利润要同期增长140%。市场部根据财务部成本核算数据与实地调查,认为利润与销售收入之间存在如下关系,见表13-1和表13-2。

表13-1 南方公司利润与销售收入关系一览

单位:万元

销售收入	10 000	20 000	30 000	40 000
利润	2 500	3 500	6 000	8 000

根据上表,市场部拟定了两种主要的策略方案:

表13-2 南方公司市场部策略方案

方案1:单价不变,扩大销量		方案2:提高单价,增加利润	
利润	6 000(万元)	利润	6 000(万元)
销售收入	30 000(万元)	销售收入	30 000(万元)
产品单价(不变)	3 000(元/件)	产品单价(提高)	5 000(万件)
销量	10(万件)	销量	6(万件)

注:本章以下内容中预算期的编制期间均按一年进行核算。

在表13-2中,企业采用方案1的策略,可以增加门店的数量,扩大销售渠道建设,实现销量的增长;方案2主要侧重于产品附加值的提升,主要通过提升品牌效应或是产品的品质来达到产品单价的提高和而伴随着单价的提高,市场竞争环境的日益激烈化,可能影响购买而导致销量或有小幅下降。所以,根据近年来市场需求处于供不应求的状况,经过董事会一致表决,市场部决定采用方案1的销售策略。这就是销售预算在实际中的典型应用。

根据表13-2,南方公司编制20×2年度销售预算和预计现金收入见表13-3和表13-4。

表13-3 南方公司20×2年度销售预算

项目	20×2年				
	一季度	二季度	三季度	四季度	全年
预计销售数量(万件)	2	3	3	2	10
预计销售价格(元/件)	3 000	3 000	3 000	3 000	3 000
预计销售收入(万元)	6 000	9 000	9 000	6 000	30 000

表 13-4　南方公司 20×2 年度预计现金收入

单位:万元

项目	20×2年				
	一季度	二季度	三季度	四季度	全年
应收账款	600				600
一季度销售收入	3 600	2 400			6 000
二季度销售收入		5 400	3 600		9 000
三季度销售收入			5 400	3 600	9 000
四季度销售收入				3 600	3 600
现金收入合计	4 200	7 800	9 000	7 200	28 200

注:每一季度的销售收入中的 60%在本季度收到现金,其余 40%在下季度收回。

2.生产预算

企业的销售策略主要有以产定销和以销定产两个方面,而生产预算主要侧重于以销定产的销售模式。生产预算是在销售预算的基础上编制的,其主要内容有销售量、期初和期末存货、生产量。销售量是影响生产量大小的主要因素,这一数据可以从销售预算中取得。期初和期末的必要存货是保证生产经营活动正常进行的重要条件,但其占用过多会影响资金周转,因此,必须科学而合理地予以确定。存货数量通常按照销售量的一定百分比确定。预算生产数量可以按照下列公式进行计算:

预算生产量=预计销售量+预计期末存货-预计期初存货

所以,预算期间的生产量见表 13-5。

表 13-5　南方公司 20×2 年度生产预算总表

单位:万件

项目	A 产品
销售预算中预计销售数量	10
+预算期间的期末存货数量	2
-预算期间的期初存货数量	4
预算期间产品的生产数量	8

根据南方公司董事会的决定,决定采用市场部的方案 1 来达到下年度销售利润同比增长 30%的要求。因此,下年度南方公司的市场销售量需要达到 10 万件,结合预算期间的期末存货数量,得到预计期间 A 产品的生产数量为 8 万件。(表 13-5 中,预计生产量的核算假定企业的生产出的产品全部为合格品,未考虑损耗和不合格品的状况。所谓合格品是指能够直接入库销售的产品。)

根据历史设备生产效率和表 13-5,南方公司编制 20×2 年度生产预算季度分配见表 13-6。

表 13-6　南方公司 20×2 年度生产预算季度分配

单位:万件

项目	20×2年				
	一季度	二季度	三季度	四季度	全年
A 产品	1.7	1.8	2.3	2.2	8
合计	1.7	1.8	2.3	2.2	8

3. 直接材料预算

直接材料预算是以生产预算为基础的,同时考虑原材料存货水平。其主要内容有预计的生产需用量、期初和期末应计的直接材料库存量、预计采购量。预计生产需用量的数据来自标准成本资料或消耗定额资料。年初和年末的材料存货量是根据当前情况和长期销售预测估计的。各季度期末材料存量根据下季度生产量的一定百分比确定。预算期间直接材料采购量和金额见表 13-7。预计材料采购量可根据下列公式计算确定:

预计材料采购量=预计生产需要量+预计材料期末存货-预计材料期初存货

为便于编制现金计划,在直接材料预算中还必须计算预计的现金支出,其中包括上期采购材料将于本期支付的现金和本期采购材料并于本期支付的现金。其计算公式为

预算期直接材料采购金额=直接材料采购量×材料标准价格

表 13-7 南方公司 20×2 年度直接材料采购预算表

项目	20×2年				
	一季度	二季度	三季度	四季度	全年
预算期生产量(万件)	1.7	1.8	2.3	2.2	8
单位产品所需直接原材料数量(件)	2	2	2	2	2
预算期直接材料需求数量(万件)	3.4	3.6	4.6	4.4	16
+预算期期末直接材料存货数量(万件)	2	1	1	2	6
-预算期期初直接材料存货数量(万件)	1	1	2	1	5
预算期直接材料理论采购数量(万件)	4.4	3.6	3.6	5.4	17
预算期直接材料实际需求量(5%损耗)	4.62	3.78	3.78	5.67	17.85
直接材料的标准单价(元)	1 000	1 000	1 000	1 000	1 000
预算期间直接材料采购金额(万元)	4 620	3 780	3 780	5 670	17 850

表 13-7 中,按照南方公司预计期生产量为 8 万件(为方便读者阅读了解和计算,假定南方公司只生产一种产品,区别于表 13-6 的 A,B,C 三类产品,按生产总量计算),单位产品生产与所需的直接原材料数量比例为 1:2,生产过程中直接材料的损耗比按照 5%(数据可根据南方公司 3 年内的生产损耗率的加权平均值预估)计算,并考虑到期末存货的数量(假定为 6 万件),生产 8 万件的产品所需的直接原材料数量为 17.85 万件,再乘以原材料的标准单价 1 000 元/件,计算出预算需要采购的直接原材料的金额为 17 850 万元。

根据表 13-8,南方公司编制 20×2 年度预计现金支出见表 13-9:

表 13-8 南方公司 20×2 年度预计现金支出表

单位:万元

项目	20×2年				
	一季度	二季度	三季度	四季度	全年
应付账款	200				200
一季度付现支出	2 772	1 848			4 620

项目	20×2 年				
	一季度	二季度	三季度	四季度	全年
二季度付现支出		2 268	1 512		3 780
三季度付现支出			2 268	1 512	3 780
四季度付现支出				3 402	3 402
现金支出合计	2 972	4 116	3 780	4 914	15 782

注:每一季度采购金额中的 60% 在本季度支出现金,其余 40% 在下季度支出。

4. 直接人工预算

直接人工预算也是以生产预算为基础编制的。其主要内容有预计生产量、单位产品工时、人工总工时、每小时人工成本和人工总成本。预计产量数据可从生产预算取得;单位产品人工工时和每小时人工成本数据来自标准成本资料;人工总工时和人工总成本是在直接人工预算中计算出来的。其计算公式为

预计人工成本＝预计生产量×单位产品需用工时×单位小时工资标准

预算期间的直接人工成本见表 13-9。

表 13-9 南方公司 20×2 年度直接人工成本预算表

项目	20×2 年				
	一季度	二季度	三季度	四季度	全年
生产预算中预计生产数量(万件)	1.7	1.8	2.3	2.2	8
单位产品需用工时	6	6	6	6	6
单位产品直接人工成本(元)	78	78	78	78	78
预算期间直接人工成本(万元)	132.6	140.4	179.4	171.6	624

表 13-9 中,假定南方公司位于江苏省一类地区,按照 2013 年 6 月 22 日江苏省人民政府公布的一类地区最低小时工资标准 13 元/人进行计算,预算期间南方公司需要支付的直接人工成本为 624 万元。

5. 制造费用预算

制造费用预算一般分为变动制造费用和固定制造费用。变动制造费用是以生产预算为基础来编制的,固定制造费用则需要逐项进行预计。为了便于编制现金预算,还必须计算在制造费用方面预计的现金支出。制造费用中,一般除折旧费用外都需要支付现金。计算公式为

预计制造费用＝预计直接人工小时×变动性制造费用分配率＋预计固定性
制造费用－折旧费用

制造费用分配率＝预计制造费用合计/预计直接人工小时数

从以上公式可以看出,编制制造费用的方法主要有:以生产预算为基础,用单位标准费用额乘以预计产量或工时需要量就是各项制造费用的总额。所以,预算期间的制造费用核算见表 13-10。

表 13-10　南方公司 20×2 年度制造费用预算表

单位：万元

项目	20×4 年				
	一季度	二季度	三季度	四季度	全年
预计变动性制造费用	10 200	10 800	12 800	13 200	47 000
预算期间直接人工工时	102 000	108 000	128 000	132 000	470 000
变动性制造费用分配率	0.1	0.1	0.1	0.1	0.1
＋预计固定性制造费用	220 000	226 000	256 000	250 000	952 000
管理人员工资	102 000	108 000	138 000	132 000	480 000
保险费	75 000	75 000	75 000	75 000	300 000
财产税	22 500	22 500	22 500	22 500	90 000
职工福利费	5 000	5 000	5 000	5 000	20 000
预计制造费用汇总	230 200	236 800	268 800	263 200	999 000
折旧费	15 500	15 500	15 500	15 500	62 000
一非付现费用	15 500	15 500	15 500	15 500	62 000
折旧费用	15 500	15 500	15 500	15 500	62 000
其中：房屋折旧	7 500	7 500	7 500	7 500	30 000
机器设备折旧	8 000	8 000	8 000	8 000	32 000
预算期间付现的制造费用	214 700	221 300	253 300	247 700	937 000

注：① 变动性制造费用分配率单位：元/直接人工小时。

② 工资—管理人员工资：50 元/时。

③ 保险费、财产税、职工福利费，假定全年每季度均匀支出。折旧费用均按直线计提法核算。

表 13-7 中，假定南方公司下年度预计生产量为 8 万件，需耗费直接人工工时为 470 000 小时，变动性制造费用分配率为 0.1 元/直接人工小时，预算期间付现的制造费用为 93.7 万元。

6. 产品成本预算

产品成本预算是生产预算、直接材料预算、直接人工预算、制造费用预算的汇总，其主要内容是产品的单位成本和总成本。单位产品的有关数据来自前述三个预算生产量，存货量可从生产预算中取得，销售量可从销售预算中取得。所以，预算期间的产品成本计算见表 13-11。

表 13-11　南方公司 20×2 年度产品成本预算表

项目	20×2 年				
	一季度	二季度	三季度	四季度	全年
生产预算（万件）	1.7	1.8	2.3	2.2	8
预算期直接材料成本（万元）	3 570	3 780	4 830	4 620	16 800
预算期直接人工成本（万元）	132.0	140.4	179.4	171.6	624
预算期制造费用（万元）	23.02	23.68	26.88	25.32	99.9
预算期产品总成本（万元）					17 528.9
预算期单位生产成本（元）					2 190.49

注：直接材料成本为生产产品耗用直接材料的成本（8×2×1.05×1 000＝16 800 万元）。

7. 销售及管理费用预算

销售费用预算是指为了实现销售预算所需支付的费用预算。它以销售预算为出发点，以历史数据为基础，先剔除其中不合理的开支，并根据各费用项目与有关业务量变动的依存关系逐一确定，其目的在于确保销售费用的有效使用。

管理费用是企业做好一般管理业务所必需的费用。在编制管理费用预算时，一般以过去的实际开支为基础，按预算期的可预见变化来调整。表 13-12 是南方公司的销售及管理费用预算。

表 13-12 南方公司 20×2 年度销售及管理费用预算表

单位：元

项目	20×2 年				
	一季度	二季度	三季度	四季度	全年
销售费用：	140 000	140 000	140 000	140 000	560 000
销售人员工资	125 000	125 000	125 000	125 000	500 000
广告费	7 500	7 500	7 500	7 500	30 000
包装、运输费	5 000	5 000	5 000	5 000	20 000
保管费	2 500	2 500	2 500	2 500	10 000
管理费用：	36 400	36 400	36 400	36 400	145 600
管理人员薪金	26 400	26 400	26 400	26 400	105 600
福利费	500	500	500	500	1 000
保险费	750	750	750	750	12 000
办公费	500	500	500	500	6 000
折旧费	3 000	3 000	3 000	3 000	12 000
合计	176 400	176 400	176 400	176 400	705 600

注：销售费用和管理费用假定四季度支出额相等。

(二) 财务预算

1. 预计现金流量表

现金预算的编制是以各项营业预算中资本预算为基础的。它反映各预算期的收入款项和支出款项，并做对比说明。其目的在于资金不足时筹措资金，资金多余时处理现金余额，并提供现金收支的控制限额，发挥现金管理的作用。

现金预算的编制方法主要有两种：现金收支法、调整净收益法。其编制步骤主要有：① 财务部门将上年度实际现金收入与支出项明细、上年度预算表及其执行情况、下年度预算表格下发至各部门；② 各部门根据销售预测，结合下年度部门预计实际发生现金收入、支出项，来填制本部门下年度的预算项；③ 财务部门汇总分析；④ 预算总表上传总经理处审核。具体参见表 13-13。

表 13-13　南方公司 20×2 年度现金流量表

单位:万元

项目	20×2 年				
	一季度	二季度	三季度	四季度	合计
期初现金余额	5 200	5 741.59	8 745.72	13 228.65	5 200
加:销售现金收入	4 200	7 800	9 000	7 200	28 200
现金收入合计	9 400	13 541.59	17 745.22	20 428.65	33 400
减:现金支出 　　直接材料 　　直接人工 　　制造费用 　　销售管理费用 　　所得税 　　购置生产设备 　　发放股利 现金支出合计	2 972 132.6 21.47 17.34 500 — 15 3 658.41	4 116 140.4 22.13 17.34 500 — — 4 795.87	3 780 179.4 25.33 17.34 500 — 15 4 517.07	4 914 171.6 24.77 17.34 506.14 1 000 — 6 633.85	15 782 624 93.7 69.36 2 006.14 1 000 30 19 605.2
期末现金余额	5 741.59	8 745.72	13 228.65	13 794.8	13 794.8

注:股利和所得税的支出额根据预算期间企业销售及利润的情况分析得出。

2. 预计损益表

预计损益表是提供未来一定期间收入、成本、利润等方面资料的一种报表,它是根据上述各有关预算汇总编制而成的。它可以总括地反映企业预期的盈利情况,从而有助于经理人员及时调整经营策略。具体参见表 13-14。

表 13-14　南方公司 20×2 年度预计损益表

单位:万元

项目	金额
销售收入	30 000
减:营业成本	21 904.88
销售毛利	8 095.12
减:销售管理费用	70.56
利润总额	8 024.56
减:所得税	2 006.14
净利润	6 018.42

注:营业成本=10×2 190.488=21 904.80(万元)

3. 预计资产负债表

预计资产负债表是反映企业在预算期内各项资产、负债及所有者权益数额的一种报表。它是在预算期期初资产负债表基础上,经过对经营预算和现金预算中有关数字作适当调整后编制的报表。具体参见表 13-15。

表 13-15　南方公司 20×2 年度预计资产负债表

20×2 年 12 月 31 日

单位:万元

资产			负债与所有者权益		
项目	期初余额	期末余额	项目	期初余额	期末余额
流动资产		13 794.8	流动负债		
现金	5 200		应付账款	200	2 268
应收账款	600	2 400	流动负债总额	200	2 268
存货		10 680.98			
其中:原材料	5 250	6 300			
产成品	8 761.96	4 380.98			
流动资产总额	19 811.96	26 875.78			
			负债总额	200	2 268
非流动资产			所有者权益		
固定资产	5 000	6 000	实收资本	20 000	20 000
减:累计折旧	7.4	14.8	未分配利润	4 604.56	10 592.98
非流动资产总额	4 992.6	59 852	所有者权益总额	24 604.56	30 592.98
资产总额	24 804.56	32 860.98	负债与所有者权益总额	24 804.56	32 860.98

注:① 应收账款期末余额＝第四季度销售额×40％＝6 000×40％＝2 400(万元)

② 原材料期末余额＝直接材料期末存货数量×原材料单价＝6×1.05×1 000＝6 300(万元)

③ 产成品期末余额＝产成品期末存货数量×单位成本＝2×2 190.49＝4 380.98(万元)

④ 应付账款期末余额＝第四季度直接材料采购金额×40％＝5 670×40％＝2 268(万元)

⑤ 未分配利润期末余额＝期初未分配利润＋本期净利润－本期发放股利

＝4 604.56＋6 018.42－30＝10 592.98(万元)

(三) 专门决策预算

1. 经营决策预算

经营决策预算(operation decision budget)是指与短期经营决策密切相关的专门控制。该类预算的主要目标是通过制定最优生产经营决策和存货控制决策来合理地利用或调配企业经营活动所需要的各种资源。

本类预算通常是根据短期经营决策确定的最优方案编制的,因而需要将其直接纳入经营预算体系,同时它也将影响到现金预算等财务预算。譬如,企业耗用的某种零件的取得方式、决策方案一旦确定,就需要调整材料采购预算或生产预算、产品成本预算。

2. 投资决策预算

投资决策预算(investment decision budget)是指与项目投资决策密切相关的专门决策,又称资本支出预算(capital expenditure budget)。由于这类预算涉及长期建设项目的投资资金投放与筹措等,并经常跨年度,因此,除个别项目外一般不纳入经营预算,但须纳入现金预算表与预算资产负债表。

三、编制预算的作用

预算是沟通企业内部各层次的重要信息。编制预算,有助于各部门乃至全体职工明确工作任务,协调并控制各部门的工作,并使工作业绩的评价有了客观的标准。具体来说,编制全面预算的作用主要有以下几个方面。

1. 编制预算是使企业内部各部门明确具体工作任务的必要措施

通过预算的编制,企业内部各部门可以明确各自具体的工作任务,以及要达到的目标,明确各自的成本、利润、资金等方面必须要达到的水平,从而使其工作能在总目标和具体行动计划的指导下有条不紊地进行。也只有企业内部各部门完成了工作任务,企业的购、销以及成本、利润、现金收支等方面的目标才能达到。

2. 编制预算是协调各部门工作的重要手段

现代化大生产条件下的企业,若要实现其经营目标,单靠某个或几个部门的努力是不够的,它需要企业内部各部门组成一个有机整体,通力配合,相互协调,均衡发展。编制预算,可以将总体目标以及数量指标体系体现出来,并将这些指标分解落实到每一个部门,使购、销、调、存各环节、各部门的工作,在企业的预算指导下协调地进行,从而达到正确处理企业内部各部门的相互关系、减少内部矛盾的目的。

3. 预算是控制企业的日常经济活动使其按预定的目标进行的主要依据

在经营过程中,将各项指标的完成数同预算数相比较,可以及时揭示实际与预算的差异,以便总结实际经验,采取有效的措施及时纠正偏差,从而使各项经济活动经常处于预算指标控制下,以保证企业总目标的实现。

4. 预算是衡量各部门工作业绩的标准

企业经营目标的实现,不仅需要将总体目标分解、落实到每一个部门,而且需要对各部门所承担的工作任务定期地进行检查与考核,以便了解各部门的工作业绩,及时发现薄弱环节,采取措施,予以纠正。而评价和考核各部门业绩的主要依据,就是企业的预算。

四、预算的编制程序

预算的编制,可以采取自上而下的方式,也可以采用自下而上的方式,或者是二者的综合。但不管怎样,一般都需要遵循以下程序:

(1)明确战略规划。企业应具备明确的战略规划即公司发展战略与年度战略的行动计划。这就需要企业成立由总经理负责,会同企业各相关方面的负责人组成的预算委员会,负责领导和协调各职能部门的预算编制工作。

(2)确定总目标及实现目标的方针和原则。由预算委员会提出预算期的企业生产经营总体目标及各部门的具体任务,确定预算的总目标及实现目标的一些方针和原则,为预算的指定确定大的方向。主要把握两点:一是根据企业经营方式进行预算控制系统的设计和运行;二是服务于企业的整体目标来制定预算。

(3)编制分项预算草案。企业内部各职能部门的负责人根据企业经营的总体目标及本部门应完成的具体任务的要求,按照"上下结合、分级编制、逐级汇总"的程序草拟分项预算,使预算较为可靠,较为符合实际。

(4)汇总上报预算草案。将草拟的分项预算上报之后,由预算委员会从各部门的业务需要及可能条件出发,对各分项预算进行分析、汇总、审查和协调,并在此基础上汇总编制企业在预算期所应达到的经营目标的预算。

(5)确定预算。预算委员会审查预算草案,调整平衡预算,编制、确定企业的预算。

(6)审议批准。企业财务管理部门在有关预算执行单位修正调整的基础上,编制出企业财务预算最终方案,报财务预算委员会讨论。对于不符合企业发展战略或财务预算目标的事项,企业财务预算委员会应当反馈给有关预算单位,让其进一步修订、调整。在讨论、调整的基础上,企业财务管理部门正式编制企业年度财务草案,提交董事会或经理办公会审议批准。

(7)下达执行。预算委员会将最高管理部门批准的预算作为正式预算,下达给各职能部门执行。

(8)定期对预算执行情况进行分析,取得反馈信息用于监控及决策。企业各级管理层利用管理报告定期对预算执行情况进行分析、监控,并通过高效的管理评估机制迅速采取相应的行动方案,及时解决出现的问题。若有必要,甚至可以对原有的预算体系和关键业绩指标体系做出必要的调整,使之更好地适应企业实际经营情况和市场环境不断变化的需要,从而实现企业既定的战略目标。

如图 13-2 所示,在预算编制的过程中,企业的战略、预算和业绩三者真正形成闭环,是一个不可分割的有机整体,只有通过三者的高效互动,企业才能达成其既定的战略目标,而在此过程中,预算正是起到了承前启后的重要作用。

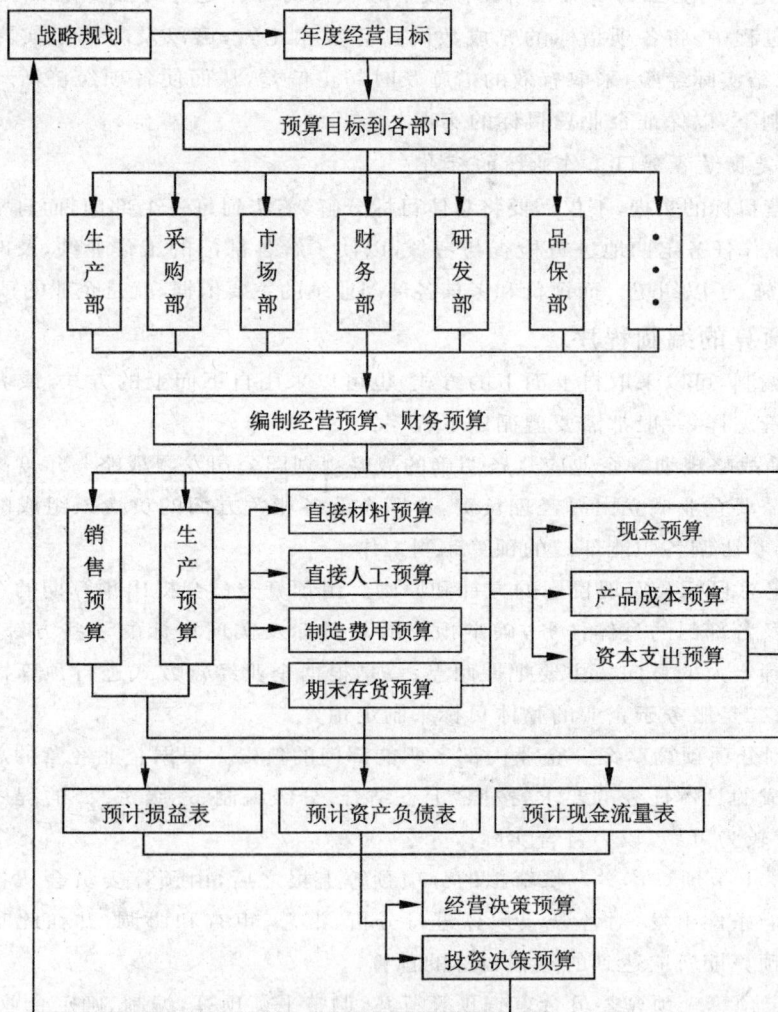

图 13-2　预算的编制流程

第二节　预算编制方法

预算按不同的标准分类,可以分别划分为固定预算与弹性预算、增量预算与零基预算、定期预算与滚动预算。本节将对此进行详细的阐述。

一、固定预算与弹性预算

预算按其是否可按业务量调整,分为固定预算和弹性预算两种。

1. 固定预算

固定预算(fixed budget)又称为静态预算(static budget),就是根据预算期内正常的可实现的某业务量水平而编制的预算。尽管实际执行业务量与原预算业务量不同,但通常并不随业务量的变动而调整。也就是说,作为固定预算依据的成本费用和利润信息都只是在一个预定的产销量水平的基础上确定的。前面所述的销售预算、生产预算、成本预算等都是以某一业务量水平为基础编制的,故皆为固定预算。

固定预算的两个基本特征:

第一,预算仅以某个估计的生产数量或销售数量为编制基础,不考虑实际产销量与预算产销量之间的差异。

第二,将实际结果与按预算期内计划规定的某一业务量水平所确定的预算量进行分析比较,并据以进行业绩评价。

固定预算的不足之处比较明显。首先,在市场变化较快、较大时,实际发生的业务量与预算所依据的固定业务量会产生差异,因而实际发生额与预算发生额不便于相互比较,不利于控制经济活动和工作成果评价。其次,预算通常在计划期开始前2～3个月编制,对预算期内发生的某些情况并不是十分清楚,特别时预算期后期的情况可能存在一定的不确定性,编制预算时预测的数据在执行时常会发生变动,使原预算不能适应新的变动情况,同时用以指导预算实施时会发生一些困难。现举例说明如下:

【例 13-1】　假定南方公司预定某月份生产服装共计 10 000 件,其变动制造费用固定预算表如表 13-16 所示。

表 13-16　南方公司 20×2 年度固定预算表

20×2年×月

预算产量(件)	10 000
预计变动制造费用(元)	
间接材料	4 000
润滑剂	1 000
动力费用	3 000
合计	8 000

注:为便于计算,以下案例中制造费用预算均按照变动性制造费用预算进行核算,固定性制造费用不计人。

假定南方公司某月份的实际生产量为 9 400 件。如果南方公司使用固定预算,则其本月的固定预算业绩报告如表 13-17 所示。

表 13-17　南方公司 20×2 年度固定预算业绩报告

20×2 年×月×日

项　　目	实　际	预　算	差　异
预计产量(件)	9 400	10 000	−600
预计变动制造费用(元)			
间接材料	3 800	4 000	−200
润滑剂	950	1 000	−50
动力费用	2 900	3 000	−100
合计	7 650	8 000	−350

表 13-17 表明本月的生产比预计的产量少 600 件,可见,固定预算对于生产控制能够做出比较明确的评价,但在成本控制的评价方面显示出了其不足。虽然此例中有利差异为 350 元,但由于预算成本是建立在产量 10 000 件的基础之上的,而公司的实际产量只有 9 400 件,两者的比较基础不同,因而公司无法据此对成本费用做出确切的评价。之所以会产生这种情况,是因为实际生产成本与预计生产成本不是基于同一业务量进行比较的。随着业务量的增大,直接材料、直接人工和变动制造费用等随之增大是正常现象,关键是看它们的增长速度是不是在合理的界限内。而这个问题是预算在实际业务量与预计业务量发生差异时无法解决的。为了弥补预算在固定预算中无法反映出不同业务量水平的预计成本这一缺陷,于是产生了弹性预算。

2. 弹性预算

弹性预算(flexible budget)是指在成本性态分析的基础上,分别按一系列可能达到的预计业务量水平而编制的能适应多种情况的预算。由于弹性预算反映不同业务量条件下的预算收支,适用面宽,机动性强,具有弹性,故称弹性预算。在预算期终了,弹性预算便于将实际指标与实际业务量相应的预算额进行对比。弹性预算和固定预算相比,具有两大显著特点:一是弹性预算是按一系列业务量水平编制的,从而扩大了预算的使用范围;二是弹性预算是按成本的不同性态分类预算的,便于在计划终了时计算实际业务量的实际成本,使预算执行情况的评价和考核以及各项费用的实际发生数与相应产量下的费用预算数具有可比性。

弹性预算的关键作用在于能频繁地向管理人员提供反馈信息,使得他们能进行控制并能有效地将组织的计划付诸实施。

【例 13-2】　承接上例,假定南方公司每月的生产量预计在 9 000～11 000 件之间,其单位变动制造费用如表 13-18 所示。

表 13-18　南方公司 20×2 年度单位变动制造费用

单位:元

间接材料	0.40
润滑剂	0.10
动力费用	0.30
合计	0.80

则南方公司编制的弹性预算如表 13-19 所示。

表 13-19 南方公司 20×2 年度弹性预算

20×2 年×月

生产量(件)	9 000	10 000	11 000
预计变动制造费用(元)			
间接费用	3 600	4 000	4 400
润滑剂	900	1 000	1 100
动力费用	2 700	3 000	3 300
合计	7 200	8 000	8 800

在弹性预算下,将实际生产量的费用和实际生产量下的预算费用相比较。如上例,南方公司的实际生产量为 9 400 件,其弹性预算业绩报告如表 13-20 所示。

表 13-20 南方公司 20×2 年度弹性预算业绩报告

20×2 年×月×日

项目	实际	预算	差异
生产量(件)	9 400	9 400	—
预计变动制造费用(元)			
间接费用	3 800	3 760	40
润滑剂	950	940	10
动力费用	2 900	2 820	80
合计	7 650	7 520	130

由于固定制造费用不随生产量的变化而变化,所以固定制造费用的实际发生额和预算额之间不会有差异,上述表格中没有把固定制造费用列入。如果为了更完善一些,可以将固定制造费用列在变动制造费用下面。

产品部门经理有两个基本的职责:生产控制和成本控制。生产控制是指完成当月的生产预算产量,成本控制是指在保证质量的前提下实现尽可能低的生产成本。弹性预算和固定预算虽然都可用来评价和考核部门经理们的工作业绩,但弹性预算更侧重于从效率(成本控制)上评价部门经理们的业绩,它可以表明在实际业务量的基础上,实际成本和预计成本的差异,以及差异是由哪些项目引起的。从这个层面来讲,弹性预算对企业部门经理们的行为起更大的约束作用,对他们的考核和评价更客观、更公正。

与固定预算不同的是,弹性预算明确地把生产控制和成本控制分开。通过生产量比较可以考核生产目标是否实现,然后反映在实际产量基础上的成本控制。上例中的实际产量为 9 400 件,那么表 13-21 中反映的差异都是在 9 400 件的基础上的差异,从表中可以看出这些差异全部是不利差异,这正好与固定预算下的结果相反。原因是在弹性预算基础上,比较的基础是 9 400 件,而在固定预算下预算的基础为 10 000 件。

二、增量预算与零基预算

1. 增量预算

预算按其编制是否以基期水平为基础可分为增量预算和零基预算。所谓增量预算

(incremental budget),就是在基期预算执行结果的基础上,结合预算期的情况加以调整来编制预算的方法,又称基线(baseline)预算调整预算,它适用于比较稳定、成熟的企业预算的编制。该方法的基本假设是:① 企业现有的每项活动都是企业不断发展所必需的;② 在未来预算期内企业至少必须以现有的费用水平继续存在;③ 现有费用已得到有效利用。因此,这种方法在指导思想上是以承认现实的基本合理性为出发点,原来不合理的费用开支还可能继续存在下去。这种假设常常导致部门安于现状,并且竭力用尽全年的预算指标,而不会认真评价部门提供的服务水平和效率,预算不断增加,最终造成资金浪费。

增量预算法的特点主要是以基期的实际数或是预算数作为编制的基数,并根据企业历史的实际数据预估下一年度预算数。用公式表示如下:

预算期的预算数＝基期的实际数或预估数×(1±预算期的增减调整比)

或　　　　预算期的预算数＝基期的实际数或预估数±预算期的实际增减金额

增量预算具有工作量小,便于各部门操作和理解,容易实现部门间协调等优点,但增量预算同时具有一些缺点,如部门没有降低成本的动力,且部门会将预算全部用完以便明年可以保持甚至增加预算。

2. 零基预算

零基预算(zero based budget)是区别于增量预算的另一种费用预算方法,该方法对现有的各项作业进行分析,并根据其对企业或组织的需要和用途,决定作业的取舍,前一年度的预算水平不再视为理所当然,而是以零为基础,从根本上考虑各项开支的必要性、合理性以及实际需要量来编制的一种预算。它是由美国德州仪器公司于 20 世纪 70 年代创建的。

零基预算与增量预算的不同之处在于:零基预算不是以现有费用水平为基础,而是以"零"为起点,规划预算期内业务活动及其费用开支标准。其基本做法:首先,规划基层预算单位;其次,对基层预算单位的业务活动计划的目的性以及需要开支的费用逐项进行考核;再次,由基层预算单位对本身的业务活动做具体分析,并提出"一揽子业务方案",然后,对每项业务活动计划进行"费用—效益分析",权衡得失,排出优先顺序,并把它们分成等级;最后,根据生产经营的客观需要与一定期间内资金供应的实际可能,判定纳入预算中的费用项目可以达到几级,并对确定已纳入预算中的费用项目进行加工、汇总,形成综合性的费用预算。

【例 13-3】　承接表 13-12,南方公司发现历年来销售与管理费用存在严重的超支现象,为此,财务总监拟采用零基预算法对公司现有的广告费、保管费等管理费用以及福利费、办公费等主要销售费用进行预算,以期有效地降低费用开支水平,如表 13-21 所示。

表 13-21　南方公司某年度销售及管理费用预算表

单位:元

费用项目	金额
销售人员工资	500 000
广告费	30 000
包装、运输费	20 000

续表

费用项目	金额
保管费	10 000
管理人员薪金	105 600
福利费	2 000
保险费	3 000
办公费	2 000
销售及管理费用合计	672 600

经过董事会一致表决决议,管理人员薪资、福利费、保险费、办公费为必不可少的重点项目,必须足额保证,其他费用可以按照成本收益原则再行调整,参见表 13-22。

表 13-22　南方公司某年度销售及管理费用成本收益表

单位:元

费用项目	费用金额	收益
销售人员工资	500 000	520 000
广告费	30 000	25 000
包装、运输费	20 000	22 000
保管费	10 000	8 000
总　计	560 000	575 000

假定南方公司上述八项费用可以安排的资金额只有 500 000 元。首先对表 13-21 中南方公司的费用支出收益进行分析。

(1) 必不可少的费用支出项目合计:112 600 元

(2) 剩余可以支配的预算金额合计:500 000-112 600=387 400(元)

(3) 销售人员工资等占收益总额的比例:

销售人员工资分配金额=387 400×520 000/575 000=350 344(元)

广告费分配金额=387 400×25 000/575 000=16 843(元)

包装运输费分配金额=387 400×22 000/575 000=14 822(元)

保管费分配金额=387 400×8000/575 000=5 390(元)

(4) 按照零基预算编制的预算如表 13-23 所示:

表 13-23　南方公司某年度销售及管理费用预算表

单位:元

费用项目	原预算金额	零基预算下金额
销售人员工资	500 000	350 344
广告费	30 000	16 843
包装、运输费	20 000	14 822
保管费	10 000	5 390

费用项目	原预算金额	零基预算下金额
管理人员薪金	105 600	105 600
福利费	2 000	2 000
保险费	3 000	3 000
办公费	2 000	2 000
销售及管理费用合计	672 600	500 000

如表 13-23 所示,按照零基预算方法核算下一年度销售及管理费用,实现成本节降172 600 元,有效地减少公司不必要的支出,增加现金流。

零基预算具有以下优点:①合理、有效地进行资源分析;②有助于企业内部的沟通、协调,激励各基层单位参与预算编制的积极性和主动性;③目标明确,可区别方案的轻重缓急;④有助于提高管理人员的投入产出意识;⑤有助于产出较难辨认的服务性部门克服资金的浪费。

然而,由于一切支出均以零为起点进行分析研究,因而编制预算的工作量较大,费用较昂贵,而且评级和资源分配具有不同程度的主观性,易于引起部门间的矛盾。因此,一个合理的折中办法是:每 3～5 年编制一次零基预算,以后几年内作适当调整,以减少浪费和低效。特别是在竞争激烈、技术革新越来越快的 21 世纪,编制零基预算能使管理人员打破成规,以一个全新的视角审视各项工作。

三、 定期预算与滚动预算

1. 定期预算

预算按预算期是否连续可分为定期预算和滚动预算。定期预算(periodic budget)一般在预算期执行年度开始前两三个月进行编制,执行到最后的两三个月再编制下一年度的预算,一年一次定期进行预算的编制。这种方法在于与会计年度相配合,便于预算结果的考核和评价。但其缺陷是:①定期预算多是在其执行年度前两三个月进行,在编制时,难以预测预算期内的某些活动,特别是在预算期的后半阶段,它往往只能提出一个较为笼统的预算,从而给预算的执行带来种种困难;②预算中所规划的各种经营活动在预算期内往往发生变化,而定期预算却不能及时调整,从而使原有的预算显得不相适应;③在预算执行过程中,由于受预算期的限制,管理人员的决策视野局限于剩余的预算期间的活动,不利于企业长期稳定的发展。为了克服定期预算的缺陷,在实践中可采用滚动预算的方法编制预算。

2. 滚动预算

滚动预算(rolling budget)又称永续预算或连续预算。它在预算的执行过程中自动延伸,使预算期永远保持在一年。其基本特点:凡预算执行过 1 个月后,即根据前 1 个月的经营成果,结合执行过程中的变化等信息,对剩余的 11 个月加以修订,并自动后续 1个月,重新编制新一年的预算。这是一种逐期向后滚动、连续不断地以预算形式规划未来的经营活动。滚动预算如图 13-3 所示。

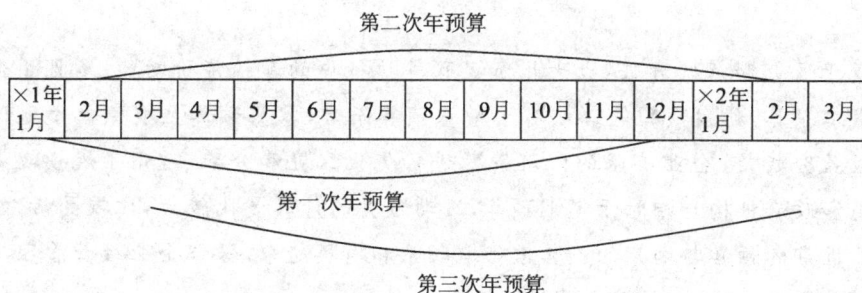

图 13-3 滚动预算

滚动预算的预算期与会计年度相脱节,但始终保持 12 个月或 4 个季度的预算。

较之定期预算,滚动预算具有以下优点:①可以保持预算的连续性与完整性,使有关人员能从动态的预算中把握企业的未来,了解企业的总体规划和近期目标;②可以根据前期预算的执行结果,结合各种新的变化信息,不断调整或修订预算,从而使预算和实际情况更适应,有利于充分发挥预算的指导和控制作用;③可以使各级管理人员始终保持对未来 12 个月,甚至更长远的经营活动作周密的考虑和全盘规划,确保企业各项工作有条不紊地进行。

采用滚动预算法的不足之处是编制预算的工作量较大。因此,也可以采用按季度来编制预算,而在执行预算的那个季度里,再按月份具体地编制各个月份的预算,这样可以适当地简化预算的编制工作。总之,预算的滚动期应视实际需要而定。

本 章 小 结

"凡事预则立,不预则废"是预算管理的经典名言,这告诫人们无论做什么事,不仅要考虑当前,还应未雨绸缪,这样才能兴利除弊,防患于未然。作为企业,特别是在激烈的市场竞争环境下更是应该这样。企业以盈利为目标,全面预算是驾驭公司最主要的缰绳,这是公司管理者们在实践中早已取得的共识,是企业在一定的时期内(一般为一年)各项业务活动、表现等方面的总体预测。预算管理是在市场经济下,把企业的经营目标通过正式的、量化的形式表述出来并概括出实现经营目标的具体步骤。企业预算主要由经营预算、财务预算和预算决策预算组成。销售预算是全面预算的起点;财务预算是全面预算的核心,而在财务预算中,现金预算又是其核心环节。

预算的编制方法有很多种,它们之间存在着相应的联系或区别。预算编制根据不同的标准可以分为固定预算和弹性预算、增量预算和零基预算、定期预算和滚动预算。企业在实践中可以结合自身的实际情况选择合适的预算方案。具体说来,固定预算主要适用于考核非营利组织的和业务量水平较为稳定的企业。但如果用固定预算来衡量业务量水平随季节变动而浮动的企业的经营成果,往往就有失偏颇,此时弹性预算比较合适。弹性预算相对于固定预算而言,更便于区分和落实责任,大大增加了预算执行中的考核评价功能,多见于企业的成本预算、利润预算等。相对于增量预算而言,零基预算主要侧重于通过成本效益分析,对企业有限的经济资源进行优化配置和分配,适用于规模较大的公司和政府机构。相对于定期预算,滚动预算的计算量比较大,比较灵活,能将企业近期的预算与远期的预算很好地联系和衔接起来,保证企业经营管理工作能够稳定有效地进行,其主要适用于大中型企业。

综上所述,企业预算管理就是在经营目标的指引之下,通过经营预算、财务预算的编制、执行、评价与激励等一系列活动,编制预计现金流量表、预计利润表、预计资产负债表,以期全面提高企业管理水平和经营效率,实现企业价值的最大化。

思考题

1. 什么是预算? 企业如何组织预算的编制?

2. 预算体系由哪些内容构成? 它们之间的相互关系是怎样的?

3. 经营预算包括哪些主要内容? 为什么说销售预算是编制预算的基础和关键?

4. 什么是滚动预算? 相对于定期预算,滚动预算有哪些优缺点?

5. 为什么弹性预算可以克服固定预算的缺陷?

6. 预算的编制方法有很多种,企业在初创时期应该选择何种预算编制方法,请谈谈你的看法。

7. 如果你将成立一家小型的网络公司,请为该公司制订合适的利润目标、销售目标等,并编制相应的预算。

习题

1. 已知:A公司生产经营甲产品,在预算年度内预计各季度销售量分别为1 900,2 400,2 600,2 900件;其销售单价均为50元。假定该公司在当季收到货款60%,其余部分在下季收讫,年初的应收账款余额为42 000元。适用的增值税税率为17%。

要求:编制销售预算和预计现金收入计算表。

2. 某公司20××年10月份的现金收支情况如下:

(1) 第三季度末的现金余额为4 500元。

(2) 9月实际销售收入为50 000元;预计10月份销售收入为56 000元(该公司的收款条件是当月收现60%,其余下月收讫)。

（3）9 月实际购料为 18 000 元；预计 10 月份购料 16 000 元（该公司的付款条件是当月付现 55%，其余下月付讫）。

（4）该公司预计 10 月份的制造费用和非制造费用总额为 12 000 元（其中包括折旧费 4 000 元）。

（5）预计 10 月份支付直接人工工资为 10 000 元。

（6）预计 10 月份购置固定设备 20 000 元。

（7）预计 10 月份支付所得税 2 000 元。

（8）该公司规定每日最低库存现金限额为 4 000 元，不足之数可向银行申请借款，借款额一般为千元的倍数。

要求：根据上述资料，为该公司编制 10 月份的现金预算。

3. 假设企业期末现金最低库存 15 000 元，现金短缺时主要以银行借款解决，贷款最低起点 1 000 元。企业于期初贷款，于季末归还贷款本息，贷款年利率为 5%。年度现金预算部分数据见表 13-24：

表 13-24 年度现金预算表

单位：元

摘要	一季度	二季度	三季度	四季度	全年
期初现金余额	18 000	（4）	15 691	（10）	18 000
加：现金收入	120 500	140 850	（6）	121 650	526 250
可动用现金合计	（1）	156 591	158 941	138 802	544 250
减：现金支出					
直接材料	25 424	34 728	34 567	（11）	126 976
直接人工	13 200	15 600	12 900	13 900	55 600
制造费用	6 950	7 910	6 830	7 230	2 8920
销售费用	1 310	1 507	1 358	1 075	5 250
管理费用	17 900	17 900	17 900	17 900	7 1600
购置设备	48 000	33 280	—	—	81 280
支付所得税	27 125	27 125	27 125	27 125	108 500
支付股利	10 850	10 850	10 850	10 850	43 400
现金支出合计	150 759	148 900	111 539	110 328	521 526
现金结余（不足）	（2）	7 691	47 402	（12）	22 724
现金筹集与运用			—	—	36000
银行借款（期初）	（3）	8 000	（7）	（13）	（36 000）
借款归还	—	—	（8）	（14）	（1 337.5）
归还本息（期末）					
现金筹集与运用合计	28 000	8 000	30 250	7 087.5	1 337.5
期末现金余额	15 741	（5）	（9）	21 386.5	（15）

请将上表中空缺的数据填上。

第十四章 评 价

【本章导读】

随着企业的不断发展壮大，分权管理成了更多企业的选择，那么，如何分权、如何确定责任做到权责对等？本章从分权管理入手，将企业内部责任中心分为成本中心、利润中心及投资中心，不同类型的责任中心业绩评价的要求和重点也是不同的。

【学习目标】

1. 了解企业实行分权管理的原因；理解业绩评价是内部管理控制的重要组成部分。
2. 掌握标准成本法及成本中心业绩评价。
3. 掌握内部转移价格的制定方法及利润中心的业绩评价。
4. 掌握投资中心业绩评价的两个重要指标。

引例

韦德于 20 世纪 80 年代中期创立了泰诺公司，该企业专门生产清除工业烟囱污染物的净化器。他们研制的净化器高效实用，企业利润逐年倍增。后来，韦德陆续收购了一些与污染治理有关的企业，企业规模不断扩大。韦德作为企业的总经理，看着现在企业的财务报表，开始为企业的前景担忧。他发现企业的净利润略有增长，但是投资报酬率实际上自去年起已开始下降，加上各部门经理为了内部转移价格争论不休，韦德不得不思考问题出在哪里，又该如何解决呢？

第一节　评价概述

一、分权管理与业绩评价

企业为了管理其纷繁复杂的事务,需要在集权式和分权式决策方法中做出选择。集权式决策方法(centralized decision-making)下,决策由最高层做出,低层管理人员仅负责执行决策;分权式决策方法(decentralized decision-making)允许低层管理人员在其责任范围内制订并执行关键决策。随着企业规模的扩大,企业的组织结构扁平化,分权管理的优越性越发凸显。分权管理(decentralization)的实施方式通常是设立被称为"分部"的经营单位,设立分部有不同的标准,如地域、提供商品或劳务的种类或分部经理职权等。

分权管理有诸多优点,如便于收集、利用分部信息;有利于企业高层进行宏观管理;有利于培训、激励分部经理人员及将分部推向市场,增加竞争力等。但分权管理同时要求企业建立健全内部管理控制,加强对内部责任单位的管理。业绩评价是内部管理控制的重要组成部分。

企业业绩评价系统(performance evaluation system)是指为达到一定的目的,运用特定的指标,比照统一的标准,采取规定的方法,对经营者业绩作出判断,并与激励结合的考评制度。

评价系统一般由以下五个要素构成:评价主体、评价客体、评价目标、评价指标体系及相关的激励机制。评价主体即评价者,可以是特定的组织机构,也可以是自然人;评价客体即评价对象,即对谁进行评价;评价目标是评价的立足点和目的;评价指标体系包括评价指标、评价标准及评价方法,是评价系统的核心部分;激励机制是评价行为的延伸和反馈。评价主体依据一定的评价目标,通过一定的评价指标体系进行业绩评价,形成评价结论,通过一定的激励机制来影响评价客体的行为,使之更好地为满足评价主体的评价目标而努力。在这些要素中评价指标体系和激励机制是两个核心要素。

评价系统可以分为两个层次:一是企业整体层次的业绩评价,可分为企业业绩评价和管理者业绩评价;二是企业内部各层级、各子公司、各经营单位的业绩评价,可分为分部业绩评价和员工业绩评价。本章主要讨论企业内部各经营单位的业绩评价。

二、责任中心

随着企业的发展,高级管理层会将企业划分为若干个责任区域,即"责任中心"(responsibility center),并指派下属经理进行管理。责任中心是企业的一个组成部分,其管理人员要负责某些具体的生产经营活动。因此,责任中心是指根据其管理权限承担一定的经济责任,并能反映其经济责任履行情况的企业内部单位。凡是管理上可以分离、责任可以辨认、业绩可以单独考核的内部单位都可以划分为责任中心,大到分公司、地区工厂或部门,小到车间、班组。按照责任对象的特点和责任范围的大小,责任中心一般可以分为三类:成本(费用)中心、利润中心及投资中心。

第二节 成本中心及其业绩评价

一、成本中心与责任成本

成本中心（cost center）是指只发生成本而不取得收入的责任单位。任何发生成本的责任范围都可以成为成本中心，成本中心只负责控制和报告成本。如工厂里的一个生产部门，比如装配车间，就是一个典型的成本中心，车间主任仅负责成本的控制，不参与价格的制定或市场营销策略的决策，因此，其业绩评价就是成本控制情况的好坏。

对成本中心来说，有些成本是可以控制的，有些则是无法控制的。理论上讲，成本中心只对其可控成本负责。一般来说，可控成本应同时符合以下三个条件：① 责任中心能够通过一定的方式了解将要发生的成本；② 责任中心能够对成本进行计量；③ 责任中心能够对成本加以调节和控制。凡是不能同时符合上述三个条件的成本为不可控成本，其一般不在成本中心的责任范围之内。

成本的可控与不可控是相对的，这与责任中心所处管理层次的高低、管理权限的大小、控制范围的大小和期限的长短有直接关系。对企业而言，几乎所有的成本都可以视为可控成本，而对于企业内部的各个责任中心来说，则既有各自专属的可控成本，也有不可控成本；对于较高层次的责任中心是可控的成本，对于下属的较低层次的责任中心则可能是不可控成本。责任中心当期发生的各项可控成本之和就是它的责任成本（responsibility cost），责任中心只应考核责任成本，不应考核其他内容。但实际工作中，有时企业也会将不可控成本列入责任中心的考核范围。

责任成本和传统的产品成本之间既有联系又有区别。最主要的区别表现在成本计算对象和成本归集方式上，产品成本的计算对象是企业生产的某特定产品，采取的是"谁受益，谁承担"的成本归集方法，由受益的该特定产品承担所发生的成本；责任成本则是以特定的责任中心为计算对象，采取的是"谁负责，谁承担"的成本归集方法，由责任单位负责其责任范围内的可控成本。由此可以看出，责任成本与产品成本是从不同的角度反映了生产过程中发生的各项耗费。为此两者的联系表现在：在一定的时期内，企业的产品总成本与责任成本的总和是相等的。一个简单的例子，企业仅生产一种产品 A，由机加工和装配两个部门共同完成，则可以看到，两个部门为生产 A 产品而发生的直接材料、直接人工和制造费用均应计入 A 产品成本；机加工和装配部门各自发生的可控成本则为部门的责任成本。两部门的责任成本之和应等于 A 产品的产品成本。

成本控制的成功与否，常常决定一个企业的成败，决定了其所获取的利润是高于还是低于社会平均水平。实施成本控制首要的是经理们要有成本意识，需要对成本目标的实现承担责任。控制责任成本和控制产品成本其本质是一致的。因此，对两者的考核与评价的方法从实质上讲也应该是相通的。

二、标准成本法

由十三章可知，预算控制系统通过将实际成本与实际收入和同一作业水平下相应的预计数进行对比，计算收入和成本差异，从而评价企业的管理效率。在此基础上，还应进一步调查分析差异产生的原因并采取相应的改进措施,对成本而言,将差异进一步分解为价格差异和数量差异。这样标准成本法就产生了。

(一) 标准成本法的含义

标准成本法(standard costing)是 20 世纪 20 年代前后由英国、美国等国家首先提出来的。它是在泰勒科学管理学说的影响下产生的,是管理会计中最早出现的理论之一。标准成本法也称为标准成本制度、标准成本系统,是将标准成本与实际成本比较,找出差异,并分析和控制成本差异,借以衡量生产效率高低的一种成本计算与控制制度。它是为了克服实际成本核算法不能及时提供有效成本控制信息的缺点而制定的另一种成本核算与控制方法。作为成本控制的重要方法之一,标准成本法以其严谨性和易操作性,在世界各国得到了广泛应用。

标准成本法的实施一般有以下几个步骤:① 制定单位产品标准成本;② 根据实际产量和成本标准计算产品的标准成本;③ 汇总计算实际成本;④ 计算标准成本与实际成本的差异;⑤ 分析成本差异的产生原因;⑥ 向成本负责人提供成本控制报告。

(二) 标准成本的制定

为了制定单位标准成本,必须考虑:① 单位产品将耗费多少投入(数量标准);② 所耗投入应支付的金额(价格标准)。单位标准成本可通过以上两个标准相乘得到:

$$单位标准成本＝数量标准×价格标准$$

数量标准的制定主要根据历史经验、工程研究及生产操作人员的意见。有时根据历史经验提供的初始数据,可能会使过去长期形成的低效的状况得不到改善;而工程研究能确定最有效的运作方式,并提供非常严格的指导,但工艺上的标准有时可能会过于严格,生产操作人员可能会无法达到,这样操作人员有必要参与到标准的制定过程中,并在其中扮演重要的角色。

制定价格标准是生产、采购、人事及会计部门的共同责任。生产部门确定对投入产品的质量需求;人事和采购部门有责任以最低的价格购买符合质量要求的投入品,如工人的劳动、原材料等;会计部门负责记录价格标准并编制报告,以便将实际业绩与标准进行比较。

制造业企业分别制定了直接材料、直接人工和制造费用的成本标准,其运用这些成本标准,可以计算出单位产品标准成本。通过编制标准成本单,企业可以了解有关标准成本的详尽资料。

【例 14-1】 下面为伦琪公司编制标准成本单见表 14-1。伦琪公司是一家食品生产企业,其主要产品是 1 千克袋装玉米片。加工袋装玉米片用到四种原料及包装物:玉米、食用油、盐、石灰(玉米粒煮熟后,在石灰溶液中浸泡,软化玉米粒)及包装袋。直接人工包括机器操作员及检验人员的工资费用。变动性制造费用由煤气费、电费和水费构成。变动性制造费用和固定性制造费用均按直接人工小时进行分配。

表 14-1　标准成本单

项目	标准价格(元)	标准数量	标准成本*(元)	小计(元)
直接材料				
玉米	2.50	1.1 千克**	2.75	
食用油	7.20	0.02 千克	0.144	
盐	3.00	0.008 千克	0.024	
石灰	2.00	0.000 1 千克	0.000 2	
包装袋	0.20	1 个	0.2	
直接材料合计				3.118 2
直接人工				
机器操作员	12.00	0.008 小时	0.096	
检验员	7.00	0.07 小时	0.49	
直接人工合计				0.586
制造费用				
变动性制造费用	3.20	0.078 小时	0.2496	
固定性制造费用	18.00	0.078 小时	1.404	
制造费用合计				1.6536
单位标准成本合计				5.3578

* 标准成本由标准数量乘以标准价格计算得出。

** 企业用 1.1 千克的玉米生产 1 千克的玉米片,其原因是,首先有一些玉米片由于质量原因在质检过程中被剔除掉;其次,企业为了增加顾客满意度,希望每袋玉米片能稍许超过 1 千克。

(三) 成本差异的计算和分析

标准成本是一种目标成本,由于种种原因,产品的实际成本可能与标准成本不符。实际成本与标准成本之间的差额,称为标准成本差异,它是反映实际成本脱离预定目标程度的信息。如果实际成本低于标准成本,所形成的差异为有利差异;如果实际成本超过标准成本,所形成的差异为不利差异。有利和不利差异不等价于良好和不良好,差异到底是良好还是不良好,取决于差异发生的原因,这需要企业进行调查确定。

1. 变动成本差异的计算与分析

(1) 总述

直接材料、直接人工和变动制造费用都属于变动成本,其成本差异分析的方法基本相同。由于它们的实际成本高低取决于实际用量和实际价格,标准成本的高低取决于标准用量和标准价格,所以其成本差异可以归结为价格脱离标准造成的价格差异与用量脱离标准造成的数量差异两类。其计算公式如下:

成本差异＝实际成本－标准成本

　　　　＝实际数量(AQ)×实际价格(AP)－标准数量(SQ)×标准价格(SP)

$$=（实际数量－标准数量）×标准价格＋（实际价格－标准价格）×实际数量$$

$$=数量差异[（AQ－SQ）×SP]＋价格差异[（AP－SP）×AQ]$$

图 14-1 描述了变动成本差异分析过程。通常，直接材料、直接人工和变动性制造费用都可以分解为数量差异和价格差异。

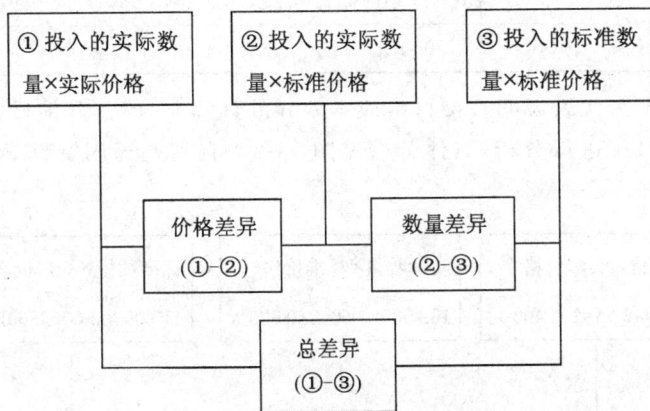

图 14-1 变动成本差异分析过程

企业的实际业绩几乎不太可能与制定的标准完全一致，实际业绩将围绕着标准随机变动。为此，企业应该确定一个可接受的范围，如果差异在该范围内，可以假定它是由随机因素引起的；而如果差异超出了该范围，则很可能是由非随机因素引起的，这些因素有些是企业可以控制的，有些则是不可控的，若是不可控的，企业有必要修订标准。

一般来说，调查差异产生的原因并采取改进措施，是会发生相关的成本的。根据成本效益原则，只有在预期收益大于预期成本时进行差异调查才是合适的。然而，评估差异调查的成本和效益有时并不是一件简单的事情。正因为如此，许多企业只有在差异超出可接受范围时才进行差异调查，差异必须大到不是由偶然因素产生，才有必要花费成本进行调查和采取改进措施。

企业如何确定差异是否重大及差异的可接受范围呢？可接受的范围等于标准加上或减去可容许偏差，可接受范围的上下限称为控制界限。假设标准为 100 000 元，可容许偏差为 10 000 元，则上限为 110 000 元，下限为 90 000 元。当实际值落在这个界限之外时，则必须进行调查。控制界限除用绝对金额表示外，还可用相对百分数表示，如可容许偏差表示为标准数量的 10%，如果偏差超过标准数量的 10%，就应进行调查。关于可容许偏差，可以是根据管理人员过去的经验、直觉和判断来确定的，也可以是采用正规的统计程序确定的，但目前应用得还很少。当然，是否进行差异调查还应观察差异的变动趋势。

（2）具体做法

下面通过一个例子来说明变动性成本差异的计算与分析。

【例 14-2】 接前例伦琪公司 8 月份的部分资料如表 14-2 所示：

表 14-2　伦琪公司 8 月份的部分资料

实际产量	100 000 袋玉米片
玉米实际成本	108 000 千克×2.55 元/千克＝59 400 元
检验人工实际成本	6 900 小时×7.10 元/小时＝48 990 元
实际变动性制造费用	25 000 元

Ⅰ. 下面以玉米为代表说明直接材料成本差异的计算与分析,其他材料类同。

a. 可以用图 14-1 进行分析,具体分析见图 14-2。有利差异用字母 F 表示,不利差异用字母 U 表示。

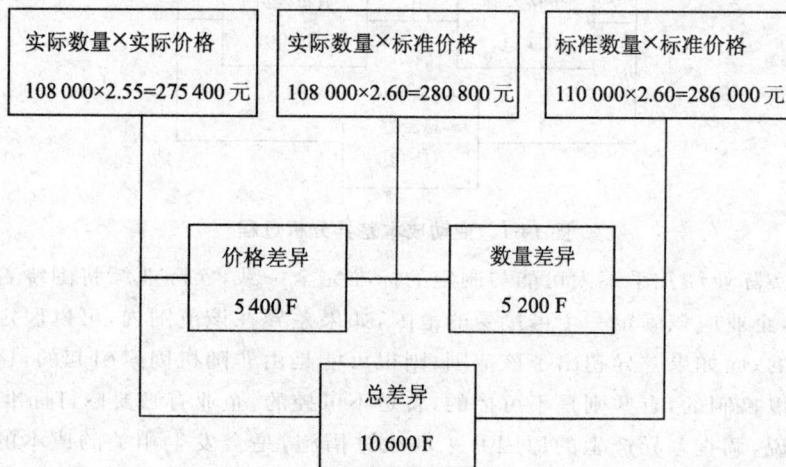

图 14-2　材料成本差异分析图

b. 运用公式计算。

玉米的成本差异＝实际成本－标准成本

　　　　　　　＝实际数量(AQ)×实际价格(AP)－标准数量(SQ)×标准价格(SP)

　　　　　　　＝108 000×2.55－110 000×2.60

　　　　　　　＝－10 600 (元)(有利差异)

玉米的数量差异＝(实际数量－标准数量)×标准价格

　　　　　　　＝(108 000－110 000)×2.60

　　　　　　　＝－5 200 (元)(有利差异)

玉米的价格差异＝(实际价格－标准价格)×实际数量

　　　　　　　＝(2.55－2.60)×108 000

　　　　　　　＝－5 400 (元)(有利差异)

所以　　　　　(－5 200)＋(－5 400)＝－10 600 (元)(有利差异)

由此可以看出,玉米的成本节约了 10 600 元,由于玉米用量的节约,使成本降低了5 200 元,同时由于玉米买价的降低,节约了成本 5 400 元。

通常情况下,材料价格差异是采购人员的责任,材料用量差异则由生产部门负责。实际工作中,材料价格在很大程度上不受采购人员控制,但是,价格差异同时可能受到质量、数量折扣和供货方与本厂距离等因素的影响,而这些因素常常不处于采购人员的控制之下。为此,可以看出,使用价格差异来评估采购业绩是有一定的局限性的。

理论上,生产部门应当尽量将废料、浪费和返工控制在最低水平。可是,使用数量差异来评价业绩同样会导致不良行为的发生。例如,生产部门对产成品的检验不够严格,将有缺陷的产成品视同合格对外出售,这样做的结果是,尽管避免了材料的浪费,但却可能损害企业与顾客的关系。同时可能由于材料质量等原因而使实际耗费脱离了标准耗费,从而产生材料的数量差异。

企业还应当判断差异是否重大,如果差异无足轻重,那么分析到此为止;如果认为差异是重大的,则应进一步分析差异产生的原因。在知道原因后,如有必要且有可能的话,企业就可以采取改进措施了。

Ⅱ.下面以检验员人工成本为代表说明直接人工成本差异的计算与分析。

根据直接人工成本的特点将直接人工成本差异分为人工的工资率差异(价格差异)和效率差异(数量差异),具体的计算与分析方法基本同于直接材料成本差异。

a.可以用图 14-1 进行分析,具体分析见图 14-3。有利差异用字母 F 表示,不利差异用字母 U 表示。

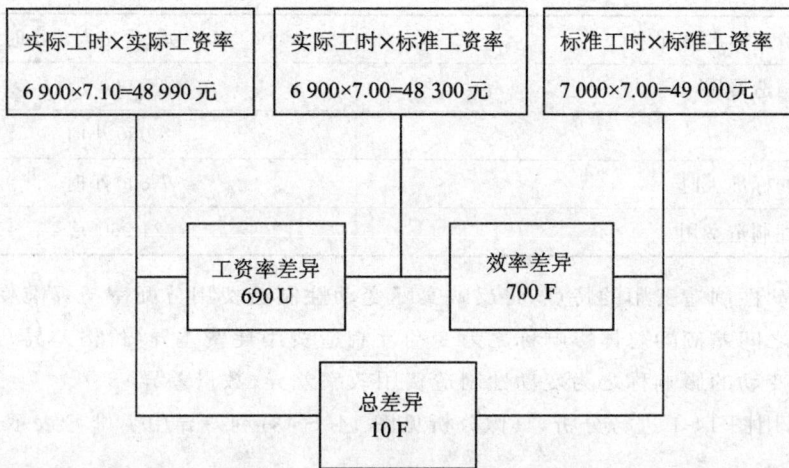

图 14-3 人工成本差异分析图

b.运用公式计算。

$$检验人工的成本差异 = 实际成本 - 标准成本$$

$$= 实际工时 \times 实际工资率 - 标准工时 \times 标准工资率$$

$$= 6\,900 \times 7.10 - 7\,000 \times 7.00$$

$$= -10\,(元)(有利差异)$$

$$检验人工的效率差异 = (实际工时 - 标准工时) \times 标准工资率$$

$$= (6\,900 - 7\,000) \times 7.00$$

$$= -700\,(元)(有利差异)$$

$$检验人工的工资率差异 = (实际工资率 - 标准工资率) \times 实际工时$$

$$= (7.10 - 7.00) \times 6\,900$$

$$= 690\,(元)(不利差异)$$

所以

$$-700 + 690 = -10\,(元)$$

由此可以看出,检验人员的人工成本节约了 10 元,这是因为实际工时低于标准工时,成本降低了 700 元,同时由于实际工资率高于标准工资率,成本增加了 690 元。

人工工资率在很大程度上是由一些外部因素决定的,如劳动力市场等。实际的工资率水平很少会偏离标准工资率,如出现差异,通常是由于将平均工资率作为工资率标准,并且由较为熟练且报酬较高的工人来完成只需较低技能的工作而造成的,另外意想不到的加班也可能是人工工资率差异的原因。因此,人工工资率差异的责任通常应由有权决定如何使用人工的生产部门负责人承担。

一般来说,生产部门应对直接人工的效率差异负责,但如果找出差异的原因,也可能是其他人员的责任。例如,机械设备频繁发生故障,导致生产中断及人工的非生产性耗用,设备故障是由于机械保养不善造成的,这种情况下,维修部门应承担由此带来的人工效率差异。

Ⅲ.下面说明变动性制造费用差异的计算与分析。

为说明变动性制造费用差异,伦琪公司 8 月份的有关数据如表 14-3 所示:

表 14-3　伦琪公司 8 月份的有关数据

变动性制造费用标准分配率	3.20 元/直接人工小时
实际变动性制造费用	25 000 元
实际工时	8 000 小时
实际产量下的标准工时	7 800 小时
已分配变动性制造费用	24 960 元

根据变动性制造费用的特点,将反映实际变动性制造费用分配率与标准变动性制造费用分配率之间差额的总体影响称之为变动性制造费用耗费差异(价格差异);将反映直接人工小时变动的影响称之为变动性制造费用效率差异(数量差异)。

a. 可以用图 14-1 进行分析,具体分析见图 14-4。有利差异用字母 F 表示,不利差异用字母 U 表示。

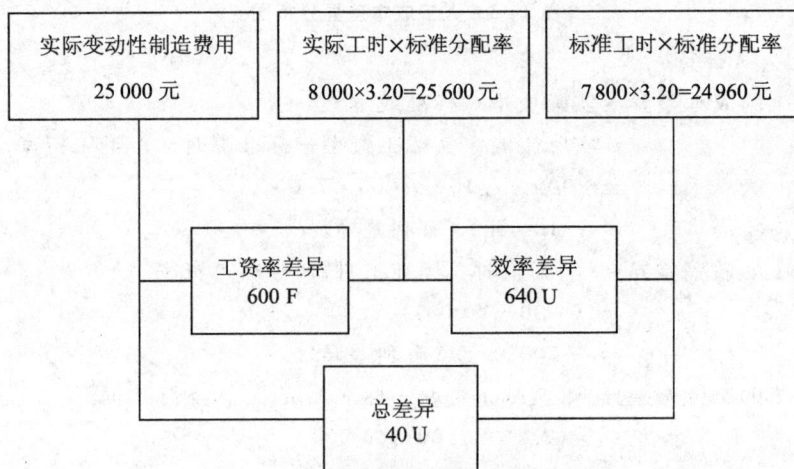

图 14-4　变动性制造费用分析图

b. 运用公式计算。

变动性制造费用成本差异＝实际成本－标准成本

　　　　　　　　　　　＝实际工时×实际分配率－标准工时×标准分配率

　　　　　　　　　　　＝25 000－7 800×3.20

　　　　　　　　　　　＝40（元）（不利差异）

变动性制造费用效率差异＝（实际工时－标准工时）×标准分配率

　　　　　　　　　　　＝（8 000－7 800）×3.20

　　　　　　　　　　　＝640（元）（不利差异）

变动性制造费用差异＝（实际分配率－标准分配率）×实际工时

　　　　　　　　　＝（25 000/8 000－3.20）×8 000

　　　　　　　　　＝－600（元）（有利差异）

所以　　　　　　　　　　640＋（－600）＝40（元）

由此可以看出,变动性制造费用增加了40元,这是因为耗用的直接人工工时的增加,使成本增加了640元,同时由于变动性制造费用分配率的降低,成本节约了600元。

变动制造费用包括间接材料、间接人工、电费和维修费等,只要变动制造费用中的某些明细项目的价格出现波动,就可能产生变动制造费用的耗费差异。但是,变动制造费用的耗费差异也受到变动制造费用"用量"方面的影响。变动制造费用的耗费差异不仅仅反映变动制造费用在支付价格方面的节约或超支,而且也反映变动制造费用各具体项目中在用量方面的节省和超支。例如,超量使用间接材料将增加变动制造费用总额,进而增加变动制造费用的实际分配率,由此增加变动制造费用的耗费差异。因此,变动制造费用耗费差异是"价格"与"用量"两者共同作用的结果。而如果价格变动是变动性制造费用耗费差异的唯一原因,则它完全类似于材料和人工的价格差异。一般来说,变动制造费用的耗费差异应由部门经理负责。部门经理有责任、有义务对变动制造费用各明细项目的弹性数与实际数进行对比分析,采取相应的措施进行必要的控制,将变动制造费用控制在弹性预算的额度内。

变动制造费用效率差异反映的是工时利用效率的高低。人工效率的提高并不等于变动制造费用的节约,而该项差异应由管理直接人工耗用的生产部门负责。

2. 固定性制造费用成本差异的计算与分析

固定制造费用是指在一定相关范围内不会受生产活动水平变动影响的、相对固定不变的那部分生产耗费,因此,固定制造费用是通过固定预算进行控制的。固定制造费用成本差异是指一定期间的实际固定制造费用与标准固定制造费用之间的差额。其计算公式如下:

　　　　　固定制造费用差异＝固定制造费用实际数－固定制造费用标准成本

　　　　　　　　　　　　＝实际产量的实际工时×固定制造费用实际分配率－

　　　　　　　　　　　　　实际产量的标准工时×固定制造费用标准分配率

进行固定制造费用差异分析一般不能将固定制造费用简单地分为价差和量差,目前通常采用二因素分析法和三因素分析法这两种分析方法。

（1）固定制造费用差异二因素分析法

固定制造费用在相关范围内不受生产活动水平变动的影响而固定不变,因此,固定制造费用通过固定预算进行控制,主要控制其总额。如果产量比预算增加,而其总额却保持不变,则固定制造费用相对来说节约了;反之,则相对超支了。从控制制造费用、揭示其差异的角度来说,前者称为耗费差异,后者则称为能量差异,这就是固定制造费用二因素分析法。

所谓固定制造费用耗费差异是指固定制造费用的实际发生额与固定制造费用预算金额之间的差额。固定制造费用和变动成本之间的差别,决定了固定制造费用的考核方式有别于变动成本,它要以提前制定的预算数作为考核标准,一旦实际数超过了预算数就应该适当采取措施予以控制。其计算公式为

固定制造费用耗费差异=固定制造费用实际数-固定制造费用预算数

=固定制造费用实际数-预算工时×固定制造费用标准分配率

所谓固定制造费用的能量差异是指固定制造费用预算和固定制造费用标准成本的差额。一般固定制造费用与企业现有的生产能力有关。企业在制定固定制造费用标准时,要在正常的生产能力范围内,可能低于也可能等于企业正常的生产能力,但是一般不会高于企业正常的生产能力。如果企业制定的固定制造费用标准低于企业的正常生产能力,那么企业就会有一部分生产能力闲置,固定制造费用的能量差异就反映这部分未能充分使用现有生产能力而造成的损失。其计算公式为

固定制造费用能量差异=固定制造费用预算数-固定制造费用标准成本

=预算工时×固定制造费用标准分配率-

实际产量标准工时×固定制造费用标准分配率

=(预算工时-实际产量标准工时)×固定制造费用标准分配率

【例 14-3】 东方公司本月实际产量 450 件,发生了固定制造费用 13 000 元,实际工时为 7 200 小时;该企业正常的生产能力为 600 件,用工时表现为 9 000 小时。每件产品固定制造费用的标准成本为 27 元;每件产品的标准工时为 18 小时,即标准分配率为 1.5 元/小时。试分析固定制造费用的能量差异和耗费差异。

计算分析过程如下:

固定制造费用成本差异=固定制造费用实际数-固定制造费用标准数

=13 000-1.5×18×450

= 850(元)(不利差异)

固定制造费用耗费差异=13 000-9 000×1.5=-500(元)(有利差异)

固定制造费用能量差异=(9 000-450×18)×1.5=1 350(元)(不利差异)

检验:

固定制造费用成本差异=固定制造费用耗费差异+固定制造费用能量差异

=(-500)+1 350 元

=850(元)(不利差异)

固定制造费用由一些具体项目如折旧费、工资、保险费等组成。一般来说,固定制造费用各具体项目的成本高低主要由长期决策决定,所以耗费差异通常较小,而且在短期内一般不会改变,因此,管理人员通常无法通过短期决策控制固定制造费用的数额。

能量差异反映了实际产量与本年初计算标准固定制造费用分配率时所采用的产量的偏离程度。也就是说,能量差异产生的原因是实际产量与预算产量不相等造成的。因

此,能量差异往往也称为"产量差异"。

如果预算产量代表企业现有或正常能力生产和销售的数量,只是由于有关部门和有关人员工作失误才会产生不利的产量差异。在这种情况下,能量差异反映了生产能力的利用程度,该项差异的责任应归于生产部门。但是,能量差异的形成也可能是由生产部门不能控制的因素造成的。例如,采购部门一味追求降低采购成本而购进质量较低的材料,导致生产车间出现大量的次品和生产效率低下等。在这种情况下,能量差异的责任不应由生产部门承担,而应由采购部门承担。

另外,当企业销售预测过于乐观,使得实际需求量低于预测的销售量时,企业的明智之举应该是让实际产量低于预算产量,而不是机械地按预算组织生产。在这种情况下,就不宜将固定制造费用的能量差异直接用于成本控制和业绩评价,那么,生产部门就有可能采取增加产量进而增加库存的方式来避免不利差异的出现,而盲目增加库存又会给企业带来很多负面影响。因此对某些企业来说,能量差异不宜直接用于成本控制和业绩评价。

总之,导致固定制造费用能量差异的原因很多,不恰当地运用能量差异来评价生产部门业绩往往会带来较为严重的后果。因此,企业应根据自身情况对能量差异作出合理分析。

(2)固定制造费用差异三因素分析法

三因素分析法是在二因素分析法的基础上,将能量差异细分为效率差异和闲置能量差异,与耗费差异一起称为三差异。其中,效率差异是指实际工时脱离标准工时而形成的差异;闲置能量差异是指实际工时未达到正常生产能力而形成的差异。可以用公式表示为

固定制造费用效率差异＝实际工时×固定制造费用标准分配率－

实际产量标准工时×固定制造费用标准分配率

＝(实际工时－实际产量标准工时)×固定制造费用标准分配率

固定制造费用闲置能量差异＝固定制造费用预算－实际工时×固定制造费用标准

分配率

＝(预算工时－实际工时)×固定制造费用标准分配率

仍以例14-3中的资料为例说明三因素分析法:

固定制造费用效率差异＝(7 200－450×18)×1.5 ＝－1 350 (元)(有利差异)

固定制造费用闲置能量差异＝(9 000－7 200)×1.5＝2 700 (元)(不利差异)

检验:

固定制造费用能量差异＝固定制造费用效率差异＋固定制造费用闲置能量差异

＝(－1 350)＋2 700＝1 350 (元)(不利差异)

固定制造费用效率差异是实际工时与实际产量的标准工时之间的差异。因此,固定制造费用效率差异用来说明生产每一单位产品耗费的人工工时比标准工时多耗费所造成的差异。

固定制造费用闲置能量差异用来说明车间因为没有充分利用机器设备的生产能力导致的损失。因此,如果出现了固定制造费用闲置能量差异则说明企业应该充分利用车间的现有生产设备。

需要特别指出的是,差异间的相互作用经常发生,这加大了确定特定差异责任的难度。如购买低于标准的材料,可能会带来材料数量的不利差异;由于加工难度的加大,可能会产生人工效率的不利差异;同时利用低标准的材料,需要经验更加丰富的工人进行加工,导致人工工资率的不利差异。因此,购买低标准的材料这一行为可能的后果包括:材料价格的有利差异;材料数量的不利差异;人工效率的不利差异及人工工资率不利差异。这些相互作用的差异使得对特定差异的责任确定变得更难。

三、责任成本的考核与评价

由于成本中心只对所报告的成本或费用承担责任,所以成本中心业绩评价的主要指标是生产效率、标准成本与成本差异的报告等。责任成本差异是指责任成本实际数与责任成本预算数之间的差额,反映了责任成本预算的执行结果。责任成本考核是对责任成本预算指标完成情况所进行的考察、审核,以及对责任成本中心的工作绩效所进行的评价。为此,成本中心业绩评价的主要指标是责任成本及其增减额、升降率和与其作业相关的非财务指标等,并在此基础上分析发生成本差异的原因,找出相应的改进措施。

下面通过一个简例说明责任成本考核与评价。

【例 14-4】 机加工车间是美仑公司下属的一个成本中心,通过将企业预算逐级分解,得到机加工车间的责任预算,如表 14-4 所示。

表 14-4 机加工车间责任预算

单位:万元

责任中心类型	项目	责任预算	责任人
	变动成本:		
	直接材料	2 500	
	直接人工	3 000	
成本中心	变动性制造费用	1 200	车间负责人
	固定成本:		
	固定性制造费用	1 100	
	成本合计	7 800	

根据机加工车间的实际执行情况,编制责任成本预算完成情况表,如表 14-5 所示。

表 14-5 机加工车间责任成本预算完成情况表

单位:万元

项目	预算	实际	差异
变动成本:			
直接材料	2 500	2 450	—50(有利)
直接人工	3 000	3 120	120(不利)
变动性制造费用	1 200	1 240	40(不利)
固定成本:			

项目	预算	实际	差异
固定性制造费用	1 100	1 050	−50(有利)
成本合计	7 800	7 860	60(不利)

一般说来,"成本差异"反映了成本中心工作业绩的好坏,但不是绝对的,因此在分析责任成本预算完成情况的基础上,还要进一步分析差异产生的原因,其原理与方法同于标准成本法。根据差异的具体情况,判断是否重大,是否应该调查差异,并采取改进的措施,或考虑重新修正预算。

第三节　利润中心及其业绩评价

一、利润中心与责任利润

利润中心(profit center)是指既要发生成本,又能取得收入,还能根据收入与成本的配比计算利润的责任单位。利润中心是比成本中心更高一级的责任中心,适用于企业管理中具有独立收入来源的较高层次,如分公司、分厂。一般来说,企业内部的责任单位都有自己的可控成本,能否成为利润中心关键要看是否存在可控收入。可控收入在制造业企业通常包括两类:① 对外销售产品取得的实际销售收入。获取实际收入就能真正实现利润,因此,这类责任中心称为自然利润中心。② 企业内部提供产品而取得的内部销售收入。这种内部结转没有真正实现利润,因此,这类责任中心称为人为利润中心。大多数成本中心都可以转作人为利润中心。

利润中心的可控收入减去可控成本就是利润中心的可控利润,也就是责任利润。对利润进行考核的重要指标就是责任利润。

在计量一个利润中心的利润时,需要解决两个问题:第一,规定利润中心之间转移产品或劳务的价格;第二,选择一个利润指标。下面就这两个问题进行讨论。

二、内部转移价格

为了分清经济责任,企业内部各责任中心之间相互提供产品或劳务,应当按照一定的价格进行结转,这个价格就是产品或劳务的内部转移价格。内部转移价格具有"零和规则"的特点,所谓"零和",就是内部转移价格制定得高或低,一定会使一方受益的同时另一方受损,且"受益"和"受损"的数额相等。可见,转移价格会影响各责任中心的业绩。若从企业整体考虑,内部转移价格能通过影响责任中心的行为和影响所得税两方面来影响企业的利润水平。由此,内部转移价格的制定就应格外慎重。

理论上认为一个完美的内部转移价格应满足三个标准:一是对经营业绩的评价提供合理的基准;二是激励各责任中心;三是促进各责任中心与企业整体目标的一致性。但实际上这三条标准是很难同时满足的。不同的方法适用于不同的情况和条件,没有一种是适合各种目的的、最佳的内部转移价格,即使是同一企业内,不同的责任中心之间也可能要用不同的内部转移价格。

一般认为,企业高层不宜直接干涉具体的内部转移价格制定,可取的做法是制定一些通用的指导方法。机会成本法就是一个指导方法。机会成本法(opportunity cost approach)通过确认销售方愿意接受的最低价格和购买方愿意接受的最高价格来满足双方的要求。最低价格和最高价格相当于内部转移的机会成本。最低价格是指若销售方将产品以该价格销售给其他责任中心而不销售给外部单位,其利益不会受到损失的价格,比如,对外销售该产品的价格就是最低价格。最高价格是指购买方以该价格向其他责任中心购入产品而不向外部单位购入,其利益不会受到损失的价格,比如,从外部购买该产品的价格就是最高价格。对企业而言,只要销售方的机会成本(最低价格)低于购买方的机会成本(最高价格)就应该进行产品的内部转移。这一方法能确保双方都不会因为产品的内部转移而遭受损失,具体说,就是责任中心的利润不会因产品的内部转移而减少。

实践中内部转移价格应该介于最高与最低价格之间。一般而言,有以下几种类型。

1. 市场价格型内部转移价格

市场价格型内部转移价格即以单位产品的市场销售价格作为内部转移价格。在提供产品的责任中心的产品能够对外销售,而接受产品的责任中心所需的产品也可以外购的情况下,以市场价格作为内部转移价格,能够较好地体现公平性原则;各责任中心计算的利润就是企业实现的利润,其有利于促使各责任中心参与市场竞争,加强生产经营管理,这无疑是市场价格型内部转移价格的优点。因此,如果转移产品存在一个完全竞争的外部市场,市场价格是最好的内部转移价格。其不足之处则是在市场价格不能合理确定的情况下,可能导致各责任中心之间的苦乐不均。

2. 成本型内部转移价格

成本型内部转移价格即以责任中心之间相互提供的产品或劳务的"成本"作为内部转移价格。"成本"的概念有很多种,如制造成本、实际成本、标准成本、变动成本等,使用不同的成本概念可以确定出不同的内部转移价格,对责任中心的行为也会产生不同的影响。

(1) 实际成本或实际成本加成作为内部转移价格。即以提供产品或劳务的实际成本或在实际成本的基础上加上一定合理的利润作为内部转移价格。企业实际成本的资料在成本核算过程中已经获得,不需要增加额外的费用,且成本比较客观可靠,这是其优点。但是,所谓"合理利润"的确定有一定的困难,需结合选择的成本加成的基础慎重考虑。同时,由于卖方将全部成本转移给买方,卖方将会缺乏降低成本的积极性,卖方将因此承担自己不能控制的成本,这使得各责任中心的责任不易划分,给责任中心的考核带来困难。因此,一般认为,这种内部转移价格制定方法不是一种很好的方法,一般企业不会使用。

(2) 标准成本或标准成本加成作为内部转移价格。即以提供产品或劳务的标准成本或在标准成本的基础上加上一定合理的利润作为内部转移价格。采用标准成本作为内部转移价格的好处在于可以有效地控制产品或劳务提供方的成本,消除成本升降对购买方的影响,并为购买方提供耗费的计价标准。同时,采用标准成本作为内部转移价格还能保证其连续性。这种内部转移价格制定方法可以部分弥补以实际成本为基础制定内部转移价格的缺陷。

① 标准制造成本型内部转移价格。即以制造成本法下的标准单位成本作为内部转

移价格。其优点是将责任成本核算与产品成本核算有机地联系起来,没有虚增成本的现象;各责任中心占用的资金也没有虚增数额,便于资金预算的分解落实;将责任中心完工产品实际成本与按这类内部转移价格计价的"收入"进行比较,可以明确反映责任中心的成本节约或超支。不足之处是没有与各责任中心真正创造的利润联系起来。

② 标准变动成本型内部转移价格。即以单位产品的标准变动成本作为内部结算单价。其优点:符合成本性态,能够明确揭示成本与产量之间的关系;能正确反映责任中心成本的节约或超支,便于合理考核业绩。不足之处在于产品成本中不包括固定成本,割裂了固定成本与产量之间的内在联系,不利于调动各责任中心增加产量的积极性。

③ 标准变动成本加标准固定总成本型内部转移价格。即内部转移价格由两部分构成:一部分是产品的标准变动成本,另一部分是标准固定总成本。采用这类内部转移价格进行结算时,相互提供的产品按照数量和单位产品标准变动成本计价结算,标准固定总成本则按月进行结算。这类内部转移价格除包含前述标准变动成本型内部转移价格的优点,还因将标准固定总成本由提供产品的责任中心转移给接受产品的责任中心,从而合理体现转移产品的劳动耗费,便于各责任中心正确计算产品成本。其不足之处在于较难合理确定标准固定总成本。

④ 标准制造成本加利润型内部转移价格。即以单位产品的标准制造成本加上一定比例的标准单位利润作为内部结算单价,其优点是包含一定数量的利润额,责任中心在增加产量时,即使没有降低成本,也可以增加利润,有利于调动各责任中心增加产量的积极性,克服前述各种成本型内部转移价格的缺点。不足之处在于计算的利润不是企业真正实现的利润,表现为扩大了的产品成本差异,要作为产品成本差异进行调整,这就会增大产品成本差异率,使产品成本核算不够真实;由于产品成本差异的调整,相应的加大了成本核算工作量,还会虚增各责任中心的资金流入量,因而也会使各责任中心的资金占用额虚增,不便于进行资金计划的纵向分解。

(3) 双重内部转移价格。即提供产品的责任中心转出产品与接受产品的责任中心转入产品,分别按照不同的内部转移价格结算,其差额由会计部门进行调整。例如,成本中心与利润中心之间相互提供产品,成本中心可以采用某种成本型内部转移价格计价,利润中心则可以采用某种包括利润的内部转移价格计价;又如,采用制造成本法计算产品成本的责任中心与采用变动成本法计算产品成本的责任中心之间相互提供产品,前者可以采用标准制造成本型内部转移价格计价,后者则可以采用标准变动成本型内部转移价格计价。由此可见,采用双重内部转移价格可以根据各责任中心的特点,为满足各自管理的要求,选用不同的内部转移价格。

(4) 协商价格。内部转移价格还可由企业内部买卖双方共同协调,通过协商确定一个双方均可以接受的产品或劳务的价格。通常双方会选择一定的价格作为基础,否则将会在谈判上花费过多的时间和精力,且制定出来的价格也可能仍不尽合理。企业管理层在协商过程中应进行有效的引导和控制,以防协商双方为了自身的利益而损害企业整体的利益。如遇到双方不能解决的争论,管理层应作出公平、合理的仲裁。该方法的缺点是可能导致部门之间的矛盾。

三、 责任利润的考核与评价

对利润中心工作业绩进行考核的重要指标是其可控利润,即责任利润。如果利润中心获得的利润中有该利润中心不可控因素的影响,则必须进行调整。将利润中心的实际责任利润与责任利润预算进行比较,可以反映利润中心责任利润预算的完成情况。由于不同类型、不同层次的利润中心的可控范围不同,因而用于评价的责任利润指标亦不同。具体包含毛利、贡献毛益和营业利润三种不同层次的收益形式。

毛利作为利润中心的考核指标,包含利润中心管理者所能控制的销售收入和销售产品成本两个因素。此外,由于这一指标不包含经营费用因素,所以能够促使各部门管理者进行成本分析和控制。同时,正是由于毛利不包含经营费用因素,因此在采用这一考核指标时,必须注意由于毛利增加而引起的经营费用的增加。如果毛利的增加会引起经营费用更大幅度地增加,使企业净收益减少,就违背了目标一致性的原则,这是不可取的。

考察部门贡献毛益首先要区分直接费用和间接费用。直接费用是指那些由于特定部门的业务所引起的能直接归属于该部门所控制的费用,包括生产人员工资、折旧费等。间接费用是指由企业整体受益而不能直接归属于某一部门的费用。部门贡献毛益就是部门销售毛利的基础上再扣除部门直接费用后的余额。

与采用毛利指标相比,贡献毛益指标把各部门可以影响和控制的一部分经营费用记到各部门的账上,这些费用的减少既有利于各利润中心贡献毛益的增加,也有利于企业净收益的增加,保持了利润中心目标和企业总目标的一致,对利润中心进行业绩评价有明显的优越性。例如一个企业租用办公室,如果只对使用办公室的各部门考核毛利,租金作为共同费用可以不进行分配,这就使各部门为了方便、舒适多占用面积,而不考虑节约费用;反之,如果对各部门考核贡献毛益,将租金按照各部门的占用面积作为直接费用,由各部门分别负担,则会促使各部门自觉地考虑如何充分利用可使用面积。

营业利润则是在部门销售毛利的基础上减去各部门应负担的全部营业费用以后的余额。采用营业利润作为考核评价指标,克服了上述毛利指标带来的利润中心目标和企业目标不一致的问题。但是,由于企业发生的间接费用都是间接为各部门产品生产和销售服务的,例如管理人员工资、办公费用以及管理人员的折旧和摊销费用,这些费用不能直接确认、归属为某一部门,只能根据企业的具体情况,采用适当的比例进行分配,具有一定的主观性,同时一般情况下,对于特定的利润中心而言,这些费用是无法有效控制的。

综上所述,可总结出如下计算公式:

营业利润＝贡献毛益－部门间接费用

＝毛利－部门直接费用－部门间接费用

＝销售收入－销售成本－部门直接费用－部门间接费用

进行责任利润完成情况的分析,主要是将各利润中心的实际责任利润与责任利润预算进行比较,确定责任利润的增收或减收,并进一步根据不同类型利润中心(人为利润中心、自然利润中心)的责任利润核算内容,采用因素分析法,分析增收或减收的具体原因,并据此提出改进措施。

【例 14-5】 前例美仑公司下属节能灯分公司,生产并销售各种型号的节能灯,根据其预算及其执行情况编制责任利润预算完成情况表,如表 14-6 所示。

表 14-6 节能灯分公司责任利润预算完成情况表

单位:万元

项目	预算	实际	差异
销售净额	435	456	21(有利)
减:销售成本	281	298	17(不利)
毛利	154	158	4(有利)
减:部门直接费用	68	70	2(不利)
部门贡献毛益	86	88	2(有利)
减:部门间接费用	32	40	8(不利)
营业利润	54	48	—6(不利)

可以看出,节能灯分公司在对外销售额相较于预算而言增加 21 万元的同时,部门营业利润却比预算减少了 6 万元。其中,最主要的原因在于部门间接费用的增长,这些费用的发生对部门而言是很难予以有效控制的;其次是销售成本的增长,应根据销售成本的构成,分析成本增长的具体原因,并据此进一步提出改进的措施。

第四节　投资中心及其业绩评价

一、投资中心

投资中心(investment center)是指既要发生成本又能取得收入、获得利润,还有权进行投资的责任单位。投资中心是最高层次的责任中心,它拥有最大的决策权,也承担最大的责任。投资中心必然是利润中心,但利润中心并不都是投资中心。利润中心没有投资决策权。投资中心可以看作有投资决策权的利润中心,其权责都高于利润中心。它不仅要对成本、利润负责,而且必须对投资效益负责。因此对投资中心进行业绩评价时,既要评价其成本和收益的状况,更要结合其投入资金全面衡量其投资报酬率大小和投资效果的好坏。一般来说,投资中心的业绩评价有两个重要的财务指标:投资报酬率和剩余收益。

二、投资报酬率

作为有投资决策权的投资中心,不仅要对成本、利润负责,还必须对投资效益负责,因此,仅仅根据营业利润来衡量投资中心的业绩是不行的。下面来看一个简单的例子。假定一家企业由 A,B 两个投资中心,A 投资中心的营业利润是 10 万元,B 投资中心的营业利润是 20 万元。能否认为 B 投资中心的经营比 A 投资中心好呢? 这是不一定的。如果 A 投资中心用 80 万元获得了 10 万元的收益,而 B 投资中心 20 万元的收益是投资 200 万元获得的。显然此时,你会认为 A 投资中心的业绩更好。因此,将营业利润与产生利润的资产联系起来进行行业绩考核才更有意义。

营业利润与产生利润的资产之间的比值关系就是投入与产出关系,即投资报酬率。

投资报酬率（return on investment，ROI）是投资中心一定时期的营业利润和该期的投资占用额之比。该指标反映了企业从一项投资性商业活动的投资中得到的经济回报。该指标是全面评价投资中心各项经营活动、考评投资中心业绩的综合性质量指标，它既能揭示投资中心的销售利润水平，又能反映资产的使用效果。其计算公式为

$$投资报酬率 = \frac{营业利润}{平均营业资产} = \frac{营业利润}{销售收入} \times \frac{销售收入}{平均营业资产}$$

$$= 销售利润率 \times 营业资产周转率$$

其中，营业收益是指息税前利润；营业资产是指用以产生营业收益的资产，包括现金、应收账款、存货、土地、房屋及机器设备。

平均营业资产的计算公式为

$$平均营业资产 = \frac{期初账面净值 + 期末账面净值}{2}$$

关于长期资产（房屋及机器设备）的计价问题，存在多种不同的意见，如选用原价还是净值，选用历史成本或是现行成本。企业在具体确定时应予以适当的注意。

投资报酬率还可以分解为销售利润率和营业资产周转率的乘积，投资中心可以通过综合考察销售利润率及营业资产周转率两个指标来提高投资报酬率。这样可以促使投资中心管理人员关注销售收入、费用和投资之间的关系，同时关注成本效率和营业资产的使用效率。用下面的小案例来说明投资报酬率指标的优点。

【例 14-6】　吉姆是电子产品分公司的经理，营销副经理提出将广告费预算增加 100 000 元的建议，吉姆正在考虑。营销副经理认为若增加广告费会使得销售额增加 200 000 元，为此销售毛利增加 110 000 元。同时吉姆认为，为确保销售额的增加，必须添置 50 000 的资产。

已知该投资中心当前的销售收入为 2 000 000 元，营业净收益是 150 000 元，营业资产是 1 000 000 元，如增加广告费，会增加营业净收益 10 000（＝110 000－100 000）元。该投资中心目前的投资报酬率为 15％（＝150 000÷1000 000），增加广告费及 50 000 元的资产后，投资报酬率为 15.24％（＝160 000÷1050 000）。显然，若采纳这项建议能提高投资报酬率，因此，吉姆决定采纳该建议，增加广告费预算。

【例 14-7】　基德是电池分公司的经理，正在为投资中心的业绩发愁，由于经济不景气影响了其部门的业绩。他将上半年实际营业利润加上下半年的预算营业利润 200 000 元，全年预计利润仅为 425 000 元，预计的投资报酬率为 12.15％，而去年的投资报酬率为 16％。为了改善业绩，基德指示在不影响预期销售的前提下，尽可能降低成本。投资中心想方设法终于使下半年成本降低了 150 000 元。这样，当年的利润上升到 575 000 元，投资报酬率也由此提高到 16.43％。基德欣喜地发现有些降低成本的措施可以维持到企业经营恢复正常之后。

总体来说，投资报酬率作为投资中心的考核指标优点明显，但过分强调投资报酬率会促使投资中心短期行为的发生，主要会有两个不良后果：一是会导致投资中心只顾眼前利益而牺牲长远利益；二是会导致投资中心只关心本部门的盈利而不顾企业整体利益行为发生。

如例 14-7，如果基德采取了诸如削减广告费、机器维修预算及使用较为便宜的材料进行生产等措施，均可能导致将来的营销能力、生产效率及产品质量降低，影响未来的销

售水平。因此,这些措施很可能在短期内提高收益和投资报酬率,但却会给未来的长远发展带来负面的影响。

再举一例,说明投资报酬率指标的第二个不良后果。

【例 14-8】 沿用了例 14-7 的资料,已知基德部门的当前的投资报酬率为 16%,该投资中心可以向总部申请到新的投资,企业总部要求每项投资的投资报酬率至少为 10%,部门的闲置资金将会由总部进行投资,投资报酬率恰为 10%。现有一项目,要求投资 100 万元,但是,预计的投资报酬率为 13%。此时,无疑基德会拒绝该项目;因为如果投资该项目,他的投资报酬率将会下降,进而影响其业绩;而作为企业整体而言,投资该项目则是合适的,会使企业的整体的盈利增加 3(=100×(13%−10%))万元。由此可以看出,过分强调投资报酬率指标会影响到企业的"目标一致性"。

三、剩余收益

如上所述,投资报酬率指标会造成那些有利于企业整体但会降低投资中心投资报酬率的项目无法落实,为弥补不足,采用剩余收益(residual income,RI)指标来衡量其业绩。所谓剩余收益是指投资中心的营业收益和企业要求的最低投资报酬之间的差额。其计算公式为

$$剩余收益=营业收益-(最低投资报酬率×营业资产)$$

剩余收益指标促使投资中心经理选取营业收益高于投资报酬率的有关方案。下面用一简例加以说明。

【例 14-9】 沿用例 14-8 的资料,基德不愿意投资该项目,原因在于它会降低投资中心的投资报酬率,然而这一决定使得企业损失 3 万元的利润。但若采用剩余收益来衡量投资中心的业绩,就能避免这种损失。该投资项目的剩余收益计算如下:

$$剩余收益=营业收益-(最低投资报酬率×营业资产)$$
$$=100×13%-100×10%=3(万元)$$

基德若同意投资该项目,则会使其剩余收益增加 3 万元,也即其部门提高 3 万元。这样就会使得投资中心的利益与企业整体利益一致。

剩余收益指标同投资报酬率指标一样,也会导致责任中心短期行为的发生。同时,由于剩余收益指标是一个绝对数指标,不适合用于比较规模不同的投资中心业绩。为此,可以通过计算剩余收益率进行规模不同的投资中心的业绩比较,剩余收益率即是剩余收益除以平均营业资产。

有时企业会同时计算投资报酬率和剩余收益两个指标来评价责任中心业绩,但它们都只能用来评价短期业绩。因此,投资中心经理可能会用企业的长远利益为代价来换取短期利益。为减少这种短期行为的发生,应采用与投资中心长期健康发展更为相关的业绩评价指标,如市场占有率、客户意见、员工能力发展情况等。目前有代表性并引起广泛关注的方法有业绩金字塔(performance pyramid)及平衡计分卡(balanced score card,BSC)两种模式,同时经济增加值(economic value added,EVA)绩效考核体系越来越受到重视。由于篇幅有限,本书不再赘述,感兴趣的同学可以自学相关内容。

由于责任中心的业绩常常会受到其负责人无法控制的因素的影响,所以责任中心的业绩不能等同于其负责人的管理业绩,应该说二者之间是有区别的。经理人员的报酬应该与其管理业绩挂钩而不是取决于责任中心业绩。关于管理报酬及激励问题,本章不再赘述。

　　为了提高效率,很多企业选择了分权管理。分权管理有诸多优点,但分权管理同时要求企业建立健全内部管理控制,加强对内部责任单位的管理。业绩评价是内部管理控制的重要组成部分。评价系统一般由以下五个要素构成:评价主体、评价客体、评价目标、评价指标体系及相关的激励机制。

　　随着企业的发展,高级管理层会将企业划分为若干个责任区域,即"责任中心",按照责任对象的特点和责任范围的大小,责任中心一般可以分为三类:成本(费用)中心、利润中心及投资中心。

　　成本中心是指只发生成本而不取得收入的责任单位。任何发生成本的责任范围都可以成为成本中心,成本中心只负责控制和报告成本。理论上讲,成本中心只对其可控成本负责。责任中心当期发生的各项可控成本之和就是它的责任成本。责任成本和产品成本之间既有联系又有区别。

　　控制责任成本和控制产品成本其本质是一致的。因此,对两者的考核与评价的方法从实质上讲也应该是相通的。作为成本控制的重要方法之一,标准成本法以其严谨性和易操作性,在世界各国得到了广泛应用。成本中心业绩评价的主要指标是责任成本及其增减额、升降率和与其作业相关的非财务指标等,并在此基础上分析发生成本差异的原因,找出相应的改进措施。其原理与方法同于产品成本控制的方法。

　　利润中心是指既要发生成本,又能取得收入,还能根据收入与成本的配比计算利润的责任单位。利润中心的可控收入减去可控成本就是利润中心的可控利润,也就是责任利润。对利润进行考核的重要指标就是责任利润。企业内部各责任中心之间相互提供产品或劳务,应当按照一定的价格进行结转,这个价格就是内部转移价格,它具有"零和规则"的特点,故应审慎制定。对利润中心进行考核的重要指标就是责任利润。

　　投资中心是最高层次的责任中心。一般来说,投资中心的业绩评价有两个重要的财务指标:投资报酬率和剩余收益。投资报酬率是最常用的评价指标,能促使投资中心从提高销售收入、控制生产成本和提供资产使用率三方面增强盈利能力。但其缺点是会促使投资中心以牺牲企业整体利益为代价来换取部门短期效益,剩余收益指标能纠正这一行为;但剩余收益是一绝对数指标,不利于不同投资中心之间的业绩比较。同时两个指标有一共同的缺点就是会造成短期行为。

»思考题

1. 解释企业选择分权管理的原因。

2. 试述责任成本与产品成本的区别与联系。

3. 试述标准成本法下成本差异的计算与分析方法。

4. 解释内部转移价格是如何影响业绩评价、企业整体利润及责任中心决策的？

5. 解释销售利润率和营业资产周转率为何能用于投资中心的业绩评价。

6. 投资报酬率的三个优点及两个缺点分别是什么？

7. 为什么剩余收益能克服投资报酬率的一个不足之处？

8. 业主在促进经理人员和他们的目标趋于一致时,会遇到哪些问题？

»习题

1. 某制造企业对其主产品甲制定的直接材料与直接人工的标准成本如下：

成本项目	单位标准用量	标准价格	单位标准成本
直接材料	8公斤	1.75元/公斤	14元
直接人工	0.5小时	8元/小时	4

今年2月,该企业购买原材料160 000公斤,实际购买成本304 000元,实际发生人工成本85 500元。该企业2月实际生产产品甲19 000件,实际用直接材料142 500公斤,实际用直接人工工时9 500小时。要求：

(1) 计算直接材料总差异及价格和用量差异;

(2) 计算直接人工总差异及人工效率差异和工资率差异。

2. 企业固定制造费用预算总额为30 000元,标准分配率为2元/小时。本期的实际工时为14 800小时,生产5 000件产品,产品的标准工时为2.8小时/件。固定制造费用组成如下：

管理人员工资	8 200元
固定资产折旧	12 600元
保险费	3 800元
其他费用	6 480元
合　　计	31 080元

要求：分析企业产生的固定制造费用差异(三因素分析法)。

3. 某企业设有床垫和家具两个利润中心。家具部门生产一系列的沙发床,所用的床垫是向外部市场购入的,价格为900元。两部门的负责人会面,就企业内部出售床垫的事进行讨论。床垫部门的负责人研究过床垫的成本,成本清单如下：

直接材料	200 元
直接人工	180 元
变动性制造费用	170 元
固定性制造费用	300 元
合　　计	900 元

已知床垫部门的生产能力为 10 万个,目前仅生产 5 万个。家具部门每年需要 3 万个床垫。要求:

(1) 最高转移价格和最低转移价格分别是多少? 是否应该进行产品的内部转移?

(2) 假定两部门负责人达成的转移价格是 750 元,每个部门将获利多少? 公司整体获利多少?

(3) 假定床垫部门生产能力已经饱和,最高转移价格和最低转移价格分别应是多少? 是否应进行产品的内部转移? 原因是什么?

4. 假定某企业有甲、乙两个事业部(投资中心),他们最近一年的营业利润和投资额的资料如下:

	甲事业部	乙事业部
营业利润	55 000 元	131 250 元
投资额	250 000 元	750 000 元

设该公司为投资中心规定的最低报酬率为 14%。要求:

(1) 试用剩余收益指标来评价两个事业部的业绩,通过计算,你认为哪个事业部较优?

(2) 试用投资报酬率指标来评价两个事业部的业绩,通过计算,你认为哪个事业部较优?

(3) 结合两个事业部原投资额的情况,你认为对两个事业部应如何评价? 为什么?

参 考 文 献

［1］周冰:《企业性质问题探析》,《南开学报》,1995 年第 2 期。

［2］汪和建:《企业的起源与转化:一个社会学框架》,《南京大学学报》,1999 年第 2 期。

［3］伍山林:《企业起源理论_若干企业史检验》,《财经研究》,2000 年第 5 期。

［4］李琼:《劳动分工与企业起源》,《教学与研究》,2001 年第 2 期。

［5］李文祥:《企业起源的社会维度》,《社会科学战线》,2003 年第 4 期。

［6］唐亮,等:《从劳动分工看企业的起源》,《当代经济》,2003 年第 10 期

［7］潘爱香,等:《全面预算管理—整合"四流",创造"一流"》,浙江人民出版社,2001 年。

［8］王立彦:《管理会计》,北京大学出版社,2004 年。

［9］陈纪南,张华:《财务与成本管理》,化学工业出版社,2004 年。

［10］[美]唐·汉森,玛丽安·莫文:《管理会计》,王光远等译,北京大学出版社,2004 年。

［11］胡正衡:《零基预算方法》,经济科学出版社,2006 年。

［12］陈在维:《资本支出预算》,经济科学出版社,2006 年。

［13］葛家澍,等:《会计学》,高等教育出版社,2007 年。

［14］张长胜,等:《企业全面预算管理》,北京大学出版社,2007 年。

［15］候立新,等:《现代企业全面预算管理实务与案例》,企业管理出版社,2007 年。

［16］曹广辉,王云彪:《大学生职业生涯指导》,天津大学出版社,2007 年。

［17］胡振兴:《现代创业管理》,华中师范大学出版社,2007 年。

［18］杜兴强,等:《中级财务会计》,高等教育出版社,2007 年。

［19］赵曙明:《会计学》,南京大学出版社,2008 年。

［20］林嵩,谢作渺:《创业学:原理与实践》,清华大学出版社,2008 年。

［21］姬会英:《国际经济合作实务》,清华大学出版社,2008 年。

［22］方光正:《会计学》,立信会计出版社,2008 年。

［23］王君彩：《会计学》，高等教育出版社，2008年。

［24］陈良华，等：《会计学》，北京师范大学出版社，2008年。

［25］吴应宇，等：《公司财务管理》，北京师范大学出版社，2008年。

［26］张华，等：《基础会计学》，江苏大学出版社，2008年。

［27］温素彬：《管理会计》，机械工业出版社，2008年。

［28］李永梅，等：《财务预测学》，国防工业出版社，2009年。

［29］韦德洪，等：《财务预算学》，国防工业出版社，2009年。

［30］初明利，于俊如，等：《创业学导论》，经济科学出版社，2009年。

［31］付嫦娥：《大学生职业规划与就业》，湖南大学出版社，2009年。

［32］王兰：《中级财务会计学》，上海财经大学出版社，2009年。

［33］史富莲：《会计概论》，高等教育出版社，2009年。

［34］孙庆珠：《当代大学生创业教育》，国防工业出版社，2010年。

［35］赵彦：《草根创业家居装饰业创业路线图》，中国经济出版社，2010年。

［36］张天西，薛许军，董丽：《中级财务会计》，复旦大学出版社，2010年。

［37］李海波，刘学华：《财务会计》，立信会计出版社，2010年。

［38］徐经长，孙蔓莉，周华：《会计学》，中国人民大学出版社，2010年。

［39］刘东明，张雁：《企业会计学：管理者视角》，中国人民大学出版社，2010年。

［40］张传明，陈余有：《财务管理》，中国财政经济出版社，2010年。

［41］肖万：《公司财务管理》，中国人民大学出版社，2010年。

［42］陆正飞：《财务管理》，东北财经大学出版社，2010年。

［43］吴涛，杨成文：《会计学》，经济科学出版社，2010年。

［44］王慧：《固定资产折旧方法选择的税收筹划》，会计之友，2010年第5期。

［45］刘曙光：《管理会计》，清华大学出版社，2011年。

［46］徐向艺：《创业管理》，化学工业出版社，2011年。

［47］段九利，刘方乐：《旅游财务管理理论与实务》（第二版），清华大学出版社，2011年。

［48］陈玉菁：《财务管理实务与案例》（第2版）MBA精品系列，中国人民大学出版社，2011年。

［49］龚荒：《创业管理过程·理论·实务》，北京交通大学出版社，2011年。

［50］倪杰：《管理学原理》，第2版，清华大学出版社，2011年。

［51］梅强：《创业管理》，经济科学出版社，2011年。

［52］申健强：《大学生就业与创业指导教程》，人民邮电出版社，2011年。

［53］高海云：《企业的应收账款管理》，山西财经大学学报，2011年第4期。

［54］阎达五，于玉林：《会计学》，中国人民大学出版社，2011年。

［55］方芳：《对企业如何选择固定资产折旧方法的探析》，经济研究导刊，2011年第17期。

［56］［美］查尔斯·T.亨格瑞，等：《管理会计》，潘飞等译，北京大学出版社，2011年。

［57］陈国辉，等：《基础会计》，东北财经大学出版社，2012年。

［58］苏建华，等：《财务报表分析》，清华大学出版社，2012年。

[59] 龚巧莉:《全面预算管理案例与实务指引》,机械工业出版社,2012 年。

[60] 孙茂竹:《管理会计学》(第六版),中国人民大学出版社,2012 年。

[61] 彭怀祖,侯文华:《大学生创新创业教育教程》,科学出版社,2012 年。

[62] 马西牛:《选择固定资产折旧方法的探讨》,经济研究导刊,2012 年第 4 期。

[63] 戴德明,等:《财务会计学》,中国人民大学出版社,2013 年。

[64] 荆新,等:《财务管理学》,中国人民大学出版社,2013 年。

[65] 财政部注册会计师考试委员会办公室:《会计》,中国财政经出版社,2013 年。

[66] 财政部注册会计师考试委员会办公室:《财务成本管理》,经济科学出版社,2013 年。

[67] [美]简 R. 威廉姆斯,等:《会计学》,机械工业出版社,2013 年。

[68] 吴大军:《管理会计》,东北财经大学出版社,2013 年。

附表 1 复 利 终 值 系 数 表

i \ n	1%	2%	3%	4%	5%	6%	7%	8%	9%	10%	11%	12%	13%	14%	15%	16%	17%	18%	19%	20%
1	1.010	1.020	1.030	1.040	1.050	1.060	1.070	1.080	1.090	1.100	1.110	1.120	1.130	1.140	1.150	1.160	1.170	1.180	1.190	1.200
2	1.020	1.040	1.061	1.082	1.103	1.124	1.145	1.166	1.188	1.210	1.232	1.254	1.277	1.300	1.323	1.346	1.369	1.392	1.416	1.440
3	1.030	1.061	1.093	1.125	1.158	1.191	1.225	1.260	1.295	1.331	1.368	1.405	1.443	1.482	1.521	1.561	1.602	1.643	1.685	1.728
4	1.041	1.082	1.126	1.170	1.216	1.263	1.311	1.361	1.412	1.464	1.518	1.574	1.631	1.689	1.749	1.811	1.874	1.939	2.005	2.074
5	1.051	1.104	1.159	1.217	1.276	1.338	1.403	1.469	1.539	1.611	1.685	1.762	1.842	1.925	2.011	2.100	2.192	2.288	2.386	2.488
6	1.062	1.126	1.194	1.265	1.340	1.419	1.501	1.587	1.677	1.772	1.870	1.974	2.082	2.195	2.313	2.436	2.565	2.700	2.840	2.986
7	1.072	1.149	1.230	1.316	1.407	1.504	1.606	1.714	1.828	1.949	2.076	2.211	2.353	2.502	2.660	2.826	3.001	3.186	3.379	3.583
8	1.083	1.172	1.267	1.369	1.478	1.594	1.718	1.851	1.993	2.144	2.305	2.476	2.658	2.853	3.059	3.278	3.512	3.759	4.021	4.300
9	1.094	1.195	1.305	1.423	1.551	1.690	1.839	1.999	2.172	2.358	2.558	2.773	3.004	3.252	3.518	3.803	4.108	4.436	4.785	5.160
10	1.105	1.219	1.344	1.480	1.629	1.791	1.967	2.159	2.367	2.594	2.839	3.106	3.395	3.707	4.046	4.411	4.807	5.234	5.695	6.192
11	1.116	1.243	1.384	1.540	1.710	1.898	2.105	2.332	2.580	2.853	3.152	3.479	3.836	4.226	4.652	5.117	5.624	6.176	6.777	7.430
12	1.127	1.268	1.426	1.601	1.796	2.012	2.252	2.518	2.813	3.138	3.499	3.896	4.335	4.818	5.350	5.936	6.580	7.288	8.064	8.916
13	1.138	1.294	1.469	1.665	1.886	2.133	2.410	2.720	3.066	3.452	3.883	4.364	4.898	5.492	6.153	6.886	7.699	8.599	9.596	10.699
14	1.150	1.320	1.513	1.732	1.980	2.261	2.579	2.937	3.342	3.798	4.310	4.887	5.535	6.261	7.076	7.988	9.008	10.147	11.420	12.839
15	1.161	1.346	1.558	1.801	2.079	2.397	2.759	3.172	3.643	4.177	4.785	5.474	6.254	7.138	8.137	9.266	10.539	11.974	13.590	15.407
16	1.173	1.373	1.605	1.873	2.183	2.540	2.952	3.426	3.970	4.595	5.311	6.130	7.067	8.137	9.358	10.748	12.330	14.129	16.172	18.488
17	1.184	1.400	1.653	1.948	2.292	2.693	3.159	3.700	4.328	5.055	5.895	6.866	7.986	9.277	10.761	12.468	14.427	16.672	19.244	22.186
18	1.196	1.428	1.702	2.026	2.407	2.854	3.380	3.996	4.717	5.560	6.544	7.690	9.024	10.575	12.376	14.463	16.879	19.673	22.901	26.623
19	1.208	1.457	1.754	2.107	2.527	3.026	3.617	4.316	5.142	6.116	7.263	8.613	10.197	12.056	14.232	16.777	19.748	23.214	27.252	31.948
20	1.220	1.486	1.806	2.191	2.653	3.207	3.870	4.661	5.604	6.728	8.062	9.646	11.523	13.744	16.367	19.461	23.106	27.393	32.429	38.338

附表 2 复利现值系数表

i＼n	1%	2%	3%	4%	5%	6%	7%	8%	9%	10%	11%	12%	13%	14%	15%	16%	17%	18%	19%	20%
1	0.990	0.980	0.971	0.962	0.952	0.943	0.935	0.926	0.917	0.909	0.901	0.893	0.885	0.877	0.870	0.862	0.855	0.848	0.840	0.833
2	0.980	0.961	0.943	0.925	0.907	0.890	0.873	0.857	0.842	0.826	0.812	0.797	0.783	0.770	0.756	0.743	0.731	0.718	0.706	0.694
3	0.971	0.942	0.915	0.889	0.864	0.840	0.816	0.794	0.772	0.751	0.731	0.712	0.693	0.675	0.658	0.641	0.624	0.609	0.593	0.579
4	0.961	0.924	0.889	0.855	0.823	0.792	0.763	0.735	0.708	0.683	0.659	0.636	0.613	0.592	0.572	0.552	0.534	0.516	0.499	0.482
5	0.952	0.906	0.863	0.822	0.784	0.747	0.713	0.681	0.650	0.621	0.594	0.567	0.543	0.519	0.497	0.476	0.456	0.437	0.419	0.402
6	0.942	0.888	0.838	0.790	0.746	0.705	0.666	0.630	0.596	0.565	0.535	0.507	0.480	0.456	0.432	0.410	0.390	0.370	0.352	0.335
7	0.933	0.871	0.813	0.760	0.711	0.665	0.623	0.584	0.547	0.513	0.482	0.452	0.425	0.400	0.376	0.354	0.333	0.314	0.296	0.279
8	0.924	0.854	0.789	0.731	0.677	0.627	0.582	0.540	0.502	0.467	0.434	0.404	0.376	0.351	0.327	0.305	0.285	0.266	0.249	0.233
9	0.914	0.837	0.766	0.703	0.645	0.592	0.544	0.500	0.460	0.424	0.391	0.361	0.333	0.308	0.284	0.263	0.243	0.226	0.209	0.194
10	0.905	0.820	0.744	0.676	0.614	0.558	0.508	0.463	0.422	0.386	0.352	0.322	0.295	0.270	0.247	0.227	0.208	0.191	0.176	0.162
11	0.896	0.804	0.722	0.650	0.585	0.527	0.475	0.429	0.388	0.351	0.317	0.288	0.261	0.237	0.215	0.195	0.178	0.162	0.148	0.135
12	0.887	0.789	0.701	0.625	0.557	0.497	0.444	0.397	0.356	0.319	0.286	0.257	0.231	0.208	0.187	0.169	0.152	0.137	0.124	0.112
13	0.879	0.773	0.681	0.601	0.530	0.469	0.415	0.368	0.326	0.290	0.258	0.229	0.204	0.182	0.163	0.145	0.130	0.116	0.104	0.094
14	0.870	0.758	0.661	0.578	0.505	0.442	0.388	0.341	0.299	0.263	0.232	0.205	0.181	0.160	0.141	0.125	0.111	0.099	0.088	0.078
15	0.861	0.743	0.642	0.555	0.481	0.417	0.362	0.315	0.275	0.239	0.209	0.183	0.160	0.140	0.123	0.108	0.095	0.084	0.074	0.065
16	0.853	0.728	0.623	0.534	0.458	0.394	0.339	0.292	0.252	0.218	0.188	0.163	0.142	0.123	0.107	0.093	0.081	0.071	0.062	0.054
17	0.844	0.714	0.605	0.513	0.436	0.371	0.317	0.270	0.231	0.198	0.170	0.146	0.125	0.108	0.093	0.080	0.069	0.060	0.052	0.045
18	0.836	0.700	0.587	0.494	0.416	0.350	0.296	0.250	0.212	0.180	0.153	0.130	0.111	0.095	0.081	0.069	0.059	0.051	0.044	0.038
19	0.828	0.686	0.570	0.475	0.396	0.331	0.277	0.232	0.195	0.164	0.138	0.116	0.098	0.083	0.070	0.060	0.051	0.043	0.037	0.031
20	0.820	0.673	0.554	0.456	0.377	0.312	0.258	0.215	0.178	0.149	0.124	0.104	0.087	0.073	0.061	0.051	0.043	0.037	0.031	0.026

创业人生学

附表 3　年　金　终　值　系　数　表

n＼i	1%	2%	3%	4%	5%	6%	7%	8%	9%	10%	11%	12%	13%	14%	15%	16%	17%	18%	19%	20%
1	1.000	1.000	1.000	1.000	1.000	1.000	1.000	1.000	1.000	1.000	1.000	1.000	1.000	1.000	1.000	1.000	1.000	1.000	1.000	1.000
2	2.010	2.020	2.030	2.040	2.050	2.060	2.070	2.080	2.090	2.100	2.110	2.120	2.130	2.140	2.150	2.160	2.170	2.180	2.190	2.200
3	3.030	3.060	3.091	3.122	3.153	3.184	3.215	3.246	3.278	3.310	3.342	3.374	3.407	3.440	3.473	3.506	3.539	3.572	3.606	3.640
4	4.060	4.122	4.184	4.247	4.310	4.375	4.440	4.506	4.573	4.641	4.710	4.779	4.850	4.921	4.993	5.067	5.141	5.215	5.291	5.368
5	5.101	5.204	5.309	5.416	5.526	5.637	5.751	5.867	5.985	6.105	6.228	6.353	6.480	6.610	6.742	6.877	7.014	7.154	7.297	7.442
6	6.152	6.308	6.468	6.633	6.802	6.975	7.153	7.336	7.523	7.716	7.913	8.115	8.323	8.536	8.754	8.978	9.207	9.442	9.683	9.930
7	7.214	7.434	7.663	7.898	8.142	8.394	8.654	8.923	9.200	9.487	9.783	10.089	10.405	10.731	11.067	11.414	11.772	12.142	12.523	12.916
8	8.286	8.583	8.892	9.214	9.549	9.898	10.260	10.637	11.029	11.436	11.859	12.300	12.757	13.233	13.727	14.240	14.773	15.327	15.902	16.499
9	9.369	9.755	10.159	10.583	11.027	11.491	11.978	12.488	13.021	13.580	14.164	14.776	15.416	16.085	16.786	17.519	18.285	19.086	19.923	20.799
10	10.462	10.950	11.464	12.006	12.578	13.181	13.816	14.487	15.193	15.937	16.722	17.549	18.420	19.337	20.304	21.322	22.393	23.521	24.709	25.959
11	11.567	12.169	12.808	13.486	14.207	14.972	15.784	16.646	17.560	18.531	19.561	20.655	21.814	23.045	24.349	25.733	27.200	28.755	30.404	32.150
12	12.683	13.412	14.192	15.026	15.917	16.870	17.889	18.977	20.141	21.384	22.713	24.133	25.650	27.271	29.002	30.850	32.824	34.931	37.180	39.581
13	13.809	14.680	15.618	16.627	17.713	18.882	20.141	21.495	22.953	24.523	26.212	28.029	29.985	32.089	34.352	36.786	39.404	42.219	45.245	48.497
14	14.947	15.974	17.086	18.292	19.599	21.015	22.551	24.215	26.019	27.975	30.095	32.393	34.883	37.581	40.505	43.672	47.103	50.818	54.841	59.196
15	16.097	17.293	18.599	20.024	21.579	23.276	25.129	27.152	29.361	31.773	34.405	37.280	40.418	43.842	47.580	51.660	56.110	60.965	66.261	72.035
16	17.258	18.639	20.157	21.825	23.658	25.673	27.888	30.324	33.003	35.950	39.190	42.753	46.672	50.980	55.718	60.925	66.649	72.939	79.850	87.442
17	18.430	20.012	21.762	23.698	25.840	28.213	30.840	33.750	36.974	40.545	44.501	48.884	53.739	59.118	65.075	71.673	78.979	87.068	96.022	105.931
18	19.615	21.412	23.414	25.645	28.132	30.906	33.999	37.450	41.301	45.599	50.396	55.750	61.725	68.394	75.836	84.141	93.406	103.740	115.266	128.117
19	20.811	22.841	25.117	27.671	30.539	33.760	37.379	41.446	46.019	51.159	56.940	63.440	70.749	78.969	88.212	98.603	110.285	123.414	138.166	154.740
20	22.019	24.297	26.870	29.778	33.066	36.786	40.996	45.762	51.160	57.275	64.203	72.052	80.947	91.025	102.444	115.380	130.033	146.628	165.418	186.688

附表 4 年 金 现 值 系 数 表

i \ n	1%	2%	3%	4%	5%	6%	7%	8%	9%	10%	11%	12%	13%	14%	15%	16%	17%	18%	19%	20%
1	0.990	0.980	0.971	0.962	0.952	0.943	0.935	0.926	0.917	0.909	0.901	0.893	0.885	0.877	0.870	0.862	0.855	0.848	0.840	0.833
2	1.970	1.942	1.914	1.886	1.859	1.833	1.808	1.783	1.759	1.736	1.713	1.690	1.668	1.647	1.626	1.605	1.585	1.566	1.547	1.528
3	2.941	2.884	2.829	2.775	2.723	2.673	2.624	2.577	2.531	2.487	2.444	2.402	2.361	2.322	2.283	2.246	2.210	2.174	2.140	2.107
4	3.902	3.808	3.717	3.630	3.546	3.465	3.387	3.312	3.240	3.170	3.102	3.037	2.975	2.914	2.855	2.798	2.743	2.690	2.639	2.589
5	4.853	4.714	4.580	4.452	4.330	4.212	4.100	3.993	3.890	3.791	3.696	3.605	3.517	3.433	3.352	3.274	3.199	3.127	3.058	2.991
6	5.796	5.601	5.417	5.242	5.076	4.917	4.767	4.623	4.486	4.355	4.231	4.111	3.998	3.889	3.785	3.685	3.589	3.498	3.410	3.326
7	6.728	6.472	6.230	6.002	5.786	5.582	5.389	5.206	5.033	4.868	4.712	4.564	4.423	4.288	4.160	4.039	3.922	3.812	3.706	3.605
8	7.652	7.326	7.020	6.733	6.463	6.210	5.971	5.747	5.535	5.335	5.146	4.968	4.799	4.639	4.487	4.344	4.207	4.078	3.954	3.837
9	8.566	8.162	7.786	7.435	7.108	6.802	6.515	6.247	5.995	5.759	5.537	5.328	5.132	4.946	4.772	4.607	4.451	4.303	4.163	4.031
10	9.471	8.983	8.530	8.111	7.722	7.360	7.024	6.710	6.418	6.145	5.889	5.650	5.426	5.216	5.019	4.833	4.659	4.494	4.339	4.193
11	10.368	9.787	9.253	8.761	8.306	7.887	7.499	7.139	6.805	6.495	6.207	5.938	5.687	5.453	5.234	5.029	4.836	4.656	4.487	4.327
12	11.255	10.575	9.954	9.385	8.863	8.384	7.943	7.536	7.161	6.814	6.492	6.194	5.918	5.660	5.421	5.197	4.988	4.793	4.611	4.439
13	12.134	11.348	10.635	9.986	9.394	8.853	8.358	7.904	7.487	7.103	6.750	6.424	6.122	5.842	5.583	5.342	5.118	4.910	4.715	4.533
14	13.004	12.106	11.296	10.563	9.899	9.295	8.746	8.244	7.786	7.367	6.982	6.628	6.303	6.002	5.725	5.468	5.229	5.008	4.802	4.611
15	13.865	12.849	11.938	11.118	10.380	9.712	9.108	8.560	8.061	7.606	7.191	6.811	6.462	6.142	5.847	5.576	5.324	5.092	4.876	4.676
16	14.718	13.578	12.561	11.652	10.838	10.106	9.447	8.851	8.313	7.824	7.379	6.974	6.604	6.265	5.954	5.669	5.405	5.162	4.938	4.730
17	15.562	14.292	13.166	12.166	11.274	10.477	9.763	9.122	8.544	8.022	7.549	7.120	6.729	6.373	6.047	5.749	5.475	5.222	4.990	4.775
18	16.398	14.992	13.754	12.659	11.690	10.828	10.059	9.372	8.756	8.201	7.702	7.250	6.840	6.467	6.128	5.818	5.534	5.273	5.033	4.812
19	17.226	15.679	14.324	13.134	12.085	11.158	10.336	9.604	8.950	8.365	7.839	7.366	6.938	6.550	6.198	5.878	5.585	5.316	5.070	4.844
20	18.046	16.351	14.878	13.590	12.462	11.470	10.594	9.818	9.129	8.514	7.963	7.469	7.025	6.623	6.259	5.929	5.628	5.353	5.101	4.870